U0888679

测绘地理信息科技出版资金资助

数字城市三维建模技术与实践

Technology and Practice of 3D City Modeling

宁振伟　朱　庆　夏玉平　编著

测绘出版社

·北京·

内容简介

本书全面、系统总结了城市三维建模技术的最新研究成果,分别对三维城市建模技术规范、三维空间数据获取、三维建模与更新、三维建模资料准备、三维建模工艺与质量控制、三维城市模型集成处理、常用的城市三维建模辅助工具等主要内容进行了详细介绍。本书力求阐述城市三维建模技术的系统性与可操作性,图文并茂,理论与实践相结合,使具备一般计算机技术的工程技术人员都可以读懂本书。

本书的读者对象为从事城市规划、建设、管理与服务,以及测绘遥感和地理信息专业相关的工程技术人员、教师,以及专科生、本科生与研究生。同时,本书也可作为理工科大学地理信息专业或相关专业的教学或科研参考书。

图书在版编目(CIP)数据

数字城市三维建模技术与实践/宁振伟,朱庆,夏玉平编著. —北京:测绘出版社,2013.12 (2020.6 重印)
ISBN 978-7-5030-3301-8

Ⅰ.①数… Ⅱ.①宁… ②朱… ③夏… Ⅲ.①数字技术—应用—城市建设—系统建模 Ⅳ.①TU984-39

中国版本图书馆 CIP 数据核字(2013)第 281278 号

责任编辑 赵福生	**封面设计** 李　伟	**责任校对** 董玉珍	**责任印制** 吴　芸

出版发行	测绘出版社	**电　　话**	010—83543965(发行部)
地　　址	北京市西城区三里河路 50 号		010—68531609(门市部)
邮政编码	100045		010—68531363(编辑部)
电子信箱	smp@sinomaps.com	**网　　址**	www.chinasmp.com
印　　刷	北京建筑工业印刷厂	**经　　销**	新华书店
成品规格	184mm×260mm		
印　　张	17	**字　　数**	410 千字
版　　次	2013 年 12 月第 1 版	**印　　次**	2020 年 6 月第 3 次印刷
印　　数	4001—5000	**定　　价**	60.00 元

书　　号 ISBN 978-7-5030-3301-8
本书如有印装质量问题,请与我社门市部联系调换。

序

近年来，国家测绘地理信息局大力推动数字城市地理空间框架建设，截至目前，全国已有310多个城市开展了数字城市建设，其中150多个城市已建成并全面投入应用。数字城市已经成为我国一大批城市的靓丽名片。

数字城市建设极大地丰富了我国城市基础地理信息资源。通过数字城市这个平台，已经对200多个城市约20万平方千米范围进行了高精度、高质量、高分辨率的航空摄影；采集处理了城市多尺度、多类型、多时相的海量基础地理信息数据；建成了一大批规范、完善的基础地理信息数据库，从根本上解决了我国城市地理信息资源匮乏的局面，夯实了城市信息化的基础。

数字城市建设强劲拓展了测绘地理信息应用服务的深度与广度。数字城市应用于国土、规划、交通、房产、公安、消防、环保、卫生和公众服务等几十个领域，有力提升了政府决策管理的科学化、精细化程度，提高了工作效率，方便了群众的生产、生活，在城市的经济社会发展进程中发挥了重要作用。

数字城市建设有力提升了测绘地理信息科技水平。在建设过程中，研制了30余项国家标准和10余项行业标准，形成了数字城市建设完整的标准体系；实现了“分布式存储、多节点协同、一站式服务”的模式，形成了一批具有我国自主知识产权的软件产品；多项创新成果获得国家奖励。

数字城市建设极大地带动了地理信息产业的发展。几年来，各级财政投入的数字城市建设资金达到50亿元以上，带动基础地理信息数据生产、应用系统开发与建设、系统集成、软硬件设备等领域的众多企业积极参与，拉动地理信息产业服务产值300多亿元，极大地扩大了地理信息产业市场规模，推动了地理信息产业加快发展。

本书就是在数字城市建设的实践基础上产生的科技理论与应用成果。三维数字城市模型在数字城市地理空间框架建设中，既是新颖生动的亮点，更是技术升华的结晶，越来越为人们所重视，越来越多的城市开展了三维建模和应用。本书紧密结合近年来国际国内相关的标准规范，以实用的城市三维建模技术工艺和实践经验为中心内容，详尽介绍、系统梳理了城市三维建模的理论基础和相关技术要求，列举了目前的主流先进建模技术及外业和内业处理的具体方法、技术工艺，展望了今后的发展趋势，是一本现实性和操作性强的好读物。本书对于我们构建数字城市、开展三维建模生产和更新、提升数字城市建设水平、推动数字城市地理空间框架建设广泛应用都会起到积极的作用。

李维森

国家测绘地理信息局副局长

2013年3月

前　言

城市是人类文明的结晶，城镇化是经济社会现代化的重要内容。城市信息化已经成为我国城市发展的创新契机，并被冠以“数字城市”和“智慧城市”建设的美誉。数字城市作为一个三维的城市信息模型，被认为是迄今为止人类掌握城市信息最好的方式。三维数字城市作为当代城市信息化的主要标志和城市建设管理的新手段，已成为全球关注和研究的热点。

三维城市模型是数字城市地理空间框架数据的核心内容之一，越来越多的城市纷纷开展了城市三维建模和应用工作，城市三维模型建设正从起步探索阶段向深度和广度发展。由于我国幅员辽阔，民族众多，各个城市的自然与人文景观千姿百态，准确、逼真、精细、高效的城市三维建模是一项十分复杂的系统工程，蓬勃开展的数字城市三维建模实践迫切需要能充分反映当前技术水平，并且系统性和可操作性均较强的三维建模技术参考书。而有关城市三维建模的专著《数码城市地理信息系统：虚拟城市环境中的三维城市模型初探》自 2004 年出版，至今已经 8 年多时间；针对测绘地理信息行业数字城市三维建模的专著《数字城市三维地理空间框架原理与方法》2008 年出版至今也有 5 年时间。这期间，无论是三维空间数据获取，还是三维建模与三维地理信息系统(GIS)，以及数字城市建设实践等，都发生了翻天覆地的变化。为此，紧密结合近年来国际国内相关的标准规范，以实用的城市三维建模技术工艺和实践经验为中心内容，组织相关知识与技术，编著本书。本书分为 8 章：第 1 章绪论，简要介绍了数字城市的概念内涵，特别是数字城市三维地理空间框架建设的意义和国内外进展，评述了有关三维 GIS 核心技术，并介绍了三维城市建模技术规范要点；第 2 章三维空间数据获取技术，主要介绍了有关的摄影测量、激光扫描测量、野外全站仪测量和地图数字化等主流技术；第 3 章城市三维建模与更新技术，系统介绍了基于地图、摄影测量和激光扫描点云数据的三维建模技术，以及三维城市模型数据更新技术与机制；第 4 章城市三维建模资料准备，介绍了有关的平面与高程控制及纹理等外业资料准备工作；第 5 章城市三维建模工艺与质量控制，详细介绍了内业工艺流程和主要技术环节，强调了其中的全面质量控制；第 6 章数字城市三维模型的可视化集成，介绍了多源三维模型数据无缝整合技术及利用不同三维可视化平台进行场景集成的具体方法；第 7 章常用的三维建模辅助工具，主要介绍了项目管理、自动建模、自动检查和改正、三维浏览等常用工具的功能与使用特点；第 8 章数字城市三维空间框架数据的典型应用，主要从城市规划、管理和应急响应等方面介绍了三维城市模型的典型应用。

本书集中反映了作者长期从事三维 GIS、城市三维建模和数字城市的研究、开发与实践的主要成果和经验总结，针对读者对象为从事城市规划、建设、管理与服务工作，以及与测绘遥感和地理信息专业相关的工程技术人员、教师、专科生、本科生与研究生，力求阐述城市三维建模技术的系统性与可操作性，图文并茂，理论与实践相结合，使具备一般计算机技术的工程技术人员都可以读懂本书。同时，本书也可作为理工科大学地理信息专业或相关专业的教学或科研参考书。

本书的完成还得到了许多人直接或间接的无私贡献。国家测绘地理信息局副局长李维森高级工程师不顾繁忙的工作亲自审阅全书并欣然作序，给本书增色许多，令作者深受鼓舞。中国测绘科学研究院李成名研究员、武汉大学朱欣焰教授和上海市测绘院郭容寰高级工程师在百忙中审阅了书稿，提出了宝贵的建议并给予了鼓励。该书的编著得到了广东南方数码科技有限公司董事长杨震澎和总经理谢刚生教授的鼓励和大力支持，该公司丰富的实践和大量的案例为本书提供了素材，徐景峰参与编写了部分章节，南方数码数据处理中心经理章小明对本书进行了修改。有关的研究与实践一直得到了武汉大学李德仁院士和龚健雅院士，以及中国科学院地理科学与资源研究所周成虎院士的关心与支持。要感谢测绘遥感信息工程国家重点实验室(武汉大学)、中国地质大学(武汉)、浙江大学、南京师范大学、武汉市国土资源和规划信息中心的朋友们，在共同承担完成国家“863”计划重点项目“地理空间的三维建模和分析软件及其应用示范”过程中给予的极大支持。

最后，作者要感谢测绘出版社责任编辑以及参与本书出版编辑工作的所有老师艰苦细致的审编工作，使该书顺利面世。

作　者

2013 年 12 月

目　录

Contents

第1章 绪 论

数字城市作为城市发展的基础设施正受到越来越多的重视，数字城市作为未来城市建设管理的新手段，已成为全球关注和研究的热点。数字城市作为一个三维的城市信息模型，被认为是迄今为止人类掌握城市信息最好的方式。它的出现使人类在描述和分析城市空间事物的信息上获得了一次飞跃——从二维到三维的突破(图 1-1-1、图 1-1-2)。三维城市模型已经成为数字城市空间框架数据的核心内容之一，许多城市纷纷开展了城市三维建模和应用工作，城市三维模型建设正从起步探索阶段向深度和广度发展。为了更好地引导和规范三维城市模型的可持续发展与稳健应用，表达三维城市目标的通用信息模型 CityGML1.0 被作为开放地理信息联盟(OGC)的官方标准于 2008 年正式发布，并于 2012 年升级为 2.0；更具可操作性的中华人民共和国住房和城乡建设部发布的行业标准《城市三维建模技术规范》也自 2011 年 10 月 1 日起正式实施。《三维地理信息模型数据产品规范》、《三维地理信息模型生产规范》和《三维地理信息模型数据库规范》系列中华人民共和国测绘行业标准也于 2012 年正式发布。这些标准为统一城市三维模型制作技术要求，保证三维空间框架数据的准确性和权威性，为三维城市模型的大规模应用奠定了重要基础。

§1.1 数字城市的概念内涵

在信息时代，人们生活在两个世界里：物理的世界和数字的世界。通俗地讲，“数字城市”就是把物理城市数字化。我们生活在日益复杂的三维立体空间，三维城市模型主要处理以三维坐标 (X, Y, Z) 表示空间位置、格局与形态结构及其关联的各种属性，旨在强调城市范围地上、地下(图 1-1-3)、室内(图 1-1-4)、室外完整三维空间实体的集成表示，既有自然的地形地貌和地表的各种人工建筑物，还有地下的地质结构、工程设施(图 1-1-5)和建筑物(图 1-1-6)，突出整个三维实体空间一体化的高精度建模和准确度量分析。本书主要针对地表及其以上目标的三维建模与实践。

图 1-1-1 传统二维地形图

图 1-1-2 真三维地图

图 1-1-3 地下隧道三维模型

图 1-1-4 室内三维模型

图 1-1-5　高架铁路三维模型

图 1-1-6　建筑物精细三维模型

数字城市将各种自然和人文的信息集成起来，按照统一的时空基准建立完整的信息模型，基于该模型，城市规划具有更高的效率、更丰富的表现手法、更多的信息量，并提高城市建设的时效性、城市管理的有效性，促进城市的可持续发展。

§1.2　数字城市三维建模技术

随着城市信息化和地球空间信息技术的发展，国内外数字城市三维建模技术日新月异，标准化、自动化、高精度、精细化的城市三维建模正在我国数字城市地理空间框架建设过程中大规模地开展。

1.2.1　国内外发展概述

在国外，2005 年 Google Earth 的问世极大地推动了三维数字地球(城市)的普及和发展，从此改变了人们与空间信息交互的方式。特别是 2007 年，OGC 将 CityGML1.0 作为官方标准，为数字城市三维模型数据的国际标准制定开启了先河，促进了三维城市模型在城市规划建设与管理等专业领域的深度应用。CityGML 是一种用于三维城市模型数据交换与存储的格式，用以表达三维数字城市的通用数据模型。它不仅定义了城市中最常见地物的类型及相互关系，并表达了地物的几何、拓扑、语义、外观等方面的属性，包括它们之间的层次与聚合关系以及空间属性等。这些信息不仅是一种图形表达，更可以用于各种应用领域中的高级分析，如三维模拟、城市数据挖掘、设施管理等。

CityGML 是一种开放数据模型，它基于 XML 来实现三维城市模型的数据存储与交换，它是 GML3 的一种应用模式。GML3 是由 OGC 和 ISO/TC 211 制定的可扩展的国际标准，可用于空间数据交换。CityGML 的目标是成为一个开放的标准，它的工作始于 2002 年，最早由德国北莱茵河威斯特伐利亚区的地理空间数据基础设施三维特别工作组（SDI 3D）开始制定。SDI 3D 最近又提出了 Web 3D Service（W3DS），用于三维模型服务。当前，为了更好地把三维城市模型应用到现实生活生产中，OGC 正在研究关于室内导航应用的空间信息标准 IndoorGML。

在国内，2001 年初，由建设部牵头的“城市规划、建设、管理与服务数字化工程”获得国家“十五”重点科技攻关立项。从标准规范与政策法规、技术研究与软件开发、应用示范工程等方面开展数字城市的研究与建设，同年建设部发文将数字城市列为建设领域两大重点之一。数字城市的核心技术——GIS 平台软件研制，列入国家“九五”和“十五”的“863” 计划的重中之重项目；将“数字城市建设”列入国家“十一五”期间发展的战略重点；将地理信息系统软件产业发展作为我国软件产业发展的首要产业。众多城市的政府部门也非常重视数字城市建设。北京、上海、重庆、广州、武汉、深圳、苏州、厦门、杭州、南京等，都制定了数字城市的发展规划并开展数字城市建设，基础测绘成果日益完善，并建立了城市空间数据基础设施。在此基础上，一些城市开始以局部为试点建立城市三维模型及应用系统，辅助城市建设和管理，成为三维数字城市建设的先行者，“数字武汉”、“数字广州”、“数字深圳”等项目的建设在全国起到了积极的示范作用。

在 2010 年和 2012 年，国家住房与城乡建设部和国家测绘地理信息局分别颁布了城市三维建模的规范，统一了城市三维模型制作技术要求，为三维模型数据的获取、加工、处理、集成、建库提供了依据。标准对推进城市三维模型数据共享、共用，以及及时、准确地为城市规划、建设、运营、管理提供了技术支撑。“数字景观模型（三维 DLG 数据）的采集和处理”也被列为测绘科技发展“十二五”规划的重点关键技术，这将从概念上突破已有二维数字线划图（DLG）对现实世界的抽象表示，促进从现实世界直接到三维 GIS 的映射（或镜像表示）。通常情况下，精细化的地理实体模型主要应用于城市规划、建设、管理和信息化等方面，而越来越多的社会化和大众化三维应用及服务则需要数据更简单、成本更低的三维城市模型。因此，尽管基于星载或机载的干涉雷达测量、摄影测量和激光扫描等新一代对地观测技术使得全球范围的高精度地形表面模型快速获取成为现实，但快速获取大范围复杂目标的高精度多细节层次的三维几何模型仍然是世界性难题，而详细的室内和地下三维自动建模更具挑战性。所以，现有的大部分三维城市模型生产还主要依靠人工手段建模，效率很低，成本较高。同时，三维空间数据内容的局限性和片面性也制约了其应用的广度和深度。

近十多年来，国内越来越多的部门和单位针对数字城市开展了广泛的研究与实践。1997 年，清华大学成立中国第一个“虚拟制造中心”，进行异地协同仿真研究。1998 年，浙江大学建成国内第一套用于虚拟现实技术的 CAVE 系统。1999 年，武汉大学测绘遥感信息工程国家重点实验室成功解决了构建数字城市的三维GIS关键技术，实现了城市三维模型快速重建，以及大范围海量数据动态装载和多种类型空间数据有效组织与集成管理等。2001年，南京大学专门组建了以数字城市为方向的城市规划与区域开发模拟实验室，用于建立大型城市仿真与虚拟现实系统，形成了具有较强计算能力的数字仿真计算分析系统，拥有国内最先进的Power Wall立体仿真屏和虚拟现实环境。

国家测绘地理信息局国土测绘司在2012年2月发布了《关于加快数字城市建设推广应用工作的通知》，要求各测绘地理信息行政主管部门进一步提高对数字城市建设工作的认识，全面开展地级以上城市推广工作，加快推进已立项城市的建设工作，尽快解决已具建设规模但未立项的数字城市建设问题，做好困难地区数字城市建设，不断提高数字城市应用水平，努力提升技术水平，做好技术支撑，积极推进县级和各类开发区数字城市建设，加快与“天地图”对接，及时做好成果归档与数据共享，督促建立并落实长效机制，认真做好平台的运行服务，适时启动智慧城市试点工作。强化人才培养，加大宣传力度，进一步在强决策、精管理、惠民生、促发展等方面发挥应有的作用。

广东南方数码科技有限公司自2009年开始实施数字城市三维建模的工程项目，从单一的三维模型生产，逐步到各种建模新技术的开发，再到集成技术及三维GIS平台的研制，至今已形成了一套数字城市三维建模的完整解决方案，并在北京、上海、重庆、合肥、长沙等20多个城市的三维建模工程中得到了成功应用。

1.2.2 城市三维建模技术进展

城市三维建模技术经过多年的发展，已经逐步从人工交互式建模，发展为利用天空地多平台多传感器获取的三维空间数据、实现半自动或全自动建模，具体技术进展体现在软件和硬件两方面。

软件的发展，包括建模软件和应用平台软件。数字城市三维建模在早期的项目实施中，基本上是采用诸如Autodesk公司的3DMAX之类的商业化三维动画渲染和制作软件进行模型的建立、贴图、烘焙及展示。至今，大多数三维精细场景和细部结构的建模仍然需要借助于3DMAX之类的计算机辅助设计(CAD)软件才能较好地完成。随着数字城市三维建模快速发展的需要，一些GIS软件企业也在推出快速建模的软件，如ESRI公司的CityEngine，Skyline公司的TerraExplorer Pro，此类软件能快速地实施大面积有固定规则、结构细节要求统一的建筑模型生产，但在纹理的处理上只能批量贴赋通用纹理，整体仿真度不高。在三维激光扫描设备投入到三维数字城市模型生产后，相应点云批量生成白模型的软件也随之推出，如加拿大Optech公司的PolyWorks软件、芬兰的TerraSolid软件，以及由MIT的Martin Isenburg和加州大学伯克利分校的Jonathan Richard Shewchuk的Lastools软件，这些软件的开发，为三维激光扫描点云数据的处理提供了可行性。三维的可视化和应用平台软件，国际上十分普遍，目前在国内用得比较多的有Skyline、ArcGlobe、NewMap、Uniscope、CityMaker、EAVR等，这些软件为数字城市三维展示提供了多种平台选择。在国内常用的三维展示平台中，呈现出百花齐放的特点，CityMaker侧重效果仿真，Skyline侧重二次开发接口，ArcGlobe侧重数据库管理，Uniscope侧重大数据量集成，EAVR侧重实时定位应用。就数字城市三维平台的发展来看，大数据、多应用、高仿真、便管理、优性能、可计算等是其主要的发展方向。

卫星、无人机、传感器、数码航摄仪、POS、三维激光扫描仪、高性能轻便型计算机、高速宽带网络等高精尖的IT硬件设备不断涌现，以及遥感、GIS、实时定位、虚拟环境等地球空间信息技术的迅速发展，共同促进了传统的城市三维建模技术及其应用的革命性变化。最初的城市三维建模技术主要采用CAD，通过输入模型的尺寸数据，全手动建立三维模型。这个阶段的城市三维建模工作量非常大，建模速度极慢，并且需要非常专业的技术人员，空间位置和形状的几何精度难以保证。直到20世纪90年代，开始利用GIS丰富的空间信息，通过半自动化批量地生产大范围的城市体块模型。在21世纪初，摄影测量与遥感技术被广泛应用于城市三维建模，逐步实现自动化快速采集数字城市三维建模所需的空间数据、属性数据和纹理数据，并能实现简单规则模型的三维自动重建，这方面的典型代表是美国苹果公司收购的三维地图技术开发商C3 Technologies，其三维地图模型并不需要人工创建，采用5台专业级单反数码相机，使用小型飞机或遥控无人机，沿特定角度采集城市照片，最终自动创建完全基于真实细节的地图模型。

随着三维城市建模技术的发展，三维城市模型至少有两个显著不同的主导应用。一个是专业化应用，另一个是大众化应用。专业化应用需求无疑是牵引GIS核心技术持续创新的源动力，而大众化应用主要基于成熟的GIS技术和商业运作。GIS技术本来是为了土地规划管理专业应用需求而诞生的，随着GIS的不断成熟和网络化发展，普通百姓却日益成为最广大的用户群体。如果说专业化应用更依赖GIS提供精确可靠的度量分析（metric），那么普通百姓则需要更加灵活直观的可视导航（visual）。与这两种需求紧密相关的是GIS最核心的空间数据基础：精确度量分析的数据基础是图形（graphic），而逼真可视导航的数据基础则是图像（image）。由此就很容易理解为什么高分辨率遥感影像能促使GIS大众化应用迅速普及了（《Nature》杂志2004年1月22日“Mapping Opportunities”一文）。很显然，专业化应用的GIS精确建模与解析分析功能要比大众化应用的影像地图导航定位功能复杂得多，因为大众化的地图导航服务（如各种基于DEM和DOM的可量测虚拟地球服务，以及实景三维地图和视频GIS服务等）一般只需要非常简单的数据模型和简单少量的可视化查询与分析功能。随着中国特色的城市化发展加速推进，垂直城市作为一个复杂的巨系统迫切需要发展兼顾地上地下大立体空间环境的城市规划设计、工程适宜性评价与优化设计、地质灾害与风险评价、应急响应决策等新技术，三维GIS技术面向这样的专业化应用发挥着不可替代的作用。随着GIS应用从辅助宏观规划管理决策到支撑微观设计和建设工程的不断深入，从二维到三维的必然发展趋势正呈现一个加速态势，三维GIS的专业化应用将直接贯穿一个工程的全过程（生命周期），而三维GIS与计算机辅助设计（CAD）、建筑信息模型（BIM）和建筑工程与建设（AEC）的无缝集成正有力推动整个数字城市的建设与发展，并将极大地促进智慧城市的健康发展。

数字城市三维建模技术的可持续发展，首先要实现多源超大数据量无缝集成和快速流畅三维可视化平台的开发，并有强大的三维数据管理、编辑、分析、更新、集成等功能；再者是需要有多领域、多应用的专业分析应用模型，并有完备的专业科学的经验数据，支撑各项专业应用；然后是建立可操作的数据更新机制，以及与云服务、物联网、传感器等进行耦合，保证多时空、多专业的动态多元数据实时无缝的更新和集成，实现“一套数据、一个平台、多维时空、多种用途”。

1.2.3 数字城市三维建模的主要任务

数字城市建设已成为当前城市信息化建设的主要内容。在构建数字城市的过程中，城市景观三维建模是一个重要的组成部分，也是摄影测量与遥感、地理信息系统及计算机等学科的热点研究内容之一。三维模型通过更全面、更直观的空间三维表达，展示物理城市的真实形态，是数字城市的数据基础。三维城市建模在目前数字城市中的任务是把原来二维的基础地形数据三维化，以满足"数字城市"、"智慧城市"日益增强的三维立体化、精细化需要。三维城市模型在数字城市中的作用首先是作为基础地图数据，为数字城市的各个功能、应用、服务做支撑；再次是通过逼真的纹理表现现实中的形态，为民众定位提供直观的参考；然后是完备丰富的室内、室外、地上、地下等立体空间的三维表达，以及完备高精度的高程和高度信息，为专业部门和专业应用提供数据服务，为城市规划、环保、防灾等科研提供数据基础。

数字城市三维建模现阶段的主要任务概括来说就是快速、精确地把现状城市景观数字化，这其中包括三个方面的内容。首先是城市地物形状与结构的三维数字化，这主要是通过测绘和计算机技术，把实地地形、地物、地貌等对象，根据原物体的真实尺寸数字化。这方面的主要进展是提高数据获取的精度，实现三维建模的高效、自动化和智能化水平。在目前的数字城市三维建模实践中，地面三维激光扫描多用在考古，倾斜摄影测量多用在城市建模快速构建，DMI 实景三维测量多用在街景采集等。其次，数字城市三维建模的第二个任务是实景纹理采集。如何快速、准确、有效地采集实地纹理，是目前国内数字城市三维建模的主要工作之一。在当前的技术下，高精度且准确的纹理还是需要用手持式数码相机人工在现场拍照，这种方式效率较慢，在大面积的三维模型生产中成本较高。因此，倾斜摄影测量自动采集纹理的技术成为当前普遍关注的焦点，并已经在纹理要求不高的数字城市三维模型生产中得到应用，但用于数字城市精细三维模型的生产还需要进行大量的实验和改进。数字城市三维建模的第三个任务是提供海量多源数据的集成及多用途的三维可视化应用与服务。在实践中，大规模三维城市建模在技术上已不存在很大困难，只是在自动化、智能化和高效率建模技术上的研究需有新的进展和突破，但城市级海量三维模型数据的高性能可视化和共享应用技术还是当前面临的主要挑战。在目前常用三维可视化平台的加载极限测试中，大多数可视化平台在加载了超过 50 km^2 的精细建筑和地形三维模型时，展示和浏览的速度均已不能满足正常的使用要求。另外，较深层次的行业应用也是当前数字城市三维模型数据的短板，大部分的数字城市三维模型生产出来后，只停留在看的层面，产生不了效益，还需要花更大力气进行更深入的研究三维城市该如何应用。

§1.3 三维 GIS 技术

三维城市模型深度应用的核心技术支撑是三维 GIS 技术。众所周知，二维 GIS 主要针对三维空间实体在平面地图空间中符号化的二维抽象表达，以摩天大楼和地铁等为代表的地上空间和地下空间的大规模开发利用，正使得垂直的三维城市空间变得极为复杂和充满风险。二维 GIS 技术难以完整准确表示三维城市空间的局限越来越明显，迫切需要突破三维空间实体集成表示（三维 GIS）的瓶颈问题，而三维 GIS 这种集成表示统一考虑了三维空间实体的几何、拓扑、外观和语义信息，支持多专业多源数据（包括既有的地图数据、现势的传感器数据和对未来的规划设计数据)的集成管理和深度综合应用,三维的城市空间框架数据将是城市规划设计、建设管理、安全防范和综合竞争能力的重要依托。图 1-3-1 为典型的三维 GIS 系统界面。近年来,三维 GIS 技术取得了突飞猛进的发展,尤其是在城市立体空间多层次的统一表达、文件系统与关系数据库系统多种模式下的高效数据库管理技术、海量三维模型数据的高性能交互式可视化技术,以及二、三维地理空间信息关联分析技术等方面,并在大中小各级数字城市建设与发展中得到了越来越普及的应用,大大提升了城市规划、管理与服务的技术水平和能力,并直接为大众民生提供了更加直观灵活方便的空间信息服务。本节将简要介绍数字城市三维建模涉及的三维 GIS 关键技术及其主要进展。

图 1-3-1　三维 GIS 系统

1.3.1　三维 GIS 模型数据的多尺度统一表示

从现实世界到三维 GIS 的映射具有不同的模式:①三维立体像素(点云)模型,可由激光扫描和摄影测量等技术自动化地快速建立,支持高性能的三维几何分析;②三维特征矢量模型,可由多源数据集成的(半)自动化方式建立,支持准确的三维空间分析、语义拓扑分析和真实感可视化;③三维数值模拟模型,可由观测数据结合物理模型和行为模型自动化地建立,支持复杂时空现象动态演变过程的模拟、预测与评估;④三维立体像对模型,可由摄影测量像对采用共线方程快速建立,支持快速的立体可视和三维量测,多用于地形地貌的立体测图。

由于人的视觉感观是获取环境信息的第一手段,所以在实际应用中,三维模型数据的可视化是可用的第一因素。而又因人的视觉能力、环境光的影响、设备显示的分辨率,以及物体角度、方位和距离的差异,同一三维模型在不同的设备上可能显示的效果不一样,或在同一设备上的不同位置、不同距离的显示效果也不一样。三维 GIS 模型数据需要显示得越精细,效果要求越逼真,对模型结构和纹理的细节要求也就越高,对数据处理设备的性能要求也就越高,对可视化显示设备的渲染能力要求也就越高。目前,不管是设备的性能还是渲染能力,都是很有限的,难以同步快速提升。三维模型数据量的大小却是随着数据范围、数据精度、数据内容的不断增加而持续性地增加,当这种矛盾的临界点出现,我们的数据将无法使用。因此,怎么在建模的生产流程中合理有效地优化数据,怎么在可视化软件中自动处理在不同视点、方位、距离所应表示的精度，怎么平滑过渡在不同显示分辨率条件下的无缝切换，就是三维GIS多尺度表示的基本内容。

三维GIS的主要特征之一就是模型数据可多尺度表示，即多细节层次表现技术(LOD)。多细节层次表现技术可以分成静态和动态两种。静态多细节层次表现技术类似于二维GIS地图数据中的多比例尺概念，在数据表现前先按不同距离和精细程度的显示要求，预生成多个精细级别的模型，并存储在数据库中，待用户在可视化操作时，根据用户操作的显示级别，直接调用相应级别的模型数据。它的优点是提前处理好了多种级别数据，省略了实时化简模型时的处理时间和减少了占用的计算机资源。但是，因同一个数据有多个级别，增加了存储数据所用的空间。另外，在实际使用时，模型精细程度的分级很难细化到人眼无法识别的程度，因此在不同精细程度的模型间切换时容易产生视觉效果突变。动态多细节层次表现技术的效果类似于人眼在真实世界观看物体的视觉感受，按从近到远时的感观细节、清晰度、视点敏感度等发生渐变的原理，在可视化时根据视点的变化动态地生成持续的各级别简化模型，并参照真实视觉效果的顺序和位置排列，实现模型视感在视点变化时的连续平滑过渡，防止视觉突变的产生。目前，主要的模型简化算法有两种，一种是模型的几何结构简化，一种是模型的纹理像素简化。模型的几何结构简化可以概括为模型的综合、取舍、抽稀、化简，包括：模型细节结构的综合，模型重点结构的取舍，模型连续曲面(球、弧)的抽稀，模型自由曲面的顶点化简等。但是，目前对模型结构简化的技术还不够自动化和智能化，只在连续自由曲面结构的自动简化技术方面较成功(如地面数字高程模型)。在对建筑物等不规则几何体进行结构简化时，由于大部分人工建筑的形状没有规律，很难用一个量化的标准去规定，很难做到全自动化的结构化简，必须结合人机交互才能完成需要的效果。在纹理简化方面，相对于结构简化在原理上和技术上均简单一些，也容易一些。我们可以根据纹理所处的远近去考虑所需显示的像元数，把纹理的像元按与视点的距离进行比例衰减，如一张纹理在1 m观看时尺寸为1024×1024，在5 m观看时为512×512，在10 m时为256×256，在20 m时为128×128，依此类推，以保证纹理在不同位置的显示精度需要，同时又较好地减少了数据量。在实际的应用中，为了实现模型数据的多尺度统一表示，在处理同一个数据时常结合静态多细节层次表现和动态多细节层次表现技术，综合性地分配机器性能和存储空间，以达到更优的可视化效果。

另外，数字城市三维模型数据的多尺度表示也体现在多源数据集成可视化的过程。在现阶段的数字城市空间框架共享平台中，往往需要集成和共用多种数据，包括4D(DLG，DEM，DOM，DRG)数据、专题数据、专业数据、统计分析数据等。这些数据有各种格式和特性，有0维的属性表格资料，有1维的档案扫描资料，有2维的普通地图数据，有2.5维的数字高程模型，有3维的真三维模型，甚至还有4维的叠加时间维度的真三维模型，这些数据的整合与统一表达也是数字城市使用的必备条件。多尺度多源三维模型数据的统一包括了空间基准的统一(坐标系统)、几何结构的统一(比例尺)、语义的统一(属性)、拓扑关系的统一(空间关系)、可视化感观的统一(纹理表现)。通常在实际使用数据的过程中，要求数据在多尺度集成时无缝，在统一表示过渡时平滑流畅，这就需要数据的加工处理方法和生产工艺有针对性的操作流程，数据的集成使用有量化的标准规范。在实际的三维模型数据多尺度统一表示时，我们常先规定数据生产的详细标准，限定数据的精细程度和表现要求，确定数据的存储方式和属性内容，规定数据的集成和可视化方案，确定数据的可视化简化规则，以最终实现实用和流畅的多尺度统一表现效果。

1.3.2 三维GIS数据获取与建模技术

三维GIS技术最重要的进展之一是三维空间数据获取技术的进步，这是三维城市模型真正普及应用的重要保障，特别是航空与近景摄影测量、机载与地面激光扫描、地面移动测量与GPS等传感器的精度和速度都有了明显的提高（朱庆 等，2004）。大量的研究致力于地物（尤其是人工地物）的三维自动重建，而依据分辨率、精度、时间和成本等的不同已经有许多不同的技术方法可供选择。其中，作为三维城市模型主要内容之一的建筑物表面矢量特征模型的三维重建方法就有如下三类：

（1）基于地图的方法，利用已有GIS、地图和CAD提供的二维平面数据以及其他高度辅助数据，经济、快速建立建筑物块体模型。

（2）基于图像的方法，利用近景、航空与遥感图像建立包括顶部细节在内的逼真表面模型，特别是倾斜摄影测量在规则形状建筑物的自动三维重建方面近年来取得了突破，并在三维城市建模中得到了应用。

（3）基于点云的方法，利用激光扫描和地面移动测量快速获得的大量三维点云数据建立建筑物的几何表面模型，机载激光扫描点云密度如果达到每平方米100个点左右，规则建筑物三维自动重建的成功率已经可以达到90%。

三维重建的数据源还可以分为远距离获取的数据（卫星影像、航空影像、空载激光扫描等）、近距离获取的数据（近景摄影、近距激光扫描、人工测量）和GIS或CAD导出数据三种。不同的数据源对应着不同的三维模型细节和应用范畴。例如，基于遥感影像和机载激光扫描的方法适用于大范围三维模型数据获取，车载数字摄影测量方法适用于走廊地带建模，地面摄影测量方法和近距离激光扫描方法则适用于复杂地物精细建模等。其中，基于影像和机载激光扫描系统的三维模型获取方法能够适用于在大范围地区快速获取地面与建筑物的几何模型和纹理细节，虽然现有技术在很大程度上还依赖人工辅助，但这无疑是最有潜力的三维模型数据自动获取技术之一。基于已有二维GIS数据的简单建模方法具有成本低、自动化程度高的优点，在某些需要快速建立三维模型的领域也有着广泛的应用，这也是现有大多数二维GIS提供三维能力的最主要方式。基于CAD的人机交互式建模方法将继续被用于一些复杂人工目标的全三维逼真重建。另外，基于图像的建模和绘制（image based modeling rendering，IBMR）作为一种新的视觉建模方法，在不需要复杂几何模型的前提下也能够获得具有高度真实感的场景表达，能够较好地解决三维建模过程中模型复杂度、绘制真实感和实时性三者之间的矛盾，大大简化了复杂的数据处理工作。因此也被越来越多地用于各种城市街景的建立，特别是基于图形和图像的两种建模技术，被综合用于高度真实感的三维城市景观模型的创建，这在城市精细化管理和导航服务中具有特殊的价值。

随着三维GIS的深入发展和广泛应用，人们越来越关注三维模型数据的准确性、逼真性和有用性。在追求三维模型逼真和准确的同时，也带来了数据生产的高投入。与二维空间数据相比，三维空间数据不是简单的一一对应或者扩展，三维空间数据库的建设至今仍然是一项复杂而昂贵的综合性工程。大型三维GIS建设的生产效率、质量控制、数据安全和有效存储与管理等问题日益突出，并直接关系到系统建设与应用的成败。决定空间数据具体生产方案的三个要素分别是精度、成本和时间，最终系统的有用性和提供的空间分析能力又取决于模型的逼真程度及所选择的数据源和建模方法。越来越多的社会化应用与大众服务则要求更简单、灵活、高效，且低成本的三维GIS数据快速获取与自动建模技术。

1.3.3　三维GIS数据库高效管理技术

在国家测绘地理信息局的提倡和推动下，全国的数字城市建设如火如荼地展开，许多城市建成了大面积的三维城市模型。随着数字城市建设的深入，三维城市模型的应用需求也日渐突出，对数据的管理要求也就更高，为了能更好地应用，实现地上、地下、室内、室外三维模型数据的一体化管理需求就显得尤为重要。要实现数据库的高效管理，首先要完成数据紧凑、有效地组织和存储管理，再通过选取高性能的数据库引擎和建立优质的性能管理方式，最后制订准确有效容量管理计划，以实现三维GIS数据库的高效运行。当前大面积的三维数据管理一般采用两种方式，一种是把数据按建模单元分块存储管理，另一种是按测区图层大文件储存管理。按建模单元分块管理在数据的可视化时，会因设备和平台性能的不足出现单元与单元间的浏览停顿和卡机。按大测区分图层进行三维模型数据储存管理时，又常常因为设备和平台性能的限制，只能集成一定量面积的数据，当加载的数据超过合理范围后，界面操作的交互性，可视化漫游的流畅性，均很难再满足实际应用的需要。目前要解决这样的问题已经有不少研究，比较好的解决方案是采用大型关系数据库管理系统，进行三维城市模型数据的一体化管理，以满足多用户协同操作、网络共享、数据安全等基本要求。

在三维城市模型数据的大型关系数据库管理系统研究方面，武汉大学测绘遥感信息工程国家重点实验室牵头的研究团队完成的“863”计划重点项目“地理空间的三维建模和分析软件及其应用示范”(http://vrlab.whu.edu.cn/863/)，针对大面积三维城市模型的协同应用，设计实现了一种支持基于Oracle 11g多模式数据库管理高效的三维GIS数据库引擎，提出了包括几何、拓扑、语义的三维空间数据库模型，为地上、地下、室内、室外三维模型数据的高效组织管理提供了方向。引擎通过多层次三维空间索引、多级缓存、多线程调度及异步通信传输等技术，实现了数据库管理系统的一体化建库和管理，支持一个平台多种应用。

在三维城市模型数据应用中，如何快速准确地找到想要的模型对象，再进行处理分析应用，是高效管理的第一关键。从二维城市模型数据的使用经验中，我们知道最有效的快速查找方式是通过空间索引和属性索引。三维城市模型数据的查找、定位、调用也一样，建立高效的三维空间索引可以实现大面积的三维城市模型数据快速检索。而在实际应用中，因不同三维城市模型的特性很难有一个比较统一的共性，很难通过共性去总结通用的空间索引，因此常按管理单元、空间位置建立第一级的索引结构，再采用R树索引或X-List索引等作为二级索引，以实现三维模型的精确查找定位。三维模型的索引选择与三维模型的特性有着密切的关系，如针对三维模型的细节层次、三维模型的分布、三维模型的结构形状等不一的特性，多采用结构平衡的三维R树索引扩展方法。针对拓扑关系复杂的特点，多采用含拓扑关系的X-List三维空间索引方法。

当前，计算机设备的性能均是有限的。如何在有限的数据库设备性能中，有效地解决多用户并发引起的性能瓶颈，目前主要通过建立高效的自适应三维模型数据缓存机制实现。缓存机制建立后，可以减少网络的通信量，减轻服务器的负载，提高响应速度，并通过多级缓存的有效配合，提高三维空间数据的调度效率。三维模型数据库引擎的缓存一般包括客户端内存缓存和文件缓存，以及服务器内存缓存。客户端内存缓存采用与三维可视化缓存共用，并通过智能指针引用计数机制自动进行维护，再利用缓存池的方式，实现各类三维模型数据的分池管理。客户端文件缓存主要是三维模型数据的索引文件和数据文件,可采用基于空间索引节点统一组织,面向内存结构一致的三维模型数据文件缓存的组织方式,提高了文件缓存数据的访问效率。应用服务器内存缓存采用面向内存块的缓存组织方式,所有数据都采用统一结构的内存块进行管理,并可直接应用于网络的传输,不用进行序列化等预处理操作。最后通过多级缓存自适应管理工具,提供各级缓存统一的接口,对各级缓存的命中率和空间利用率等信息进行统计,以及对各级缓存空间、缓存粒度等内容进行自适应配置。

在三维城市模型数据的可视化过程中,由于多细节层次统一表示的要求和多尺度自适应的原因,在实现可视化时常会产生多种精细级别的三维模型数据,如存在并行多用户同时调用时,会瞬时产生巨大的数据交互请求和临时数据。在这种情况下,就对系统硬件的要求非常高。在硬件性能一定时,为了更好地解决多用户并发产生较大负载,一般可建立多线程模型,以解决多用户并行请求所造成的压力。在武汉大学测绘遥感信息工程国家重点实验室的研究中,搭建基于线程池和数据库链接池的多线程调度模型,可较好地解决该问题。通过线程池模型进行多线程并发控制,再结合动态自适应调整,以及数据库链接池模型的数据库链接重用,最终提高了对数据库操作的性能。通过研究,建立了基于数据内容的多线程调度任务分配机制,通过并行处理不同类型数据的调度任务,把工作负载合理分配到多核处理器上。同时,通过建立三维模型数据实时调度机制和预调度机制,分别建立不同的线程池和数据库链接池,实现了实时调度和预调度并行处理的目的。再通过基于视点、距离、速度等交互操作的习惯性,预测三维模型数据的使用规律,将下一步可能需要调度的数据预先从数据库中提取出来,加载到服务器缓存中进行管理。因此,较好地提高了应用服务器缓存的命中率,使在实际调度时不需频繁地对数据库操作,大大提高了数据调度的效率。

在多层分布式三维数据库多用户的通信请求上,数据请求客户端和应用服务器之间有大量的通信传输,当并发数据量达到临界值时,通信请求将会瘫痪。为了更好地解决并发请求的问题,可采用异步通信传输机制,在客户端采用专门的线程来处理数据请求的发送和返回,以及三维模型数据的接收;在服务器端采用半同步半异步的线程池模型处理多用户多任务并发,在大数据量的模型几何实体数据和纹理数据传输中,采用了高效的分包和重组机制来提高数据传输的效率。在协同应用中,当多用户并发访问不断增长后,网络流量将会形成瓶颈,此时就需要采用负载均衡技术。它通过把大量的并发访问或数据流量分担到多台节点设备上分别处理,减少用户等待响应的时间,以及把单个重负载的运算分担到多台节点设备上进行并行处理,每个节点设备处理结束后,再将结果汇总和返回给用户,系统处理能力得到大幅度提高,这也是提高数据库管理性能的一个重要手段。

1.3.4 三维 GIS 高性能可视化技术

三维可视化是三维城市模型应用的基本功能之一,该技术是一门集计算机数据处理、图像显示的综合性技术。它利用计算机技术和方法,对三维数据进行识别、解释、表现,并用图形图像等形式,将计算过程和结果传输到可视化显示设备中,符号化、图形化、形象化地直观表现,让用户能观看其变化过程,增强用户的洞察力。在三维可视化技术的研究中,一般先把三维物体投影变换为二维图形,并在显示过程中通过消隐技术、明暗处理技术、画面绘制技术以达到在显示设备中较真实地还原人眼观看物体的真实感受。在目前的三维应用中,多用 OpenGL 接口实现可视化。OpenGL 是目前三维领域中最为广泛使用的图形软件接口,它与硬件无关，能在不同的操作系统之间进行移植。OpenGL 是图形的底层图形库，它没有提供几何实体图元，也不能直接用以描述场景。但是，它能通过转换工具方便地把 AutoCAD、3DMAX 等三维图形设计软件生产的三维模型文件转换成 OpenGL 的顶点数组，并实现可视化。

在可视化技术的性能提高上，目前多通过三维绘制的加速处理技术去实现。三维绘制的加速处理技术分三方面：一是基于视点远近的 LOD 技术，二是基于视点的可见面冗余数据剔除技术，三是通过视点和视距自动纹理细节层次的映射技术。基于视点远近的多细节层次显示技术是属于模型的几何和纹理简化技术，通过可视化需要，预先生产多细节层次模型并储存，在可视化时根据显示级别进行调用；或是采用综合、取舍、抽稀、化简等方式，通过制定规则，完成模型的自动简化和显示。冗余数据的检选先通过包围盒、八叉树等可见性判断技术选取有效对象，再把可见对象背向视点方向的不可见几何面删除，以减少需绘制的几何面，提高可视化速度和所占用资源。视点和视距自动纹理细节层次映射技术主要是为了解决大数据量纹理映射到较小区域时造成的数据冗余和可视化图像失真问题；在生产模型时为了足够的清晰度和精度，通常会使用分辨率较高的映射纹理图像，数据量较大，如整个视窗均采用同一显示精度级别时，就会因数据量过大的原因造成系统绘制性能的严重下降，而且当大量的纹理图像数据映射到一个相对视点较小的平面上时，就造成了数据的大量冗余，还可能引起图像的闪烁和晃动。因此，按一定的算法把纹理预先处理为大小不同的等级，再根据透视变换的效果自动选取不同等级的图像进行映射，最终能较好地提高三维模型的可视化性能。

碰撞检测技术，是为了使三维可视化系统更接近真实世界，是为了人与三维平台的交互更准确和科学而引入的三维可视化技术。在三维平台中的物体是以计算机产生的几何模型形式存在的，是一串数字串，它本身占有规定的几何空间位置，但也具有了真实世界中不应该存在的穿透性，或者以一种非现实的方式相互穿插。这些现象在现实世界中是不可能发生的，因为现实世界中物体占据一定的空间，物体间总会发生碰撞，因此要使系统更合理科学，就需要对虚拟世界中的物体进行碰撞检测。在三维空间中的碰撞检测一般采用包围盒或包围球的方法，包围盒算法首先对三维几何模型构造外接包围盒，再通过两个模型外接包围盒的相互关系，计算出两个对象的相互位置和运动关系。包围盒算法是一种求解离散点集最优包围空间的方法，基本思想是用体积稍大且特性简单的包围盒来近似地代替复杂的几何对象，起到简化算法的目的。包围盒有两个属性：简单性主要指使包围盒间进行相交测试时需要的计算量少，这要求几何形状简单容易计算，况且在计算相交测试时简单快速；紧密性要求包围盒尽可能地贴近被包围的对象，它决定了需要进行相交测试的包围盒的数量，紧密性好则参与相交测试的包围盒数量就少。包围球算法多用在对象在不规则运动下的碰撞检测，当检测的三维模型存在旋转、平移等不规则运动时，采用包围球不需要把碰撞的时间、角度、位置等因素参与计算，更容易得到快速合理的碰撞结果，但如三维模型存在形变性质时，就需要重新计算对象的包围球，因此在模型存在形变的计算中较少使用。

粒子系统是为了在三维可视化系统中虚拟和丰富真实自然界的一些模糊现象而衍生的系统。在三维虚拟城市环境中，一些特定的模糊现象很难用传统的渲染技术去还原真实感，如火、爆炸、烟、雨、火花、落叶、云、雾、雪、尘、流星尾迹等抽象视觉效果，就需要采用粒子系统实现。一般粒子系统的一个生命周期有模拟阶段和渲染阶段，每个循环通过产生新粒子，并赋予粒子相应的属性，生命期完结粒子消亡，剩余粒子属性改变，生成动画图像。在模拟阶段根据速度和间隔计算生成新粒子的数目，把每个粒子根据需要在特定的位置置入发射器，并在特定的三维空间内生成，而且可根据发射器设置的参数初始化每个粒子的速度、颜色、生命周期等。通过检查，当其中的某些粒子超出了生命周期，就把这些粒子剔出模拟过程，或者重新更改粒子的位置与特性。在更新模拟阶段完成后，通过将粒子进行纹理映射和渲染，形成动态的可视化结果。在三维可视化平台中，考虑到数据量较大，为了减少可视化带来的性能压力，又衍生出了一种伪粒子系统。伪粒子系统先将图元指定动态的带 Alpha 通道纹理，这些纹理是一个由多帧按时间顺序组成的反映模拟现象变化的过程图片，实现了由一个图元代替原来需要许多图元才能表示的景象，大大减少了计算机资源的占用。伪粒子系统的关键是采用视角跟随的 Billboard 图元绘制方法及制作具有动态连续特性的 Alpha Channel 纹理图片组。

1.3.5 三维 GIS 空间分析技术

三维空间分析是三维 GIS 的典型功能之一。一般包括三维相交算法、三维点集查询、三维离散算法、三维布尔运算等基础空间分析算法，以及在此基础上拓展的几何分析、缓冲区分析、表面分析、统计分析、网络分析等通用分析算法。再根据应用可细分为空间量测、叠置分析、路径分析、地形分析、剖面分析、通视分析、日照分析、流域分析、地质分析、淹没分析、管线分析、视觉景观分析、适宜性评价等典型分析应用。

三维地形分析从复杂性角度，可以分为基本地形因子的计算和复杂的地形分析两类，主要有通视分析、水淹分析、剖切分析、水文分析、道路分析、地形特征提取、水系特征提取等。各种分析与地形模型的内容是紧密相关的，不同结构的地形模型所应采用的地形分析方法也不同，如数字高程模型中基于规则方格网的与基于 TIN 三角网或基于等高线的分析在算法与处理上都不相同。通视分析是以某一视点为观察点、研究该点在区域内通视情况的地形分析，首先确定观察点和目标点的连线，再把连线与地形模型进行分析，如有相交点，则观察点和目标点不可视。剖切分析是采用一个假定的垂面与地形表面相交，并显示剖切后地形地面下的情况，主要用于研究区域的地貌形态、轮廓形状、地势变化、地质构造、地表切割强度等信息。

城市物理环境分析是对城市物理作用引起的环境效果变化所进行的分析。如城市三维噪声是分析工矿企业的机器和交通道路的车辆产生的噪声与振动对人类生活生产造成的影响，主要采用了缓冲区分析、空间统计分析、流域分析等，对噪声的强度、范围、持续时间、衰减方式等进行采集和分析，为控制、减弱、防治噪声灾害提供依据。城市道路汽车尾气散布研究是在建立城市三维景观模型的基础上，主要采用了路径分析、流域分析等，检测各交通道路上有害气体的浓度和散布规律，分析对人民大众生活生产造成的影响，结合可持续发展的需要，对城市车辆限行、城市道路规划提供依据。城市冷桥系统分析是通过建立城市三维景观模型，结合城市的地理位置、周边环境、地形地貌、气候特征和气候规律等专业数据，主要采用叠置分析、网络分析、路径分析、流域分析等，对城市建筑规划建设所造成的城市冷桥、城市热岛、城市风道、城市气候、空气流动等信息进行分析，为城市的规划建设和改造提供数据依据。

较典型的城市三维空间分析有动态日照阴影分析、三维交通寻径与导航分析等。动态的日照阴影分析通过城市建筑三维空间几何数据，结合地理数据和太阳运动数据，采用日照分析、通视分析，把城市的日照和阴影模拟出来。三维交通寻径与导航分析根据城市的路网、交通指示等信息，采用路径分析、网络分析，找出两个地理位置间的最优化行车路线，并根据城市交通指示的要求，进行自动寻径和导航。

1.3.6　虚拟现实技术

虚拟现实技术越来越多地被运用于三维城市模型的真实感展示和自然交互中，虚拟现实可以看成是利用电脑模拟或生产一个与真实一样的三维虚拟世界，如把城市三维电子数字化，再提供使用者关于视觉、听觉、触觉等感官的模拟，让使用者在三维空间中如同身处真实环境一样，并可以及时、任意地观察三维空间内的事物。

虚拟现实（virtual reality）是一种综合计算机图形技术、多媒体技术、传感器技术、显示技术和仿真技术等多种学科而发展起来的应用技术，它以模拟的方式建造一个实时反映实体对象变化与相互作用的三维图形世界，在视、听、触、摸等感知行为的逼真体验中，使参与者可以获得直接参与和探索虚拟对象在所处环境中的作用与变化。虚拟现实反映给大众的效果，就是在计算机等平台中，直观地设身到某地的物理世界中，把对时间和空间的感知模拟到计算机中，并操作、控制环境，实现自己的目的，即人是这种环境的主宰。

“虚拟现实”最早是在20世纪60年代提出来的一个概念，利用立体声和三维立体显示相结合的计算机系统建立一种新的用户界面，使用者可以置身于计算机表示的三维空间环境中，并可以通过眼、手、耳或特殊的空间传感装置在这个环境中漫游，创造出一种“身临其境”的感觉。

“虚拟现实”技术通过三维计算机图形学技术、多功能传感器交互式接口技术、高清晰度显示技术进行综合，衍生出一种可视化界面技术，用于建立虚拟环境，精确表示物体的状态模型，并进行真实的可视化渲染，再通过与用户的交互，为用户提供逼真的三维视觉、听觉、触觉和嗅觉的感受。用户可通过传感技术，通过操作，前、后、左、右、上、下6个自由度在仿真环境里进行交互操作。虚拟现实不仅是一幅画面，更重要的是可以通过感观交互，并在精神感觉上进入环境，这其中也需要人工智能、模糊逻辑和神经元技术。

“虚拟现实”的基本特征包括多感知性、沉浸感、交互性、想象性。多感知性是在计算机技术最常用的视觉感知和听觉感知外，加上人类在生活生产活动中还可能需要的力觉感知、触觉感知、运动感知、味觉感知、嗅觉感知等。最理想的“虚拟现实”是具有一切人所具有的感知功能，但由于传感技术的限制，当前的虚拟现实技术具有的感知功能一般只有视觉、听觉、力觉、触觉、运动等几种。沉浸感又称临场感，指用户存在于模拟环境中的真实程度。好的模拟环境应该让用户在环境中难以分辨真假，能全身心地投入到计算机创建的三维虚拟环境中，并认为所处的环境看上去是真的，听上去是真的，动起来是真的，闻起来是真的，尝起来等一切感觉也是真的，就像是在现实世界中的感觉一样。交互性是指在模拟环境中对象的可操作程度，以及从环境得到反馈的自然程度和实时性。想象性表示虚拟现实须有广阔的可想象空间，可拓宽人类的认知范围，既可以再现真实存在的环境，也可以随意构想真实不存在环境，甚至是构想不可能发生的环境。

§1.4　三维城市建模技术规范要点

2010年，国家住房和城乡建设部颁布了《城市三维建模技术规范》，统一了面向城市规划、设计、建设、管理等应用的城市三维建模技术规范。2012年，国家测绘地理信息局发布了面向基础地理信息产品生产的三维模型数据生产、产品、数据库三本规范，确定了模型的类型、内容，以及模型数据的采集、制作、质量控制、更新维护、数据入库等内容。本节将针对城市三维建模的特殊性和关键问题，简要介绍这些标准规范的技术要点。

1.4.1 三维城市模型的数据分类及其细节层次

1. 三维模型分类

根据《1：500、1：1000、1：2000 地形图要素》及国内外数字城市建设的实践经验，三维城市建模的主要内容构成包括八种类型：地形模型、建筑模型、交通设施模型、管线及地下空间模型、植被模型、水系模型、场地模型、其他模型。每一类建模对象按照三维模型建立和应用的需要，分为几何数据、纹理（材质）数据及属性数据三部分。

(1)地形模型。用于表示地面高低起伏形态的三维模型。

(2)建筑模型。依据地形图、建筑平面图、实景照片、规划设计等数据制作的建筑物、构筑物、附着物等三维模型，主要表达它们的几何形态、空间位置、实景或规划纹理效果等信息。

(3)交通设施模型。依据地形图、交通规划设计资料、实景照片等数据制作的道路及其附属设施的三维模型，主要表达道路、桥梁、隧道、道路指示牌等对象的空间位置、几何形态及外观效果等信息。

(4)水系模型。依据地形图、水系测量等数据制作的水系及其附属设施三维模型，主要表达河流、河堤、湖泊及其附属结构的空间位置、几何形态及外观效果等信息。

(5)管线及地下空间模型。依据管线测量数据或设计资料制作的管线三维模型，主要表达管线、地下停车场、地铁等物体的空间位置、形态、类型及附属设施等三维信息。

(6)植被模型。依据地形图、植被等测量数据制作的三维模型，主要表达绿化树、花坛、人工绿地等对象的空间位置、分布、形态及种类等信息。

(7)场地模型。依据场地测量数据或设计资料制作的三维模型，主要表达除建筑物、道路、水系、植被所占地面以外的自然或人工修筑地面区域的空间位置、几何形态及外观效果。

(8)其他模型。其他模型主要是指除地形、建(构)筑物、交通、水系、植被、地下空间设施以外的要素，可分为辅助设施和美化设施两大类。

辅助设施一般要素如表 1-4-1 所示。

表 1-4-1 辅助设施要素

建筑设施	围墙、城墙、栅栏栏杆等
交通设施	收费站、地下通道出入口、地上停车场、公交站亭、出租车站牌、BRT 站台、路牌、交通指示牌等
信息设施	环境标识、广告牌匾、滑板（告示板和宣传栏的统称）、计时装置、电子信息查询器等
通信设施	电话亭、邮箱等
休息设施	休闲座椅、伞、步廊、路亭等
贩卖设施	售货亭、快餐点、问询处、自动售货机等
游乐设施	游戏设施、娱乐设施、户外健身设施、游泳池等
卫生设施	垃圾箱、烟灰器、公共厕所、饮水及清洗台等
照明设施	大型景观灯、装饰照明灯、路灯等

美化设施一般要素如表 1-4-2 所示。

表 1-4-2　美化设施要素

装饰设施	大型雕塑、普通雕塑、壁饰、假山石等
景观设施	人工瀑布、人工水池、喷泉等

2. 三维城市模型的细节层次

三维城市模型一般划分为多个精细级别进行建造，不同级别的三维模型有不同的应用领域。一般来说，为保证三维浏览效果及浏览速度，通常对重要地物采用较高精细度建模方式，普通地物采用相对简单的建模方式；在不同的应用领域，也需要对地物模型进行不同程度的简化，如：宏观分析与统计（天际线分析）只需要表现地物的轮廓和高度，而微观分析（日照分析）则需要对窗台、阳台进行建模，精度较高。总之，三维模型分层和细节层次的确定应综合考虑模型成果使用的要求，使最终建模成果能为各个业务部门不同的应用领域服务。一般细节层次的划分可采用以下两种方法：

（1）根据系统应用需求划分不同精细级别的模型。

（2）根据不同区域划分不同精细级别的模型。

如表 1-4-3 所示，在数字城市三维模型建设中，考虑到软硬件的限制和场景景观表现的需要，须根据地物的重要程度、表现需要等划分模型的细节层次及表现精度。

表 1-4-3　城市三维模型分类与细节层次划分

模型类型	Ⅰ级	Ⅱ级	Ⅲ级	Ⅳ级
地形	DEM	DEM+DOM	高精度 DEM+高精度 DOM	精细模型
建筑	框架模型	基础模型	标准模型	精细模型
交通设施	道路中心线	道路面	道路面+附属设施	精细模型
管线	管线中心线	管线体	管线体+附属设施	精细模型
植被	通用符号	基础模型	标准模型	精细模型
其他	通用符号	基础模型	标准模型	精细模型
场地	DEM+DOM	基础模型	标准模型	精细模型
水系	DEM+DOM	基础模型	标准模型	精细模型

建筑三维模型的精细程度一般分为四个级别，如图 1-4-1 所示。

1）框架模型（Ⅳ级）

表达建筑物的体块结构和大致色调，以 1∶500、1∶1000、1∶2000 等比例尺的地形图提取建筑物的空间控制数据，或者采用测绘仪器测量采集模型的平面和高度信息用于模型的生产。只简单制作建筑的主体轮廓，其他结构一律不表现，如低矮房屋、城中村等非建筑重点区域可以采用框架模型来表现。

2）基础模型（Ⅲ级）

表达建筑物的主体形态和主体材质，以 1∶500、1∶1000、1∶2000 等比例尺的地形图提取建筑物的空间控制数据，或者采用测绘仪器测量采集模型的平面和高度信息用于模型的生产。主要用在一般建筑区域，如普通住宅、街坊中心区域的建筑。

3）标准模型（Ⅱ级）

表达建筑物的楼层结构和纹理特征，以 1∶500、1∶1000、1∶2000 等比例尺的地形图提取建筑物的空间控制数据，或者采用测绘仪器测量采集模型的平面和高度信息用于模型的生产。主要用于表现城市主干道两旁、高档住宅、公寓等区域的建筑，大于 1 m 的进退关系须结构

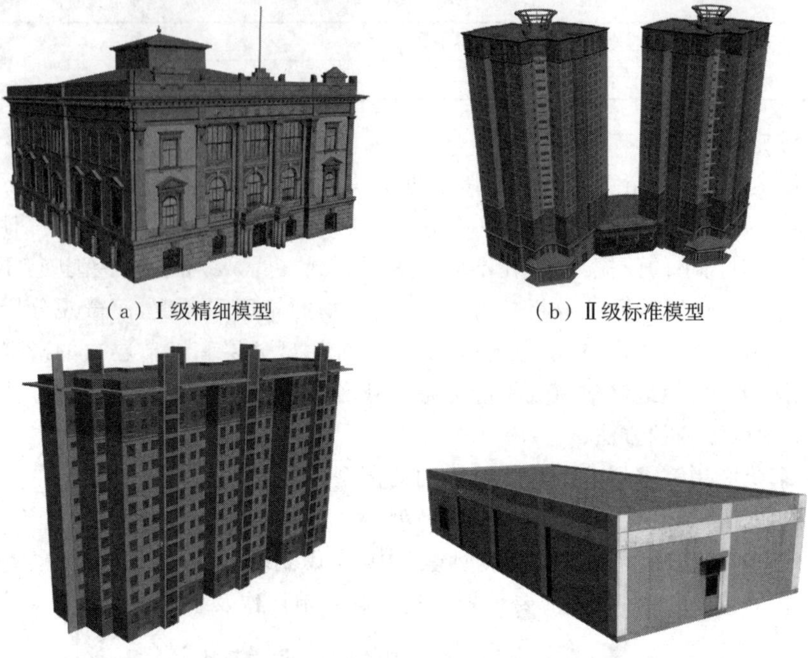

（a）Ⅰ级精细模型　（b）Ⅱ级标准模型

（c）Ⅲ级基础模型　（d）Ⅳ级框架模型

图 1-4-1　三维城市模型的多细节层级

表现。

4)精细模型(Ⅰ级)

表达建筑物的细部结构和纹理细节，以 1∶500、1∶1000、1∶2000 等比例尺的地形图提取建筑物的控制数据，或者采用测绘仪器测量采集模型的平面和高度信息用于模型的生产。主要用于表现重点单位、中心城区商业街、城市标志物、风景名胜等建筑的模型生产，大于 0.5 m 的进退关系需结构表现。采用近距离三维激光扫描也可完成精细模型的生产，一般应用于古文物、古建筑、复杂雕塑等特殊的不规则结构模型的生产。

1.4.2　三维城市建模的主要技术要求

1. 表现形式要求

1)地形表现

地理要素的地形表现是指以数字高程模型作为基准，以数字正射影像或真正射影像作为纹理，通过 DOM 贴附于 DEM 表面的方式表达地理要素。

2)模型表现

模型表现又分细节结构表现、主体建模表现和符号表现三种。细节结构表现指对地理要素主体结构、细部结构进行精细几何建模表现，外立面纹理通常采用能精确反映物体色调、饱和度、明度等特征的影像或照片生产；主体建模表现指仅对地理要素主体进行几何建模表现，植被、栅栏栏杆等模型仅用单面片、十字面片或多面片的方式表示，外立面不贴纹理或采用能基本反映物体色调、饱和度、明度等特征的影像或照片生产的纹理，或直接采用纹理库中的示意纹理图像；符号表现指用三维模型符号库中预先制作的模型符号来表现地理要素，模型符号仅有位置、角度、尺寸及长宽高比例可以改变。

2. 模型平面精度要求

通常情况下，三维模型的平面精度应不低于表1-4-4的相应规定。

表1-4-4 三维模型平面精度要求

级别	Ⅰ级	Ⅱ级	Ⅲ级	Ⅳ级	Ⅴ级
成图比例尺	1∶500(外业调绘)	1∶500(非外业调绘)	1∶1000	1∶2000	1∶5000
平面精度/m	0.3	0.5	0.8	1.4	3.5

注：困难地区(如林区、阴影覆盖隐蔽区等)的平面中误差可按表1-4-4规定放宽0.5倍，中误差的两倍值为最大误差。

3. 模型高度精度要求

通常情况下，三维模型的高程精度应不低于表1-4-5的相应规定。

表1-4-5 三维模型高度精度要求

级别	Ⅰ级	Ⅱ级	Ⅲ级	Ⅳ级	Ⅴ级
成图比例尺	1∶500(外业调绘)	1∶500(非外业调绘)	1∶1000	1∶2000	1∶5000
高程精度/m	0.5	0.8	1	2	5

注：困难地区(如林区、阴影覆盖隐蔽区等)的高度中误差可按表1-4-5规定放宽0.5倍，中误差的两倍值为最大误差，Ⅴ级精度以累加楼层方式建立模型时应达到或优于高度精度。

4. 地形精度要求

地形精度可通过成图比例尺、网格间距及高程中误差三者的综合来表达。地形(DEM)格网点相对于附近野外控制点的高程中误差应不低于表1-4-6的相应规定。

表1-4-6 地形精度要求 单位：m

级别	Ⅰ级	Ⅱ级	Ⅲ级	Ⅳ级	Ⅴ级	Ⅵ级	Ⅶ级	Ⅷ级
成图比例尺	1∶500	1∶1000	1∶2000	1∶5000	1∶1万	1∶2.5万	1∶5万	1∶10万
网格间距	0.5	1	2	2.5	5	10	25	50
平地的高程中误差	0.37	0.37	0.75	1	1	3	6	12
丘陵的高程中误差	0.75	1.05	1.05	2.5	2.5	5	10	20
山地的高程中误差	1.05	1.5	2.25	5	5	8	16	32
高山的高程中误差	1.5	3	3	8	10	14	28	54

注：阴影、摄影死角、森林、隐蔽等困难地区高程中误差按表1-4-6规定放宽0.5倍，DEM内插点的高程中误差按表1-4-6规定放宽0.2倍；高程中误差2倍为采样点数据最大误差；DEM与三维模型匹配的区域会损失部分精度。

5. DOM精度要求

DOM精度可从成图比例尺和DOM分辨率来表达。通常情况下，DOM地面分辨率应不低于表1-4-7的相应规定。

表1-4-7 DOM精度要求

级别	Ⅰ级	Ⅱ级	Ⅲ级	Ⅳ级	Ⅴ级	Ⅵ级	Ⅶ级	Ⅷ级
成图比例尺	1∶500	1∶1000	1∶2000	1∶5000	1∶1万	1∶2.5万	1∶5万	1∶10万
DOM地面分辨率/m	0.05	0.1	0.2	0.5	1	2.5	5	10

注：Ⅴ、Ⅵ、Ⅶ、Ⅷ级为卫星影像地面分辨率。

6. 建筑要素模型精细度要求

通常情况下，建筑模型精细度应符合表1-4-8的相应规定。

表 1-4-8　建筑要素模型精细度要求

内容	Ⅰ级	Ⅱ级	Ⅲ级	Ⅳ级
屋顶	细节建模表现	主体建模表现	主体建模表现	主体建模表现
楼体	细节建模表现	细节建模表现	主体建模表现	主体建模表现
底商	细节建模表现	主体建模表现	不表现	不表现
女儿墙	细节建模表现	主体建模表现	主体建模表现	不表现
开放阳台	细节建模表现	主体建模表现	主体建模表现	不表现
屋顶重要装饰	细节建模表现	主体建模表现	不表现	不表现
下穿结构	细节建模表现	主体建模表现	主体建模表现	不表现
门廊	细节建模表现	主体建模表现	主体建模表现	不表现
屋檐	大于 0.5 m 细节建模表现	大于 1 m 细节建模表现	主体建模表现	不表现
吻兽	主体建模表现	符号表现	不表现	不表现
雀替	主体建模表现	符号表现	不表现	不表现
檐廊	细节建模表现	主体建模表现	不表现	不表现
大型台阶	细节建模表现	主体建模表现	主体建模表现	不表现
普通台阶	主体建模表现	主体建模表现	不表现	不表现
室外楼梯	细节建模表现	主体建模表现	主体建模表现	不表现
支柱(墩)	细节建模表现	主体建模表现	主体建模表现	不表现
立面突出物或重要装饰	大于 0.5 m 细节建模表现	大于 1 m 细节建模表现	主体建模表现	不表现
悬空通廊	细节建模表现	主体建模表现	主体建模表现	不表现
天窗老虎窗	主体建模表现	主体建模表现	主体建模表现	不表现
水箱	主体建模表现	符号表现	符号表现	不表现
发射塔	主体建模表现	符号表现	不表现	不表现
单位碑铭	主体建模表现	符号表现	不表现	不表现
门口装饰物	主体建模表现	符号表现	不表现	不表现
烟囱	主体建模表现	符号表现	不表现	不表现
旗杆	主体建模表现	符号表现	不表现	不表现
一般出入口	细节建模表现	主体建模表现	主体建模表现	不表现

注：确有必要时，可扩展至Ⅵ级。

7. 交通要素模型精细度要求

通常情况下，交通要素模型精细度应符合表 1-4-9 的相应规定。

表 1-4-9　交通要素模型精细度要求

内容	Ⅰ级	Ⅱ级	Ⅲ级	Ⅳ级
地面道路	细节建模表现或地形表现	主体建模表现或地形表现	主体建模表现或地形表现	主体建模表现或地形表现
路基	主体建模表现或地形表现	主体建模表现或地形表现	主体建模表现或地形表现	地形表现或不表现
路面交通标线	细节建模表现	主体建模表现或地形表现	地形表现或不表现	不表现
人行道	细节建模表现	主体建模表现	主体建模表现或地形表现	地形表现或不表现
道路隔离带	细节建模表现	主体建模表现	主体建模表现或地形表现	地形表现或不表现

续表

内容	Ⅰ级	Ⅱ级	Ⅲ级	Ⅳ级
道路声屏障	主体建模表现	主体建模表现	不表现	不表现
交通护栏	主体建模表现	主体建模表现	主体建模表现	不表现
环岛	主体建模表现	主体建模表现	符号表现	不表现
公交站台	细节建模表现	符号表现	地形表现或不表现	不表现
列车站台	细节建模表现	主体建模表现	主体建模表现或地形表现	地形表现或不表现
公路、铁路隧道	细节建模表现	主体建模表现	不表现	不表现
铁轨	主体建模表现或地形表现	主体建模表现或地形表现	主体建模表现或地形表现	地形表现或不表现
高架路	细节建模表现	主体建模表现	主体建模表现	符号表现
立交桥	细节建模表现	主体建模表现	主体建模表现	符号表现
车行桥	细节建模表现	主体建模表现	主体建模表现	符号表现
人行桥	细节建模表现	主体建模表现	主体建模表现	符号表现

8. 水系要素模型精细度要求

通常情况下，水系要素模型精细度应符合表1-4-10的相应规定。

表1-4-10　水系要素模型精细度要求

内容	Ⅰ级	Ⅱ级	Ⅲ级	Ⅳ级
水面	主体建模表现或地形表现	主体建模表现或地形表现	主体建模表现或地形表现	地形表现或不表现
河床	主体建模表现或地形表现	主体建模表现或地形表现	地形表现或不表现	不表现
码头	主体建模表现或地形表现	主体建模表现或地形表现	主体建模表现或地形表现	地形表现或不表现
停泊场	主体建模表现或地形表现	主体建模表现或地形表现	主体建模表现或地形表现	地形表现或不表现
防洪墙(堤)	主体建模表现	主体建模表现	主体建模表现	不表现
河堤	主体建模表现或地形表现	主体建模表现或地形表现	主体建模表现或地形表现	地形表现或不表现
护栏	细节建模表现	主体建模表现	不表现	不表现
滩涂	主体建模表现或地形表现	主体建模表现或地形表现	地形表现或不表现	不表现
明礁	主体建模表现或地形表现	符号表现	地形表现或不表现	不表现
水闸	主体建模表现	主体建模表现	符号表现	地形表现或不表现
滚水坝	主体建模表现	主体建模表现	主体建模表现	不表现
拦水坝	主体建模表现	主体建模表现	主体建模表现	不表现
防波堤	主体建模表现或地形表现	主体建模表现或地形表现	主体建模表现或地形表现	地形表现或不表现
亲水平台	细节建模表现	主体建模表现	主体建模表现或地形表现	地形表现或不表现
亲水台阶	细节建模表现	主体建模表现	地形表现或不表现	地形表现或不表现

注：没有明确要求时，可合并Ⅱ、Ⅲ两个等级。

9. 植被要素模型精细度要求

通常情况下，植被要素模型精细度应符合表1-4-11的相应规定。

表1-4-11 植被要素模型精细度要求

内容	Ⅰ级	Ⅱ级	Ⅲ级	Ⅳ级
古树名木	细节建模表现	主体建模表现	符号表现	符号表现
带状绿化树	主体建模表现	符号表现	地形表现或不表现	不表现
绿篱	主体建模表现	主体建模表现或地形表现	地形表现或不表现	不表现
树林	符号表现	符号表现或地形表现	地形表现或不表现	不表现
草地	主体建模表现或地形表现	主体建模表现或地形表现	主体建模表现或地形表现	地形表现或不表现
苗圃	主体建模表现或地形表现	主体建模表现或地形表现	地形表现或不表现	地形表现或不表现
护树设施	主体建模表现	符号表现	不表现	不表现
花架花钵	主体建模表现	符号表现	不表现	不表现
绿地护栏	主体建模表现	符号表现	不表现	不表现
花圃（坛）	主体建模表现	主体建模表现或地形表现	地形表现或不表现	不表现

10. 场地模型精细度要求

通常情况下，场地模型精细度应符合表1-4-12的相应规定。

表1-4-12 场地模型精细度要求

内容	Ⅰ级	Ⅱ级	Ⅲ级	Ⅳ级
高于地面的露台	主体建模表现	主体建模表现或地形表现	地形表现或不表现	不表现
下沉式广场	细节建模表现	主体建模表现	主体建模表现或地形表现	地形表现或不表现
露天体育场	细节建模表现	主体建模表现	主体建模表现或地形表现	地形表现或不表现
露天游泳池	主体建模表现	主体建模表现或地形表现	地形表现或不表现	不表现
人工水池	主体建模表现	主体建模表现或地形表现	地形表现或不表现	不表现
施工地	主体建模表现或地形表现	主体建模表现或地形表现	地形表现或不表现	不表现
内部道路	主体建模表现或地形表现	主体建模表现或地形表现	地形表现或不表现	不表现
空地	主体建模表现或地形表现	主体建模表现或地形表现	地形表现或不表现	不表现

11. 管线及地下空间设施模型精细度要求

通常情况下，管线及地下空间设施模型精细度应符合表1-4-13的相应规定。

表 1-4-13　管线及地下空间要素模型精细度要求

类别	内容	Ⅰ级	Ⅱ级	Ⅲ级	Ⅳ级
地上地下管线	架空的管道	细节建模表现	主体建模表现	主体建模表现或地形表现	主体建模表现或地形表现
	架空管道墩架	细节建模表现	主体建模表现	主体建模表现	不表现
	地面上的管道	细节建模表现	主体建模表现	主体建模表现或地形表现	主体建模表现或地形表现
	地面下的管道	细节建模表现	主体建模表现	主体建模表现	不表现
	有管堤的管道	细节建模表现	主体建模表现	主体建模表现或地形表现	主体建模表现或地形表现
	阀门井	主体建模表现	主体建模表现或地形表现	地形表现或不表现	不表现
	阀门	主体建模表现	符号表现	不表现	不表现
	排放装置	主体建模表现	符号表现	不表现	不表现
	动力站	主体建模表现	主体建模表现或地形表现	地形表现或不表现	不表现
	检修井	主体建模表现	主体建模表现或地形表现	地形表现或不表现	不表现
	预留口	主体建模表现	不表现	不表现	不表现
	调压设备	主体建模表现	符号表现	不表现	不表现
	变径	主体建模表现	符号表现	不表现	不表现
地下人防设施	地下建筑空间	细节建模表现	主体建模表现	主体建模表现	不表现
	地下建筑物的地表出入口	细节建模表现	主体建模表现	主体建模表现	不表现
	地下建筑物的天窗	主体建模表现	符号表现	不表现	不表现
地下交通设施	过街地道	细节建模表现	主体建模表现	主体建模表现	不表现
	地铁轨道	细节建模表现	主体建模表现	主体建模表现	不表现
	地铁站台	细节建模表现	主体建模表现	主体建模表现	不表现

12. 其他要素模型精细度要求

通常情况下，其他要素模型精细度应符合表 1-4-14 的相应规定。

表 1-4-14　其他要素模型精细度要求

类别		内容	Ⅰ级	Ⅱ级	Ⅲ级	Ⅳ级
辅助设施	建筑设施	围墙	主体建模表现	主体建模表现	地形表现或不表现	地形表现或不表现
		城墙	主体建模表现	主体建模表现	主体建模表现或地形表现	地形表现或不表现
		栅栏栏杆	主体建模表现	主体建模表现	符号表现	不表现
	交通设施	地上停车场	细节建模表现或地形表现	主体建模表现或地形表现	地形表现或不表现	地形表现或不表现
		公交站亭	细节建模表现	主体建模表现	符号表现	不表现
		快速公交站台	细节建模表现	主体建模表现	符号表现	不表现
		过街天桥	细节建模表现	主体建模表现	主体建模表现	符号表现
		防眩设施	符号表现	符号表现	不表现	不表现

续表

类别		内容	Ⅰ级	Ⅱ级	Ⅲ级	Ⅳ级
辅助设施	交通设施	防撞桶	符号表现	符号表现	不表现	不表现
		减速带	符号表现	不表现	不表现	不表现
		塑料likely锥	符号表现	不表现	不表现	不表现
		交通标志牌	符号表现	不表现	不表现	不表现
		路名牌	主体建模表现	不表现	不表现	不表现
		道路信息显示屏	主体建模表现	符号表现	不表现	不表现
		收费站	主体建模表现	符号表现	符号表现	不表现
		加油站	细节建模表现	主体建模表现	符号表现	符号表现
		地下通道出入口	细节建模表现	主体建模表现	主体建模表现或地形表现	地形表现或不表现
		交通信号灯	符号表现	符号表现	不表现	不表现
		售票处	细节建模表现	主体建模表现	符号表现	符号表现
		自助售票机	符号表现	不表现	不表现	不表现
		移动刷卡机	符号表现	不表现	不表现	不表现
		安检设备	符号表现	不表现	不表现	不表现
	信息设施	导览指示牌	符号表现	不表现	不表现	不表现
		广告牌匾	主体建模表现	符号表现	不表现	不表现
		宣传栏	符号表现	不表现	不表现	不表现
		告示板	符号表现	不表现	不表现	不表现
		大型计时装置	主体建模表现	符号表现	不表现	不表现
		电子信息查询器	符号表现	不表现	不表现	不表现
	通信设施	电话亭	主体建模表现	符号表现	不表现	不表现
		邮箱	符号表现	不表现	不表现	不表现
	休息设施	休闲座椅	符号表现	不表现	不表现	不表现
		路亭	主体建模表现	符号表现	符号表现	不表现
		步廊	细节建模表现	主体建模表现	主体建模表现	符号表现
		伞	符号表现	不表现	不表现	不表现
	商业设施	售货亭	细节建模表现	主体建模表现	符号表现	符号表现
		治安岗亭	细节建模表现	主体建模表现	符号表现	符号表现
		报刊亭	细节建模表现	主体建模表现	符号表现	符号表现
		信息亭	细节建模表现	主体建模表现	符号表现	符号表现
		自动售货机	符号表现	不表现	不表现	不表现
		快餐点	主体建模表现	符号表现	符号表现	不表现
		问询处	细节建模表现	主体建模表现	符号表现	符号表现
	游乐设施	大型健身设施	细节建模表现	符号表现	不表现	不表现
		大型游乐设施	细节建模表现	符号表现	不表现	不表现
	卫生设施	公共厕所	主体建模表现	符号表现	符号表现	不表现
		垃圾筒	符号表现	不表现	不表现	不表现
		烟灰器	符号表现	不表现	不表现	不表现
		饮水及清洗台	符号表现	不表现	不表现	不表现
	照明设施	大型景观灯	细节建模表现	符号表现	不表现	不表现
		装饰照明灯	符号表现	不表现	不表现	不表现
		道路照明灯	符号表现	不表现	不表现	不表现

续表

类别		内容	Ⅰ级	Ⅱ级	Ⅲ级	Ⅳ级
美化设施	装饰设施	大型雕塑	细节建模表现	主体建模表现	不表现	不表现
		普通雕塑	主体建模表现	不表现	不表现	不表现
		壁饰	主体建模表现	不表现	不表现	不表现
		假山石	主体建模表现	符号表现	不表现	不表现
	景观设施	人工瀑布	主体建模表现	符号表现	不表现	不表现
		喷泉	符号表现	不表现	不表现	不表现

13. 纹理精细度要求

通常情况下，纹理精细度应符合表1-4-15的相应规定。

表1-4-15　纹理精细度要求

类型		Ⅰ级	Ⅱ级	Ⅲ级	Ⅳ级
纹理描述		修饰真实纹理	不修饰真实纹理	通用纹理	示意纹理
纹理内容	纹理来源	现状照片	现状照片	现状照片	纹理库
	遮挡物	处理遮挡	处理遮挡	适当处理	不处理
	透视变形	需要处理	适当处理	适当处理	不处理
	纹理接缝	需要处理	适当处理	适当处理	不处理
	纹理眩光	需要处理	适当处理	适当处理	不处理

注：保持地理要素原有外观的完整性、美观性、统一性（建筑类不考虑因个人原因改装，随意搭建，封闭阳台而对建筑物造成的不统一），模型观感与原物体保持一致；不同行业应用的模型纹理精细度划分可依据项目或产品性质及用户需求作出相应规定。

1.4.3　三维城市建模的技术要点解读

1. 建筑模型总体技术要点

建筑模型是以一个完整的几何体为单个建模对象，包括建筑主体、女儿墙、阳台、屋檐、楼顶造型等，删除不必要的面，完成后的建筑模型以一栋建筑对象为一个单位。

（1）房屋的高度通常是通过立体测图、仪器测量等方式获得，在没有建筑高度数据且对高度精度要求不高的模型，在建模中可根据外业照片中地物高度和宽度的相互比例估算。

（2）屋顶的造型、结构参考照片和高分辨率的影像图来建模，普通坡状屋顶类民房不用做厚度，可不做屋檐。牌坊、亭子、古典建筑、特殊的政府机关大楼等大型建筑物需根据实际情况制作屋檐。

（3）女儿墙必须用实体制作，一般不用单面物体双面显示，厚度根据建筑的大小需求而定，一般在0.3～0.5 m；沿街的建筑物根据实际有无情况制作女儿墙，背街的旧住宅楼房6层以下的，可不制作女儿墙。

（4）靠近楼体、沿街的大型广告牌需要实体制作，厚度为0.2～0.4 m，墙体有结构的须按实际情况做出模型结构，如遇裙楼体，楼体的伸出造型及支撑部分都需做出结构，建筑中不应出现单面物体双面显示。

（5）楼梯间及电梯：楼梯间可用专门的贴图来表示，在外墙上的观光电梯可以处理成一张纹理，然后重复贴图，重复贴图需要把文字等有特性信息的内容处理掉，消防通道位置参照影像图和实地照片进行处理。

(6)楼体在不允许破面存在的前提下,使用方便贴图的方式进行生产;对于楼体进退小于0.5 m的结构可以用纹理表现,楼面走向前后应该平行,同一楼面上的点应在同一空间面上。

(7)模型在满足精度要求的前提下,应尽量减少面数,减小纹理尺寸,并需要处理点、线、面的冗余。

(8)纹理色彩及亮度过渡应自然,能准确反映建筑物的材质特征。

1)精细模型(Ⅰ级)技术要点

应用于具有城市或区域形象代表的标志性建筑,如商业地标、旅游地标、现代建筑地标以及市委、市政府等重要部门建筑,模型示例如图 1-4-2 所示。

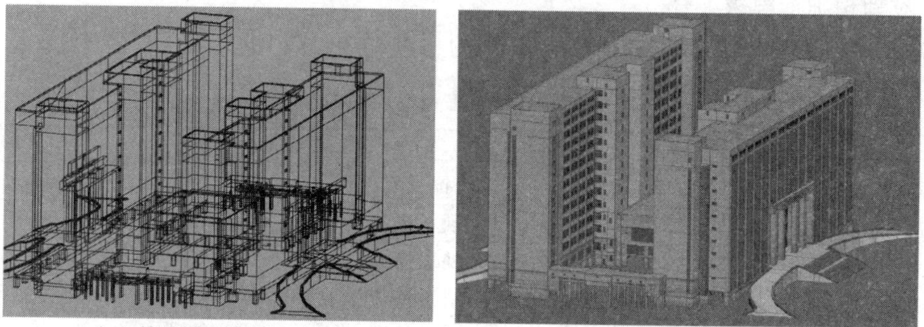

(a) 精细模型线框显示效果　(b) 精细模型实体显示效果

图 1-4-2　建筑精细模型示意图

(1)精细模型一般采用仪器测量数据、激光点云等平面和高度控制资料进行模型生产。

(2)要求真实、精确表现建筑物的外观,能够体现非常精细的细部实体结构,女儿墙用实体制作,对超过 0.5 m 的进退结构均应采用实体建模表现。

(3)地面纹理利用去除杂物的真实纹理贴图表示,架空文字用透贴表示。

(4)接地的台阶用模型制作整体结构,台阶横面和立面可采用含合理色调差的纹理表示,侧面可选用较顶面略暗的纹理贴图,以得到较合理的立体效果。

(5)模型的纹理应与建筑实际情况保持一致,天窗、室外楼梯、广告牌及各类附属设施都应清晰表现,大于 0.5 m 的结构用模型表示,小于 0.5 m 的结构可用纹理表现。

(6)模型的基底高度应与地形高程处于同一水平面上。

(7)模型的高度精度应优于 1 m。

(8)合理控制模型三角面数,单个模型对象的面数不应超过 2 000,复杂建筑或古建可适当放宽,但不应超过 4 000 面。

2)标准模型(Ⅱ级)技术要点

主要包括城市居民小区楼房和其他一些非重点单位的建筑物,城市主干道及其两侧建筑物,重要的公共性建筑等,模型示例如图 1-4-3 所示。

(1)标准模型一般采用 1∶500、1∶1000、1∶2000 等大比例尺地形图提取建筑轮廓线,采用立体测图或仪器实地测量建筑高度进行三维模型生产。

(2)用模型表现建筑的女儿墙和屋檐,女儿墙的顶面贴图亮度应高于内侧立面贴图亮度,以有更好的立体效果。

(3)模型应反映屋顶、阳台等附属设施的细节变化。

(4)建筑中进退关系大于 0.5 m 的重要结构(如开放阳台、门廊、女儿墙等),用模型表现,地下出入口等可用主体建模表现。

(5)接地的台阶用模型制作主体结构，台阶斜面可用纹理表示，侧面可选用较顶面略暗的纹理贴图，以得到较合理的立体效果。

(6)高级住宅区的阳台应根据建筑的实际情况制作成封闭或开放阳台。

(7)模型的高度精度应优于 1 m。

(8)模型的基底高度应与地形高程处于同一水平面上。

(9)合理控制模型的三角面数，单个模型对象的面数不应超过 1 000，特殊建筑可适当放宽，但不应超过 1 500 面。

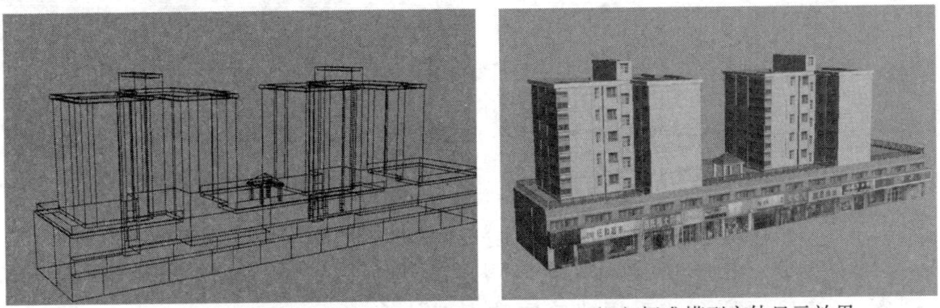

(a) 标准模型线框显示效果　　(b) 标准模型实体显示效果

图 1-4-3　建筑标准模型示意图

3)基础模型(Ⅲ级)技术要点

基础模型主要有城市次干道及其两侧建筑，支干道临街建筑，普通住宅楼等，模型示例如图 1-4-4 所示。

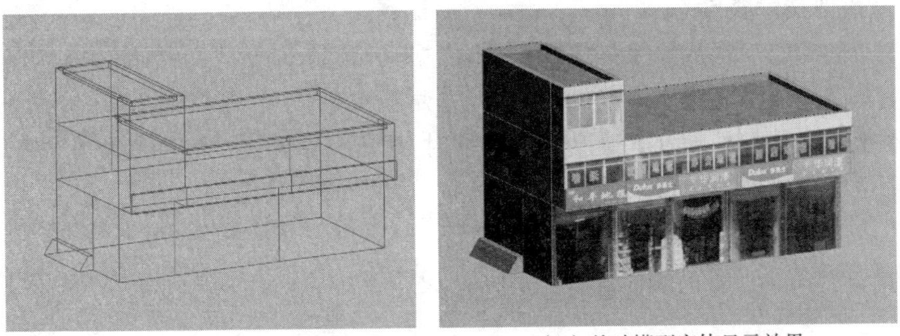

(a) 基础模型线框显示效果　　(b) 基础模型实体显示效果

图 1-4-4　建筑基础模型示意图

(1)基础模型一般采用 1∶500、1∶1000、1∶2000 等大比例尺的地形图提取建筑轮廓线进行三维模型生产，模型的高度信息可通过实测或立体测图等方法获取。

(2)建筑中大于 1 m 的进退结构应用模型表现，间距小于 1 m 的相邻建筑可组合为一个模型对象。

(3)模型整体合理、纹理清晰、颜色统一，底商纹理正确清晰、无干扰杂物。

(4)接地的台阶用模型制作主体结构，台阶斜面可用纹理表示，侧面可选用较顶面略暗的纹理贴图，以得到较合理的立体效果。

(5)顶部大于 1 m(宽度)的女儿墙应采用结构表示，小于 1 m 可用纹理表示。

(6)住宅区的阳台根据实地情况用纹理表示，必要时可以合理制作成封闭阳台。

(7)模型的基底高度应与地形高程处于同一水平面上。

(8)合理控制模型三角面数,单个模型对象的面数不应超过300。

4)框架模型(Ⅳ级)技术要点

主要表示非道路两侧的普通民宅、城中村、工厂厂房、临时房屋等建筑物,模型示例如图1-4-5所示。

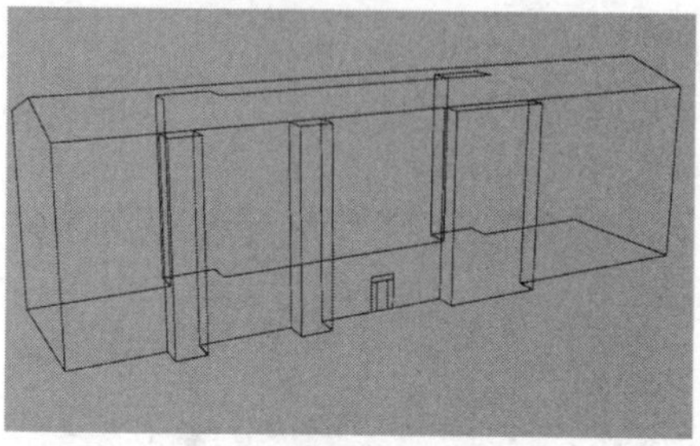

(a)框架模型线框显示效果

(b)框架模型实体显示效果

图1-4-5 建筑框架模型示意图

(1)框架模型一般采用1∶500、1∶1000、1∶2000等大比例尺的地形图提取建筑轮廓线进行三维模型生产,高度可实测或采用建筑层数虚拟估算。

(2)模型可采用工具根据建筑物轮廓及屋顶高度自动挤出生成。

(3)台阶、屋檐、女儿墙等结构用纹理表示。

(4)模型的基底高度应与地形高程处于同一水平面上。

(5)单个模型对象的三角面数不应超过100。

2. 交通模型技术要点

整个项目的道路应形成一个无缝的整体,依据大比例尺地形图等控制数据勾画道路轮廓。道路建模应该在遵循空间位置准确的前提下,方便与建筑、小品等模型集成整合,同时保证整体的视觉规整效果。在处理地面高度及平整度时,短距离道路上的突变高程点应删除,短距离间宽度有细微变化的路面也可以按统一宽度制作,以保证美观性和合理性。

1)交通模型基本要点

(1)道路及附属设施模型应根据1∶500、1∶1000、1∶2000地形图或DOM确定平面轮廓和高程制作。

(2)道路和人行道的纹理采用实地采集照片制作,路面纹理可根据实地路面的材质及颜色以类似纹理贴图。

(3)路面的交通标线可通过航空影像或实际拍摄照片获取。

2)交通模型的主要结构

(1)路面、人行道、道路标线、交通标志、标识等。

(2)路崖(小区内部道路可以不用制作路崖)。

(3)人行桥、车行桥、立交桥。

(4)转盘及其附属结构。

(5)铁路、轻轨等。

3)交通模型精细级别

(1)精细模型(Ⅰ级)(图1-4-6)技术要点:①应准确反映道路交通设施的结构特征,超过

1 m 的进退变化和细部结构应进行模型制作；②交通模型轮廓与实地道路轮廓应一致，弧线路段应做圆滑处理，模型高度可根据实地测量数据或现场照片判读信息制作，交通模型的最低部位与地形模型须无缝衔接；③纹理细节应准确反映道路的材质特征，不同类型的道路和附属物应参照实地照片制作纹理正确清晰反映。

图 1-4-6 道路精细模型示意图

(2)标准模型(Ⅱ级)技术要点：①模型应反映交通道路的现状，以纹理形式表现路面的材质及交通标线；②模型的轮廓与控制数据轮廓应一致，弧线路段做圆滑处理，道路模型的底部与地形模型须无缝衔接。

(3)基础模型(Ⅲ级)技术要点：①模型反映道路的现状，纹理采用通用示意纹理表现，道路交通标线等附属设施可不表示；②模型的轮廓应与控制数据的形状相一致，弧线路段应做圆滑处理，模型的底部须与地形模型无缝衔接。

(4)简易模型(Ⅳ级)技术要点：简易交通模型可用示意纹理表示，通常用正射影像图表现。

3. 植被模型技术要点

1)植被模型基本要点

花坛、车道绿化带、水泥台、树池等按照实际的尺寸和位置建模，精度要求参考同等级别的建筑物建模精度要求。

(1)绿化树(含堤岸树、成片的树林)原则上采用十字交叉面片表现，行道树或重点区域的树木采用多片面树表现，古树名木应采用模型树表现。要求树木种类一致、相对位置和间距基本正确、十字面片树的树干须重合在同一基准点上，密度适中。树木姿态、树冠大小、树冠颜色应有变化，高低错落，形态美观，行道树禁止同宽同高，可开发辅助工具自动调整树的姿态使其自动高低错落。

(2)古树名木须按照实际尺寸、树种、位置、形态制作模型树，应保证与现状树木的较高相似度。

(3)植被模型的底面与地形起伏相吻合。

(4)花坛中以具有一定间距的单簇花为主花圃灌木，可采用十字交叉面片纹理双面贴图，成片的形状花坛可挤出主体结构贴上纹理，纹理的形态色调应与实地相似。

(5)草地应参考影像、地形图和外业照片按实地的范围、形状和种类建立模型,贴赋相似纹理表现。

(6)灌木带可根据矢量范围线挤出主体结构模型,根据实地的树木纹理制作近似的无缝贴图,分别贴附在主体结构的顶面和立面,灌木带的顶面和立面纹理应在色调上有区分。

(7)透明纹理贴图必须勾选双面显示。

2)精细模型(Ⅰ级)技术要点

(1)植被的位置以1∶500、1∶1000、1∶2000等比例尺的地形图或正射影像图为依据,绿地、园地等植被的轮廓按地形图制作。

(2)树木模型一般按树干、树枝、树叶等要素分别制作模型,必要时高度应实测。

(3)纹理应真实准确地反映各类植被的色调、形态等要素,全局色彩搭配协调美观。

(4)植被的树种按实地拍摄照片确定。

(5)树木的大小、高低、方位等形态以外业照片为参照制作。

(6)植被的精细级别模型主要用于表现古树名木、方位树木或造型的植物。

3)标准模型(Ⅱ级)技术要点

(1)植被的位置以1∶500、1∶1000、1∶2000等比例尺的地形图或正射影像图为依据,绿地、林地、园地等模型的轮廓按地形图制作。

(2)树木模型采用简单的树干反映基本特征,树冠可多面片表现,反映树木的形态及纹理。

(3)行道树模型可按矢量数据和正射影像图上的位置摆放。

(4)需重点表现的较重要树木的高度应实测高度作为依据制作。

(5)植被模型的主要纹理与实际基本一致,主要特征清晰可辨。

4)基础模型(Ⅲ级)技术要点

(1)植被的位置以1∶500、1∶1000、1∶2000等比例尺的地形图或正射影像图为依据,绿地等植被的轮廓按地形图植被边界制作。

(2)树木模型可用十字面片、多面片等方式生产制作。

(3)行道树模型可按实际的间距以示意性位置制作,如在实地一定距离内平均布置一定数量的行道树模型,其他片状景观树木模型可根据地形图或正射影像的轮廓范围,随机生成不同种类、不同大小、不同方位形态的模型,保证整体效果的协调、合理、美观。

(4)树木模型的种类与实际类似,能基本反映树木的种类及分布情况。

5)简易模型(Ⅳ级)技术要点

(1)植被的位置以1∶500、1∶1000、1∶2000等比例尺的地形图或正射影像图为参考,绿地等植被的轮廓按地形图或正射影像图制作。

(2)行道树的高度根据实地照片反映的比例确定,树的大小分布可随机生成,尽量合理美观。

(3)模型一般以单面片或十字面片表示。

4. 水系模型技术要点

1)水系模型基本要点

(1)水系模型应以1∶500、1∶1000、1∶2000地形图或正射影像图为依据,如需表现水深则可通过实地测量、利用DEM数据或根据航空影像进行判读。

(2)水系模型须制作水的底面和侧面,侧面模型须与地形起伏相吻合。

(3)水系要求按照实际位置、范围、形状全部建模。

(4)喷泉一般采用十字交叉面片建模,勾选双面贴图显示,或在系统中通过粒子系统展现。

(5)水面纹理可根据需要制作成静态或动态效果。

2)精细模型(Ⅰ级)技术要点

(1)水系模型的形状和位置以1∶500、1∶1000、1∶2000等比例尺地形图或正射影像图为依据,水深根据现场量测或河道断面测量数据确定。

(2)河堤、护栏、防洪墙等水系附属设施模型制作时,应与地面三维模型相匹配。

(3)水面及附属设施应通过建模表现。

(4)水面纹理可按需要制作静态、动态或半透明效果。

3)标准模型(Ⅱ级)技术要点

(1)水系模型的形状和位置以1∶500、1∶1000、1∶2000等比例尺地形图或正射影像图为依据,水深根据现场量测确定。

(2)河床依托地形模型表现,码头、河堤、护栏等设施以模型表现,堤岸上的花坛、绿化带等附属设施可通过纹理表现,沿河的景观雕塑可不表现。

(3)水面纹理可按需求制作静态、动态或半透明效果。

4)基础模型(Ⅲ级)技术要点

(1)水系模型的形状和位置以1∶500、1∶1000、1∶2000等比例尺地形图或正射影像图为依据。

(2)河床可依托地形模型表现,码头、大型堤坝等采用建模表现,一般河堤、花坛、绿化带等设施采用纹理表现,其他附属设施不表现。

(3)水面通过示意纹理表现。

5)简易模型(Ⅳ级)技术要点

简易水系模型可用示意纹理或直接采用正射影像图为纹理表现。

5. 小品模型技术要点

环境小品的还原重现在整个三维城市的仿真度当中占有十分重要的位置,在建筑、地面、道路、水系、植被等地形地物无误还原后,三维城市的仿真效果可通过环境小品来提升,它们在其中不仅起点缀作用,更能提高虚拟场景与现实环境的相似度。

小品模型在城市三维模型的总体配置中应体现空间感、立体感、层次感,应考虑不同城市的地域特色,给人增加身临其境的感觉。环境小品模型一般按照地形图或影像图上的位置结合实地拍摄的照片来确定方位和摆放,模型大小可通过实地量测,或通过照片中小品与其他相邻地物的比例估算,模型贴图比例应符合逻辑和常理,要求较高的不规则小品模型的空间位置、形状、结构可通过三维激光扫描或近景摄影测量等方式获取。

6. 管线模型技术要点

(1)管线模型按其位置不同可分为地上管线模型和地下管线模型。

(2)管线模型按用途分为给水、排水、燃气、工业、热力、电力、电信、综合管沟8种类型。

(3)管线模型结构由管线段、管线特征点、管线附属设施等组成,并应符合表1-4-16的规定。

(4)管线模型的纹理颜色按《城市地下管线探测技术规程》的规定或实际纹理制作。

表 1-4-16 管线模型的分类

类别	内容
管线	地下敷设的排水箱涵、直埋管线、电缆沟、电力沟及地上的排水明渠、高架管线等
管线特征点	管线的弯头、变径点、变深点、变材点、多通点、进出水口、转折点、分支点、多分支、上杆等
管线附属设施	匝口、阀门、放水口、排气(泥)阀、水表、消防栓、排污装置、排气装置、凝水缸、变压器、接线箱、通信箱、通风孔、电杆、塔架、接线箱、检查井、跌水井、水封井、冲洗井、沉泥井、人孔井、手孔井及各种窨井等

7. 地形模型技术要点

地形模型通常以一个区域为一个整体，建模时结合大比例尺地形数据和 DEM 建模，也可根据需要忽略较小地形起伏，制作相对水平的地形模型，模型精度一般以控制数据为参考。

1)精细地形模型(Ⅰ级)技术要点

一般采用 1∶500、1∶1000、1∶2000 等比例尺地形图、DEM 和正射影像图进行模型制作，DEM 格网不大于 2 m×2 m，道路、水系、桥梁等线状地物和广场等较重要区域的结构与高程应经过精编处理，纹理一般采用优于 0.2 m 地面分辨率的航空影像图，通常情况下精细地形模型也可采用建模生产，通过模型结构精细表现地形地貌的起伏。

2)标准地形模型(Ⅱ级)技术要点

一般采用 1∶500、1∶1000、1∶2000 等比例尺地形图、DEM 和正射影像图进行模型制作，DEM 的格网不大于 2.5 m×2.5 m，道路、水系、桥梁等线状地物和广场等较重要区域的结构和高程应经过精编处理，平坦地区的高程精度优于 0.7 m，丘陵地区优于 1 m，山地优于 2.4 m，高山地优于 5 m，采用优于 0.2 m 地面分辨率的航空影像图为纹理，通常情况下标准地形模型也可采用建模生产，通过模型结构较准确表现地形地貌的起伏。

3)普通地形模型(Ⅲ级)技术要点

DEM 的格网不大于 5 m×5 m，平坦地区的高程误差小于 1.4 m，丘陵地区小于 2 m，山地小于 5 m，高山地小于 10 m，DOM 地面分辨率优于 1 m，通常情况下普通地形模型也可采用建模生产，通过模型结构示意表现地形地貌的起伏。

4)简易地形模型(Ⅳ级)技术要点

DEM 的格网不大于 10 m×10 m，平坦地区的高程误差小于 2 m，丘陵地区小于 5 m，山地小于 10 m，高山地小于 20 m，通常直接采用 DEM 和 DOM 直接生成，DOM 地面分辨率一般优于 1 m。

第2章　三维空间数据获取技术

§2.1　概　述

三维空间数据获取技术从传统采用皮尺、经纬仪、平板仪、水准仪在实地手工获取的方式，发展为今天的通过卫星平台、航空平台、地面车载平台等，利用遥感、摄影测量、三维激光扫描、实时卫星定位、移动测量、免棱镜全站仪快速测量等高新技术所进行的（半）自动获取方式，实现了从数字化测绘到信息化测绘的革命性转变。

2.1.1　三维空间数据获取的天空地一体化发展趋势

数字城市三维模型空间数据的获取技术可分为接触式和非接触式。因数字城市获取的对象为地形地物，采用接触式测绘非常不方便，目前多通过非接触式完成，接触式测绘主要用在竣工测量等特殊场合中。非接触式常用光学方式进行获取，用在数字城市三维建模中一般有卫星遥感、航空摄影、航空激光、地面激光、地面近景摄影、地面常规测量等方法。随着对地形地物空间数据获取越来越多的需求，如何完整、快速、高效、准确、低成本地获取数字城市三维建模所需的三维空间数据，是当前三维空间数据获取的主要研究内容。在城市三维建模项目中，一般会根据精度、面积、费用、应用深度等因素，在多种采集平台和多种获取方式中选取一种或几种。一个城市完整的多尺度表示，常常需要同时使用天、空、地三种平台，获取完整的三维城市空间信息数据，如自然地形的数字高程模型、（真）正射影像、数字表面模型、建筑物顶部结构和纹理等，常常要用到航天、航空影像或点云数据；而精细的地表、建筑物立面与室内三维表达则需要车载和地面采集的空间与纹理数据，因此，天、空、地一体化的三维空间数据获取是当前甚至今后的发展趋势。

2.1.2　几种主要数据获取技术的对比分析

在城市三维建模空间数据的获取方式中，目前常用的有全野外实地测量、数字摄影测量、三维激光扫描、合成孔雷达、地图数字化等方法。在这些主要使用的方法中，全野外实地测量可分传统测量和新型GPS测量；数字摄影测量可分航空摄影测量、航天摄影测量和近景摄影测量；激光扫描可分为机载激光、车载激光、地面固定激光扫描；地图数字化可分为地图扫描和地图矢量化，不同方法的优缺点对比分析如表2-1-1所示。传统野外实地测量仍是精度最高、技术最成熟的三维数据获取方法；基于摄影测量获取三维空间数据是最完整、人力成本较低、快速、灵活和广泛使用的方法；基于激光扫描或合成孔雷达获取三维空间数据需要较高的技术条件和硬件设施，以及复杂的数据后处理软件；基于地图数字化的方法难以获得足够准确、细致、现势性强的三维空间信息。考虑到精度、成本、使用环境、适用面积、硬件和软件技术等因素的影响，在精度要求较高、面积较小、费用充足的测区可使用全野外实地测量或近景摄影测量获取；在精度要求一般、面积较大、经费一般的测区可使用摄影测量获取；在精度要求较高、经费充足、工期紧、面积大的测区可采用三维激光扫描获取；在已有大比例尺地形测量数据的区域，可直接采用已有的地形数据。

表 2-1-1 三维空间数据获取技术对比

采集方法	精度	效率	人工费用	技术设备要求	天气环境	地形环境	常用范围
传统地面测量	高(厘米一米)	很慢	很高	低	晴天	不限	小面积
GPS 测量	较高(厘米一米)	慢	较高	中低	不限	小无线电干扰区域	小面积
航空摄影测量	中高(厘米一米)	快	较低	较高	无云天	不限	中到大面积
近景摄影测量	较高(厘米一米)	慢	较高	中	晴天	较空旷区	小面积
航天摄影测量	中低(米)	很快	低	高	无云天	不限	大面积
合成孔径雷达	低(米)	很快	低	较高	不限	不限	大面积
雷达成像	很低(10 米)	很快	低	较高	不限	不限	大面积
激光扫描	高(厘米一米)	快	高	高	不限	不限	中到大面积
地图数字化	较低(米)	慢	高	低	—	—	不限

§2.2 摄影测量技术

摄影测量是指主动或被动地获取影像和其他传感数据，并从中提取关于目标、现象和环境的准确可靠信息的一门技术、科学和艺术，其本质是从多视点二维影像重建三维空间模型。在数字城市三维空间信息的采集中，摄影测量利用在不同位置和不同角度摄取具有一定重叠度的同一地物两张影像，建立被摄影对象的立体模型，然后在模型上对物体进行空间三维坐标量测，以获得重建三维地物所必需的空间信息。利用数字影像，通过摄影测量处理可以快速获取和更新大面积的三维城市模型数据，从而满足对数据现势性的要求。当前，我国利用数字摄影测量方法获取三维地形数据的技术已经成熟，摄影测量也因其精度高、应用范围大、生产成本较低、速度快等优点，成为数字城市三维空间数据采集最常用的方式。

在数字城市三维建模的数据采集中，摄影测量可以采集到建筑物的顶部纹理和结构，采用多镜头倾斜摄影测量传感器，还可以采集到建筑物的侧面纹理。在一些要求不高的数字城市建筑三维模型生产中，能实现模型结构和纹理的自动重建。但是，摄影测量也存在容易受天气和季节影响的缺点，在阴天、雨季、雾季、云天等光线能见度不佳的天气不适合采集数据。另外，采集的数据需要进行实地检核，或采用传统测量、近景摄影测量等方法补充采集高密集建筑物、树木等隐蔽物体的隐部和下部细节结构。

摄影测量源数据获取的发展趋势具有多平台、多传感器、多比例尺、高光谱、高空间、高时间分辨率及空天地一体化的明显特征。随着航天技术、通信技术和信息技术的飞速发展，人们将可以从航天、近空间、航空、地面等各种平台上，用紫外、可见光、红外、微波、合成孔径雷达、激光雷达、太赫兹等不同类型的传感器获取到多种比例尺的目标影像，大大提高其空间分辨率、光谱分辨率和时间分辨率，构建空天地一体化摄影测量数据的获取体系，为人们提供越来越多的多波段、多时相、多分辨率影像数据。自动化、高可靠地从立体影像中获取高精度三维信息的另外一个核心关键是所谓的“对应性问题”，或称为影像匹配，即由计算机来代替(或模拟)人眼进行立体观察，自动确定同名像点的过程。影像匹配是摄影测量自动化的基础，决定了通过摄影测量获取地形地物三维信息的效率。近年来，多重约束条件和匹配准则的多视点影像密集匹配技术取得了重要进展，实现了大转角航空航天、低空遥感和地面近景等影像的高精度匹配。随着新一代全球卫星导航定位系统的发展，将实现以更高精度自动测定各类传感器的空间位置和姿态，从而实现无地面控制的实时摄影测量。

2.2.1 航天摄影测量

航天摄影测量是在卫星平台上采用传感器对地球表面地物进行摄影或扫描，以获得目标物体的空间和属性信息，并进行分析和处理，重构其空间形状、大小、性质及其变化规律，再绘制成地图或图像的过程。航天摄影测量的平台主要是人造卫星，也包括飞船、空间站、火箭等航天平台，采用可见光被动遥感成像技术，对地球表面物体成像量测。航天摄影测量是基础地理数据获取的重要手段，通过获取地球表面的像片(遥感影像)，真实地展现了地球表面物体的形状、大小、颜色等信息，这比传统的地图更容易被人们接受。影像地图已经成为重要的地图种类之一，普遍使用于人们的生活生产活动中，航天摄影测量也已成为地球测量的重要方法。航天摄影测量采用太阳作为电磁辐射源，通过大气窗口的原理，利用太阳可见光对地球表面上的地物进行照射，以及大气、土地、水体、植被和人工构筑物等在温度高于绝对零度时具有的反射、吸收、透射及辐射电磁波的特性，再通过不同地物的物理和化学特性，形成不同的光反射和吸收率，同时考虑不同的入射光波长也有不同的反射率，最终能区分识别地球表面各种丰富的地形地物。

航天摄影测量的主要技术特点有：①高时效的大面积快速同步观测。能在较短的时间内，从人造卫星上对地球表面大范围地区进行对地观测，这种先进的对地测量技术手段是传统的手工测量方法所不能替代的，可及时快速地获取大范围的地面空间数据和信息。一张陆地卫星图像，其覆盖面积可达 3 万多平方千米。航天摄影测量获取地球表面数据的速度快、周期短，主要原因是卫星持续自动地围绕地球运转，从而能及时获取所经地区的各种自然现象的最新变化信息，以便更新原有的信息数据资料，也可根据前后时相的影像信息变化进行地面的动态监测。一些卫星十几天就能全覆盖地球一遍，一些卫星半小时就能对同一区域采集两次信息，这种大面积的快速数据获取能力是人工实地测量和航空摄影测量无法比拟的。②较高的社会和经济效益。航天摄影测量获取地面空间信息不容易受地形条件限制，可以轻易地获取到地球上自然条件极为恶劣，人类难以到达的沙漠、沼泽、高山等许多地方的空间信息和地面影像，不用人员到实地去采集，减少了数据测量的费用，提高了经济和社会效益。

航天摄影测量发展的趋势，首先是传感器性能的提升，包括高空间与高光谱分辨率。随着高空间分辨率新型传感器的应用，卫星影像空间分辨率从原来的米级进入到了亚米级，大大提高了地形地物的分类精度和定位精度。光谱的扩展从较早的全色微米级扩宽到了多光谱纳米级，遥感器波段拓宽，波段宽度窄化，针对性更强，更容易突出特定地物反射峰值波长的微小差异，提高了地物光谱分辨力，通俗地讲是可以把地球看得更真切和更清楚了。其次，卫星平台的增加和协同也是航天摄影测量的重要发展趋势。通过增加多空间、多轨道的多卫星，形成大、中、小卫星相互协同，高、中、低轨道相结合，能把对地摄影测量的时间分辨率从几天提升到几小时，形成一个不同时间不同分辨率互补的系列，满足各种对地测量及空间信息采集的需要。另外，多颗卫星在多条轨道位置分别获取的同一地区影像还能用于多角度摄影测量，获取更加可靠、完整的三维空间数据。

2.2.2 航空摄影测量

航空摄影测量一直是地形图测绘和更新最有效、最主要的手段之一，其获取的高分辨率影像是高精度大范围三维空间数据生产最有价值的数据源。航空摄影测量原理与航天摄影测量一样，采用飞机、飞艇、飞球等近空飞行器平台搭载航摄仪器对地面连续摄取像片，再结合地面控制点测量、调绘和立体测图等工序，采集地形地物的空间三维信息，绘制出测区的地形图。航空摄影测量单张像片测图的基本原理是中心投影的透视变换，立体测图的基本原理是投影过程的几何反转。航空摄影测量的主要过程，是将航摄像片的中心投影变换为地图的正射投影，这种变换可以采取图解法、模拟法和解析法等来实现，不同的方法有不同的操作流程，但像片的内方位元素、外方位元素、像点与地面点坐标关系式、共线方程、相对定向、绝对定向等基础的理论和概念是所有方法的基础。

航空摄影测量有测量成果精度高、测量工程效益优、测量速度效率快等特点。航空摄影测量通过飞机平台搭载框幅式、推扫式数码航摄仪，可以根据测区地形情况和测图比例尺的要求设定航飞线路和高度。目前主流的框幅式相机可以获取到地面空间分辨率 5 cm 甚至更高的地面影像，通过地面实地像片控制测量，像片的相对精度和绝对精度均非常高，可以完成 1∶500 的大比例尺全要素地形测量。采用航空摄影测量生产大比例尺地形图，相对传统全野外地形测量的方法，绝大部分工作在内业就能完成，外业工作大量减少，生产过程受天气和地形等影响也相对减少，测图速度可提升 5～10 倍，项目实施的工程效益可提高 3～5 倍。采用推扫式数码相机进行地形图测量，可以把一条航带甚至一个测区进行区域网平差，生产效率得到更大提高。

航空摄影测量的发展经历了四个阶段，即模拟摄影测量、数值摄影测量、解析摄影测量和数字摄影测量。模拟摄影测量、数值摄影测量现已淘汰，在当前的航空摄影测量中主要使用解析摄影测量和数字摄影测量两种方法。解析摄影测量因需要人工手动查找左右相片的共轭点，主要用于地物特征的交互式采集。而数字摄影测量的主要进展是能自动地找到左右像片上相应的共轭点，生产效率更高，更自动，逐步成为航空摄影测量的主流方法，也相应产生了数字摄影测量工作站。使用航空影像进行高精度测绘、三维信息提取和三维城市模型构建等，首先要解决如何精确计算航空影像的外方位元素即定向参数的问题，而空中三角测量利用少量地面控制点即可通过平差计算得到所有影像准确的定向参数，较好地解决了求取影像外方位元素的要求。近年来，POS 系统的应用大大提高了自动空中三角测量的效率和精度。

航空摄影测量技术的主要发展方向包括几个方面：一是提高数码航摄仪的拍摄像素和地面空间分辨率，用于采集更高精度和分辨率的影像数据，生产更大比例尺和精度更高的空间信息数据；二是结合 GPS、IMU 等系统，通过少量外业控制测量，甚至不用外业控制测量自动完成像片的空中三角控制加密；三是自动三维重建，通过少量的人工参与交互完成三维城市模型的建立。近年来，大幅面数字航空相机的影像质量得到显著改善，结合高精度定位定姿系统(POS)的普遍应用，使得全数字摄影测量的实时化、自动化和智能化正逐步成为现实。近两年，国际上发展引人注目的倾斜摄影技术，通过在同一飞行平台上搭载多台传感器，同时从垂直、倾斜等不同的角度采集影像，获取地面更为完整准确的信息，能生产包括精细的 DEM、建筑物立面信息和真正射影像等(朱庆 等，2012)。由于倾斜摄影能同时获得多角度的甚高分辨率影像，为亚米级甚至厘米级分辨率的高保真 DEM 获取提供了新的途径。图 2-2-1 为从

8 cm 分辨率的倾斜摄影影像自动匹配得到的 8 cm 分辨率的数字表面模型。

图 2-2-1　高分辨率倾斜摄影测量结果

2.2.3　车载摄影测量

车载摄影测量是近年来兴起的摄影测量技术，属于移动测量系统(MMS)的一部分，通过在汽车、火车或船舶上安装全景相机、纹理相机、GPS 导航定位仪、罗盘、陀螺仪、INS 等设备，实时采集道路两侧的 360°照片，并通过地理信息设备和相片处理设备，对相片读入相应的空间三维信息并进行全景无缝拼接，使实地场景照片形成一连串在车辆行驶线上时时连续、无缝、封闭的实景照片盒，实现还原人在汽车行驶线一定空间范围内观看到的实地景象，并提供漫游、量测、多角度索引等互动。

车载摄影测量系统的突出优点体现在它对野外数据采集的快速高效上，它将多种测量传感器集于一体，可以通过导航传感器(如 GPS、INS 等)直接获取数字影像的外方位元素等控制参数，大大简化野外测量工作的数据采集过程；可以不用野外控制测量，而只需要把车开在路上，就可以得到沿路线各种地物的空间数据及其相应的定位信息，并可直接输入到 GIS 中完成管理；也能进行内业二次加工处理，生产用户所需要的各类地图数据资料。它的另一突出优点为野外采集的成果是带有定位参数(内、外方位元素)的数字图像，包含了十分丰富的信息，以数字形式进行存储，可以根据需要随时对这些野外实地数据信息进行灵活处理，以得到所需的各类专题数据。车载摄影测量在一些城市绿化、部件、道路数据采集管理中，与传统测量调绘相比，有很大的优势。首先在生产效率方面，可以在车开过摄完后，直接在内业完成后期处理，外业的工作大大减少，效率成倍提升；其次，车载摄影测量的数据成果非富，通过车载摄像机获取目标物的图像资料，可提取道路、城市部件等信息，并直接形成了直观可视化的图像成果，方便检查、使用；再次，在成本方面，因大大减少了外业工作，提高了生产效率，干同样的工作量少消耗了人力，大大节省了成本。另外，车载摄影测量大大提高了外业工作的舒适性，外业作业基本上都由人在车内操作完成，不需像传统测绘一样每处走到，少了风吹日晒，工作舒适，也增加了安全系数。

车载摄影测量的主要发展趋势首先是自动化，包括信息采集的自动化和信息提取的自动化，达到只由一人开车，便能拍摄采集，完成目标物体的影像，并根据专题应用的需要，自动提取如路灯、井盖等部件，实现数据采集和提取的自动化；其次，实时也是车载摄影测量的一个发展趋势，通过摄像机等传感器，实时采集目标信息并实时传输，在内业实时接收实时处理，并为各行业的实时应用建立基础和机制；再次，在数据获取精度方面的提高，也是车载摄影测量研究的目标，把目前定位的绝对精度从分米级提高到厘米级，将迎来更广阔的应用领域和应用层面；最后，向获取信息的多维和多元化发展，也是车载摄影测量的发展目标，把目前采集的二维图像升级为三维甚至四维，除了采集可见光图片外也能通过红外、紫外等方式采集信息和图像，为系统的全天候作业和各行业使用建立可能。

车载摄影测量系统目前多用在城市道路测量和信息采集、城市部件测量及采集、城市三维街景及全景相片拍摄。它的应用前景十分广阔，既能作为汽车导航、调度监控以及各种基于道路的 GIS 应用平台的基本数据支撑，又可以作为高精度的车载监控工具。它在测绘、电信、交通管理、道路管理、城市规划、堤坝监测、电力设施管理、海事等各个方面都有着广泛的应用。在公路铁路基础测量、交通状况调查、车辆导航、车辆运行监控、车辆违规监控、城区道路状况测量等领域更有独到的优势。

地理空间数据的完整性、准确性、多样性和现势性，是地理空间信息应用服务的重要因素和关键。从影像数据的发展趋势看，也在从一维、二维、三维到多维发展，其视角从传统的平面地图，到俯瞰的卫星影像，到更近距离的鸟瞰影像，到近地面 360°街图和视频序列影像等，其应用的深度和服务广度在不断扩大，对数据的采集、生产和更新提出越来越高的要求。同时，证明了包含更多信息、更直观可视、可高精度量算的近景影像资料也是三维数字城市所不可或缺的，车载摄影测量技术将在这一领域发挥越来越多的作用。

2.2.4 地面近景摄影测量

地面近景摄影测量，从定义上讲是指在地面上小于 300 m 的距离内，拍摄目标物并有一定重叠度的不同角度相片。可通过共线方程原理，建立立体像对，进行目标地物的空间立体测量。近景摄影测量可分为建筑摄影测量、工业摄影测量和生物医学摄影测量等类别。数字城市三维空间信息获取所采用的近景摄影测量属于建筑摄影测量，一般包括建筑、雕塑、局部地形的立体像对拍摄，建立立体模型进行空间信息采集等内容。

近景摄影测量三维空间信息获取所使用的摄影机一般为量测摄影机，它分为单个使用的摄影机和具有定长基线的立体摄影机两种。它们的物镜畸变较小，并能准确测算内方位元素和框标，有时还需要有外部定向、同步摄影和连续摄影等设备，在拍摄作业前一般需要进行仪器检定。近景摄影测量的图像处理方法和其他摄影测量类似，分为模拟法和解析法。目前多用解析法，可以通过立体像对建立立体模型获得目标物的平面图、立体图、断面图、透视图、等值线图以及各特征点的空间坐标。近景摄影测量通过非接触式测量，在经济建设、国防建设和科学研究中有着广泛的应用，在地面建筑物三维重建方面也有其独特的作用。

近景摄影测量有其他传统测量方法无法比拟的独特优点：近景摄影测量对设备要求不高，普通的单反数码相机通过检校就能完成，硬件成本投入相对较低；近景摄影采集数据绝大多数基于地面定点拍摄，不需要其他耗能载体，环保又节约成本；近景摄影测量的数据采集方法灵活，可以采用任意的独立坐标拍摄，再通过联测赋以绝对坐标，对观测的连续性和延续性要求不高；近景摄影测量对拍摄物体没有大小限制，能完成对物体 360°方向拍摄，有复杂形状和结构的物体表面也能较好完成测量，对一些结构不规整的古建筑和雕像也能得到很精确的测量成果；近景摄影测量能对建筑的室内外同时拍摄测量，在对单个建筑采集三维建模空间数据过程中有能同时获取其结构和纹理的优势。近景摄影测量主要工作流程包括：方案拟订、精度估算、模拟试验、优化设计、摄影机选择与检校、确定摄影方式、获取立体像对、同步摄影机、布置照明、制作和建立人工标志、选取合适的控制方式、建立相对控制网、建立活动控制系统、确定图像处理的方法、获取外业成果、模拟内业摄影测量方案、确定空三方法、坐标系处理、选定数学模型、建立立体像对、采集目标物空间三维信息、制作三维全景图和物体三维模型等。

随着信息技术、仪器生产技术的不断发展，近景摄影测量技术和应用也从原来为准确记载目标物真实资料发展成全方位、多信息、多学科地为 GIS 提供基础资料。近些年，随着国家数字城市项目的推进，对城市三维建模特别是建筑物的三维建模提出了新的要求，也为近景摄影测量技术方法的应用带来了新的目标。通过近景摄影测量对建筑物三维空间信息及纹理信息的快速获取，再通过摄影测量方法处理成果，采用计算机等设备，快速、高效、精确地重建目标物的三维立体模型。此外，摄影测量的发展，最终的目的是实现真正的高精度、高效率、自动化、无控制摄影测量，它慢慢地使近景摄影测量技术更系统化、自动化，逐步提高近景摄影测量成果的可靠性和精度，持续开发和改进满足不同精度要求的数据归算系统，继续编制和改进各类近景测量软件包，把摄影测量集成为自动、数字、联合、精准的生产系统。

§2.3　激光扫描测量技术

三维激光扫描测量技术是 20 世纪 90 年代出现的一项高新技术，它通过主动发射高速激光对目标物体进行扫描，通过收集回波信息完成测量过程，可以快速、大量地采集目标物的各特征结构空间三维信息，高精度地完成大面积目标对象的表面三维坐标数据获取，为快速建立目标物的三维立体模型提供了一种全新的技术手段。它是一项具有快速、非接触、穿透、实时、动态、主动、高密度、高精度、数字化、自动化等特点的实景复制技术，突破了传统的单点测量方法，是继 GPS 技术之后的又一次测绘领域技术革命。

三维激光扫描测量技术克服了传统测量技术的局限，可在忽略白天黑夜光线差别的全天候下，采用非接触式主动测量完成对任意形状物体的表面扫描，快速实现将目标物形状信息转换成高精度三维表面数据。它扫描速度快、实时性强、精度高、主动性强，还能采集到目标物的颜色、反色率和对光的吸收特性等信息。通过计算机处理后，能在电脑中将物体还原成真实的可视化和精确的可量测，大大地降低测量的成本，节约了时间，而且使用方便。三维激光扫描测量的方式根据其搭载仪器平台的不同，可分为采用飞机、飞艇为扫描平台的机载激光扫描测量，采用汽车、火车等地面实时移动设施为平台的车载激光扫描测量，以及在地面控制定点扫描的地面激光扫描测量。目前，三维激光扫描测量技术已经在文物保护、城市三维重建、地形测量、工程测量、工矿测量、道路测量、环境检测、灾害评估等领域有许多成功应用。三维激光扫描测量技术在不同的使用领域有不同方法和用途，针对不同的应用对象所采用的仪器种类和处理过程方法也不相同。在数字城市三维空间数据采集中，三维激光扫描技术常与惯性导航系统(INS)、全球定位系统(GPS)、电荷耦合(CCD)、陀螺仪等技术相结合，快速地采集大面积的城市地形地貌三维空间信息，以实现城市三维模型的重建及相关地理信息获取，其成果正逐步走进人们的日常生活。

三维激光扫描主动获取目标物表面的三维点云数据以实现测量，是较传统测绘的单点测量方式最有优势的方面。它通过非接触式测量，不用接触目标物而进行位置信息获取，在获取位置信息时不需要安置反射棱镜，扫描时也不需对目标物进行表面处理，直接获取目标物表面特征点的三维空间信息，让数据的获取过程相对快捷。另外，它避免了测量人员直接接触一些复杂危险的目标物，保证了测量工作的相对安全和容易。三维激光扫描获取数据的采样频率非常高，它每秒能采样的点数从数千到数十万，远远高于传统测量的采样点效率。通过采集海量的点位数据，高效地还原目标物表面三维空间形状，构成了分辨率极高的三维空间数据成果。三维激光扫描仪的采集过程是主动发射扫描光源，几乎不受扫描环境的影响，通过收集自身发射的激光的回波信息，获取目标物表面的属性及三维空间信息，形成真实、形象的可视化成果。三维激光扫描的精度也非常高，相对精度可达微米级，绝对精度可达毫米级，几乎满足了当前各行各业对数据精度的要求。三维激光扫描的数据成果为一连串的空间三维坐标、颜色、反射特性等数字信息，它能直接存储到计算机中，具有全数字特征、兼容性好，数据的处理、输出转换均较方便。三维激光扫描仪自带的点云处理软件与其他GIS、测量、三维建模软件均能有很好的通转性和共享性。

2.3.1 机载激光扫描测量

机载激光三维扫描测量系统是一种以飞机、飞艇等航空飞行器为载体，搭载三维激光扫描仪、高分辨率数码相机等传感器，结合全球定位系统(GPS)、惯性导航系统(INS)、陀螺仪等定位定姿设备，主动对地测量的光机电一体化集成系统。它通过在飞行平台上的激光雷达传感器对地面目标物发射激光脉冲，经目标物反射后被激光扫描系统接收，从而实现自动快速海量地获取地面地物高精度三维空间数据。机载激光扫描测量系统当前主要应用于三维城市建模、地形测量、工程测量、数字高程模型、数字表面模型、真正射影像图等需获取物体空间信息的领域，具有广阔的发展前景。机载激光三维扫描测量技术具有自动化程度高、受天气影响小、数据生产周期短、空间精度高等特点，是目前较先进的实时获取地形表面三维空间信息的航空测量技术。

机载激光扫描测量系统又称机载激光雷达 (light detection and ranging，LiDAR)，通过主动采集地物的三维空间点云数据，在重建城市地物三维场景模型的精细度和完整性上有独特优势。它的工作不像传统光电测距一样需要反光镜，而是通过机载传感器自行发出必需的激光，并自动采集记录激光碰到目标物表面后的散射信息，以完成空间三维信息采集的过程。机载激光扫描测量系统对地发射的主动激光波长一般为1 040～1 060 nm，它能识别和采集到肉眼能看到的电磁波，也能穿透如玻璃和清水之类的透明物体。因此，在一些测绘困难地区、地物密集区、森林地区，以及夜间、阴天等特殊情况下，采用机载激光扫描测量系统会得到较高效率和准确的结果。但机载激光扫描测量系统在使用技术的要求方面比传统大地测量系统要复杂得多，需要与飞行器载体、定位系统、惯性导航系统、陀螺仪系统等实现同步。在采集完成后的点云数据后处理上也比摄影测量系统复杂，需要与飞行器的位置、姿态、速度等时刻变化的参数共同解算。目前用于数字城市三维建模的机载激光扫描测量系统的飞行高度一般在200～300 m，采集到的空间点云成果数据高程精度在10～60 cm，平面精度在1 mm～3 cm。

机载激光扫描测量系统的软硬件设备主要包括：激光测距仪(laser range finder，LRF)，数据自动采集与控制计算机系统，激光扫描器，全球定位系统、惯性导航系统、陀螺仪空间位置与姿态测定系统，飞行平台和固定设备，地面GPS参考站(带控制连续运行参考站)，任务计划和后处理软件，GPS导航控制软件，测距数据、定位数据和影像数据的存储介质(现一般为硬盘)，其他传感器如数码相机等，是一个复杂的集成系统。机载激光扫描测量系统的工作原理是：在飞行平台上，由发射机向地面目标物发射电磁波，电磁波在空中运行直至到达目标物的过程中，会被空气、尘埃等其他非测量对象散射、吸收，在到达目标物表面后，更会形成强烈的反射和吸收；通过飞行平台上的接收器系统，接收电磁波的反射信息，利用计算机系统的强大储存、分析和计算能力，结合电磁波在空气中的传播速度，精确测定同一束电磁波从发射到接收所用的时间，以精确求出发射器到反射物体的精确距离值；再利用不同形状和材质的物体对电磁波有不同的吸收、反射特性，计算分辨出目标物的形状和材质，最终实现准确测定目标物的空间位置、形状、尺寸、材质等信息。具体的实现方法有脉冲法、相位法和变频法，目前在数字城市空间信息采集中常用的是脉冲法和相位法，相位法通过测量连续电磁波信号的相位差计算确定传播时间，脉冲法直接计算脉冲信号往返的传播时间。

在实际生产中，一次或一束激光脉冲的一次回波只能获得航线下方一条扫描线上的回波信息。为了获取一个区域的激光反射面(激光脚点)空间信息，需要采用一定的扫描方式进行作业，目前常用的扫描方式有线扫描、圆锥扫描、纤维光学阵列扫描三种。线扫描通过摆动式扫描镜和旋转式扫描镜实现，类似于用激光扫描脉冲在地面上按一定规则画直线，一般有平行线形和“Z”字形两种扫描方式。圆锥扫描方式通过倾斜扫描镜实现，使扫描镜的镜面具有一定倾角，让旋转轴与发射装置的激光束形成45°夹角，随着飞行平台的运动轨迹，扫描光斑(一束激光脉冲的扫描范围)在地面上形成一系列有重叠的椭圆，类似于用激光扫描脉冲在地面上按一定规则画曲线，最终完成测量。纤维光学阵列扫描方式类似于多个线扫描的集合，利用光纤形成多个扫描激光发射口，并按一定的阵列方式排列，所有发射口同时发射激光脉冲时，扫描光斑在地面形成一个矩形，再通过摆动式扫描镜或旋转式扫描镜，完成一个扫描矩阵在地面上平行或“Z”形的扫描带。

机载激光扫描测量是一种年轻的高科技技术，具有很大的发展潜力，目前还处于不断研究和解决作业技术可行性的阶段，还有很广阔的发展空间，特别是在点云数据后处理的算法升级，以及点云自动构建三维模型的软件和系统开发等方面。随着其应用领域的越来越广泛，对激光发射器的测距和成像能力也提出了更高的要求，对接收探测器也需要有更精确细微的敏锐度和感知能力，使采集系统有更精确的空间位置信息获取能力、更高分辨率、更快速度和更高效率，从而提高数据分类和物体识别的能力。另外，点云数据处理的自动化、智能化与便捷化，以及与影像的同步集成解算也是机载激光扫描测量技术发展的方向。

2.3.2　车载激光扫描测量

车载激光扫描测量系统是把激光扫描、定位定姿、计算储存等设备装载在汽车、火车、船舶等地面移动平台上，采集平台移动轨迹周边的地形地物空间三维信息的系统，目前多用汽车为载体平台。一般情况下，汽车激光扫描测量系统的传感器部分集成安装在汽车顶部高起的可调整支架上，采用高强度结构保证传感器与导航设备间的相对姿态和位置稳定不变，使传感器有更宽的周边空间视角，也可以根据需要调整激光传感器发射接收部件、数码相机、GPS天线、INS的整体姿态及位置，以得到更宽阔的采集空间和方位。同时，在支架与汽车的连接上采用高效的避震装置，减小车辆在行驶过程中的震动对传感器接收数据质量和精度的影响，提高数据采集的精度。车载激光扫描测量系统目前主要用在对道路、河流两侧地形地物三维空间及属性信息的采集和测量上。

车载激光扫描测量系统一般分为定姿定位子系统、计算机自动控制子系统、数据存储处理子系统、三维激光感应子系统和影像获取子系统，以及目前正在研究的自动驾驶子系统。通过计算机自动控制子系统分别对其余子系统进行控制和监测，以完成精确的地物空间三维信息获取。定姿定位子系统用于获取车辆行驶过程中激光感应及影像获取子系统在每个激光脉冲发射和相片拍摄点上的位置信息。车载激光扫描测量系统的测量精度取决于定姿定位子系统的精度和稳定性，通过计算机自动控制子系统与GPS、INS等定位定姿软硬件结合，完成整个系统在数据采集过程中对车辆路线的控制和记录，最终求算出每个激光脉冲点的空间三维坐标和每张像片的拍摄位置。计算机自动控制子系统是整个测量系统的大脑，也是控制和指令的发布中枢，它除了要完成车辆的路线导航外，还要控制和指示各子系统在什么时间完成什么工作，并对工作的成果进行计算和分析。数据存储处理子系统的主要工作是数据的收集和储存，包括定姿定位子系统的导航数据、三维激光感应子系统的点云数据、影像获取子系统的数码相片，以及计算机自动控制系统的控制和计算成果数据等。三维激光感应子系统的工作是通过发射激光脉冲和接收回波，获取汽车行进路线周边地物的三维空间坐标。不同的测量任务对激光感应子系统的扫描定位、扫描方向和扫描范围有不同的要求，如：在进行建筑物扫描测量时，有的建筑物很高，需要激光感应子系统的视场角较大，以能获得建筑的全貌；在对道路路面及其附属物进行测量采集中，由于测区比较平坦、地物比较简单，适合快速作业，这就要求激光感应子系统的扫描速度较快。总之，激光感应子系统是车载激光扫描测量系统数据获取的主要工具，它的扫描范围、扫描速度、快速定位、自动改正能力直接决定着数据采集的效率和准确性。影像获取子系统一般由摄像机和高速CCD数码相机组成，在三维激光感应子系统获取地物三维空间信息的同时拍摄目标物的视频和照片，用于识别和检核目标物，还原其纹理，以完成物体对象的三维模型重建。影像获取子系统的工作范围和视场角需要与激光感应子系统相匹配，并应能很好地结合起来。车载激光扫描系统的各个子系统相互关联，它们的协同性和交互能力直接影响数据采集的效率和精度，并决定了整套系统的作业模式和实用性。

车载三维激光扫描测量系统通常用于城区的测量，以快速实现城市的三维模型重建，通过获取街道两侧地物（如道路、建筑物等）的几何结构、空间位置和纹理，结合模型重建的相关算法和各种规则，完成三维模型的建立和纹理贴图，生产城市真三维模型数据。在实际生产中，城市的密集建筑群会降低GPS接收机获取卫星信号的能力，大型建筑物和城市玻璃幕墙等表面会对GPS信号产生多路径效应等负面效果，直接影响GPS的定位精度。因此，在目前城市测量中，常利用多基站网络RTK技术建立的连续运行卫星定位服务综合系统（CORS）为车载激光扫描测量系统的GPS接收机提供精确的定位服务，以保证系统的正常工作。CORS一般把基站布设在能很好接收卫星信号且网形合理的位置，通过使用计算机网络技术和数字通信技术与GPS移动站连接，以确保GPS移动站在接收不到卫星信号的情况下也能够获得精确的空间定位服务，解决了在城市建筑密集区的GPS定位问题。车载激光扫描测量系统当前在三维城市建模、地形数字测图、道路测量、部件普查等领域得到了广泛的应用。

与机载激光扫描测量系统相比，车载激光扫描测量系统具有点云密度高、采集方式灵活、能同时获得目标物侧面近景影像的特点。但由于车载激光扫描点云成果中离散点的数量较大，直接提取建筑物几何结构较困难，况且车载平台只能获取建筑物邻路的立面信息，这些问题限制了车载激光扫描测量系统在城市空间信息获取领域的应用。可以预想，车载激光扫描测量系统的发展首先是与机载、地面定点、人行手持等其他激光扫描测量系统自动有效协同，以实现建筑物等目标对象四周、顶部、甚至内部三维空间和纹理信息全面、完整、精确地采集。其次是提高激光感应子系统的精确度和数据获取能力，精确度决定着系统的使用领域和数据的真实可靠性，获取能力影响系统使用的范围、效率、成本。然后是提高系统的自动化、智能化和数据后处理能力，自动化和智能化可以提高获取数据的有效性，只获取需要的数据，过滤掉错误和不必要的数据，可以减少成果的数据量和降低数据后处理的难度；数据后处理能力决定数据的使用效率和可用性，也是当前系统应用实践中最迫切需要解决的关键问题。

2.3.3 地面激光扫描测量

地面激光扫描测量系统的定义是为了区别其他移动平台激光扫描测量系统而命名的，它把激光扫描测量系统直接架设在地面固定点上，并在固定点（测站点）上完成待测目标物空间三维信息的获取。地面激光扫描测量系统因不需要在移动中实现目标物空间三维信息的获取，因此在一般情况下不需要同时集成 GPS 和 INS 等实时定姿定位设备，甚至不需要计算机实时自动控制子系统，减少了设备成本和数据协同的复杂性，相对更简单，更容易操作，积体更小。另外，测站点（连接点）的坐标可采用常规控制测量的方法在事前或事后测定，以完成两两不连续测站间数据的联测和拼接，不需要采用移动定位技术，误差更容易控制，精度更高。实际上，地面激光扫描测量需要考虑相对精度和绝对精度。相对精度是目标物相互结构间的精度，绝对精度是目标物各结构相对于坐标系原点的精度；相对精度可通过提高激光扫描仪两测站间的距离和角度精度（连接标志精度）来提高，绝对精度可通过提高测站与坐标系统控制点的联测精度来提高。

在目前的数字城市三维空间数据的获取中，地面激光扫描测量是机载、车载激光扫描测量和摄影测量的重要补充，特别是对重要目标，如文物古建、文化遗产，以及特别隐蔽及高精度、高细节要求的物体空间信息获取。地面激光扫描测量系统，可采用类似全站仪光电测角测距的移站方式进行两个可通视点间的移动，也可把设备直接架设在两个不通视的未知点上，通过获取 4 个或以上共同连接标志，以完成测站的移动。这两种方式能在同一个工程中根据实际需要随机使用，并能自动完成点云数据的拼接，方法和方式灵活。况且激光扫描测量不需要可见光，理论上可以把测站和测区延伸到所有人能走到的地方，能同时在一个坐标系统中有效地获取建筑物内外部及地下模型的地上下部分三维空间信息数据，用于建立统一整合的室内外和地上下空间三维模型。这为日益增加的室内和地下空间定位、导航服务的建模源数据的获取提供了一种精确可行的新方法。

地面激光扫描测量系统的优点，除了可移动载体平台类激光扫描测量系统共有的数据获取速度快、外业操作简单、精度高、不受阳光的限制、现场工作时间少等优点外，还有作业方式灵活、受地域影响小、测量作业方便、能有效避开障碍物和遮挡物、室内外和地上下一次性测量完整等优点。但是，地面激光扫描测量系统也有缺点。第一是地面激光扫描测量系统是个黑箱系统，自己测量自己检核，交互检校往往通过在事后采用常规控制测量的方法进行，不够方便和有效。第二个缺点与其他平台类型激光扫描系统缺点一样，扫描点云数据后处理困难，软件不够自动、不够成熟、不够兼容，在内业处理数据所花的时间往往比外业采集数据所需的时间还要大许多倍。第三是数据采集和处理的自动化、智能化程度不高，扫描的点云成果有许多是无用的噪声数据和冗余数据，数据的可用比和价值密度不高。因此，可以预测地面激光扫描测量系统会朝如下几个方向发展：首先是与机载、车载激光扫描测量系统的自动有效协同，包括数据采集、数据整合拼接、数据处理，以能完成对地形地物的全方位空间信息数据采集，消除暗区和死角；其次是参考车载激光扫描测量系统的移动定位方法，在保证数据获取能力的前提下减小设备的体积和重量,使单人能容易移动整套系统,用人行手持作为地面激光扫描测量系统的移动平台,以能更方便、灵活、快速地采集机载、车载扫描平台无法获取区域的数据;然后是点云数据后处理软件自动化、智能化、兼容性等方面的进步,点云数据后处理困难一直是各类激光扫描测量系统的通病,自动化、智能化的数据后处理软件的成功研发,能大大提高数据生产的效率,提高数据的可用性,也是激光扫描测量系统能较成熟使用的标志;最后是数字城市三维激光扫描测量标准的制定,通过编制相应规范、规程,制定精度要求和数据标准,统一数据采集和后处理要求,确定数据成果精度评定方法,制定数据采集和更新机制,推动激光扫描测量技术应用和进步。

§2.4 野外全站仪测量技术

全站仪全称为全站型电子速测仪,是一种集光、机、电为一体的三维坐标测量系统,有水平角、垂直角、斜距、平距、高差等测量功能。全站仪测量技术是一种全野外的空间数据获取技术,在数字城市建设中主要用于采集小范围特殊环境下精度要求较高的地形地物三维空间信息。

利用全站仪进行目标数据测量,是通过点对点的采集方式。比激光扫描测量系统效率要低得多,属于接触式测量,测量过程人为控制,地物分类可由人工在测量过程中完成,实现较容易。数据的整改和修正方面人机交互性更强,适用于大比例尺的小范围高精度地形地貌空间三维信息采集。全站仪测量需要控制点成对通视,仪器架设在其中一个控制点上,前视观测目标点时通过后视控制点定向,理论上只要控制点与待测目标物能形成通视连线,就能实现目标物的测量。因此,全站仪测量较容易绕开障碍物及进入建筑物内部或地下空间,或者通过激光免棱镜全站仪完成内部空间的几何信息采集,以能较准确地实现室内和地下的三维模型重建。

野外全站仪测量作为一种传统的三维空间数据采集方法,有硬件技术成熟、设备低廉、操作简单、数据后处理容易等优点,目前仍是小面积大比例尺全要素地形图测量的主要方式。但是,由于全站仪测量需要在野外对目标物的每一个结构特征进行逐点测量,且每次测量只能采集一个点的位置信息,外业工作量大,劳动强度很高,工作效率较低,现多用在变形监测、管线测量、工程测量等小面积的测量作业。

全站仪测量技术的发展主要有几个方面:一是地物信息编码内置化和内业成图的自动化。通过把地形图各要素定制成编码集成到全站仪微处理器中,并制定测图和记录规则,在测量时根据地物选择相应的编码,根据规则完成标准操作,在内业成图时根据外业测图的编码和测量规则自动绘制地形图,直接完成 GIS 数据管理要求的分层、分类、拓扑等自动处理,实现测图的内外业一体化和自动化。二是实时数据传输和在线数据处理。通过蓝牙通信、红外线通信、无线电数据通信、手机通信等无线网络通信技术,把外业测量的空间数据和属性信息实时输到内业,通过语音通信进行内外业作业交流,实现外业测图的同时在内业处理成图,并把成图结果同步可视到外业测量人员的电脑或全站仪中,由外业人员根据现状核实修正,如此大大减少了内外业测图、修图中常出现的反复改图工作量,提高了测图效率,并能实时检查和核对成图不合理的内容,减少错误率。三是与 GPS、数码相机、陀螺仪的有效集成,通过多源传感器的集成,在光电测量目标物空间坐标的同时,利用 GPS 采集测站的空间位置信息,进行平差解算,形成了不需要架设在控制点上测量,甚至不需要定向的全站仪,并通过近景摄影测量摄取目标物的数字影像，用于目标物属性采集及进行内业检查，实现三维空间数据采集的高效率、自动、智能。

§2.5　地图数字化技术

地图数字化是将地图图形或图像的模拟量转换成离散数字量的过程，是从已有地形图上获取地物空间三维信息最基本的一种方法。这是因为采用这种方法获取目标物空间坐标所需的原始地形图数据为现有数据，较容易获取，且地图数字化作业对仪器设备和作业人员的技术要求不高，生产效率相比野外实地测量也快许多。同时，还可以把地形图按图幅为单位分给多名作业员同时开展作业，较容易组织批量生产。数字城市三维建模空间数据的数字化，主要从卫星、航空影像和早期已测绘成图的栅格地形图进行数字化，获取地形地物的三维空间信息。在项目实践中用得较多的是通过数字化栅格地形图的等高线和高程点，生成测区的 DEM。

地图数字化主要有跟踪数字化和扫描数字化两种。跟踪数字化使用手扶或自动跟踪数字化仪对地图要素的点、线、面进行定位跟踪，并量测和记录点、线、面的二维坐标值，以及录入相关的属性，生产矢量地图数据。扫描数字化是先使用扫描仪对地图沿一个固定方向连续扫描，以获取二维的灰度矩阵像元栅格图像，再将栅格数据进行矢量化成图的过程。扫描数字化的主要工作是栅格数据的矢量化，目前有手动、半自动和全自动三种。手动矢量化是在电脑显示器中，直接在配准坐标的栅格地图上按要素的位置和形状进行手工描画，并录入相应属性，形成矢量数据的过程。半自动扫描矢量化是根据计算机对栅格影像灰度的自动识别能力，完成地形要素的自动跟踪识别并矢量化，当出现错误或计算机无法完成时再进行人工干预，这样就大大减少了人工操作的频率，提高作业生产的效率，是目前地图数字化用得较多的方式。全自动数字化是利用电脑根据栅格地图数据的灰度值，全自动地把地图中的要素矢量化出来，这种方式的错误率太高，且各种地物类型和属性无法自动识别、分层、录入，后处理的工作量很大，在实际的项目生产中使用较少。

当前，快速获取现势性好的地形地物三维空间信息的技术越来越成熟，生产效率越来越高，费用也逐渐降低。而通过地图数字化获取空间数据的完整性、现势性、精度（纸质地图容易变形而降低精度，扫描过程也存在地图拉伸等精度损失）等均不能满足行业应用越来越高的要求。因此，采用地图扫描数字化获取三维空间数据的方式用得越来越少。

第3章 城市三维建模与更新技术

随着数字城市建设的深入发展和广泛应用，人们越来越关注三维城市模型的准确性、逼真性和有用性。在追求三维城市模型逼真和准确的同时，也造成了三维模型生产的高投入，与二维空间数据建设相比，三维城市模型的建立至今仍然是一项复杂而昂贵的综合性工程。三维城市模型的数据生产往往涉及野外调绘、资料收集、摄影测量、图像处理、人工编辑和数据建库等多种不同的工艺和程序，是一种既有分工也有协作、既有并行也有串行的典型团体工作方式。大型城市三维建模的生产效率、质量控制、数据安全、有效存储和实施管理等问题日益突出，并直接关系到三维系统建设与应用的成败。影响三维城市项目建设的三个主要因素是精细度、成本和工期，最终三维应用系统的可用性和高效性又主要取决于三维模型成果的精度、仿真度及空间逻辑和拓扑的正确性，取决于建模所用数据源和建模方法。近年来，城市三维建模技术得到了快速发展，从较早的基于CAD交互建模，到依据三维激光扫描和摄影测量的精确三维模型自动重建，到多源数据的统一整合建模，到三维城市模型数据更新和维护，都在建模的效率、现势性、精度、真实感、沉浸感等方面有了长足进步，使三维城市与政府决策和民众生活的关系也越来越密切。

§3.1 概 述

城市三维建模技术正逐步从人工交互式建模向自动化建模发展，基于地图、摄影测量、激光扫描等多种三维建模技术将长期并存。充分准确地把握各种三维建模技术的特点，合理选择恰当的生产工艺是数字城市建设可持续发展的关键。

3.1.1 从交互式建模到自动化建模

三维建模技术源自工业设计，建立三维模型的初衷是为了实现大型工业设备建造前的可视和检验。起初的三维建模方法是纯手工作业的过程，随着行业使用的不断扩展和建模数量及要求的提高，传统的手工生产方式已不能满足要求，这就需要寻找更快速高效的新方法和途径。在测绘和GIS行业的城市三维模型生产中，得益于三维空间数据获取设备、方法、技术的发展，以及三维模型数据在数字城市中越来越重要的位置，渐渐实现了通过传统测绘、摄影测量和激光扫描等方法获取物体的三维空间信息，完成人机交互式半自动化的三维模型生产，甚至是自动化程度较高的城市三维重建。交互式建模主要用在基于基础测绘地形数据的三维模型生产上，通过人工录入模型的空间三维尺寸，进行相应的挤压和变形操作，生产准确结构的白模型；再通过手动纠正目标对象照片的投影差，处理成纹理，贴合到白模型上，完成带真实纹理的真三维模型生产。自动化三维建模主要是以倾斜摄影测量的成果为源数据，通过飞行平台上的多镜头传感器，在同一时刻采集测区目标物的多个角度航空影像，通过POS系统和共线方程原理，实现物体的高度、长度、角度自动解析量测，自动提取物体的空间结构，生成白模。另外，通过倾斜相机获取物体的侧面影像，自动批量提取纹理进行贴图，生产不修饰真实纹理的城市三维模型。机载激光三维扫描结合倾斜相机能很好地同时获取地物的三维空间信息和顶侧面纹理，自动建立三维模型并贴图。

城市三维模型从交互式到自动化生产，是技术发展的进步，也是应用需求推动的结果。在发展的过程中，各有特点和侧重，也存在技术的瓶颈问题。交互式建模的人工参与度及控制力度较大，生产的模型通常也需要作业员进行最终处理，空间精度、纹理精度、数据精度（隐部和下部结构精度、纹理优化率、三角面冗余度）更高，因此多在一些对精度、精细程度、仿真度要求较高的三维城市建设中使用。自动化的三维模型生产方式，主要用在对三维激光扫描和倾斜摄影测量获取的城市地物空间三维信息及多角度影像数据进行自动的处理，建立三维城市模型的过程。这种自动化属于一种不完整的自动化，目前只在城市建筑的三维模型重建中使用，多用于一些对纹理要求不高、下穿结构和隐部结构可以舍弃、且建筑密度不大的城市三维建筑模型生产。目前，这种方法生产的三维模型数据成果冗余严重，有较多的废点、废线和废面，在同一平面墙体上不合理的凹凸结构很多，建筑密度较大或有其他地物遮挡的地方容易产生数据黑洞，没有正确的分层、拓扑和语义信息，直接使用效果不好，很难满足现阶段数字城市三维建模的需要。如在自动建模的基础上采用人工交互修改，则修改的工作量会比较大，相比手动交互建模没有优势。但可以预想，城市三维模型的自动化重建是数字城市建设的趋势，也是GIS应用需要和技术发展的必然结果。

3.1.2　主要的城市三维建模技术对比分析

数字城市三维建模源数据的选用，随着低成本、高精度、快速地获取目标物三维空间数据的技术发展而变化。三维空间数据获取技术的发展，完成了从全人工的地面野外测量，到航天航空摄影测量和机载激光扫描，到地面多源传感器移动获取全景影像和激光点云数据的发展过程。城市三维模型的生产，根据获取的源数据不同，有不同的方法。遥感影像和机载激光扫描半自动建模多用于大面积的城市三维屋顶模型重建；车载摄影测量和激光扫描人机交互建模多用于走廊地带的三维建筑物立面建模和精细地面建模；地面激光扫描、近景摄影测量和野外传统测绘的CAD手动建模多用于对单个或少量建筑物进行精细三维重建；数字化地形图和已有二维GIS地图数据自动快速建模多用于要求不高的简单三维模型生产。从建模精度、使用领域、仿真度等内容比较，各种方法都有各自的技术特点和应用方向。基于倾斜摄影测量系统和机载激光扫描系统的城市三维建模能快速大面积地重建城市地面和建筑物模型，是最具潜力的城市三维模型生产方法之一。但是，从原始传感器数据自动解译地面目标语义还存在困难，在复杂模型精细结构重建的完整性上仍是一个未彻底解决的问题，特别是建筑物高精度自动重建及建筑物的立面纹理自动采集与映射还面临巨大挑战。采用已有的二维GIS数据或数字化地形图进行三维模型的自动产生，效率很高，费用较低，在一些源数据充分、要求不高且时间紧迫的区域和领域有广泛的应用。基于图像的建模和绘制是一种新的视觉建模方法，通过可量测影像构建城市的360°全景模型，以还原城市的真实场景，不需要几何建模，大大简化了生产的工作量，数据量相对几何建模也很小，在民众应用和互联网导航等不需要精确空间定位而又需要高度仿真的领域有很好的发展前景，在互联网发布的城市街景中就采用该方法。表3-1-1和表3-1-2分别对这几种建模方式的具体方法、技术特点、数据量、效率、成本、技术条件、精度、复杂程度等内容进行了比较，数字城市三维重建可根据客观实际条件去选择合适的方法。

表 3-1-1 常用三维建模方法的技术特点

序号	建模方式	具体方法	技术特点
1	基于 DEM 与影像的 3D 建模	将航空影像与 DEM 叠加生成城市建筑群的景观模型	一次性大批量快速建立整个城市的 3D 模型； 不易进行查询和空间分析； 目前仅用于建立简单的城市地形地貌模型
2	基于 2D GIS 的 3D 建模	以 2D GIS 数据为基础，用 3D 软件将其立体化为 3D 的城市建筑模型	方便构建简易的 3D 模型； 利用 2D 数据进行一般性的查询和空间分析； 不宜表达复杂的建筑模型
3	基于激光扫描的 3D 建模	通过机载或车载激光扫描，获取建模物体的几何及纹理信息，并构建城市 3D 模型	可以快速地获取并构建地物的几何形态； 可以同时获取地物的纹理信息； 易于表达较复杂的地物模型，但数据量巨大
4	基于 CAD 的 3D 建模	采用“真 3D 数据模型”来构建城市建筑模型	可以构建海量数据的建筑模型； 易于表达复杂的建筑模型； 便于进行 3D 空间分析、查询和检索

表 3-1-2 常用三维建模方法的对比分析

建模方法	基于 2D GIS	基于影像	基于激光扫描点云	基于 CAD
数据量	小	较小	大	较大
建模效率	高	较高	中	低
技术要求	低	较高	高	一般
设备要求	低	高	高	低
建模费用	低	一般	高	高
精度	一般	中	高	高
逼真度	低	较低	高	高
数据管理	容易	一般	困难	困难
适用面积	大	中	小	小
拓扑复杂度	低	较低	高	高
几何复杂度	低	较低	高	高
纹理复杂度	低	较低	高	高

§3.2 基于地图的三维建模技术

在数字三维城市建设中，基于地图的三维建模技术是应用较早的方法。早期的数字城市三维模型主要用于简单的空间分析和建筑分布示意，对建筑结构精细度和纹理清晰度的要求不高，因此常用 GIS 地图数据大面积地批量自动挤出模型，贴上简单示意纹理生产。随着使用要求的提高，原来简单的示意模型已不能满足数字城市高精度应用和高真实感可视化要求。基于地图提供建模基础地理信息，结合 CAD 交互式建模，就提供了新的解决方法。目前，CAD 交互建模仍是高精度三维城市模型的主要生产方法。通过 CAD 精确建立模型细节结构，以及在实地采集真实照片并编辑纹理用于贴图，建立精确逼真的真三维模型，在小面积高仿真的三维城市重建上仍不可代替。

CAD 以其强大的三维建模与编辑功能，在城市三维建模领域与三维 GIS 有了越来越紧密的联系。国际知名GIS企业ESRI在ArcGIS中增加Sketch up插件，基于GIS基础地图数据进行交互式三维模型建立，并在收购CityEngine后提供从二维地图数据到三维城市场景的快速规划设计功能。三维城市模型能否逼真及写实地表达城市现实景观是其成功与否的重要评价标准之一，因此在数据采集和编辑上更需要CAD强大的交互式技术支撑。CAD系统在三维空间数据处理方面的应用已经取得很大的进展，其在图形处理与真三维建模方面具有独特的技术优势，三维CAD模型已经成为数字城市GIS的一个重要数据来源(Kofler et al,1996)。使用CAD、3DMAX等设计工具，能够逼真地表示规划设计三维模型数据的精细结构和材质特征，如图3-2-1所示。这种方法可以达到较高的细节精度水平("真三维"实体)，与其他基于精确测量技术建模方法相比有事半功倍的特点。其不仅能表示物体外观形状和结构，而且还能充分展现复杂的物体内部形态。这些特点和优势使得CAD技术在制造、规划设计、建筑、服装设计、艺术等诸多领域应用极为广泛。但是，由于CAD建模大多涉及手工操作，工作量很大，成本很高，效率较低，在大范围的城市三维建模作业中没有优势。随着三维地图在城市智能管理中的应用，需对智慧城市立体空间中分布的各类传感器所获取的信息进行有效接入和处理，并基于精确位置进行分析和反馈，这种要求亟需一种更方便和有效的室内外一体化三维空间精细化表达方法。基于地图的CAD交互建模方式为这种需求提供了较好的解决方案，并在城市建筑规划设计三维建模和BIM生产中发挥越来越重要的作用。

图3-2-1　CAD交互式建模生成的复杂精细场景

3.2.1　三维CAD模型

三维城市精细模型常需要借助CAD交互式建模和编辑功能，其中一种典型的应用就是通过CAD人工交互，完善常规测量采集目标物空间三维信息时的不完整。比如使用航空摄影测量的方式采集，由于影像是中心投影的原因，存在建筑物间相互遮挡而使部分模型信息丢失，可以将这些缺陷模型导出成CAD文件，通过人工交互在CAD系统中重新编辑和修改，完成模型整体性补充。支持CAD三维交互处理的软件及其对应的三维数据格式当前已经有许多商品化成果，其中基于PC机的主要CAD软件及其特点如表3-2-1所示。

表 3-2-1 几种常见的文件格式及其对应的三维 CAD 系统

文件格式	包含的三维图形信息	软件系统	通用性
dxf/dwg	几何形体＋颜色	AutoCAD(3D)	好
3ds	几何形体＋材质＋纹理＋光照＋相机＋动画	3D Studio MAX/VIZ	很好
OpenFlight 3ds	几何形体＋材质＋纹理＋光照＋相机＋动画	MultiGen	很好
obj	几何形体＋材质＋纹理	Wavefront	一般
wrl	几何形体＋材质＋纹理＋光照	VRML	较好

在实际应用中，有两类 CAD 软件应用较为广泛：用于大范围平面规划设计的 AutoCAD 和用于表现单个建筑物或数目不多建筑群建成效果所使用的 3D Studio MAX（以下简称 3DMAX）。在 AutoCAD 中，利用其 3D 功能，参照高度信息将规划设计平面图进行实体拉挤（extrude），获得整块的三维盒状建筑模型，最后以 dxf 或 dwg 格式导出，供数据交换使用（Whyte et al，2000）。而在 3DMAX 中，根据建筑设计报表和蓝图效果，直接在三维操作界面中对建筑物进行建模、调整、修饰、赋材质、贴纹理，并能加入光照和相机，在取得满意的效果后，保存为 max、3ds 或 OpenFlight 等专用三维模型数据格式，可在一个文件中保存一个模型或一个场景的数据。显然，在类似于 AutoCAD(3D)等平台上将平面设计图进行拉伸而获得块状三维建筑模型，比较简单，但不能获得较高精度的几何结构和细节，而且这种模型通常保存为线框模型，没有可用的拓扑关系，所以在数字城市 GIS 中的应用较有限。而在类似于 3DS 等三维 CAD 建模平台上，通过直接使用目标对象的三维空间信息创建和编辑模型，成果具有很精确的细节结构，能够逼真地表达现状或规划设计意图，并且多为实体模型，具有一定的拓扑信息，无论是场景的可视化还是空间分析，都具有较大价值。因此，以下所指的三维 CAD 模型（如无特殊说明）专指与 3DS 类似的三维模型，三维 CAD 系统也仅指 3DMAX 和 MultiGen 及其类似的软件平台。

3.2.2 CAD 数据与数字城市三维 GIS 的集成

基于 CAD 的三维建模方式在城市规划、建筑设计等领域已经成熟，并广泛应用于规划设计的效果评估。将由 CAD 产生的三维模型数据纳入 GIS，实现 CAD 数据与 GIS 数据的集成有两个重要意义：一是对 CAD 数据的再利用；二是 GIS 系统有利于集成管理不同的方案，以及与方案相关的各种多媒体属性，使得三维城市更加丰富、逼真和美观，使在三维环境中进行各种分析和应用更加便利。CAD 数据和数字城市三维 GIS 的集成不仅是两种数据格式的简单转换，更重要的是两种三维空间表达思想的有机融合。CAD 数据考虑的是造型设计和建模，而 GIS 将空间信息及属性信息紧密关联与高效组织，并提供深度的空间分析能力。因此，要解决 CAD 数据和三维 GIS 集成的一致性、整体性、协调性，首先要分析各模型数据的异同点：CAD 数据集成的主要内容是格式转换，而数字城市 GIS 需要精细的三维模型几何数据。在 GIS 中，三维模型表示方式与 CAD 不同，它需要统一模型的表达方式，如将 CAD 模型中的圆和立方体对象转换为三角形面片；在入库操作过程中，因 CAD 模型通常没有属性信息，因此在模型转换进入 GIS 中时，需将 CAD 几何数据与属性数据进行关联；根据 GIS 常依靠数据分层和分区进行管理的特性，通常在数据集成过程中将 CAD 模型导入到合适的层和区域中。

另外，CAD 系统一般关注单个人工地物模型的几何表达，追求模型在视觉上的逼真与美观；GIS 则要同时处理自然与人工地物，并且涉及的范围通常很大，需要处理大量的三维几何模型。因此，在进行 GIS 集成时要对 CAD 模型数据进行一定的简化和优化处理。

为此，将三维 CAD 模型有效地整合到数字城市三维 GIS 中需要进行精心的考虑，例如：要求通过合适的方法将 CAD 模型数据正确地导入 GIS；或者将 GIS 中的模型导出为 CAD 模型以便在 CAD 系统中进行“修补润饰”后，再重新导回 GIS，实现 CAD 数据与 GIS 数据的双向转换。

3.2.3　三维 CAD 建模要点

在 CAD 模型与 GIS 进行数据集成的三种方式中，建立中心图形库的方式在目前的理论和技术条件下所花费的代价太大；建立整个场景的 3DS 模型后，使用简单数据格式转换的方式需要较多的时间和精力，无法满足数字城市 GIS 动态变化的要求；虚拟模型库的方式可以挑选常见的地物模型，在 3DMAX 中做三维重建、模型简化和优化，最后对 3DS 文件进行数据转换，存入虚拟组件模型库，这种方式一方面可以满足模型重用、动态变化的需求，另一方面成本较低，同时建模的工作可以分期分批进行，用积累的策略来充实和丰富组件模型库，达到事半功倍的效果。因此，下面以虚拟模型库方式为例来描述 CAD 建模的实现要点。

1. 模型创建

选择城市中使用频率很高的市政设施如路灯、立交桥、指示牌等，以及在一定区域内大量重复出现的建筑物(如某种样式的住宅楼等)，作为虚拟模型库的实物对象。在野外对这些对象进行实地测量，使用数码相机拍摄各个侧面的外观相片，再对实测数据进行统计和处理，得到一个样本数据，对侧面的数码相片也进行图像处理使之成为合格的纹理贴图。利用样本数据并参照有关规范，在 3DMAX 平台的三视图交互式界面中对这些对象进行精确的三维重建、赋材质、贴纹理(图 3-2-2)。然后对模型描述进行必要的简化和优化，在模型外形变化不大、仍能满足视觉要求的前提下，将描述数据减少到最小值。最后，将模型导出(export)为 3DS 文件并集中保存，形成虚拟组件模型库。

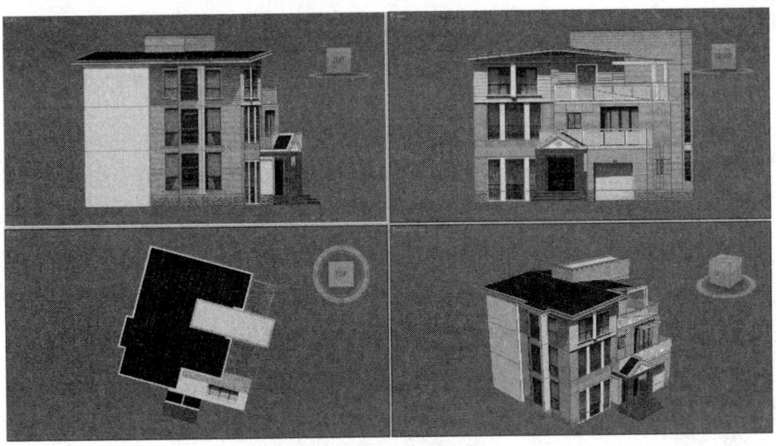

图 3-2-2　3DMAX 的三视图交互式界面

当然，也可以在 AutoCAD 或 3DMAX 中利用现有的数据进行三维建模，如在 AutoCAD 中根据现有的平面二维数据与高程数据建立建筑物或其他地物的三维模型。利用现有数据进行三维重建可以降低建模的成本，同时也有利于修补测绘数据及进行正确的数据整合。

2. 属性与拓扑信息的添加

CAD 模型数据一般不包含属性信息，而将 3DS 模型数据导入 GIS 时，一般要添加相应的属性数据。另外，3DS 模型的各个体元虽然按 CSG 思想来构成整体，但其不同层次的体元之间的连接关系是不清晰的，即模型内部的拓扑关系是不完整的，如很难从一个 3DS 模型中自动提取出房屋的屋顶或墙面等信息。因此，在导入到 GIS 中，需要考虑合理的数据结构。三维 GIS 综合考虑属性数据、拓扑关系数据和几何模型数据相统一的典型场景数据结构，如(用 C++的类来表达)：

```
class CGeo3DCADScene
{
  //材质列表信息
  int                          m_nNumMat; //场景中材质数目
  PolygonForMat *              m_pPolyMat; //属于每种材质的可视化信息
  //场景包围盒信息
  BOX                          m_rcEnvelope;
  //结点信息
  int                          m_nVertex; //结点数目
  LPCCVertex                   m_pVertex; //结点数据
  //三角面片信息
  int                          m_nTriFaces;  //三角面片的数目
  LPTriFace                    m_pTriFaces;  //所有三角面片信息
  LPCCTriangle                 m_pAlyFaces;  //用于分析的三角面片数据
}
```

其中的材质列表信息是经过统计后的材质面片关联数据，它集中了整个模型中使用某种材质的所有面片。这种数据结构有利于图形绘制处理。图 3-2-3 为一个城区的场景，大量的路灯、站牌、交通信号灯、雕塑和垃圾桶等三维模型数据都是从 3DS 模型数据转换而来，保证了整个区域复杂场景快速建模与三维实时可视化应用的需要。

图 3-2-3 集成 CAD 模型的三维城市模型

3.2.4　基于二维 GIS 的三维城市建模技术

数字地图为城市的三维可视化提供了丰富的数据来源，各种地物要素如地貌、居民地、道路及附属设施、水系及附属设施、植被、绿化及独立地物等，既具有严格、精确的几何图形数据，又具备完善的属性数据，所有这些数据都为建立三维城市模型提供了数学基础。可见，二维城市 GIS 已具有大部分地形地貌实体建模所需的基础数据，同时二维 GIS 本身还具有较完整的数据库及其操作功能。因此，直接从二维城市 GIS 数据转换到三维城市模型是一条经济、快捷的有效途径。目前，常见的数字地图数据有城市数字地图（地形图、地籍图等）和二维城市 GIS 数据库。这些数据源不仅含有三维建模所需要的几何信息，如目标物的位置，建立 DTM 所需要的等高线或高程点，建筑物的底面形状，建筑物占地边界与面积，屋顶的倾斜和边沿的方向，建筑物的高度、层数等，而且含有丰富的语义属性信息，如建筑物的用途、建筑年代、名称、结构、权属等。城市中现有的纸质地图也可通过数字化仪、扫描仪等工具结合专业软件转化为数字地图和二维 GIS 数据。

常规的二维城市 GIS 包含多种类别的数据，如矢量线划数据、地籍数据、地面测量数据等。数字高程模型数据和正射影像数据也越来越多地被纳入城市基础空间数据库范畴。其实，只需地籍数据加建筑物高度数据，一种简单实用的盒状实体模型就可快速自动生成。而数字高程模型数据的使用在于逼真重建地形表面，并将所有地物放置在与实际位置一致的空间布局上。建筑物的逼真侧面纹理则可以通过地面摄影的方法获取，建筑物的顶部纹理可以采用材质或者使用其他方法如从正射影像上获取。

三维城市模型（3DCM）的构建需要三维的空间数据（包括平面位置、高程和高度数据）和真实的纹理数据（包括建筑物侧面纹理等）。而现有二维 GIS 中除了二维空间数据之外，并不具有直接完整的第三维信息和纹理数据。二维 GIS 中一般只有建筑物相对的高度属性——层数信息，而建筑物层数所反映的高度信息与实际差别一般较大，所以需要进行专门获取。从二维 GIS 数据到三维城市模型，除了真实的表面纹理需要人工交互式完成以外，根据建筑物的二维底边界数据就可以自动生成建筑物盒状的三维几何模型，并自动关联二维 GIS 中相应的属性信息。可见，从二维 GIS 数据到 3DCM 有以下两种方法：

（1）在二维 GIS 的基础上，直接给定建筑物的相对高度和纹理数据来构建建筑物的三维模型。这种方法的缺点在于模型真实感差，对城市景观信息的表达比较少。由于没有利用 DEM 表达实际的地形起伏特征，所有建筑物都立足于一个假定的水平面上。这种方法主要用于快速显示二维 GIS 对应的三维建筑物基本轮廓特征，许多 GIS 软件都提供了此类从二维转换到三维的功能。

（2）结合建筑物的相对高度信息即可构建具有真实地理分布的城市景观。由于涉及不同类型数据的应用和比较专业化的三维建模与编辑功能，二维 GIS 软件须进行特别的扩展。

3.2.5　二维 GIS 到三维模型的数据处理过程

二维 GIS 数据缺少建筑物垂直面的几何和纹理信息，从二维到三维的转换工作主要是建立表面几何模型并赋予纹理等属性信息。由于表面纹理信息与二维 GIS 相关点较少，其制作方法一般独立地从影像上提取，用数码相机拍摄真实纹理，或者人工制作。二维到三维的过程既是平面到立体的过程，也是让目标物集成高度及立面信息的过程。本小节主要讨论从二维到三维的几何数据处理过程，数据处理流程如图 3-2-4 所示。

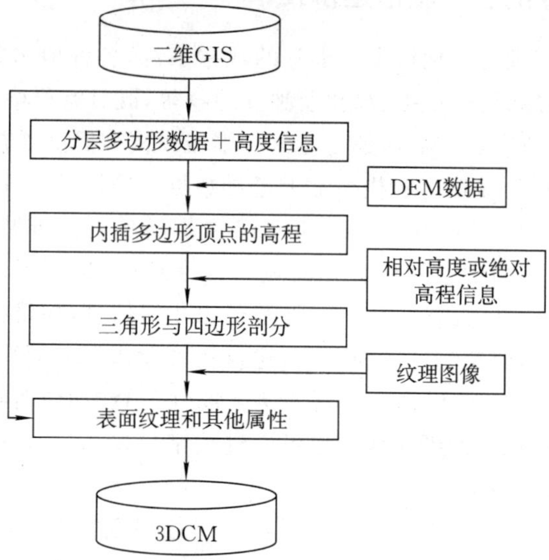

图 3-2-4　从二维 GIS 到三维城市模型的基本数据处理流程

目前常用的三维渲染引擎如 OpenGL 和 Direct3D 等只能处理凸多边形，为加速显示，在建模过程中，当所构的三维表面为不规则形状时，需要在建模转换时将不规则多边形剖分为多个凸多边形。模型结构的三角形面片满足凸多边形条件，三维渲染引擎处理最快，所以将不规则多边形构成三角网以达成凸多边形剖分效果是一种常用的处理方法。并且，为了方便显示时对不可见面的剔除，所有的多边形或三角形的点串都应直接按逆时针方向存储。

1. 原始数据的处理

在从二维到三维的数据转换过程中，不同的地物类型往往具有不同的几何形态及相应的处理方式。例如，房屋建筑不仅具有屋顶表面，还有多个侧面。因此，根据情况要将二维 GIS 中的数据按地物类型分别进行批量处理。一般地面上的线状和面状地物如境界线、湖泊和道路等在二维 GIS 中都没有高度信息，转换到三维时其所有高程将从给定的 DEM 内插得到。对于房屋这样的建筑物，由于不同的数据库往往具有不同的第三维信息，如楼层数、相对高度或绝对高程等。因此，在转换过程中首先需要确定其高度信息的具体内涵。对于楼层数信息，还要给定每个楼层对应的实际高度，进而才能换算到整个建筑物的实际高度。这些高度信息主要是描述建筑物的顶部，而建筑物底部的高程同样可从 DEM 中内插得到。当然，所有待处理的多边形数据都必须是封闭的。许多情况下，二维 GIS 中的面状地物是由多条线构成的，此时封闭条件通常需要使用构建拓扑的工具来完成。

2. 从二维到三维的转换

尽管每种地物类都有各自不同的转换方式，并且这些地物类都可以按层单独进行建模。为了数据处理能保持较好的几何约束关系，保证各地物类模型能很好地接边，一般在自动建立三维模型时都遵循这样一个原则：先建立面状地物如街区和街道等模型，然后再在街区上建立其他地物模型。

1）街区与街道

根据街区与街道的平面图形，套合 DEM 获取其边界线上相应端点的高程信息，同时分别设定街区与街道高出地表的偏移量 H（如果设为 0，则紧贴地表）。街区与街道的三维模型就是根据其多边形边界，以及其包围范围内的 DEM 格网点所建立的不规则三角形网格。

2）建筑物

二维 GIS 一般不直接存储建筑物的高度信息，而是通过楼层数记录，故可以按楼层数乘以一个大概的楼层高度作为建筑物的高度。房屋脚点的高程一般通过 DEM 内插得到。由于 DEM 的起伏，有时会造成房屋底面不平，需要在建模时将房屋底面点置平，通常以房屋底面节点中最低点的高程作为修正后的房面底面高程。对于没有高度属性和楼层属性的数据，可以对所有建筑物按使用类型分为若干类，转换时每类赋以不同的高度，也可以先由人工输入各建筑物高度信息和属性信息后再统一处理。建筑物结构一般包括底面、侧面和顶面三部分，建筑物的屋顶面通常为不规则形状，需要在建模或转换时将屋顶边缘点和内部特征点连接成三角面。建筑物的侧面为四边形，每个四边形由相邻的两个屋顶点和两个房屋脚点组成，如图 3-2-5 所示。

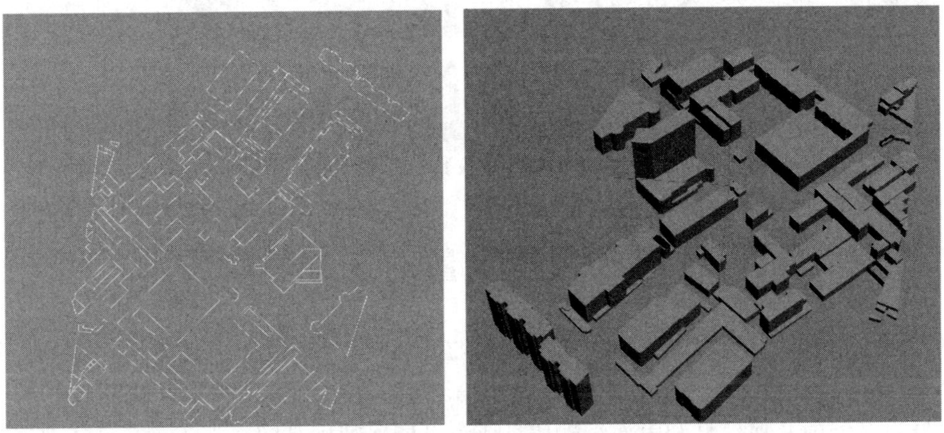

图 3-2-5　从二维 GIS 建筑数据自动转换到 3DCM

3）植被

大比例尺地图上城区内的绿化地和中小比例尺地图上的植被都具有明确边界，且都紧贴在地表上。其模型的构造首先从 DEM 中获取其平面图形边界点的高程及包围范围内的 DEM 格网点，然后一起建立一个三角网曲面模型。

4）道路

不同比例尺的地形图提供详细程度不同的道路数据，如宽度、等级甚至铺面材料等。如果是双线道路，必须将其封闭为多边形；若是道路的中心线，先要以该线为中心，根据道路的等级向中心线两边进行缓冲得到双线数据，然后将它封闭，形成道路的多边形。

交通模型可以用紧贴地表和高出地表两种方式来建立，要视其宽度、等级及有关具体情况来确定。级别低的，如乡村路、小路等，可以让其紧贴地表，而高速公路、国道及其他高等级公路可以让它高出地表一定的距离，使之尽可能接近真实情况。

对于紧贴地表的道路，可以用与绿化地、植被相同的方法建立模型。对高出地表的道路，设定其高出地表的高度后，用与街区和街道相同的方法建立其模型。

5）水系

双线河流、湖泊、水库、塘等面状水系要素，也都具有明确的边界，且由于其范围不大，水面近似水平，所以可以通过平面多边形的三角剖分来建立三角网，同时从 DEM 得到其边界高程从而建立其模型。

至于线状水系要素，直接从 DEM 得到线上各点的高程构建为三维的线对象即可。

6)行道树和树林

对于二维 GIS 图中明确表示出来的行道树，可以将其转化为三维点对象，每个点对象关联一种树的示意模型。对于成片的树林，则可以按其地类界以一定的排列方式自动生成一片点状的树对象，如图 3-2-6 所示。

图 3-2-6 从二维 GIS 植被数据自动转换到 3DCM

§3.3 基于摄影测量的三维建模技术

从二维影像自动重建三维地形表面和地物的几何模型，甚至生产具有相片质感的逼真三维模型，一直是摄影测量与遥感的主要目标之一。摄影测量方法使得自动化同时获取大量复杂三维城市模型的几何信息和表面纹理信息成为可能。特别是随着近年来高分辨率遥感技术和计算机图形图像处理技术的发展，数字摄影测量被普遍认为是当前最适合用来获取大范围高精度三维城市模型数据的主要技术手段。高分辨率卫星遥感的发展为三维城市建模提供了新的信息源：国产资源三号卫星立体影像分辨率达到 2 m 左右，国外的商业卫星 WorldView-2 影像分辨率达到了 0.46 m，且广泛易得。如何提高三维城市模型数据获取的自动化程度一直是摄影测量研究的一个重要内容。摄影测量方法在多源遥感图像数据的推动下也有了新的含义：传统的摄影测量原理是针对具有相同相机参数的立体相对处理，而现在则可以利用任意两个或多个相互重叠的遥感影像进行立体测量，即所谓的开放式摄影测量概念(open photogrammetry)。目前，由于影像匹配理论和算法的发展与完善，数字摄影测量工作站(digital photogrammetry workstation，DPW)在定向(主要是内定向、相对定向)、DEM 生成、正射影像的生产与镶嵌、空中三角测量的转点与量测等方面已经具有了较高的自动化程度和可靠性。在人工地物(主要指建筑物和道路)的自动化提取和重建方面，已有一系列专用或通用的航空像片解译系统或目标自动识别与重建系统。近年来，建筑物自动三维重建技术日益成熟，通过数据的多源化、多线索和多信息引入与融合，逐渐降低模型自动化重建的难度，并已经在行业中形成基本共识。例如，GIS 辅助影像解译，激光扫描点云与影像的集成处理，多角度影像集成处理等。建筑物模型的多样化(如参数模型、棱柱体模型、多面体模型及 CSG 模型等)特点也驱使模型的自动提取策略逐渐由单纯的模型驱动或数据驱动转向二者混合运用。

根据自动化程度，现有的摄影测量三维自动重建系统可划分为以下三个层次：

(1)完全的自动化(autonomous)，即系统无需任何先验知识，由计算机完成全部的三维重建工作。

(2)自动提取(automated)，在特定的条件下，操作员给出一些参数，或系统默认某些条件或约束，然后进行自动提取。目前绝大部分系统都是在某些特定条件范围内进行的，如给定一定的房屋类型提取某种分辨率影像上的房屋。

(3)半自动或人机交互式的提取(semiautomatic or interactive)，操作员始终控制整个提取过程，并由计算机自动实时处理作为支持，是一种人机合作或人机协同的方法。一般由人完成建筑物目标的辨识和粗略定位，计算机完成精确定位。

基于遥感影像的建筑物三维重建主要涉及由低到高三个层次的处理：信号层、物理层和语义层。信号层主要处理二维影像的图像特征；物理层处理主要是建立影像和建筑物实体之间的映射关系，以找出建筑物三维结构及其成像形式；语义层处理则涉及有关建筑物属性、关系等目标知识，以及在场景中识别建筑物目标与目标间控制的有关知识等。简而言之，低层次处理(数据驱动)包括对影像进行增强、边缘检测、影像分割、纹理特征与形状特征的提取等；中级处理(特征驱动)的输出是描述从影像中提取的特征性质及其相互关系的数据结构；高级处理(知识驱动)根据知识或其他约束条件进行推理，输出对建筑物表面结构的解释。与之相反的是所谓自顶向下的方式：根据模型对输入做一个假设的解释，以后再去寻找证实此假设成立的中低层描述。如果将这两种方式结合起来，即形成混合的方式。例如可以先采用自底向上的方式去解释，再将不满意的解释信息反馈到中、低层，由此去调整中、低层的理解，最终得到满意的解释。

由于遥感影像自身成像机制的限制(缺乏直接的三维信息，不同成像条件导致影像存在差异等)，以及景物域情况的复杂多变(非结构化目标的存在，建筑物类型的多样性，局部遮挡等)，常常导致获得建筑物模型存在线索和三维重建等困难，使得当前遥感影像解译的自动化程度仍然很低，距离实用化程度还有很大的差距。人们普遍认识到：由于问题的复杂性，从影像自动检测和三维重建建筑物还有很多关键的理论技术问题有待解决，所以，目前广泛应用的基于遥感影像的三维重建系统，基本上都是依靠人机交互的半自动化系统，主流的DPW产品中也集成了部分人机交互式三维重建的功能，如Halava、JX4和VirtuoZo等。

3.3.1 基于摄影测量的半自动三维重建

基于摄影测量的建筑物三维重建的两个重要环节，同时也是限制其提高自动化程度的瓶颈是：确定建筑物准确位置(where)和确定建筑物类型(what)，其他诸如确定朝向、精确定位、人机交互策略等都有赖于这两个问题的首先解决。从影像中自动识别和提取建筑物不仅是摄影测量与遥感领域的难题，也是计算机视觉与图像理解研究的重点之一。在遥感影像人工地物自动提取过程中，如何发挥人的作用，就是半自动或所谓“人机协同”提取策略要解决的问题。从实际应用的角度来看，单纯用计算机从遥感影像自动识别人工目标还远远没有达到自动化的程度，在人工目标识别、分割和三维模型重建等方面存在的一些重要的理论问题有待解决。虽然目前某些方法在具体的应用环境中能达到较高的识别成功率，但这样的“黑箱”提取系统对实际的三维城市模型生产来说是没有多大意义的，因为即使是5%的错误率，检查和编辑的工作量将使得自动提取效率的提高变得微不足道。因此，目前基于遥感影像半自动化三维重建的研究，基本上都是围绕如何在提取过程中借助人工辨认和识别，以突破自动识别这一瓶颈，结合计算机一定的智能处理和强大的运算能力，对目标进行精确的定位及得到目标的精确几何描述来进行，人和计算机发挥各自的优势以实现提取系统的高效化。

实际工作中，利用DPW（如JX4）采集的空间地物三维编码数据，借助专门的三维建模工具即可自动建立三维表面模型。基于摄影测量的半自动三维重建包括两个主要步骤：基于DPW交互式采集空间地物的特征编码点云数据，根据编码点云数据自动建立三维表面模型。其中人工地物的识别和量测主要是依赖手工进行的，而在建立三维模型的过程中则集成了如自动生成屋顶拓扑结构等自动化处理环节。

1. 交互式特征编码数据采集

基于摄影测量工作站的特征数据采集，一方面需要遵循摄影测量的一般原则与流程，另一方面需要按照建立三维几何模型所制定的一系列规范与流程进行操作。图3-3-1为基于JX4A数字摄影测量工作站特征编码数据采集的基本流程，包括摄影测量工作站的编码设置、测量分区划分、特征地物辨识与数据采集、数据导出和三维模型的编辑与检查等。为了便于组织生产和质量控制，每次作业的数据内容可以是一个完整区域的所有地物，也可以只是一类或某几类地物。数据采集的具体操作一般包括以下几个方面：

（1）辨别地物类型并将地物各部结构进行恰当分解。

（2）在摄影测量工作站中选择相应特征编码。

（3）进行特征点采集。

（4）结束此特征码相关的所有特征点。

（5）输入用户码。

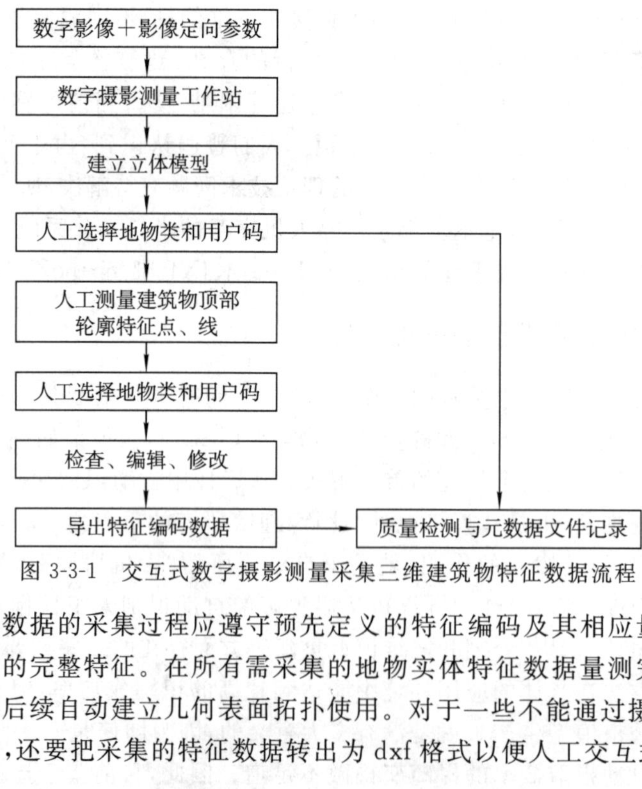

图3-3-1　交互式数字摄影测量采集三维建筑物特征数据流程

三维特征编码数据的采集过程应遵守预先定义的特征编码及其相应量测方法，以尽量少的特征点表达地物的完整特征。在所有需采集的地物实体特征数据量测完成之后，需要将特征编码数据导出供后续自动建立几何表面拓扑使用。对于一些不能通过摄影测量方法完整准确重建的特殊结构，还要把采集的特征数据转出为dxf格式以便人工交互式建模。

2. 三维几何表面模型的自动建立与编辑

三维特征编码数据只是表达三维模型几何结构的特征点，各特征点之间以及表面与表面之间的相互关系也仅仅隐含在编码数据文件中的特征码与用户码中。地物的三维表面模型还要通过三维建模工具才能真正自动地建立起来，建立三维表面模型的数据处理流程如图 3-3-2 所示。

(1)以特征编码数据和相应的 DEM 在三维建模与编辑工具中创建工作区。

(2)在导入特征编码数据的过程中，系统将自动进行基本的拓扑检查(如用户码重复或欠缺)并提示相应的错误信息，以便返回到 DPW 中对照相应地物立体模型进行重新量测或修改。

(3)遍历浏览所有建筑物并进行相关检查。

(4)对拓扑结构错误或者精度超限的三维模型，需要在 DPW 中重新量测，并将新的地物特征编码数据以模型导入的方式追加到当前编辑的工作区中。

(5)对所有建筑物边缘执行垂直、平行等处理，完成三维几何模型的检查与编辑。

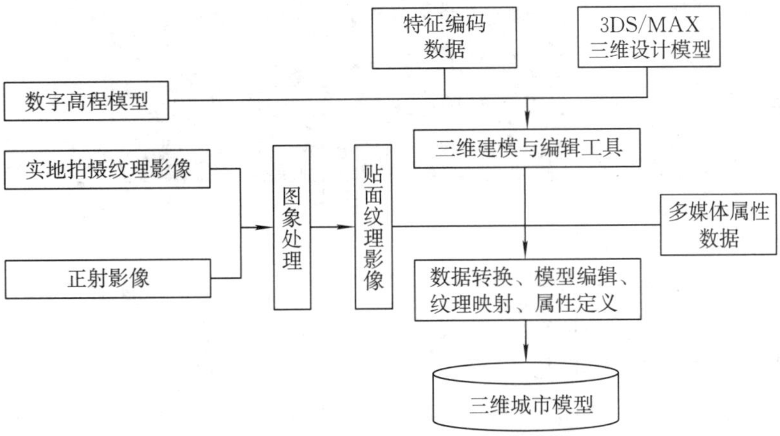

图 3-3-2　三维自动建模流程

根据三维模型数据还可以自动从相应的正射影像中吸取得到建筑物顶部的纹理，如果将三维模型返回到 DPW 当中，建筑物的侧面纹理也可通过一定的算法自动获得。当然，由于摄取遥感影像时的摄影高度太高，这样得到的建筑物侧面纹理与实际相比往往存在较大的变形和色调差异，但重建的景观比没有纹理的效果还是要好得多，这对于范围大、要求时间紧，或者不可能到实地获取更逼真纹理的领域(如军事等)具有重要价值。图 3-3-3 为基于摄影测量自动创建的三维城市模型。

图 3-3-3　基于摄影测量重建的三维场景

3.3.2 二维 GIS 辅助下的三维重建

目前，基于遥感影像地物目标的自动检测和自动三维重建还有很多关键的理论与技术问题没有得到彻底解决，为了提高人工交互操作的准确性和效率，引入其他辅助数据源来降低影像解译问题的复杂程度、提高建筑物三维信息获取和更新的自动化程度已经成为近年来摄影测量领域最重要的研究进展之一。目前，城市的二维 GIS 数据经过多年的建设与更新，在可靠性、现势性与精度等方面都有了很大的进展。在二维 GIS 数据的引导下从影像中提取建筑物的三维信息，可以较好地解决诸如建筑物检测分割、特征提取、提供特征匹配近似值等问题，从而充分提高建筑物三维重建的自动化水平。并且，反过来对于二维 GIS 数据库的自动更新也具有重大的意义(图 3-3-4)。

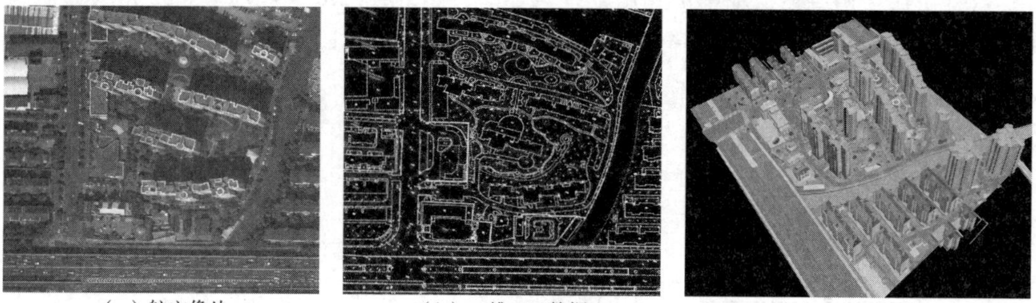

(a) 航空像片　(b) 二维GIS数据　(c) 三维城市模型

图 3-3-4　GIS 辅助下的三维重建

关于引入二维 GIS 数据并在其引导下从航空影像中进行三维目标重建、变化检测和二维 GIS 数据库更新的研究，从 20 世纪 90 年代末开始逐渐成为摄影测量领域和计算机视觉领域的一个研究重点。主要的模式有几种：利用二维 GIS、激光扫描数据和航空影像来对复杂城区景物进行三维重建；利用二维 GIS 数据(包括建筑物平面轮廓数据和 DEM 数据)和经过配准的航空像片重建建筑物；在二维地图矢量数据的引导下进行影像解译，定位道路和建筑物并检测二者的变化，为每个建筑物确定一个高度(采用了棱柱体建筑物模型)，在重建过程中也用到了 DEM 数据。

引入二维 GIS 数据并在其引导下从航空影像中重建三维建筑物的首要问题是二者的配准，以及在此基础上的影像分割。配准过程可以分为三步(图 3-3-5)，首先生成影像与电子地图间的粗略全局仿射变换关系，然后利用有监督的种子区域分割来改进全局仿射变换关系，最后针对电子地图的每一个地物与影像的相应区域生成单独的仿射变换关系。在二维 GIS 数据中有高程信息或存在 DEM 时，可以直接将二维的地图数据投影到影像上，达到建筑物分割的目的。如果没有高程信息并且 DEM 不存在时，可以先建立航空影像的立体模型，匹配出初始的数字表面模型，然后利用二维 GIS 数据提供的平面信息和 DSM 提供的高程信息，对航空影像进行快速准确地分割。

将建筑物从影像上分割出来后，可以采用模型驱动或数据驱动的方法对其进行三维重建。值得注意的是，此时由于建筑物屋顶平面外轮廓线已知，所以可以利用其产生关于屋顶拓扑结构的假设。

图 3-3-5　遥感影像配准方法

§3.4　基于激光扫描点云数据的三维建模

最近几年,激光扫描仪(laser range scanner)在多层次三维空间数据的实时获取方面取得了较为广泛的应用。根据搭载平台的不同,激光扫描系统可以分为机载激光扫描系统(airborne laser scanning)、车载激光扫描系统(vehicle-borne laser scanning)和地面激光扫描系统(terrestrial laser scanning),后者往往又被称为近距离激光扫描系统(close-range laser scanning)。其中,机载激光扫描系统结合其他定位(如惯性导航系统,全球卫星定位系统)及遥感等高新技术,可进行大范围精细数字地表模型的高精度实时获取。车载、地面激光扫描系统可用于城市道路、堤坝、隧道及大型建筑物等复杂三维空间目标的实时监测与模型化。固定小型系统可用于文物和室内精细结构的三维建模。

3.4.1　基于地面与车载激光扫描系统的三维重建

激光扫描系统作为一种主动的非接触测量手段,在生成真实世界物体的计算机三维模型中得到了越来越广泛的应用,将地面与车载激光扫描系统用于三维城市重建,已经成为激光扫描技术发展的一个重要方向(图 3-4-1)。车载激光扫描系统通常用于走廊地带(街区)的三维重建,利用车载激光扫描系统获取街道两侧几何特征(如道路、建筑物等)和纹理,通过计算机的超级计算能力,自动完成精确且较真实的道路带状三维模型(图 3-4-2)。通常情况下,为了结后期建立模型及编辑纹理工作提供基础,往往会在车载系统上同时搭载 CCD 相机与激光扫描仪,以同时获得纹理数据和三维坐标数据。为了记录车辆行驶轨迹,一般还需要搭载 GPS/INS 等定位系统。近年来,国际上车载激光扫描技术进步很快,多种型号的国产车载激光扫描测量系统也已经商品化,并在三维导航地图、城市快速建模、连续彩色真三维精细街景重建等领域发挥日益重要的作用。

从散乱分布的激光扫描点云数据中重建三维建筑物,需要解决的主要问题是如何准确提取目标对象的特征点,如边界点、转角点等,由特征点构建特征线和特征面,从而重建三维目标。一般重建的步骤是:首先根据已知信息对原始观测值进行概算,将地形数据与地物数据分离;其次对地物数据进行滤波,去除测量噪声、遮挡物(如树木)等影响,得到建筑物数据;再次,

图 3-4-1 基于地面激光扫描的三维重建

图 3-4-2 基于车载激光扫描的三维重建

根据建筑物自身特征，提取建筑物特征点和二维平面轮廓；最后根据提取的特征点线进行表面拓扑重建。基于点云进行三维重建一般都采用模型驱动和数据驱动相结合的方法：针对形状较为规则或者可以分解为规则形状的物体进行建模时，可以人工指定模型与三维点云数据相匹配，这种将一系列三维坐标点转化为有限的形态集合中某一种结构（如桥梁、建筑等）的建模处理，需要大量的人工干预，操作人员通过指定的点云区域并定义物体类型（如建筑）来进行编辑工作，而选定的模型与点云匹配是自动的；对于难以分解为规则几何形状物体的建模，则用不规则三角网（TIN）来组织点云数据，建立被扫描物体的表面模型。

3.4.2 基于机载激光扫描系统的三维重建

机载激光扫描系统已经广泛用于城市区域建筑物和市政设施的三维重建（图 3-4-3），尤其是精细地表和复杂建筑物顶部的快速三维建模。激光扫描点云数据处理的主要内容是剔除不需要的数据，并对指定目标进行建模。如图 3-4-4 所示，基于机载激光扫描数据的建筑物三维重建的首要问题是：滤波，建筑物与地表、植被的分类，以及在此基础上的建筑物特征提取。针对点云数据的滤波处理，常用的方法有六种：多层次滤波方法、曲面拟合滤波方法、最低平面滤波方法、基于 TIN 的滤波方法、基于坡度的滤波方法和基于不规则三角网的迭代加密滤波方法。其中，多层次滤波方法基于多分辨率的方向预测，与其他方法相比具有效率高及更易滤除复杂干扰物的优势。点云自动分类一般采用分割算法进行处理，考虑更多点的上下关系，从而能够提高分类的精度。分类通常不受建筑物大小的影响，无需事先指定建筑物的大小，也能够正确分类具有陡峭地形特征的地貌，将原始点云分为裸露地面、建筑物、植被和其他对象四个主要类别。主要的分割方法有：二维 GIS 信息辅助，局部极值检测并对其邻域进行直方图分析（要求数据扫描分辨率较高），通过滤波提取 DTM，反射信号强度分析，光谱信号分析（在同时搭载了多光谱扫描仪或超光谱扫描仪时）。

图 3-4-3　基于机载激光扫描的三维重建

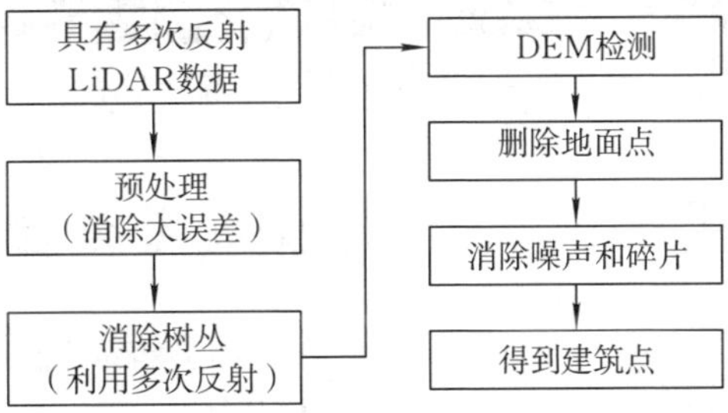

图 3-4-4　机载点云数据提取建筑物目标的基本流程

在用自动化方法或手工方法实现建筑物分割的基础上进行建筑物的三维重建，基本方法分为数据驱动和模型驱动两种。模型驱动的重建方法一般需要人工指定模型类别来与点云数据匹配，从而解析出模型参数。对较为复杂的建筑物，往往还需要根据其平面进行分割并单独重建，然后再进行组合。这种方法的优点是能够得到建筑物的语义信息，缺点是人工干预多，并且需要丰富的模型种类支持。数据驱动的重建方法的优点是自动化程度高，能够对复杂的建筑物进行重建，缺点是无法得到建筑物的语义信息。

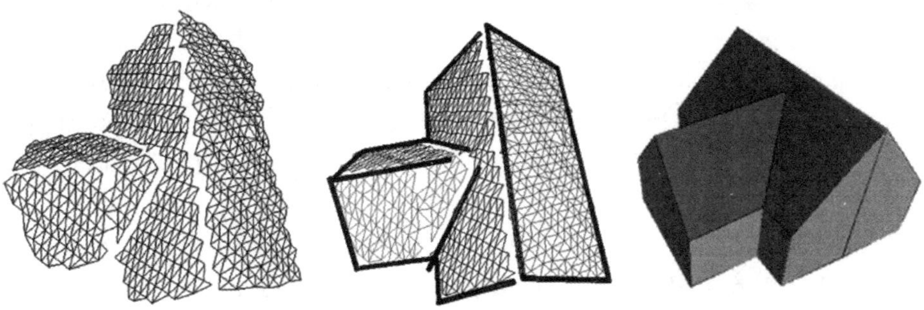

（a）屋面检测　（b）建筑轮廓线　（c）多面体模型

图 3-4-5　一种数据驱动的三维重建方法

如图 3-4-5 所示，基于数据驱动的典型重建方法：在对建筑物进行分割的基础上，对点云数据进行 Delaunay 三角网剖分，然后用聚集（clustering）和邻域分析的方法进行屋面检测。通过对所有屋面两两求交找到屋面的交接边，利用检测到的属于屋顶的三角形来逼近屋顶轮廓线（图 3-4-5(b)）。该方法能保证得到的直线与房屋的主方向垂直或平行，房屋的主方向是通过相邻屋顶面片的水平交线得到的。得到屋顶外轮廓线后，竖直墙体平面通过轮廓线建立。将这些墙面与屋顶面片相交来发现其他的屋顶面边，并由此获得墙体的高度，最终得到建筑物的多面体（polyhedral）模型（图 3-4-5(c)）。

如图 3-4-6 所示，从机载激光扫描点云数据自动提取的最终建筑物区域结果的正确率可达 90%。当然，小的建筑物目标及复杂的建筑物顶部结构还需要人工交互编辑处理。

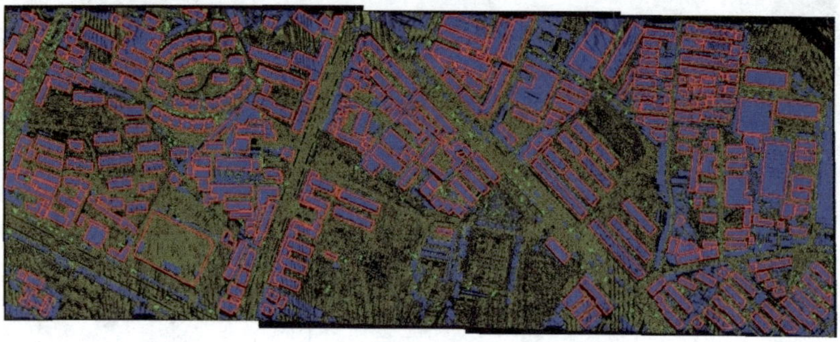

图 3-4-6 建筑物区域自动提取结果

§3.5 多源数据无缝整合

3.5.1 概 述

多源异构三维模型数据的无缝整合是指将不同来源、不同数据格式、不同尺度、不同空间基准的三维模型数据在逻辑上或物理上进行有机集成，并为用户提供统一的使用方法和过程。整合后的三维模型数据仍然保留着原来的数据特征，不仅具有统一的时空基准，还保持几何、拓扑和外观等方面的无缝连接关系。多源三维模型数据之间存在着明显差异，主要表现在以下四个方面：

(1)空间基准不一致性。空间基准涉及参考椭球、坐标系统和水准原点、地图投影、分带等多种因素。多源三维模型集成中，缺乏统一的空间基准将无法保证数据质量，也无法进行数据共享和应用。

(2)存储格式多样性。由于三维模型数据生产方式多样，行业流程差异大，从而导致存在多种存储格式，包括标准交换格式（kml、dae）和通用交换格式，如 Stanford 的 ply 格式、3DMAX 的 3ds 格式、MAYA 的 obj 格式、MultiGen Creator 的 flt 格式、AutoCAD 的 dxf、DirectX 的. x 格式等。

(3)多尺度与时空特性。三维 GIS 会根据应用需要采用不同的尺度对地理空间进行表达，不同的观察尺度具有不同的比例尺和不同的精度。不仅如此，三维 GIS 数据还具有明显的时空特性。一个三维 GIS 系统中的数据源既有同一时间不同空间的数据系列，也有同一空间不同时间序列的数据。

(4)多语义性。对于同一个地理空间要素,在不同的应用语境下可能会对应着多种不同的语义,如道路、建筑物、楼层、房间等。不同系统解决问题的侧重点也有所不同,因而会存在语义分异问题。

综上所述,当前多源三维模型多存在两大类的异构:语法异构和语义异构。其中语法异构主要表现在三维空间数据的空间基准不一致、存储格式多样化、多尺度与时空特性;语义异构则重点体现在多源数据的语义多样性的特点。因此,多源三维模型数据的无缝整合,需要解决多源数据的语法异构和语义异构两大问题。

目前,实现多源三维模型数据无缝整合的方式可分为三类:数据格式转换模式、数据互操作模式、直接数据访问模式。

1. 数据格式转换模式

格式转换模式是传统的 GIS 数据集成方法。在这种模式下,其他数据格式经专门的数据转换程序进行格式转换后,复制到当前系统中的数据库或数据文件中。这是目前三维 GIS 系统数据整合的主要办法。该模式主要存在的问题是信息损失。由于各类应用中缺乏对空间对象统一的描述模型,从而使得格式转换后不能完全表达源数据的信息。另外,许多数据格式之间需要经过多步转换,转换过程复杂,如:从 DGN 文件格式转换到 MapInfo 的 Tab 文件,首先需要把 DGN 文件输出为 dxf 交换格式,然后再把 dxf 数据转换为 Tab 数据,期间涉及在多个工具平台之间的切换,且转换后数据的空间拓扑可能需重建并修正,如果数据需要不断更新,工作量很大。

2. 数据互操作模式

数据互操作模式是指在异构数据库和分布计算的情况下,GIS 用户在相互理解的基础上,能透明地获取所需的信息,从而使得一个系统同时支持不同的空间数据格式成为可能。根据 OGC 颁布的开放地理数据互操作规范(OGIS),可以把提供数据源的软件称为数据服务器(data servers),把使用数据的软件称为数据客户(data clients),数据客户使用某种数据的过程就是发出数据请求、由数据服务器提供服务的过程,其最终目的是使数据客户能读取任意数据服务器提供的空间数据。OGC 规范基于对象管理组织(OMG)的 CORBA、微软公司(Microsoft)的 OLE/COM 及 SQL 等,为实现不同平台间服务器和客户端之间数据请求和服务提供了统一的协议。OGC 规范正得到 OMG 和国际标准化组织(ISO)的承认,从而逐渐成为一种国际标准,将被越来越多的 GIS 软件及研究者所接受和采纳。但是,目前还没有商业化 GIS 软件完全支持这一规范。

数据互操作模式在应用中存在一定局限性:首先,为真正实现各种格式数据之间的互操作,需要每种格式的宿主软件都按照统一的规范实现数据访问接口,这在一定时期内还不现实;其次,一个软件访问其他软件的数据格式时是通过数据服务器实现的,这个数据服务器实际上就是被访问数据格式的宿主软件,也就是说,用户必须同时拥有这两个 GIS 软件,并且同时运行,才能完成数据互操作过程;最后,当前非 OpenGIS 标准的空间数据格式仍然占据空间数据的主体。

3. 直接数据访问模式

直接数据访问指在一个 GIS 软件中实现对其他软件数据格式的直接访问,用户可以使用单个 GIS 软件存取多种数据格式。直接数据访问不仅避免了繁琐的数据转换,而且在一个 GIS 软件中访问某种软件的数据格式不要求用户拥有该数据格式的宿主软件。直接数据访问提供了一种更为经济实用的多源数据集成模式。

从以上三种多源三维模型数据整合方式的特点可以看出，直接数据访问模式能够避免繁琐的数据转换，并且能够在单一的GIS软件中完成多系统格式相互之间的转换，从而降低了对各宿主软件的依赖。因此，直接数据访问模式为主流的数据转换模式，直接数据访问模式需要设计并实现一个能够在其他数据格式之间访问、编辑及管理的GIS平台软件。

综上所述，目前多源三维模型数据整合方法还有待完善，尤其是多源三维空间数据语法及语义的异构问题，导致难以满足“无缝整合”的要求。因此，主流的技术是基于统一的三维GIS数据模型，采用直接数据访问模式，进行顾及语义信息的数据格式转换，通过统一多数据格式之间的空间基准、空间尺度、多源语义，实现多源三维空间数据语法及语义的整合。

3.5.2 语法整合

任何一种自然语言的语法规律(或语法现象)，是指该语言中的句子、短语、词汇的逻辑、结构特征以及构成方式，而语法包括对语法规律进行的总结描述或对语言使用的规范或限定。在不同的语境中，这种规律或规则也称作语法规范、语法规则等。三维建模中的语法规律，是指在建模过程中所采用及遵守的数据语法、参考系和精度等。数据语法是指数据的构成规律，特别是数据的构成方式、结构特征、内部要素之间的逻辑关系。

针对多种数据源和多种建模工艺构建的三维空间数据的数据语法、参考系和精度等多方面的不同，都会造成语法的异构。语法整合，需在三维空间信息表示模型的基础上，解析及表达国内外通用的三维数据格式，并实现各三维空间数据在语法层面的无缝整合。针对多种数据源和多种建模工艺导致的三维模型数据语法和语义上的异构性，一般设计一个或多个基于包含地物类型的场景三维空间数据格式转换引擎，能够灵活支持国内外通用的三维数据格式，实现在语法层面上的多源数据整合。

具体而言，以场景为核心的三维空间数据输入输出及格式转换，需灵活支持国内外通用的三维数据格式，具体包括标准交换格式和通用交换格式两类：

标准交换格式：kml，dae。

常用交换格式：3ds，obj，flt，dxf，ply，. x。

详细描述如下：

1. obj 格式

obj 的特点是：支持直线(line)、多边形(polygon)、表面(surface)和自由形态曲线(free-form curve)，支持法线和贴图坐标，不包含动画、材质特性、贴图路径、动力学、粒子等信息，支持三个点以上的面。

2. flt 格式

OpenFlight是一种典型的层次型数据存储格式，其各层次数据之间通过树状结构特征描述各类要素之间的联系，子节点在空间位置上或功能上隶属于父节点，兄弟节点之间则存在着相关性。树状结构中的每一个节点是一个记录类型，表示了一种类型的要素，其数据结构中存储该要素的空间信息和属性信息。

3. kml 格式

kml是Keyhole标记语言(keyhole markup language)的缩写，是一种采用XML语法与格式的语言，用于描述和保存地理信息(如点、线、图像、多边形和模型等)。如HTML一样，kml

使用包含名称、属性的标签(tag)来确定显示方式。

4. dae 格式

dae 是 Collada 标准的文件格式,可以分成以下几个方面:体模型、面模型、线模型、点模型及 LinearRing、Material。

5. shp 格式

一个 Shapefile 文件主要包含三个文件:主文件(后缀名. shp)、索引文件(后缀名. shx)和属性文件(后缀名. dbf),三个文件的前缀名是相同的。主文件存储的是 Shapefile 文件的文件信息及坐标信息等,即实体的空间定位信息和关系信息。索引文件描述的是主文件中各个实体的相对文件头的位置信息。属性文件表示的是空间实体的属性信息,实质上是一个数据库文件。

主文件是由文件头及每个对象的记录头和记录内容组成;索引文件由其文件头及每个对象所记录内容的索引位置组成;属性文件由其文件头及每个对象的属性组成。

6. vct 格式

vct 格式文件有六个部分:文件头、要素类型参数、属性数据结构、几何图形数据、注记、属性数据。

7. DEM 格式

DEM 格式数据文件有 *. DEM、*. grd、*. bil、*. asc 四种文件格式,DEM 格式数据主要由信息头和 DEM 格网数据组成。

信息头有以下几个信息:DEM 格式的标志、版本号、坐标单位、方向角、压缩率、左上角原点 *XY* 坐标、*XY* 方向的间距、行列数、高程放大倍率、坐标系、投影类型、参考椭球体、投影参数、格网最大最小值等。根据不同的投影有不同的参数表,格式不作严格限定,但必须在同一行内。其中:

(1) *. DEM 信息头包含格式标志、版本号、坐标单位、方向角、压缩率、左上角原点 *XY* 坐标、*XY* 方向的间距、行列数、高程放大倍率。

(2) *. grd 信息头包含 DEM 格式的标志、版本号、坐标单位、方向角、压缩率、左上角原点 *XY* 坐标、*XY* 方向的间距、行列数、高程放大倍率、坐标系、投影类型、参考椭球体、投影参数。

(3) *. asc 信息头包含了左上角原点 *XY* 坐标、*XY* 方向的间距、行列数及无效数据信息。

(4)bil 数据包含了三个文件:*. bil、*. blw 和 *. hdr,其中信息头主要记录了 DEM 数据的行列数,*X* 和 *Y* 方向的间距,以及左上角的坐标。

8. 影像数据格式

影像数据格式包含 bmp、jpeg、jpeg2000、tga、tif、geotiff、tga、dds 等格式数据。

9. dxf 格式

dxf(drawing interchange format,图形交换格式)是 AutoCAD 图形文件中包含全部信息标记数据的一种表示方法,完整的 dxf 格式文件由七个段(SECr10N)组成,支持点、线、面、体等基本图元。

10. ply 格式

ply 文件格式是 Stanford 大学开发的一套三维 Mesh 模型数据格式,其特点是:简单的点面结构、支持顶点及面的记录、利用“属性信息”记录点和面的几何坐标信息。

11. 3ds 格式

3ds 格式文件由块组成，每个块实际上是一个层次结构，不同类型的块，其层次结构也不相同。编辑块记录了物体的形体数据定义，并包含网格信息、灯光信息、摄像机信息和材质等信息。网格信息包括网格名称、顶点、面、纹理坐标，支持点面结构。

通过分析多种三维模型数据的数据语法、参考系、精度等多方面的异同点，首先需要设计三维模型数据的集成表示模型，在此基础上进行语法层面的多源数据整合。另外，还需要对几何、语义、属性、纹理等各个方面的灵活编辑、存储及管理功能。以场景为核心的三维模型数据输入、输出，以及格式转换、实现流程如图 3-5-1 所示。

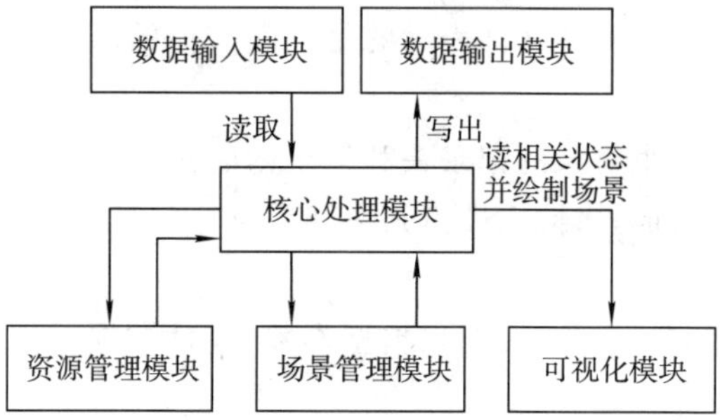

图 3-5-1 语法整合流程模块

通过统一的数据输入和输出接口，由数据输入模块录入的数据，通过核心处理模块的解译处理，基于场景管理模块提供的用户交互式编辑功能，实现在统一空间基准下进行多源、多尺度地理信息的综合存储与管理，并实现多源、多尺度、多时相数据在一致空间基准上快速的整合和应用。

其中各模块的功能描述如下（以录入 obj 格式为例）：

（1）obj 数据输入。obj 数据的录入主要是通过系统的数据输入模块。通过统一的读取接口、数据输入模块，录入 obj 中记录场景所需要的各种纹理数据、几何数据及属性数据。

（2）obj 数据处理。obj 数据处理主要包括：数据解析、数据（几何、属性、纹理、语义）编辑、数据（几何、属性、纹理、语义）存储。

obj 数据的处理需要有核心处理模块、资源管理模块、场景管理模块、可视化模块，且各个模块统一协作。

其中系统核心处理模块对子系统中各个模块的事务进行集中处理和响应管理，实现具体的数据整合管理和格式转换功能。这里主要是指对各录入格式的解析，以及几何、属性、语义信息的统一存储及管理，控制并安排消息流的执行顺序。

场景管理模块负责对当前场景中的对象进行组织、管理，包括灯光、相机、实体对象等内容。场景管理主要负责对当前三维渲染环境的管理与维护，并提供几何、语义、纹理、属性等信息的交互式编辑及查看功能。

资源管理模块对各种用于渲染的资源文件和载入的数据进行组织策略设计及管理方式安排，按照数据自身的特性，该模块可实现对模型数据、图像数据、语义信息、属性信息的管理。

（3）obj 数据写出。obj 数据的写出主要是通过系统的数据输出模块，通过统一的输出接口，数据输出模块会根据用户选择的存储结构（如 3ds 结构等），无损地输出 obj 中所记录及存储的 3ds 格式所需要的各种纹理数据、几何数据及属性数据。

3.5.3 语义整合

语义是指三维模型数据的“含义”，即在人类认知过程中数据所对应现实世界事物代表的概念和含义，以及这些含义之间的关系，是数据在某个领域上的解释和逻辑表示。目前，常通过多种数据源和多种建模工艺构建三维空间数据，因局限于专业领域术语的限定，常导致同一事物在语义解释上出现不同，或者出现专题模型语义信息不足，以及缺乏语义信息等情况。针对以上描述的语义异构性问题，一般通过增强语义，以达到多源数据在语义上的统一整合。语义增强是针对专题模型在语义信息不足或者缺乏语义信息等情况下，通过交互式编辑，为专题模型添加语义信息，从而达到语义的一致性描述。基于本体的语义增强方法，可从根本上解决知识共享和数据重用等问题。

从多源异构三维模型数据无缝整合的应用需求出发，具体解决“语义异构”的思路是：首先引入本体中关于地物分类及其层级概念的描述，并从语义增强和数据集成的角度，重点关注语义信息的映射与表达，实现三维城市模型通用语义数据的集成和传统三维图形学模型数据的语义编辑。为此，需要对三维模型数据隐含的信息进行解析与整合，包括外观模型、语义模型和几何模型的信息，并实现其各级语义信息向统一数据结构的组织与映射。

在三维城市模型的语义建模与编辑的具体实现中，针对数据源，以是否具有语义信息为分类标准，将现有三维城市模型数据分为语义模型数据与传统模型数据。根据这两类数据源的特点，对语义模型数据(如 CityGML)通过对其层级语义的解析和向统一语义数据结构映射等操作，得到统一的语义数据信息；而对传统模型数据，在经过组件化预处理之后，通过交互式语义编辑与组织，生成统一的语义数据信息。随后，基于统一的语义数据结构，编辑并构建各种拓扑关系，从而得到富含拓扑、语义、几何的三维城市模型数据，便于数据库存储、管理，方便分析应用，从而实现整个语义建模与编辑的操作。该功能流程如图 3-5-2 所示。

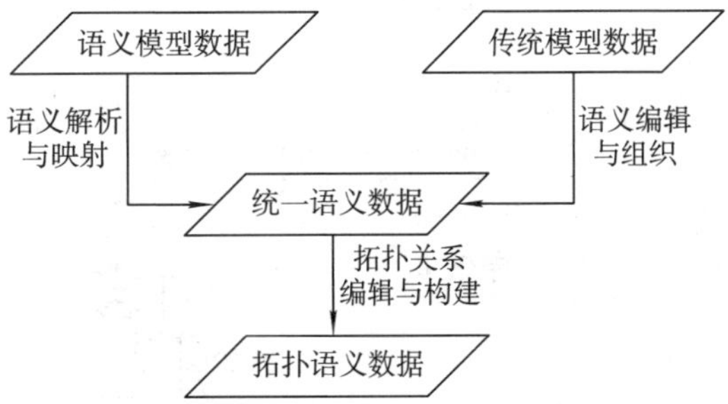

图 3-5-2　三维城市模型的语义建模与编辑流程

3.5.4 语义模型数据

以 CityGML 建筑专题模型为例，分析现有语义模型数据的文件结构特征，具体的 CityGML 模型数据文件由几何模型数据、外观模型数据及语义模型数据三部分构成，如图 3-5-3 所示。CityGML 几何模型数据中的特征(feature)通过 GML3 的几何模型来具体表达，该模型基于 ISO19107“空间数据表”国际标准，采用边界表示法(boundary representation, B-Rep)来表达三维空间几何信息。CityGML 几何模型由多种几何基元组成，通过对这些几何基元的派生、组合等组织，得到复杂、复合的几何及聚合关系。基于上述认识，根据具体几何基元及其派生类型，设计了层级几何解析方法，利用分层回调与按类解析的思想，实现对 CityGML 几何模型数据内容的解析，以及各种几何类型信息向统一数据结构对应几何类型的映射。

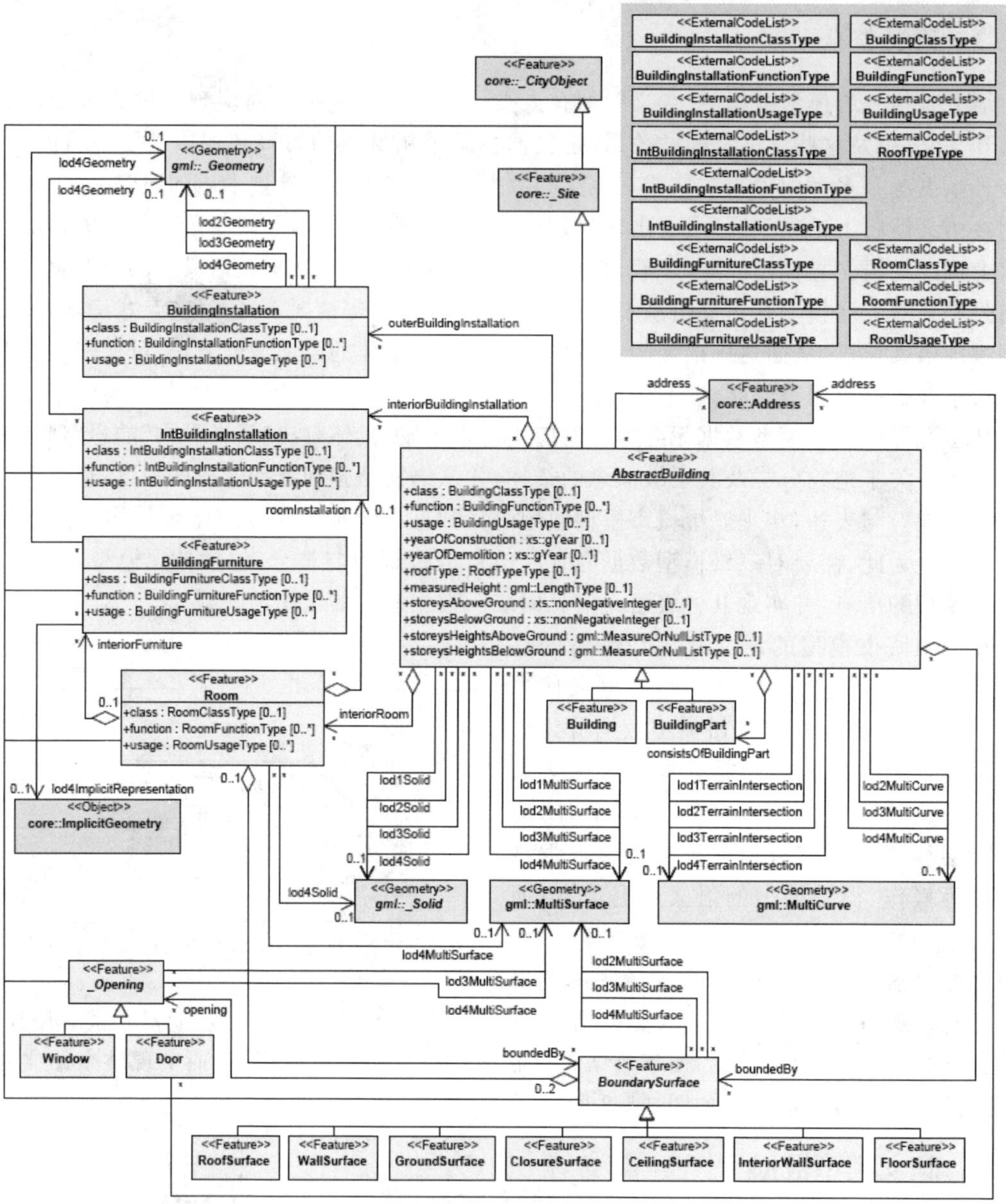

图 3-5-3 CityGML 建筑语义模型结构

3.5.5 语义增强方法

传统三维城市模型数据通常为满足可视化等需要，往往在几何建模时不考虑几何对象的概念信息，在数据格式中也没有顾及语义信息的存储，从而导致几何与含义无法对应等问题。针对传统三维城市模型数据缺乏语义信息的缺陷，其语义增强功能需要依次实现模型的几何组件化处理、几何外观信息的集成整合、模型对象的分类语义编辑、各类型层级语义信息的编辑，以及基于语义的部件管理与组织、基于语义的拓扑关系半自动化生成等内容。具体而言，首先需要将三维图形学模型进行组件化处理（就是要面向语义应用，对传统模型进行组件分割与对象拆分），从而得到可匹配的几何组件对象，便于交互式查询及语义编辑等操作。该功能流程步骤如下：

(1)传统三维城市模型的组件化预处理。组件化预处理的目的是为建立几何-语义一致关联，准备几何层面对应的最小单元，从而便于后续选取、编辑及映射、查询等操作，该过程一般在外部几何建模软件中完成(如 3DMAX)。将传统几何模型导入该工具，并按照几何部位所对应的概念进行分割处理及对象塌陷操作，可将三维模型转化为几何组件集，并导出到上述介绍的通用数据格式文件中。传统三维城市模型数据格式解析首先在语法整合方面需要三维几何模型文件的几何、外观信息解析，实现对其几何、外观信息的解析提取以及向统一数据结构的转换与存储。

(2)对象分类语义编辑及其层级语义编辑。经过集成整合后，三维模型文件对象转化为场景对象，暂存在整合工具所管理的内存中。首先，需要交互式编辑对象的分类语义信息，即指定对象的语义分类，并据此在语义词汇表中查找其层级语义定义，加载到内存中，构建层级语义内存结构；然后，基于该内存结构对各个几何组件进行对应的语义编辑，同时生成对应的语义内存节点，并构建对应的组织关系，完成基于几何组件的语义部件编辑与组合操作，得到层次化的语义模型数据。

(3)基于语义的半自动拓扑关系生成。经过语义编辑得到的语义部件，利用其聚合、组成等关系得到各级语义概念对象，如编辑得到的窗户、门及墙面构成了房屋节点，而显示和记录这些节点之间的拓扑关系，对后续拓扑查询与导航具有基础性作用。在半自动拓扑关系生成中，首先需要建立统一的语义表达标准，使系统具备集成其他多个系统数据信息的能力；其次在统一的语义标准下设计与实现的语义编辑、语义解释及语义操作等功能，为语义增强提供全面的解决方案，功能示例如图 3-5-4 所示。

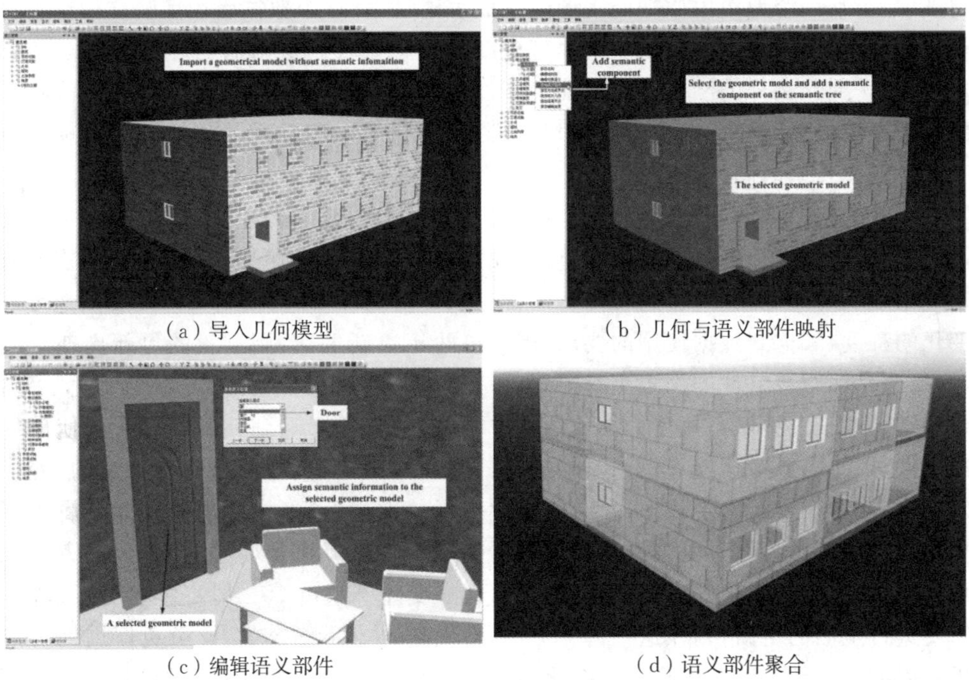

(a) 导入几何模型　(b) 几何与语义部件映射

(c) 编辑语义部件　(d) 语义部件聚合

图 3-5-4　语义编辑

§3.6 城市三维模型数据更新技术

当前,我国城镇化建设与发展的速度呈现出前所未有、日新月异的特点,三维城市模型数据的现势性成为决定其可用性的关键因素。随着时间的变化,城市的地形地物会因城市的建设与发展而发生变化。例如:在城市扩展过程中,原来的未利用地转变为工业建设用地;在原来的荒地上,建设了一个新的工业城;原在城市中心区的一个城中村,由于城市规划的远景需要,进行了拆迁,建设为一个生活环境和条件更好的住宅小区;城市中心的一座商业大楼,因建设时间比较早,已经超出了建筑的安全使用期限,需要拆除重建。在城市三维数据的使用过程中,数据也应随着现状的变化而更新,为应用提供更有效的基础。但由于城市三维建模周期一般较长,在生产过程中就应该统筹后继使用过程中对三维模型数据的持续更新,以及设计如何结合使用需求,充分利用现状测量、设计审批、施工建设竣工测量等更新成果,建立有效的三维城市模型数据动态更新维护机制,确保城市三维模型数据可持续有效地使用。

3.6.1 三维城市模型数据的动态更新维护机制

为保证数据的正确性和现势性,应及时收集变化的数据,对数据进行持续更新和维护。其内容应包括模型数据、属性数据和元数据等信息的更新维护,以及更新后和修改前历史数据的管理。三维城市模型数据的更新维护首先要制定一个适用的更新机制(图 3-6-1)。更新机制的建立主要是对数据更新的启动条件、更新内容、更新节点、更新周期、更新范围、更新目的、版本控制等进行确定。更新的启动条件可以解释成为什么要更新,在什么情况下更新。如对国土部门来说,当某一个地块由原来的水域变化成了建筑,且这个数据必须反映在国土管理的三维可视化系统中,则这个事件就构成了模型更新的启动条件。更新的内容是指要对什么东西进行更新,要达到什么样的结果。在前面的事件中,可以看到是水域变化成了建筑,则需要把原来的水系三维模型按实际情况更改为建筑模型,并且应与实际现状的结构和纹理一致。更新的节点是指在什么时间开始更新,需要在什么时间完成。更新的现势性是指到什么节点,这里面重点反映的是节点的问题。假设上述所提及的由水域改建的建筑,在半年后又需要推倒重建,则更新后的模型数据只能反映在重建前的节点,重建后的节点又需要进行再次更新。更新周期是指多长时间更新一次,这个内容通常有几种情况:一种是根据城市发展的速度和地形地物变化的程度,考虑到数据使用的要求,需要每两年更新一次,则这里的更新周期就是固定的两年,这个是针对普遍性的固定更新周期;另一种是城市中的某栋重点建筑发生了变化,而这幢建筑正是这个三维城市模型数据使用的中心,它的变化影响到三维模型数据使用的权威性和准确性,因此需要对这幢重点建筑物进行针对性地更新,这时候目标是特定的,变化却是不确定的,每当这个建筑发生一次变化,就需要进行一次更新,这类更新的周期就属于不定期更新周期;还有一种情况,当三维城市模型数据是用于整个城市某专项应用时,如大众化的导航应用,它只对三维地图中的商铺变化感兴趣,且在变化不超过10%时不影响使用,超过10%时就需要进行全面的更新,则在这种情况下,更新周期也是不确定的,此类更新周期可以称为条件更新周期。更新范围一般指涉及变化的区域或更新所波及的区域。如在上面的例子中,只有原来的水域发生了变化,而除水域之外的所有地形地物均没有变化,则更新的范围就只是水域。更新目的一般指为什么更新,前面例子是因实地变化后而数据没有随着变化,数据不满足使用要求而更新；也有一种情况是原模型的精细度不够，需要更精细而进行更新；还有一种是内容增加的更新，如原模型没有进行室内建模，现需要使用建筑物的室内模型，则需对建筑增加室内部分三维模型的更新。版本控制是指针对同一个物体或一个图层，经过一次或以上更新后，则有两个或多个数据版本，此时就需要对数据进行区分和管理，主要就是对数据的版本进行控制和管理。

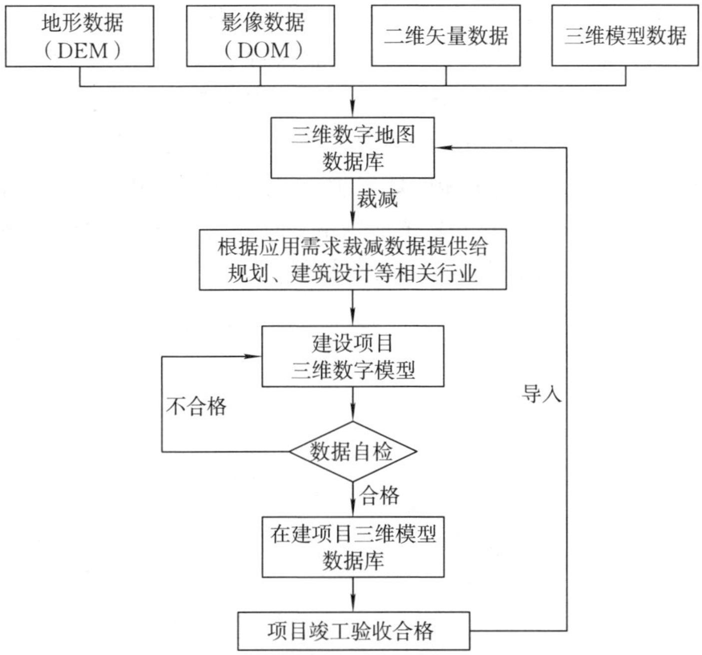

图 3-6-1　三维城市模型更新维护的典型机制

3.6.2　三维城市模型的更新技术

根据三维城市模型数据的要素变化程度和使用需要，可采取要素更新、区域更新或版本更新等方式。因为更新通常需要获取新的地物空间三维信息，所以它属于包含数据重新采集工作在内的全流程建模工作。由于数据更新通常有小面积和分散性的特点，城市三维模型更新源数据采集一般采用传统野外测量、近景摄影测量、地面激光扫描等速度快、精度高的方法。三维模型数据的更新可根据使用需要和已有数据的情况，采用增量更新、替换更新、动态更新等方法进行。通常情况下，数字城市三维模型成果采用数据平台或应用系统为工具进行管理，数据更新是对系统中的数据进行操作，这会涉及数据的导出、导入、接边等问题。增量更新，是只对变化的数据图形、属性更新进原数据库，并与原数据中未变化的部分进行无缝接边，完成数据的更新过程。增量更新一般包括两种：一种是增量数据与原数据接边完成后，增量数据单独形成一个新的数据版本，这种方法只增加新增数据，不会大量增加总数据量，对存储器和计算机可视化性能要求不会大幅度提高。但因新旧数据没有真正完成物理接边，在使用的时候需要把新数据叠加在旧数据上可视化使用，可能会不方便。另一种是增量数据与原数据接边完成后替换旧数据，并把替换后的全部数据形成一个新的数据版本。这种方法采用新旧数据无缝接边和整合，使用、可视化直观方便。但是，由于直接增加了整个更新区域的全部数据，数据量较大，对软硬件的传输、存储和可视化性能要求有较大的提高，这种方式一般使用在数据集成和存储的管理单位，如国土、规划等常需要进行不同版本数据比对分析的部门。替换更新，是通过把更新数据与原数据进行无缝接边整合，完成物理合并，导入数据管理应用平台后，删除旧数据的方法。替换更新在数据库中时刻只有一个最新的版本，不需要进行版本管理，更新后的数据增量也很小，几乎可以不计，对计算机性能和存储容量不会有较大的增加要求，基本可以保证系统和使用的流畅性。因为只保留最新的数据，不能进行历史追溯和对比分析，以及进行城市变化、趋势等研究，主要使用在只需对最新数据进行查询、索引、定位等较浅层次应用的行业，如导航、电信、电力等部门。动态更新，是通过GPS等动态数据采集设备，实时采集变化物体三维空间信息，并快速完成三维建模，入库管理应用平台并更新旧数据的方法。动态数据更新的主要目的是实时、快速，一般采用类似于增量更新的方式，只把变化内容入库，其余数据仍使用旧数据。这种方式每次更新的数据量小，容易更新和传输，可以通过互联网进行数据的发送和更新。但是，动态更新需要复杂的版本管理和高效的可视化分析软件，通常使用在对数据现势性的要求很高，又需要进行一定分析操作的行业，如公安、消防、城管等对数据变化敏感的部门。

第4章　城市三维建模资料准备

城市三维建模资料的准备包括平面控制资料、高程控制资料、高度控制资料、纹理资料、多媒体属性信息的收集、整理和加工等。因为覆盖城市区域的高精度平面和高程控制资料属于基础地理信息，可直接收集得到。本章主要介绍城市三维建模过程中工作量较大，也是最具挑战性的野外纹理及多媒体属性数据采集的工作流程和程序。

§4.1　平面控制资料准备

4.1.1　常用平面资料

三维城市模型在可视化中首先给人的感受是直观的三维空间形状和逼真的纹理，而三维空间形状需通过物体准确的三维空间信息来建立。平面控制资料主要是用于定义和控制三维模型的空间位置、形状、尺寸，控制建模对象的外观轮廓，保证三维模型的平面位置精度。

目前，大多数数字城市的三维建模为了保证必要的空间精度和结构精度，主要还是使用基本比例尺地形图作为控制依据，用到的平面数据资料一般包括：

(1)1∶500、1∶1000、1∶2000 地形图。

(2)现势性较好的高分辨率的航空或航天影像。

(3)重点建筑的平面图、立面图、剖面图等详细图纸。

(4)现状管线的矢量数据。

(5)交通资料、地名地址资料、土地调查权属等资料。

(6)其他因建设所需要的平面资料。

4.1.2　数据要求

(1)建模的原始资料应该满足项目现势性要求。或者根据项目现势性要求，重新获取测区新的三维空间信息数据用于模型生产。根据项目实施的经验，一般情况下重新获取数据的费用较高，因此通常根据项目的实际需要，对现有数据的可用性和现势性进行评估，综合评估结果和项目要求，对数据进行必要的更新。

(2)根据不同精度和细节层次要求选用不同比例尺的地图资料，在精细建模区域一般需要较大比例尺的矢量数据资料，包括规划设计数据、1∶500 地形图、建筑施工图等。

(3)对于一个城市的 GIS 而言，坐标系统是一个很重要的技术指标，一个项目或一个测区的源数据坐标系应统一，不统一则需要进行坐标转换到相同的坐标系统。

(4)规划区建模时还需要规划效果图等图片资料。

(5)数据收集尽可能详尽，为三维建模项目的实施提供充分的基础数据准备。

4.1.3 数据来源

(1)地形图生产一般通过全野外地形测量和航空摄影测量两种方式实现,数据最终成果一般存档在国土局、规划局等测绘主管部门,可依据政府项目的立项文件申请使用。

(2)遥感影像一般通过航空或航天遥感的方式获取,成果通常存档在国土、规划等测绘主管部门,环保、水利、公安等其他非测绘部门也可能存有,可请求开展三维项目时的建设单位进行收集和获取。

(3)区域性规划数据,如总体规划、区域规划、专项规划、修建性详细规划等资料,通常由规划部门存档和使用。

(4)重点建筑的详细施工建设图纸,通常有建筑设计、施工、竣工等图纸,一般由城市建设档案管理部门汇总,建设单位、设计单位、施工单位通常也存有其经营的建筑项目相关图纸资料。

(5)管线数据包括管线施工前的设计图纸、管线建设后的竣工测量成果及现状管线的探测资料。一般由市政工程建设主管部门、规划部门,或各专业管线的主管部门存档和使用,包括给水、污水、电力、电信、煤气、公安等管线数据资料。

(6)地形地物的相关属性可在大比例地形图、专题地图等专项数据上提取,也可由实地调查采集。

(7)交通、民政、统计、工商等相关资料一般来自于政府的各职能部门,可依据项目立项资料申请使用。

4.1.4 采集方法

1. 常规测量采集三维建模平面数据

高精度小范围的数字城市三维建模平面控制数据采集,在现阶段多用传统测量方式获取,如使用全站仪、测距仪、经纬仪、GPS等测量仪器进行全野外地形数据测量。常规测量的工序一般包括野外数据采集、内业数据处理两个主要工序。

1)野外数据采集

全野外数据采集主要是在实地获取及核对目标物的位置和属性信息,包括描述地形图要素空间位置和形状所必需的坐标点和连接方式,以及地形要素的地理属性。

野外采集主要用测量仪器进行(全站仪),借助于电子手簿、全站仪存储器或掌上电脑,将测量数据(一般为测点坐标)传入计算机供进一步处理。在进行外业采集作业时,测点的连接关系及地形要素的地理属性一般也在工作现场采集和记录,目前一般有三种不同的采集和记录方法:

(1)用约定的编码表示地形要素的地理属性和测点的连接关系,野外测量时将对应的编码输入到电子手簿或全站仪的存储器,最后与测量数据一起传入计算机。这种方法优点在于野外采点速度较快,但采点编图后通常需要多次打印图纸到野外复核成图的准确性和正确性。

(2)用草图来描述测点的连接关系和地形要素的地理属性,野外测量时绘制相应的草图(不输入到电子手簿或全站仪存储器),在内业工作中,再将草图上的信息与电子手簿传入的测点数据进行联合处理。这种方法优点在于野外采点速度较快,质量较好。但内业工作量较大,对内业人员的经验要求较高。

(3)在野外直接将全站仪与计算机(笔记本电脑)连接在一起,测量数据实时传入计算机,现场加入地理属性和连接关系后直接记录下来。这种方法成图质量较好,速度也较快,还可以在现场即时检核成图质量。但需要专门软硬件设备,以及专业的外业人员成图,外业耗时较多。

2)数据处理

数据处理是将用不同方法采集得到的外业测点数据,通过数据传输接口及相应的通信软件传输到计算机,经过相应的预处理软件处理,将测点数据转化为建模所需矢量数据的过程,包括数据格式或结构的转换、误差检验等内容。

3)数据采集的原则

作为数字城市三维建模的平面控制数据,需要结合建模的需要,重点测量需要建模地物的底部轮廓特征、细部结构、位置信息,如建筑外形及其进退细部结构、道路车行道及人行道位置、水系形状、植被形状及位置、小品、地貌土质等内容,如需要表示管线地面井盖的,还需测量井盖位置。

2. 航空摄影测量数据采集

由于航空摄影测量采集地形地物空间三维信息有高精度、高效率和低成本的优点,以及能大范围快速获取高大建筑物顶部结构和纹理的特点,成为数字城市三维建模平面数据获取越来越重要的方式。

1)作业流程图

航空摄影测量数据采集的流程如图 4-1-1 所示。

2)空三加密

像片的空三加密包括内定向、相对定向、绝对定向三个工作,是通过求取内方位元素和外方位元素把像片从像片坐标定向到地理坐标的过程。完成定向后一般还需要进行模型连接校差、计算,以及成果整理、加密接边等检查和资料整理,为后续的地物数据采集提供基础。

3)地物数据采集

地物数据采集是在全数字摄影测量工作站上进行的地形地物的位置、属性立体采集的过程。立体像对通过空三加密成果恢复,作业人员测图前应检查立体模型的定向精度,超限时应找出原因,处理后重新定向,并经检查员检查合格后方可进行立体采集作业。采集时要注意以下细节:

(1)在立体模型上进行认真仔细的辨认、量测。地物、地貌测绘应无错漏、无变形、无移位,形状为圆或圆弧的地物应运用测图软件相应工具切准外轮廓线测绘。

(2)内业测绘所有地物的外轮廓,面状地物

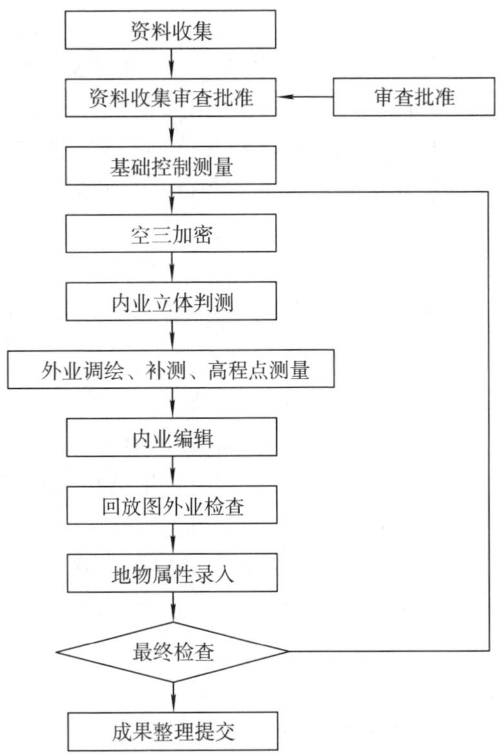

图 4-1-1　航空摄影采集矢量数据流程

的测定要求构成多边形且封闭，线状地物要求线段连续。一般情况下由内业定位，外业定性，内业对能够判定的地物、地貌要素，用相应特征编码正确表示。

(3)测图时应尽量按数据标准判测地物要素，不能准确判定要素代码的，用相近的代码采集。

(4)存在遮挡的地物，或阴影下的地物，不能准确定位的，应做出标记，在外业调绘时准确定位或补全地物。

(5)立体采编中，应认真检查像对接边，处理好地物关系、分层分色等接边问题。各类地物接边不得改变其真实形状和相关位置，直线地物应从距像对测绘面积线最近的转折点进行接边，地貌接边不得产生变形。

4)外业调绘

外业调绘包括定性和定量调绘，主要内容如下：

(1)定性调绘。主要对内业采集的地表建(构)筑物进行定性调查，如：房屋层次，建筑结构性质，电力线等级和走向，属性注记和地理名称调注等。

(2)补测新增地物和内业无法判测或漏测地物。航空摄影后新增地物，内业没有影像依据，无法判测，需要外业补测。地物由于阴影、植被、高层建筑投影差压盖或地物影像细小等原因内业无法判测时，需要外业补测。

(3)检查内业采集的精度。为保证成图精度，须对内业采集移位或采集错误的地形、地物进行修正调绘。

(4)除调绘河流名称、通航情况和水库名称外，还应调绘水系的附属设施，如滩地、桥闸、坝涵等要素。

(5)调绘房屋房檐宽度，调查房屋层次、结构，调查廊房、柱子、建筑物下通道等房屋附属设施，区分垣栅种类。调注居民地和行政机关名称，农村调注至村民委员会名称，城区调注至居民委员会名称。判定和区分地面或架空工业设施的种类，同时注意内业采集范围线的精度。调查农业设施建筑的功能，用相应图式符号加以区分。注意补调科学技术设施和露天体育场看台下的通道。区分路灯、电杆和照射灯，区分无线电杆、塔和电视发射塔、避雷针等地物。调绘测区内所有文物古迹和宗教设施。调绘过街地道出入口、地磅范围、露天货栈范围等内容。调注工矿企业名称，大型企业要调注至分厂或主要车间名称，城区大型建筑要调注至建筑物名称。

(6)各等级公路、大车路、乡村路和小路直接用相应图式符号表示，等级公路应注出公路技术代码、行政等级代码和编号，有名称的加注名称。道路间交接关系处理合理，桥梁不仅要区分车行和人行，而且应调绘建筑结构，注意闸桥合一的调查及涵洞与桥的区分，立交桥和高架桥桥墩应量测。

(7)判定电杆位置，调绘城镇主次干道及街巷铺装路面上的地下管线检修井位置和种类，调绘消火栓、阀门等公共设施的位置。

(8)注意斜坡和陡坎的调绘，并区分是否加固。植被与土质根据实地的耕种情况进行调绘，图上大于 2 cm^2 的植被均应调绘。

3. 激光扫描数据采集

激光三维扫描类似于一种实景复制，它能够提供扫描对象表面的三维空间点云数据，获取高精度高分辨率的数字表面模型，用于高精度的城市三维模型的生产。三维激光扫描一般为机载、车载、地面三种，均可利用 GPS 等高精度的定位定姿设备作为位置定位控制元，向目标物主动发射激光，通过反射收集，获取目标物的三维空间点云，形成目标物的平面和高度控制数据。用三维激光扫描仪采集三维建模所需的平面数据是一种测绘技术的新突破，它通过高速激光扫描测量的方法，快速地获取大面积目标区域表面的高分辨率三维坐标数据，从而重构目标物的三维模型。它具有快速、非接触、穿透力强、实时、高精度、自动化的优点，为数字城市三维建模所需数据的采集提供了一种新方式。但因为获取的点云数据量过大，后处理软件还不成熟，目前在小面积高精度要求的重要设施、文物古建的三维重建中有一定的应用。

地面激光扫描时，仪器应架设在地表扎实、周围无遮挡、可视范围大的位置进行观测，对于较高的被测物体可以把仪器架设在相邻建筑物的楼顶进行观测，主要作业步骤如下：

1)点云获取步骤

(1)粗扫。首先在较远距离扫出目标物墙面的基本轮廓，距离控制在 60～80 m，最远不超过 100 m，点云密度控制在 2～5 cm。

(2)精扫。在较近距离扫出目标物表面较为复杂的结构和不规则附件(如浮雕)，距离控制在 10～20 m，最远不超过 30 m，点云密度控制在 5 mm 以内。

(3)控制连接。在对被测物体进行粗扫时，使用高分辨率扫描模式对测站周围架设在已知控制点上的靶标进行扫描，实现对两两侧站间点云数据的连接。

(4)扫描范围。垂直角度不应超过±15°。

(5)点云配准。采用基于特征点匹配的方法实现各站点云数据的配准，为了保证配准精度，各测站点云之间的重叠度应大于 30%。

2)点云数据预处理

(1)首先将各测站点云数据进行拼接，并通过控制点将其归算到绝对坐标系中，拼接一般通过基于特征点的配准方法进行，在两侧站点云数据间准确选取至少 3 个同名点，在绝对控制时选取 3 个靶标点进行整体平差。

(2)然后通过特征点的匹配实现点云数据与纹理的配准。

(3)最后剔除点云中的无用点(噪声点、错误点、杂点)，并进行重采样，剔除大量冗余点，以满足模型制作的需要。

§4.2　高程控制资料准备

4.2.1　常用高程资料

三维建模的高程控制资料主要用于控制建模对象的高度，一般可通过航空摄影测量、野外实地传统测量、激光扫描测量等方法获取。

常用的高程控制资料有 DEM、DSM、高程点、激光点云数据、航测立体相对、建筑设计数据、通过航测采集的建筑物顶部三维矢量线、建筑物顶部高程点等。在三维地形模型生产中主要以 DEM、DSM、激光点云为高程控制数据，在建筑模型生产中主要以建筑设计施工图纸、建筑顶部三维矢量线和建筑顶部高程点为高度控制数据。

(1)数字高程模型(DEM)，如图 4-2-1 所示。在城市三维建模过程中，为了满足洪涝灾害分析防治等应用的准确模拟与评估需要，DEM 数据不宜直接从传统的地形图等高线等高点等数据派生，而会采用激光扫描、摄影测量等新手段获取现势性好、精度和细节层次均较高的数据。

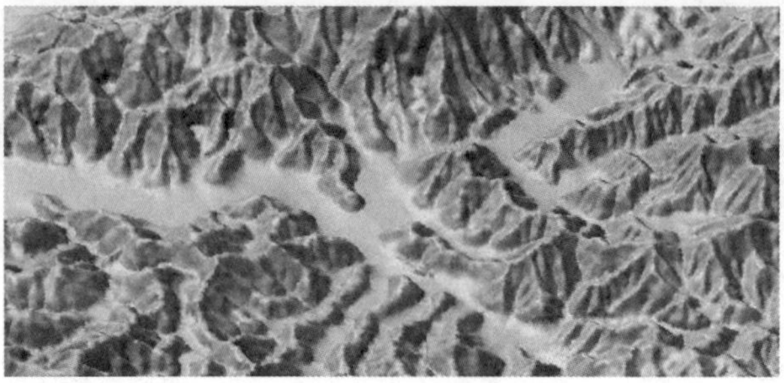

图 4-2-1 数字高程模型

（2）建筑屋顶三维矢量线，通常通过航空摄影测量获取，如图 4-2-2 所示。

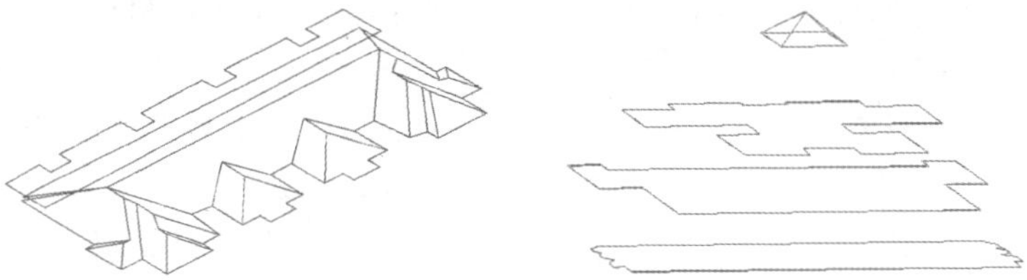

图 4-2-2 建筑顶部三维矢量线

（3）建筑物构筑物的设计、施工、竣工图（有详细的各细部尺寸数据）。

（4）外业实地采集的地物高度数据（底部高度、顶部及各层次的高度），如图 4-2-3 所示。

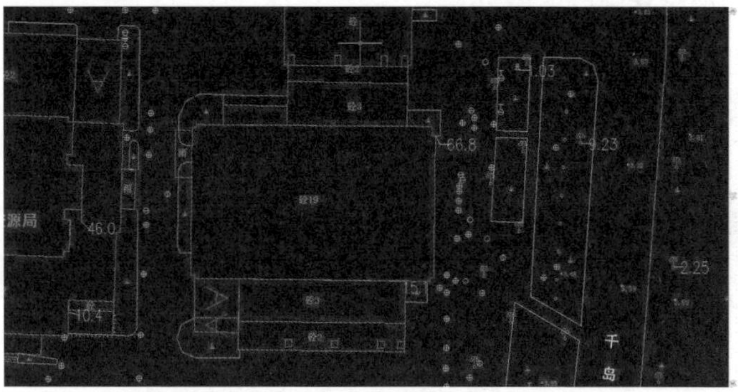

图 4-2-3 传统测绘外业采集高度数据

（5）激光点云数据，如图 4-2-4 所示。

图 4-2-4 激光点云数据

(6)其他建模目标所需要的高度控制资料。

4.2.2　数据要求

(1)高程控制资料与平面控制资料应是同一时间节点的数据。

(2)建筑屋顶的三维矢量线在平面位置投影的外轮廓应与平面控制数据外轮廓一致，坐标系统应一致。

(3)屋顶三维矢量线同一平面的点须构成面，不应出现实际建筑中同一高度的面，在矢量数据中存在各角点高差。

(4)屋顶高度点应标注在实际测高位置在地图平面投影的同名位置中。

(5)所有控制数据的坐标系应统一为三维建模要求的坐标系。

(6)数据应为矢量格式。

4.2.3　数据来源

高度控制数据一般的获取方法为：

(1)DEM 数据可采用航空摄影测量、激光扫描、传统测量等方法生产，也可利用已有地形图的等高线与高程点编辑生成。

(2)屋顶三维矢量线与地物高度点一般可通过航空摄影测量、三维激光扫描、传统测量等方法采集，并编辑成包含高度信息的地物轮廓线，或直接在地物底部和顶部标注高程点。

(3)实地采集地物高度数据一般通过测量工具(全站仪、激光测距仪、近景摄影测量设备、GPS、激光扫描仪、皮尺等)进行外业测量，获取地物的高程信息。

(4)其他资料指目标物在施工、设计、规划等建设过程中的高度数据。

4.2.4　采集方法

在目前数字城市三维建模对象的高度信息采集中，有多种不同的手段。较常用的有水准测量、三角高程测量、GPS 高程测量。另外，航空摄影测量也是一种精度、效率较高，能同时采集建筑物顶部结构的常用方法；机载三维激光扫描测量也能精确地采集到目标物的高度和顶部结构。

1. 传统测量采集

传统测量采集高度数据要求如下：

(1)测区开始时每天水准观测前要检查 i 角，若连续三天稳定在 20 s 内，以后每周检查一次，检查记录应记在观测记录前。

(2)等外水准应起闭于等级水准点或经等级水准联测的控制点，符合路线长度不超过 12 km。等外水准观测采用 S3 水准仪，双面木质区格式标尺，读数至毫米。仪器至标尺的距离一般不超过 100 m，前后尺距离不等差不超过 20 m，前后尺距离累积差不超过 100 m。同一标尺黑红面读数差不大于 4 mm，前后尺黑红面高差之差不大于 6 mm。

(3)散点法测站点的高程，可采用测图水准及其以上等级水准测定。散点法观测前视距离不得超过 150 m，后视距离不得超过 75 m。在测图水准路线上直接测定碎部点时，后视距离可以为 150 m。

(4)测图水准应起闭于图根水准、等外水准、网络 GPS-RTK 测高及以上等级水准联测的各类控制点。测图水准线路全长不超过 5 km,可构成节点网或附合路线。使用单面标尺读数,读数至厘米。测图水准闭合差不超过±0.2 m,按测站配赋。仪器至标尺的距离不超过 150 m,仪器尽量置中,前后视距大致相等。

(5)采用网络 GPS-RTK 测定图上高程注记点时,参照国家标准《GPS 高程测量规范》的要求执行。

(6)在无法准确判定高程点位置时,宜采用全站仪三角高程法进行。

2. 航空摄影测量采集

航空摄影测量采集地物高度数据,是目前数字城市三维建模高度数据采集方法中精度和效率较高的一种,使用也相对较多,这种方法还能同时采集到建筑物的顶部结构。目标物高度和顶部采集的要求如下:

(1)空三导入后,定向时裁切范围必须位于定向点以内,以免造成上下航带之间的模型和矢量数据套合超限。

(2)高程切准,所有测量的过程必须切准高程再测。

(3)有女儿墙的房屋矢量线应该测在女儿墙上。

(4)所测的面必须封闭,并且同一个封闭的多边形必须在同一个面上;经判断是矩形的面,在测量的过程中应采用推方功能。

(5)建筑的老虎窗、水箱等表示房屋结构的细节要测出来。

(6)异形建筑的测量方法,其原则是先测一个主体形状,再测相应的特征线,供后续修改模型参考。

(7)高程打点,有女儿墙的房屋和没有女儿墙的房屋,其打点应该分别进行。

(8)同一栋建筑物,如屋顶高程不一致,应参考二维数据的封闭面分别测取高程点。

(9)人字形屋顶屋脊上的点必须测成高程一致。

3. 三维激光扫描测量采集

三维激光扫描测量采集地物的高度数据一般使用机载平台,通过搭载激光扫描仪、GPS、INS 等定姿定位设备的飞机,按设定航线、速度、高度飞行,进行地面目标高程数据采集。在飞机到达待测区之前,就需要把激光扫描仪开启使之处于工作状态,在飞行架次结束后,应该马上对设备进行检校,如有不合格数据则进行补飞,主要流程如下:

(1)飞行采集。通过机载激光扫描仪及定位定姿设备对测区进行主动扫描。

(2)点云噪声剔除。剔除激光扫取的不是目标对象上的激光点,主要通过点云的可视化进行粗差的剔除。

(3)坐标配准。计算扫描仪和 INS 之间的关系,并将计算结果归算到激光点云的坐标中,把点云的相对坐标配准为绝对坐标。

(4)重叠区裁切。机载激光扫描一般会在采集过程中设置一定的重叠度,采集完成后根据专业软件自动将重叠区域裁除。

(5)目标数据提取。采集的激光点云数据中有飞机飞行航带下方的地形地貌数据,应根据建模的要求,提取需要的数据类别,如地形数据、建筑物数据等,数据分类可通过人机可视化交互完成。

§4.3　外业纹理采集及属性调查

在目前的数字城市三维建模工作中，纹理数据的生产一般通过用数码相机在实地拍摄和用数码航摄仪倾斜摄影两种方法完成。但是，一般情况下航空倾斜摄影采集的纹理分辨率较低，倾角较大，隐部、下部纹理很难采集到，主要应用在对纹理要求不高的模型生产中。实地人工数码相机拍摄的纹理分辨率高，目标对象的细节结构也较容易采集到，是当前数字城市三维建模生产中纹理采集的主要手段，但由于是全人工采集，工作量很大，工期长，成本高。本节主要介绍人工实地采集纹理数据及调查属性的流程和方法。

4.3.1　外业工作计划

在外出作业前，应先进行外业工作计划的编制，包括：选定合适的时间，投入合理的人员设备，制定合理的外业采集的流程，划定合理的外业分区，约定合理的内外业交接和记录方式，设定合理的外业采集线路等。

1. 外业纹理采集流程图

外业采集纹理主要流程如图 4-3-1 所示。

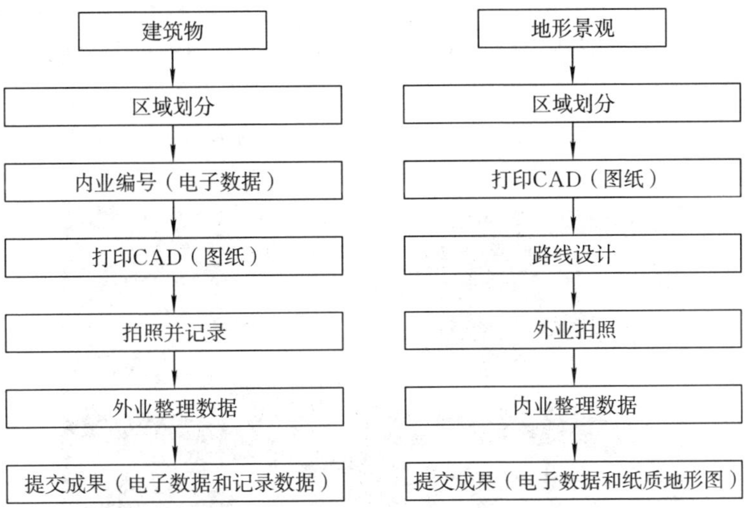

图 4-3-1　外业采集流程

2. 仪器准备

外业采集所用到的仪器有：

(1)高分辨率的数码相机。

(2)相机备用电池。

(3)大容量的相机内存卡。

(4)笔记本电脑。

(5)彩色打印机。

(6)移动硬盘。

3．分区分组

1）建筑物

（1）根据项目要求在CAD中建立精细区域、标准区域、基础区域等图层，外业拍照前根据测区的精度分区要求分别将精细区域、标准区域、基础区域的范围线存放在对应的图层中，在出外拍摄之前可先编号。

（2）对外业拍摄的建筑照片进行编号记录，单体建筑或连体建筑编立一个号码，三个以上的连体建筑应分别编号。

2）地形

（1）外业拍照前根据测区的精度分区要求分别将精细区域、标准区域、基础区域的范围线存放在对应的图层中。

（2）项目划定地形建模测区后，应先确定精细区域，在CAD图上以闭合示意线圈出拍摄范围并标明区号，并把测区按面积、自然地物界线等信息按一定规则进行一级地块划分。

（3）完成一级地块划分后，如一级地块的拍摄面积过大，则应继续对一级地块按规划细分为二级地块。在划分二级地块时，应把两相邻地块间的道路划分到其中一个单独的地块中。

4．记录约定

每一幢建筑物须有对应的拍照记录，记录方式应按照项目的设计要求进行，并做出标识。外业数据的准确标识有利于内业工作的开展，特别是公园广场等大范围而方位物较少的区域，必须要有文字记录，并进行清晰标记和详细分区。例如：新建、拆迁、特殊结构楼体等信息要认真标注（如新建X、拆迁C、特殊结构T），方便在后期的城市三维模型数据更新时有明确的方向和重点。还可以利用此类有特殊性质和标识的建筑作为方位物，进行内业照片整理成果的检核。常用的记录约定如图4-3-2所示。

图4-3-2　外业记录底图

5．交接约定

（1）外业拍照人员采集照片的最终目的，是使内业建模人员通过室外拍摄的地物照片，能完整、准确地还原外业人员在实地所看到及拍摄到地物的大小、形状、结构、纹理，以及其与周边其他地物的相互关系等，以能较容易地通过三维建模工具在计算机中真实地还原实地地物的模型。

（2）所有外业数据必须有详细的索引图，并有相应的图例和特殊地物的说明。

（3）每个地物的外业照片必须与底图及索引编号一一对应，不能有重号或歧义，以容易让内业建模作业员准确找到所建模型对应的外业资料。

（4）外业照片拍摄应该填写外业作业日志，并对外业特殊事件进行记录和上报。

6. 路线设计

拍摄路线的设计一般先在内业根据测区的交通情况、建筑密度、现场驻点位置、人员分组等情况制订初步线路，再由作业员在实际的拍摄过程中根据当时的目标位置、拍照光线、交通情况、站位和角度等因素自行调整，但必须保证分区合理、接边正确，避免出现拍重或拍漏。

4.3.2　外业底图准备

1. 资料整理

为了方便、有效地进行外业数据采集，在出外业前需要准备作业记录底图和表格等资料。三维项目的外业采集底图一般利用航空影像图、卫星影像图、1∶500至1∶2000等大比例尺地形图套合测区范围线制作。通常情况下，三维建模测区源数据的范围、信息量、数据容量都较大，所以在出图前应该对底图数据进行简化整理，根据作业范围线挑选出需要采集区域的相关数据资料，并去除地形图中等高线、高程点等外业采集不需要的信息，以最大化减少数据量。

2. 数据套合

把整理好的地形、影像、交通注记、方位物（标志物）等数据转换成统一的坐标基准，在出图软件中叠合、整饰，生成带有采集范围线、道路名称、地物轮廓线、重点地物名称、影像底图等信息的综合外业拍照记录底图。

3. 整饰处理

把整理过的综合底图根据项目的要求、投人员情况、预计工作量等信息，进行分幅和编号。可以根据道路、河流等自然地物界线分幅，也可以根据标准图幅分幅，对分幅底图录入图幅编号，制作接合图表，方便查找使用和管理。须保证所有分幅图都有相对应的道路名称、标志物名称等方向和定位信息，必要时标上简易指北针，为外业作业员提供导航和定位依据。

4. 图表输出

外业底图套合完成并整饰处理后，进行纸质打印输出。影像图类外业底图一般打印成彩色图件，CAD类线划图一般打印成黑白图件，图纸尺寸一般打印成A2，方便作业员在外业携带、记录、保存，也方便统一接合管理。

4.3.3　外业纹理采集

1. 纹理采集的总体原则

（1）选择晴朗的天气拍摄，避免逆光拍摄。

（2）拍摄的影像成果须清晰，如果因拍摄时抖动等原因造成影像模糊，必须重新拍摄。

（3）选择遮挡较少的角度进行照片拍摄。如果地物的表面纹理相同，则可只拍一张全景照片，以及其中的特征部位放大纹理。

（4）尽可能以水平方向角对物体进行拍摄，减小侧视、仰视、俯视等拍摄角度，尽量获取正视影像。对于因环境所限，不能用一张照片拍摄完整目标物全景的情况，可采用相同角度（不同位置）拍摄多张带有一定重叠度的照片，相邻照片间应保留有20%的重叠度。

（5）为保证在内业处理时对地物整体结构的把握，应对每一幢建筑物在不同方向拍摄一定数量的全貌及细节照片，同时需要拍摄它们与附近地形及其他地物的相互关系。

(6)在需要制作地形模型的区域，要重点采集能反映区域全局情况的大场景照片，并通过丰富详尽的局部特征照片细化。

(7)所有拍摄的照片应按一定的方向保持连贯性，相邻两张照片之间应有一定的重叠度，属于同一个目标物的照片，应整理存放在以该目标物编号命名的文件夹内，目标物的编号应与外业记录底图上的编号一至，并具有唯一性。

(8)在地形模型的外业照片拍摄过程中，作业员应在外业底图上用彩笔标绘其准确的拍摄行走路线。

(9)每栋普通建筑应拍摄的远近照片一般不少于15张，复杂建筑相应增加，简单建筑可适当减少。外业成果在进行内业整理提交时，照片存放的文件夹下必须包含CAD路线图及与外业纸质底图相匹配的电子打点图(矢量打点图)。路线图需标清路线序号及照片起止编号，有特殊情况应采用说明文档详细记载，并随外业成果提交。

2. 主要地物采集要求

(1)建筑：需采集全景和细部结构放大图。

(2)道路：一般在两个道路交叉口间连贯采集。

(3)凳子：石凳、木凳，要求采集单个全景，能分辨凳子材质和形态。

(4)路灯：采集单个路灯全景，需能分辨路灯材质和形态。

(5)河道：分段采集河道整体景象，要求采集全景，特殊结构部分采用特写。

(6)垃圾桶：采集测区内所有种类的垃圾桶，要求能分辨垃圾桶材质和形态。

(7)雕塑：采集项目建模规定需要的所有雕塑，以正方向采集雕塑的正面、侧面、背面照片。应通过拍摄实地大视角照片，记录雕塑与周边地物的相互位置和方向，并在外业底图上准确标注雕塑位置。

(8)桥：采集各种石桥、木桥，要求能反映桥的全景、材质、样式、形态，并在CAD图上准确标注其位置。

(9)路牌：要求所拍摄照片能反映路牌与周边地物的相互方位，路牌正背面文字需清晰，并在CAD图上标注其准确位置。

(10)公交车站：要求所拍摄照片能反映公交车站与周边地物的相互方位，公交站牌及宣传牌正背面文字图案需清晰，并需拍摄公交站的全景、材质和形态，以及在CAD图上标注其准确位置。

3. 建筑纹理采集

1)拍摄要求

(1)尽可能采用水平方向角对建筑进行拍摄，减小侧视、仰视、俯视等拍摄角度，尽量获取正视影像。

(2)为保证内业建筑纹理处理的准确、方便和有效，应对每一个建筑物在不同的方向和远近位置拍摄合适数量的全貌和细部照片。对于因环境所限不能由一张照片取完整个建筑全景的情况，可通过在不同位置用相同的角度拍摄带重叠度的一组照片，相邻两照片间应有20%的重叠度。

(3)要求从不同位置、不同角度采集每一个建筑物的各个侧面，照片的数量与建筑物的位置、大小、复杂程度相关，一些邻街的商业建筑物或结构复杂的标志性建筑物应多采集照片。

(4)除个别一层建筑如平房、车棚等简单建筑外,每个建筑物照片数量一般不少于 15 张。

(5)建筑物需按单体对象统一编号,每个相应编号建筑的照片存放在以该编号命名的文件夹下。

(6)因树或其他障碍物遮挡的底商、门面、广告牌,应靠近距离拍摄,尽量减少障碍物的遮挡,如因空间、角度、方位等限制拍摄取景视野有限的建筑,可以通过拍摄多张带重叠区域的照片形成覆盖全景的照片集。

2)拍摄总体方法

先全景,后特征。必须有正视、左正视、左视、左后视、后视、右后视、右视、右正视 8 个全景照片,以及建筑局部细节结构的放大特征照片,如图 4-3-3 所示。

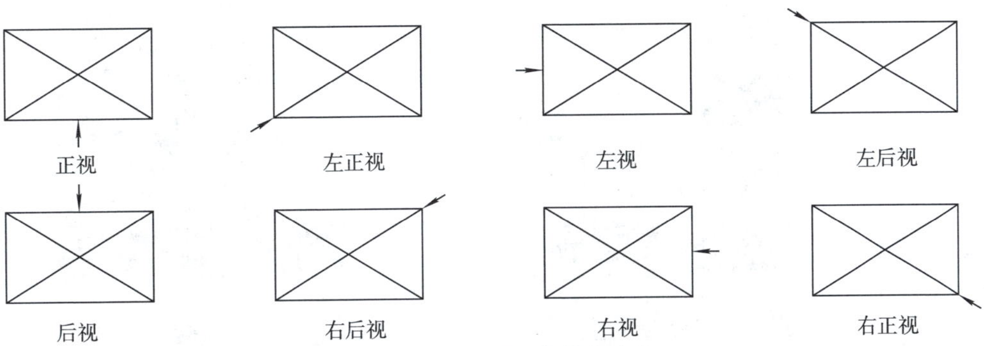

图 4-3-3　建筑物采集角度示意

3)建筑物全景采集示例

建筑物全景照片拍摄如图 4-3-4 所示,尽可能取正面全景。

图 4-3-4　建筑物全景照片采集示意

4)建筑物特征采集示例

建筑物特征部位照片(材质)采集可如图 4-3-5 所示。

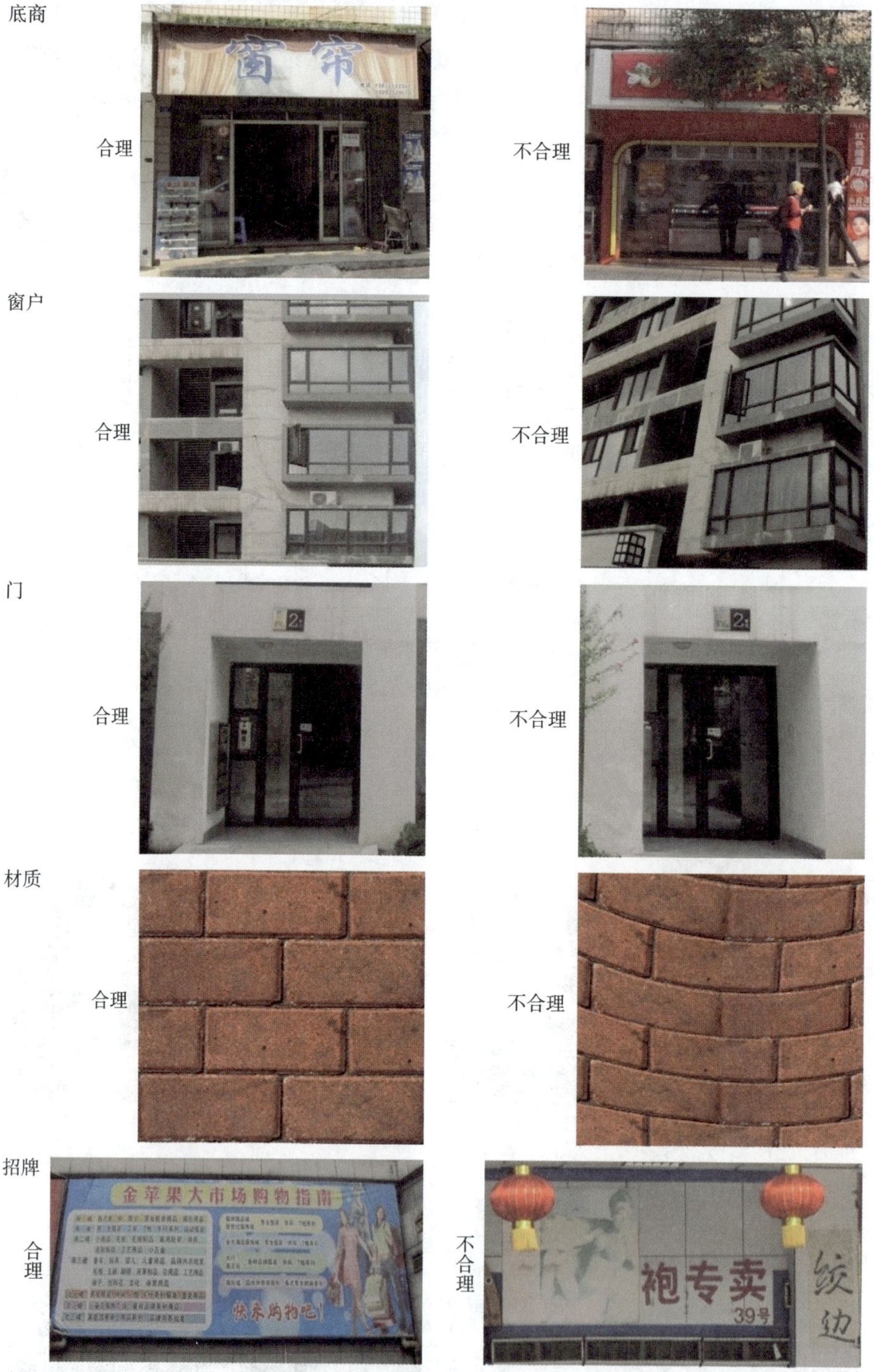

图 4-3-5　建筑物特征采集照片示意

5)棚户区照片采集示例

棚户区的采集应该遵循以全貌为主、特征为辅,全貌和特征融为一体的原则。先把棚户区沿路商铺的建筑单独分离出来，然后把棚户区中建筑密度相对较小的部分按单个建筑对象分离出来，再把密度较大的区域按巷道分成若干个小区域，对每个小区域的建筑进行有顺序的拍摄，保持照片的连贯性，在棚户区拍摄过程中角度和站位点的选择尤为重要。

(1)间距较大棚户区拍照示例。

对于棚户区中相互间距较大的建筑，应该将其单独分离拍摄，以其中一角为起点，选择一个合理的站位点和拍摄方向进行有序拍摄。如图 4-3-6 所示，黄色点代表拍摄站立点，绿色箭头代表拍摄方向，以其中一点为起点，进行逆时针方向拍摄。建筑的大小和长度不同，拍摄过程中选择拍摄点的数量和位置也会不同。

图 4-3-6　间距较大棚户区照片采集示意

(2)间距较小棚户区拍照示例。

对于棚户区中相互间距较小的建筑，可以将其合并为一个对象整体进行拍摄(一个编号)。以其中一角为起点，选择一个合理站位点和拍摄方向有序拍摄。如图 4-3-7 所示，黄色点代表拍摄站立点，绿色箭头代表拍摄方向，以其中一点为起点，进行逆时针方向有顺序拍摄，在前后两个建筑的缝隙位置选择一个好的角度拍两张全景，用来确定前后两建筑的关系。

图 4-3-7　间距较小棚户区照片采集示意

4. 道路纹理拍摄

1)拍摄要求

(1)尽可能利用高视点拍摄大范围全景透视图，以便了解道路车道、标线等分布状况及街道景观形态。

(2)以徒步的方式沿街进行拍摄，主要目标是道路两侧的路灯、标志、车站、信号灯、路牌、路崖等道路设施(图 4-3-8)。

(3)道路上的路灯，每个种类要求至少拍摄一组完整照片，并在地形图上标明所属路段。

(4)外业底图与实地不一致(已发生变化)的道路，也需要进行拍摄。

(5)道路两侧及中间的护栏、分车栏等，应至少拍摄一组完整照片。

(6)注意拍摄的取景和站位顺序，不能无顺序地混乱拍摄，要保证照片的逻辑性和连贯性，按一定的顺序成图。

(7)拍摄的照片除连续外，不得随意变换角度和缺漏，并尽量保证相邻两张照片有 20%的重叠，路面不必拍摄细节情况，能反映整体即可。

(8)外业拍摄时标明详细的行走路线，按道路分叉或分段进行编号记录。

(a) 路牌　　(b) 路灯　　(c) 路面

图 4-3-8　道路采集照片示意

(9)为了防止重复拍摄，拍摄完成的道路应在作业底图上做记录，如图 4-3-9 中用红圈表示该路段拍照完成。

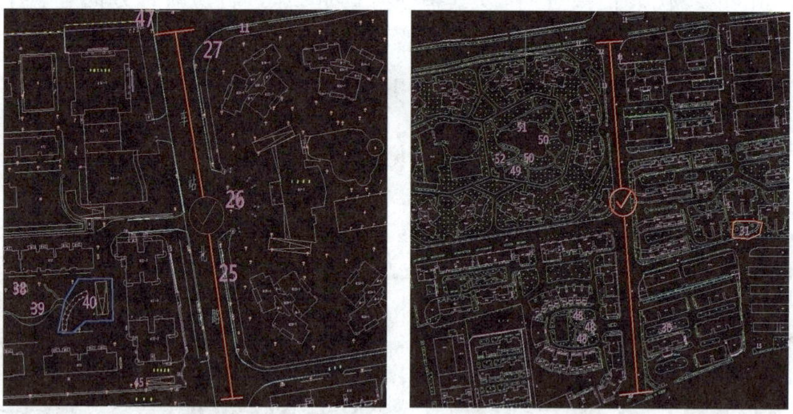

图 4-3-9　道路采集外业记录底图

2)信息整理

根据作业员、作业分组和作业测区的不同，建立一个与测区有唯一关联的文件夹，把在该测区下采集到的所有照片资料按分区、分幅、路段和编号命名整理，包括采集的照片资料、底图数据、打点数据、说明文件等。

5. 植被纹理纹理采集

植被纹理采集可分区域性的场景绿化采集、街道绿化采集和个性化古树名木采集。区域性的场景采集重点是记录区域的绿化分布和主要树种，街道绿化采集主要是采集道路周边的行道树和花圃信息，个性化的古树名木采集主要为了还原标志性重点树木的形态和纹理信息。

1）区域性场景绿化纹理采集

主要记录区域绿化的大致情况，以及行道树、不规则绿化、盆栽装饰植物、大面积绿化的分布等信息，对较大的树木，应该拍摄特写，并应为全景，且能辨认树种。

区域性拍摄路线和顺序如图 4-3-10 所示，以一个较独立的待拍区域为单元，在其周边某方位和距离均较合适的地点，选择固定的拍摄点，在每个拍摄点上向目标区域进行多个角度的拍摄，必要时对不同拍摄角度的照片分开存放和记录。当对目标区域走完一圈回到第一个拍摄点后，即可完成拍摄，但要特别注意拍摄照片的连贯性及必要的重叠度。

图 4-3-10　绿化区域环拍示意

如果目标区域面积较大，应该将其细分，以一个区域的拍摄时间不超过半天为宜。环绕拍照完成后，为了区分树种和苗木，还应对不同的树种及苗木做单独补充拍摄(图 4-3-11)。单独补拍的树木照片采集应尽量采集其正面，并保证照片清晰。

（a）苗木样例　（b）树木示意图

图 4-3-11　单个树种拍照示意

2)街道绿化纹理采集

对于街道绿化，只需在街道的两头对向拍摄几张照片，如图 4-3-12 所示，主要以能反映出街道两边的行道树和花圃为目的，在采集的同时应在外业底图的对应位置标记出所拍摄的范围和树木间距(图 4-3-13)。在对象采集完成后，应对能代表该路段特征的单个树木进行补充拍摄，一般同一种类的树木采集不同形状的 4～5 棵。

图 4-3-12　街道绿化对向拍摄示意

图 4-3-13　街道绿化标记示意

3)古树名木纹理采集

古树名木的纹理采集，需要对采集目标采用类似于单个建筑一样的方法，在多个角度拍摄多张带有一定重叠度的照片，照片应能反映树木与周边其他地形地物的相互位置关系，采集完成后还应在外业作业底图上进行专门的编号标注。

6. 水系纹理采集

水系纹理采集包括河流、水渠、湖泊、水库、池塘等地物纹理信息，以及包括在其之上的桥梁、水匣、护栏等附属物。水系附属物的拍摄要比水系本身困难，在此以桥梁为例介绍纹理采集方法，具体如下：

(1)水上桥梁与过街天桥应尽量在远处拍摄出完整的桥梁照片，以方便内业作业员分析桥梁结构，主要用于分析桥梁的桥墩数量、位置、结构分布等，如图 4-3-14 所示。

图 4-3-14　桥梁采集总貌示意图

(2)在近处补充拍摄局部细节,包括桥梁构件、扶手护栏、材质颜色、细节结构等,如图 4-3-15 所示。

图 4-3-15　桥梁采集局部示意图

(3)对于高架立交桥等大型桥梁,应多方位、多角度拍摄,全貌图与特写图互相补充,相同纹理的部位可只拍其中一个位置,但应多拍几张,以便内业生产时获取更清晰的纹理。

(4)拍摄时注意拍摄顺序,保证照片的连续性,切忌颠倒、无序拍摄。

(5)做好拍摄记录,包括在作业底图记录编号及拍摄顺序。

7. 小品纹理采集

小品的纹理采集对象包括雕塑、广告牌、果皮箱、电话亭等公共设施、辅助设施和美化设施,其纹理拍摄成果的优劣直接影响内业建模质量,进而影响区域模型场景的整体效果,是三维城市建模纹理采集中较重要的内容,主要的采集方法如下:

(1)以正视角从四面拍摄,照片不应缺边少角,或存在其他物体遮挡导致照片中目标物图像不完整的情况。如果小品前后两面结构和纹理完全相同,可只拍摄不同的两个面,拍照时尽可能地取正视角度拍摄,如图 4-3-16 所示。

图 4-3-16　小品采集照片示意图

(2)避免出现过大的照片视角,照片不得曝光。

(3)尽量统一色调,不偏色。

(4)结构复杂的小品,应拍摄多张不同透视角度的照片,方便分析其结构。

(5)拍摄目标物与周边其他固定物体相互位置关系的较大范围照片,以方便内业人员判定小品的方位。

8. 地形模型纹理采集

地形模型纹理的拍摄可分一般地形纹理拍摄和复杂地形纹理拍摄,主要是为了区分精细建模区域和标准建模区域方法流程如下:

1)一般地形纹理拍摄

(1)应尽可能使用高视点多角度拍摄透视图,使制作人员便于分辨出各地块的方位关系和纹理组成。

(2)在人视角度继续补充拍摄地面环境细部。

(3)在没有可利用的高层建筑进行高视点拍照时,也可在人视角度采用多视角带重叠度组合拍摄照片,尽量拍摄完整的地面信息。

(4)照片成果应连续,不可随意转换角度,不能漏拍,照片之间有20%左右的重叠度,一般情况下不必拍摄细节,反映整体即可。

(5)内业处理时,将线路标注在CAD矢量底图上,将每条线路标注正确序号,并将每条线路照片的起始号和结束号标注在CAD矢量底图中,应确保内业检查人员能较容易地读懂及理解。

2)复杂地形纹理拍摄

复杂地形纹理的拍摄,在一般地形纹理拍摄的基础上,还应注意如下内容:

(1)地形复杂地段需多角度、多方位拍摄照片,包括透视、正视、仰视、俯视等。

(2)尽量拍摄更多细节照片进行补充。

(3)对于一些在现有位置很难拍摄到完整结构的地物,应寻找其他位置与角度进行补充拍摄(例如,河岸边的景观驻台,很难在同侧拍摄详细,此时应前往河对岸对驻台进行补充拍摄),尽可能为内业生产提供详细的图片信息,方便建模及检查人员了解及核对目标物结构。

4.3.4 相关属性调查

属性调查工作主要是调查实地建筑、水系、道路等对象的名称、类型等属性信息,并在城市三维模型建立并入库后写入或挂接到模型对象中,供模型数据使用时进行查询、统计、定位、分析等应用。

1. 属性调查的内容

属性调查是在底图已有信息的基础上,补充调查三维模型还应有的属性信息,录入到三维模型数据库成果中,方便查询使用。

(1)建筑属性调查。主要内容包括:建筑物层数、名称、地址、权属人、建筑类型、建设时间、建筑面积等。

(2)交通属性调查。主要内容包括:道路的名称、道路的等级、建设时间等。

(3)水系属性调查。主要内容包括:水系的名称、常水位、洪水位等。

(4)管线属性调查。主要内容包括:管线的类型、材料、埋深、尺寸、建设单位、管理单位、建设时间等。

(5)其他地物属性调查。主要内容包括:地物的名称、管理单位等。

2. 属性数据采集原则

(1)按不同的精细程度采集模型的属性信息。

(2)属性信息的采集一般与目标物的空间信息或纹理数据采集同步进行。

(3)属性数据应进行实地抽检,确保采集到的属性信息正确。

(4)属性信息编码应具有通用性、可扩展性、一致性和系统性。

3. 属性信息的调查方法

属性调查一般采用综合调查法,具体操作如下:

(1)提取已有资料属性信息。分析并提取地形图、专题图、规划图中已有的相关信息,如建筑名称、道路名称、河流名称等信息,将此类已有的信息按相同的坐标系整理叠合,再将现有资料信息不完整或需补充信息的区域(地物更新、影像图无法辨认等)圈画及标注出来。

(2)外业出图。一般外业调查的图纸为当前区域的地形图、影像图或叠加了地形图的影像图,在出图前应把已整理的信息与底图数据叠加,一般按 A2 幅面大小输出纸质底图。

(3)实地调查记录。对于现有数据资料不能确认的地物信息,采用实地勘测等方法将地物空间信息补充到调查图纸上(采用仪器时可直接存储在设备中),目标物的属性信息可记录在单独的调查表中。

(4)内业整理建库。将外业调查的信息数据进行整理,新建或更新到已有的属性数据库中,按需要的类型和格式存放或输出。

4.3.5　外业成果整理

外业成果包括外业采集的纹理照片、属性调查记录表格,以及在纹理采集和属性调查作业中形成的外业作业底图和作业记录等内容。外业成果是三维城市建模工作的第一手资料,其完整性和正确性是后续建模工作的关键。

1. 整理要求

(1)建筑物的照片必须按每栋建筑为单位,新建唯一编号的文件夹单独存放,方便内业人员分析建筑结构。

(2)整理完成的单个地物的照片应是连续的。

(3)景观模型纹理照片的存放应进行分类,并按一定的规则存放。

(4)存放照片文件夹的名称必须与底图上外业记录的编号一致。

(5)外业照片整理成果应有记录外业采集行走的路线图和地类编号索引图。

2. 整理方法

(1)当天的外业拍摄结束后,需及时整理当天拍摄的照片成果。首先新建一个以项目图幅名命名的文件夹,然后在其下新建以外业单个地物编号命名的文件夹,把外业照片按不同的地物存放到其对应的文件夹中,不同大类(如建筑、道路、水系等)的地物照片应分类型存放,外业地物打点索引图须放在对应的以图幅号命名的文件夹中。

(2)建筑物每个编号的文件夹中可再细分为全景、特征两个文件目录,全景文件夹中存放正视、左正视、左视、左后视、后视、右后视、右视、右正视等全景照片,特征文件夹中存放与全景对应的特征细节照片。

(3)在外业底图及内业索引图上应标注出建筑物、场景、道路、河流的等级。

3. 存放格式

(1)外业照片一般沿用相机默认的jpg格式。

(2)实地录像一般采用avi格式。

(3)调查的属性信息一般为电子记录表格或外业记录底图的电子扫描件。

(4)打点索引图一般制作为DWG矢量文件,并在其中叠加线划或影像底图。

4.3.6 外业成果检查

外业成果检查是外业工作质量控制的重要工序,必须在成果检查合格后才能把外业资料流转到内业建模生产工序。

1. 外业成果检查内容

(1)单个目标物的照片清晰度是否满足要求。

(2)是否存在较大遮挡。

(3)照片的尺寸大小是否满足纹理制作的要求。

(4)单个目标物照片是否连续。

(5)目标物的每个采集面是否都有对应的细节照片。

(6)照片编号与索引图是否一一对应。

(7)外业底图上所绘制的采集路线是否清晰、明确。

(8)是否存在遗漏采集的地物。

(9)采集的视频是否完整,要有助于分析整个地物或区域的情况。

2. 记录图表检查

(1)外业底图是否完整且为最终版本,其上所绘制的采集路线是否清晰、明确。

(2)采集记录表格是否完整、清晰、可辨,且为最终版本。

(3)采集时间是否最终时点。

(4)记录图表的数量是否正确,覆盖是否完整。在外业工作中,所有用于采集的图表必须严格管理,不应出现严重损坏或丢失,确保图纸的保密及安全。

3. 模型属性检查

(1)属性采集是否完整、准确。

(2)图纸和表格所标写的字迹是否清晰可辨。

(3)属性标注的位置是否正确。

4. 一致性检查

(1)检查所采集的照片与记录图表、属性信息是否一一对应。

(2)抽查采集的目标物属性与原地形图已有资料是否一致。

5. 外业返改和补充

对达不到要求的外业成果照片需返回重新拍摄,包括遗漏的目标物进行补充拍摄,不合格的目标物照片进行返工拍摄,混乱的照片成果按要求重新核对、补充、整理等。

§4.4　其他数据准备

在目前，三维城市的主要建模内容还是对象外形状模型的建立，但随着应用的需要，内部及地下建模将会越来越重要和普及，如建立建筑物内部的三维模型、地下的三维模型、管线三维模型、规划中的地形地物模型等。对于此类要求的三维模型建设，需要准备一些与外部建模不同的数据。其他数据一般包括以下内容。

1. 其他数据一般内容

(1)室内设计、建筑施工、建筑竣工图等。

(2)建筑物、构筑物的立面、剖面图等。

(3)城市规划设计的平面图、立面图、剖面图，以及相关说明文件资料等。

(4)规划设计的效果图等。

(5)规划设计的三维模型及纹理数据等。

(6)地下管线(图 4-4-1)的探测数据、设计数据、规划数据、竣工数据等。

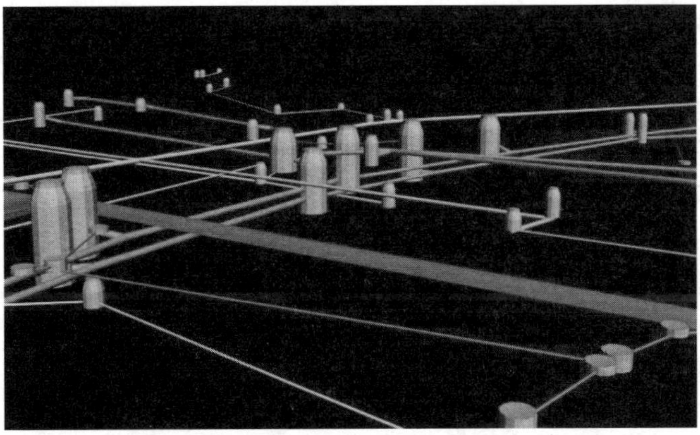

图 4-4-1　地下管线三维模型

2. 数据要求

(1)其他数据一般为平面和高度控制数据的补充资料。

(2)规划设计的相关资料一般应用于规划区三维模型生产，须与现状区已有的平面和高程数据的坐标系一致，且应明确规划范围。

(3)数据一般要求为矢量格式。

3. 数据收集方法

(1)规划数据一般由规划部门在完成城市规划审批后归档备案(城建档案馆)，在进行规划区域三维建模时提供。

(2)建筑物内部的设计、施工、竣工资料一般由设计、施工、建设单位在建筑完成竣工验收后归档，在进行建筑内部三维建模时提供。

(3)效果图等资料一般由规划设计的相关部门提供。

(4)地下管线数据一般由城市地下管线管理部门收集和提供。

第5章　城市三维建模工艺与质量控制

三维模型的生产是在模型的三维空间信息数据获取与其纹理采集完成后，通过人机及建模平台交互生产模型的过程。三维建模的原理，是根据物体的空间位置和几何信息，以及其纹理、属性等内容，采用建模工具，还原物体的真实空间三维形状、结构和空间位置。即根据物体的空间平面和高度控制数据，在三维软件中把物体的空间形态通过模型描绘出来，再将实地采集的纹理处理后赋予模型，在计算机平台中还原现实物体的形状和纹理，并将现实中采集到的物体各类属性信息，通过三维平台录入赋予，以实现查询、分析、管理等功能的过程。

§5.1　三维建模项目计划

三维建模项目计划可以总结为确定数据标准、根据数据标准分解任务和制定生产工艺流程、采用实验区验证生产工艺流程的过程。在三维建模项目开展前，需要制订项目计划。包括各工序的起止时间、投入人员设备、质量控制流程、成果要求和提交等内容。三维建模的内容包括了常规测量、航测遥感、信息调查、GPS新型测量、三维激光扫描等学科内容，是一个兼顾内外业的工作，不同的天气或气候条件也会对建模工作产生影响。因此，在制订项目工期计划时需要考虑到不同区域的气候特征、不同时期的天气特点，特别应该避开雨雪季节。在投入人员设备方面，需要根据建模的精度要求和数据标准，充分考虑测区的地物密度和复杂程度。质量控制计划的最重要内容，是要准确把握成果检查验收标准的“度”。当前的三维建模相关标准多是框架性地规定建模的基本要求，在一些模型色调、细节处理、光影效果等内容方面，还需要检查验收“人”进行主观地把握。当模型生产完成后，质检“度”的变化会产生巨大的而又没有必要的修改工作量。模型的成果形式和提交流程，要考虑模型成果入库到应用平台后的管理、调试、整合、优化等操作所花费的时间。

5.1.1　数据标准的确定

三维建模数据标准主要是确定建模的内容及其精细程度。数字城市三维建模项目一般根据用途确定建模内容，根据应用深度确定精细程度。标准和精细程度的确定，在项目招投标时客户通常已有自己的想法和要求，在项目实施中更多的是把客户的想法和要求清晰化、细化、明确化和文字化，再由客户签章确认，作为三维建模项目验收的依据标准之一。

建模内容的确定一般是要规定什么东西需要建模，哪个区域需要建模，如：建建筑是否需要，围墙是否需要，拆迁区是否需要，消防栓是否需要，路面市政井盖是否需要等。这些内容都需要在项目的数据标准中描述详细、全面、准确，并根据测区的特点尽量把测区内的地物都涵盖到。精细程度是影响建模工作量很重要的因素，也是三维模型数据使用的重要指标，需要在数据标准中明确什么样的细节需要采用结构表现，什么样的细节需要用纹理表现，什么样的细节不需要表现，还需要定义色调指标及仿真度、立体感。色调、仿真度和立体感是一类较抽象的要素，用文字很难描述得清楚并认同一致，通常通过采用图片甚至数据示例来确定可视化标准规定。

5.1.2　任务的分解

确定数据标准后，需要根据数据标准的要求，分析客户现有的数据源是否能满足模型生产的需要，不能满足则进行申请或变更，更改标准或重新获取建模数据。当标准和已有数据的相互关联条件满足后，则应对任务进行分解，包括阶段的分解、区域的分解、内容的分解等。阶段的分解是把项目按不同的阶段进行流程设计，如：纹理处理阶段主要映射校正纹理数据；白模型生产阶段主要根据三维空间数据生产白模型；纹理贴图阶段主要把处理好的纹理贴赋到白模型中；检查阶段主要检查模型成果是否符合标准要求；入库阶段主要是根据可视化应用平台的要求，进行格式转换、坐标转换、模型入库及检查。区域的分解是根据作业组和作业员的生产能力、擅长技能，按网格或道路水系等自然分界划分一定面积的建模单元，方便成果的管理和任务的分配。内容的分解主要是在同一阶段和区域内，在生产不同种类模型时的分工方式，如：某作业组专门生产建筑模型，某作业组专门生产地面模型，某作业组专门生产道路模型；生产建筑模型的作业组中某作业员专门生产围墙，某作业员专门生产标志性建筑模型，某作业员专门生产棚户区模型等。

5.1.3　样本区的制作

样本区制作的主要目的，是还原并可视化数据标准，验证作业方法和流程是否为正确、有效、合理的工序。样本区的制作一般选取面积较小且又能代表测区特性的区域，依据数据标准采用制定的作业方法全流程地开展实施，对出现的问题进行记录和分析，评估在大面积生产时是否会对项目产生相关影响，提出解决方法并验证。然后验证生产的效率、成本、工期等重要因素与设计是否一致，根据实际情况和需要，调整和优化作业方法及流程。样本区的生产需要从开始到结束完成一个项目的完整实施流程，最终的成果可在客户认可并实施确认流程后，作为后期项目开展的数据标准和验收依据。

因目前三维建模的标准大多只是确定了框架性可以量化的指标，在模型色调、细节处理、光影效果等难以量化的内容上没有很明确的规定。当然，不同的人对同样的成果效果也有不同的观点和看法。因此，在大范围三维建模项目全面展开前，一般需要选取一块能涵盖测区各类地物特征、面积不大于 1 km^2 的区域先制作样本区。样本区的生产涉及了一个建模工序的完整流程，主要为了确定建模流程的合理有效，检测模型成果的精细程度和色调是否满足要求，明确并实质化三维模型的数据标准，以及把模型成果导入将要使用的三维可视化管理应用平台，测试平台与模型数据的兼容性、可操作性，并让客户直观地看到按技术设计流程工序生产的成果是否满足其预期和使用要求，并进行确认，作为后阶段模型生产的标准依据。

§5.2　三维建模内业工作

数字城市三维建模的内业工作，是模型生产工作的核心，也是三维模型集成应用的基础。内业建模的工作量占整个三维建模总工作量的比重较大。三维建模的内业工作主要由作业员通过计算机及相关专业软件交互完成，模型成果质量的好坏，主要由内业生产的技术、经验、流程、方法、质量控制等因素决定。

5.2.1　术语和定义

内业建模是采用二维、三维矢量数据和外业照片等资料，将现实中的地物在计算机中数字化，且与现实地物的几何形状、纹理特征、属性信息相一致。

5.2.2 硬件的准备

（1）工作台式电脑，4G 或以上内存，1G 或以上显存独立显卡，2G 以上主频 CPU。

（2）工作站，用于模型成果可视化集成。

（3）服务器，用于源数据的交互、交换、调用以及成果的汇交。

5.2.3 软件的准备

城市三维建模常用的软件有以下几种：

（1）3DMAX，用于模型的制作。

（2）PhotoShop，用于纹理的透视纠正、调色拼接等处理。

（3）AutoCAD，用于从地形图中分类提取地物的轮廓线及二、三维控制数据预处理。

（4）ArcGIS，用于模型坐标文件的转换及部分平台的模型位置点预处理等。

（5）ACDSee，用于照片的批处理。

（6）VZ、JX4、SSK 等立体测图的软件，用于采集地物轮廓及高程信息。

（7）三维可视化应用平台：EAVR、Skyline、ArcGlobe，Uniscope、NewMap 等。

（8）根据项目要求自主开发的建模、质检、批处理、修改、烘焙等工具。

5.2.4 建模流程概述

1. 资料准备

数字城市三维模型生产宜采用如下资料：

（1）1∶500、1∶1000、1∶2000 等比例尺的地形图。

（2）1∶500、1∶1000、1∶2000、1∶5000 等比例尺的正射影像图（DOM），网格不大于 5 m×5 m 的数字高程模型（DEM）。

（3）建筑物的高度及顶部结构数据资料，包含屋顶平面及高度信息的屋顶三维矢量线，利用测距仪、全站仪等测量仪器测量得到的建筑物各结构高程数据。

（4）重点建筑的详细图纸，如建筑平面图、立面图、剖面图等。

（5）各类管线的设计、规划、测量、竣工等图纸。

（6）测区的规划数据、图件、效果图等。

2. 技术要求

一般依据国家相关城市三维建模的技术规范和标准，结合每个城市的实际情况，如地形地貌特征分布、城市景观复杂程度及三维城市模型的使用要求等，制定具有可操作性的技术细则和作业指导书。

3. 照片分析

数字城市三维模型制作需全方位分析外业采集的实景照片，判断和重构模型的细部结构，以能进行准确的景观定位和各地物种类的准确还原。在作业前首先对外业采集的数码照片和收集相关地物的属性信息进行详细分析，评估采集的纹理照片是否满足内业模型生产的需要，是否能通过照片还原模型的形态结构和纹理色调。

4. **内业建模**

内业建模是通过需建模地物的平面、高程数据，以及(真)正射影像图、实地采集的外业照片等资料，建立城市三维模型的过程，详细的建模过程将在后面的章节介绍。

5. **成果检查**

城市三维模型的成果检查主要包括外业成果的检查，以及内业完成的三维模型精度、表观效果、合理性、数据量控制、模型命名、逻辑错误、拓扑错误等方面的检查，详细的检查过程及内容将在后面的章节介绍。

5.2.5　模型集成

模型集成是将不同类型、不同区域、不同内容的三维模型数据，转换为平台特定的格式和方式，并按统一的坐标系进行数据整合入库的过程，模型的集成内容将在后面的章节详细介绍。

§5.3　模型建立

模型建立是在相关的模型平面控制数据、模型高度控制数据、模型纹理数据等资料准备完善后生产模型的过程，包括建模单元划分、模型命名规则、基本技术指标及各种类模型生产等内容。

5.3.1　建模单元划分

1. **划分原则**

城市三维模型建模单元宜按区(县)、管理单元、建模单元三级进行划分。其中，管理单元可以是街道、乡、镇等行政管理单元，也可以是规划管理的分区；建模单元宜以道路、水系等自然分界的围合区域(如街坊)为单位。

建模单元编码方法如下：

(1)区编码采用《中华人民共和国行政区划代码》中规定的 6 位编码。

(2)管理单元以主干道为界线进行划分，尽可能保证划分的管理单元形状规整。管理单元采用 3 位编码方法，一般采用所在地区统一的街道行政区划代码。

(3)建模单元以管理单元内的次干道为界线划分，采用管理单元编码加 2 位顺序号的方式进行编码，最终建模单元编码由区编码、管理单元顺序号和建模单元顺序号三部分组成，其结构如图 5-3-1 所示。

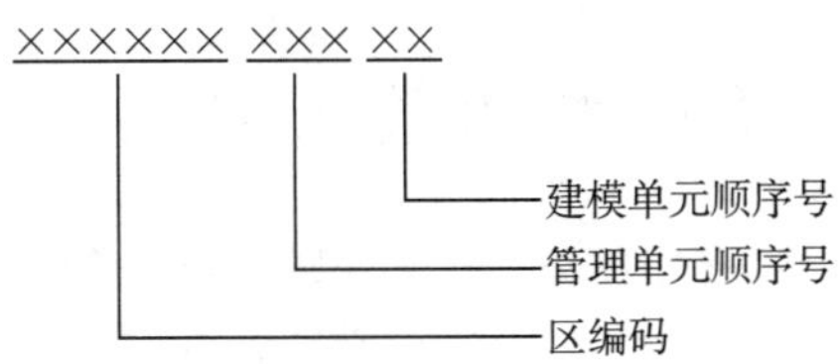

图 5-3-1　建模单元划分结构

2. **三维模型制作分类**

在实际的三维建模生产中，为方便生产的具体操作，可把测区内的模型分为建筑模型和景观模型两大类。其中建筑模型可分为精细模型、标准模型、基础模型、框架模型等级别，景观模型分为地形地貌、道路及其附属设施、植被、小品、水系等类型(表 5-3-1)。模型的分层和编码可在建模生产完成后，再根据数据标准进行操作。

表 5-3-1　三维模型制作分类

建筑模型	精细模型	建模区域内重点公共建筑（党政机关、大型商业设施、银行、医院、学校、运动场馆、汽车站、火车站、码头等）、商业街、风景区、古建筑、标志性建筑等
	标准模型	主要表现城市重点区域外，主干道两旁的建筑模型
	基础模型	建模区域内层数≥3 层，且层数≤6 层的建筑物
	框架模型	建模区域内层数在 3 层以下的建筑物
景观模型	地形地貌	按照不同地面材质为单元进行划分
	道路及其附属设施	路面、人行道、路沿石、路灯、桥梁、交通指示牌、路名牌、公交站牌、交通指示灯、交通岗亭等设施
	植被	街头绿化带、路中绿化带、公园、林地、草地、花坛、独立树、古树名木等
	小品附属设施	围墙、凉亭、游乐设施、体育设施、石凳、石桌、雕塑、消防栓、变电箱、垃圾站、室外楼梯等
	水系	河流、湖泊、水塘、沟渠、水库、喷泉、防波堤等

5.3.2　三维模型命名

1. 命名原则

数字城市三维模型命名原则如下：

(1)模型及纹理的命名应具有唯一性。

(2)模型的命名规则应具有可扩充性。

(3)模型及纹理命名应具有唯一相关性。

(4)命名应准确、合理、简明。

(5)名称可用字母、数字及下划线组合表示。

2. 模型命名方法

数字城市三维模型的命名方法如图 5-3-2 所示。

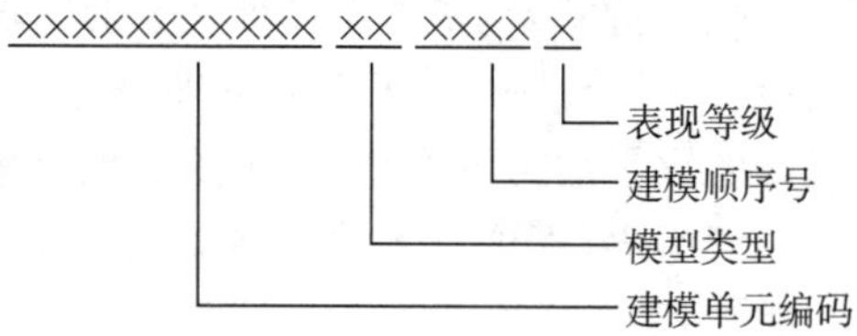

图 5-3-2　模型命名示意图

(1)三维模型命名应由建模单元编码、模型类型、模型顺序号和表现等级四部分构成。

(2)在同一行政区内，区编码可以省略。

(3)模型类型应按建筑模型、交通模型、水系模型、植被模型、小品模型、管线模型、地形模型划分，一般在模型生产中可用类型拼音首字母或英文缩写代替。

(4)模型顺序号应为模型在其大类地物中的顺序编号。

(5)表现等级一般可分为四类。除地形模型外，其他地物三维模型可根据表现的精细等级分为三种表现方式：细节建模表现、主体建模表现和符号表现。

在实际的项目生产中，因应用平台限制及格式转换的需要，通常会对模型命名位数根据一定的规则简化，以满足入库和使用要求。

3. 纹理命名方法

建筑模型的纹理命名应与模型名称相对应，一般采用“建筑模型名称＋纹理顺序号”的方式命名，命名方法如图 5-3-3 所示。

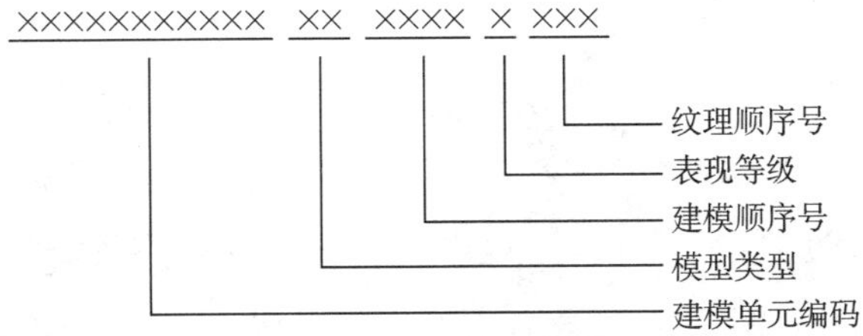

图 5-3-3　纹理命名示意图

在实际生产过程中，纹理命名位数受其数据转换等要求的限制（如模型在导出 3ds 格式时，纹理位数不超过 8 位），命名会根据实际要求对纹理名称位数进行简化。

5.3.3　建筑模型制作

建筑模型的制作是三维城市建设的主要工作，也是工作量最大的一部分内容，一般分白模型建立、纹理和贴图处理、质量检查和格式转换等工序。

1. 白模型建立

白模型的建立是根据建筑的空间三维信息，采用 3DMAX 等建模工具，在计算机中还原建筑实地形态的过程，流程如图 5-3-4 所示。

(1)建模流程图。

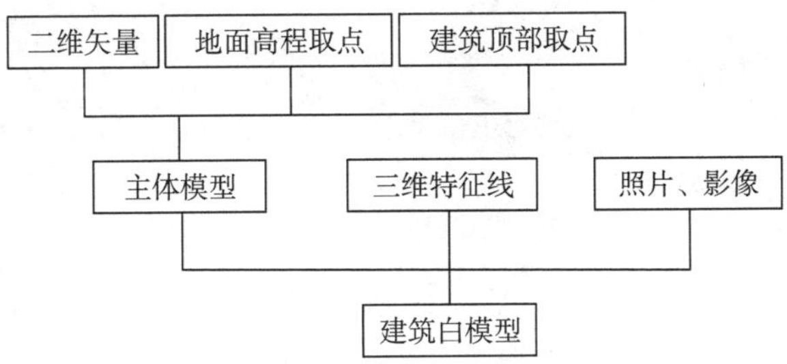

图 5-3-4　白模型生产流程

(2)设置建模环境，导入矢量。在建模前需设置 3DMAX 软件的建模环境，首先将单位设置为 m，如图 5-3-5 所示，再将矢量控制文件导入场景。

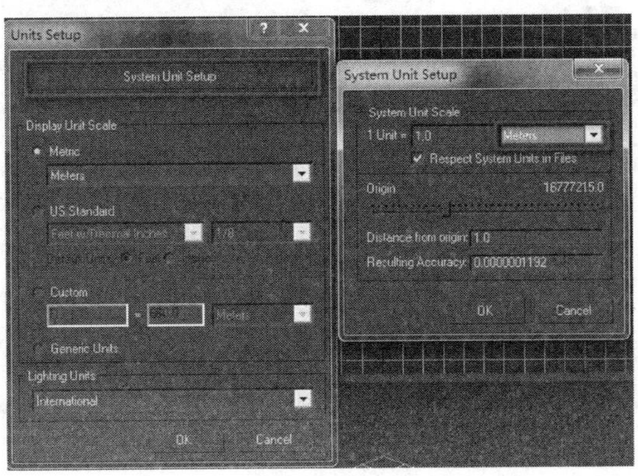

图 5-3-5　3DMAX 建模初始设置

(3)主体建立。二维矢量控制数据导入后，参考建筑高度数据，以平面控制数据为依据，用“line”将二维轮廓线按不同高度勾画出来，“挤压”(extrude)至建筑顶部所标示的高度。在建模过程中尽量控制模型的面数，如圆柱用 8 边形代替，采用多段线代替弧段建立弧形建筑模型，如图 5-3-6 所示。

(a) 实景照片

(b) 根据矢量生成的建筑主体模型

图 5-3-6 建筑模型主体建立示意图

(4)屋顶建立。根据屋顶三维矢量特征线制作建筑物顶部结构。若三维矢量线已构面，可直接转化为可编辑多边形作为屋顶模型，但需检查是否存在多余的点、线、面，以及是否有构面错误、折面、漏面等情况。如果缺少建筑屋顶的三维矢量线，则需参照航空影像图或外业照片制作屋顶结构，如图 5-3-7 所示。

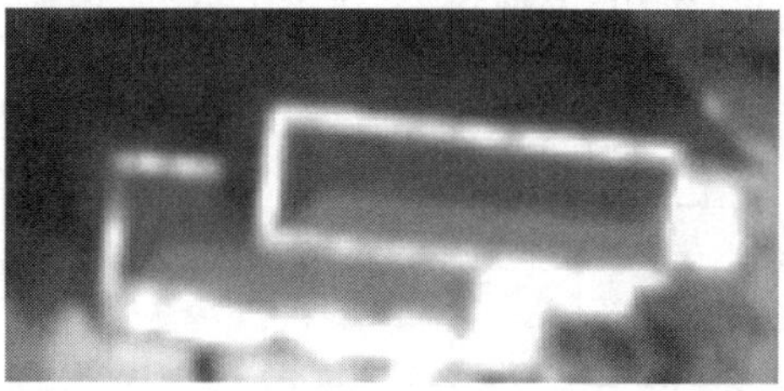
(a) 航空影像

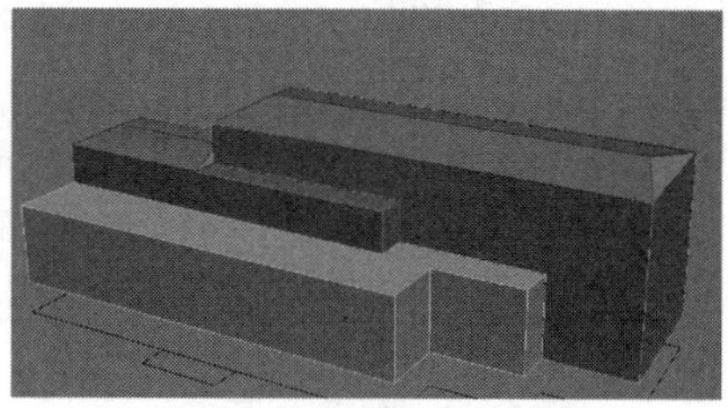
(b) 增加了建筑屋顶的建筑模型

图 5-3-7 建筑模型屋顶建立示意图

(5)细部建立。根据地形图等矢量平面控制数据制作的三维模型，因测图数据取舍的原因，缺少一些细部结构(图 5-3-8)，需参照外业照片在主体模型基础上，添加制作如阳台、大门、柱子、护栏、雨篷、台阶等建筑细部结构及附属物。台阶一般情况下采用一个斜面表示，围栏等结构一般采用单面片贴透明贴图表示，如图 5-3-8 所示。

(a) 实景照片

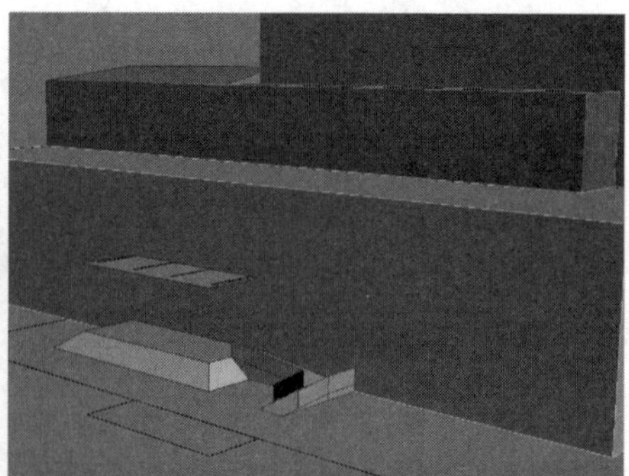
(b) 增加了部分细节的建筑模型

图 5-3-8 建筑模型细部建立示意图

(6)整合检查，结构优化。

将建筑的主体结构、细部结构、附属结构进行整合，并进行检查和优化，形成完整、全面、准确的模型成果。将模型转换为“可编辑多边形”(convert to editable poly)后，再将所有单体结构“附加”(attach)成一个完整的模型，删除模型底面和结构之间重叠的面，再在点选择级别(vertex)下全选所有点，进行点“焊接”(weld)处理，阈值一般设为 0.01，完成重复点的合并。

模型整合后，检查模型各分部间是否有衔接错误，是否有与原始矢量的套合错误，是否有重面、烂面等问题，并进行相应的修改。检查无问题后，再次合并同一位置点，删除不需要和看不到的点、线、面。完成后的三维模型如图 5-3-9 所示。

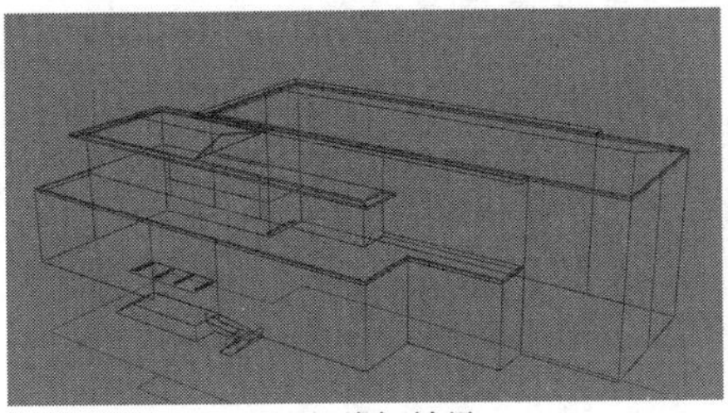

(a) 线框效果

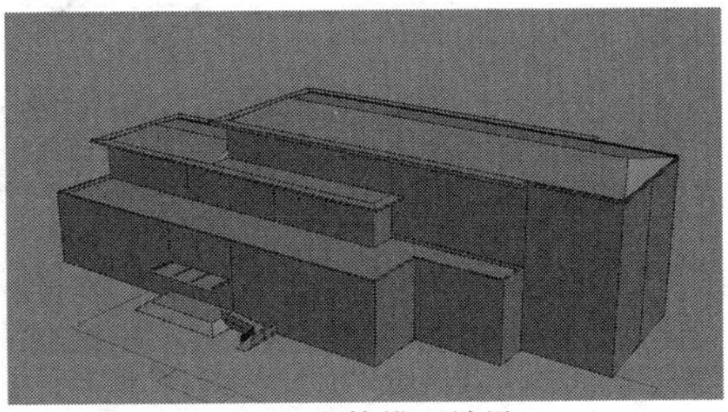

(b) 实体模型效果

图 5-3-9 建筑模型优化效果示意图

(7)模型命名。模型的命名根据设计书或标准要求进行。为适应当前三维可视化应用平台集成及不同平台间数据转换的要求，模型的命名一般不超过 8 位(包括纹理命名)，以字母、数字、下划线构成。

2. 纹理制作

1)照片分析

在拍摄照片时，由于空间视角的影响，照片中的建筑物会因投影的原因，出现倾斜、局部结构不完整、高处和远处进退结构变形较大、照片出现模糊或雾霾等现象。此类照片在纠正处理后，也会出现上下左右的结构纹理衔接不连续，尺寸大小、长短不一致，不能直接使用等情况。纹理处理前，应选择拍摄较正视、效果最佳的照片作为待处理照片。此步骤在模型的纹理制作中很重要，选择的照片质量直接影响纹理生产的效率。

2)素材选取

建筑顶部结构在航空影像中不清晰，实地照片因角度原因无法拍摄，拍摄照片的质量较差时，一般会根据需要结合已有的顶部影像，寻找类似纹理代替。选取原则是确保模型的整体色调、清晰度、饱和度基本一致。

3)纹理处理

(1)确定基准面。在作业过程中，首先打开外业采集照片存储位置，找到当前模型对应的文件夹，遍览当前模型的所有外业照片，对建筑的结构有一个基本了解，并从中找到一个能确定位置和方向的面作为基准面，制作纹理。基准面的确定尤其重要，某些结构较复杂的模型，若基准面选择错误，会影响到模型纹理的制作及接边，需在后期的检查中花费较大的力气去查找问题所在，并可能会造成返工。所以，在模型的基准面选择时应认真仔细，尽量选取能体现建筑全貌的照片作为基准面，并检查核实基准面方向和位置(图 5-3-10)。

(2)选择纹理，处理透视关系。在 PhotoShop 中打开所选择的基准面照片，使用裁切工具(快捷键 C)，在图片上选择裁切的起始位置(选中部分为保留部分)，拖动调整选择区域大小，拖选出矩形选中所需部分内容，可以通过勾选"透视"，对矩形的四个顶点进行调整选择的范围（图 5-3-11），选择非矩形范围，回车结束，即可保留需要的纹理内容，并简单处理了所选纹理的透视关系（图 5-3-12）。

图 5-3-10　选定纹理基准面

图 5-3-11　选取基准纹理

图 5-3-12　处理纹理透视关系

(3)处理纹理细节,去除遮挡及杂色。

选用矩形框选工具(快捷键 M),选择墙体中色调正确的部位,调出选区羽化设置对话框(快捷键 Ctrl+Alt+D),设置羽化值,如图 5-3-13 所示。

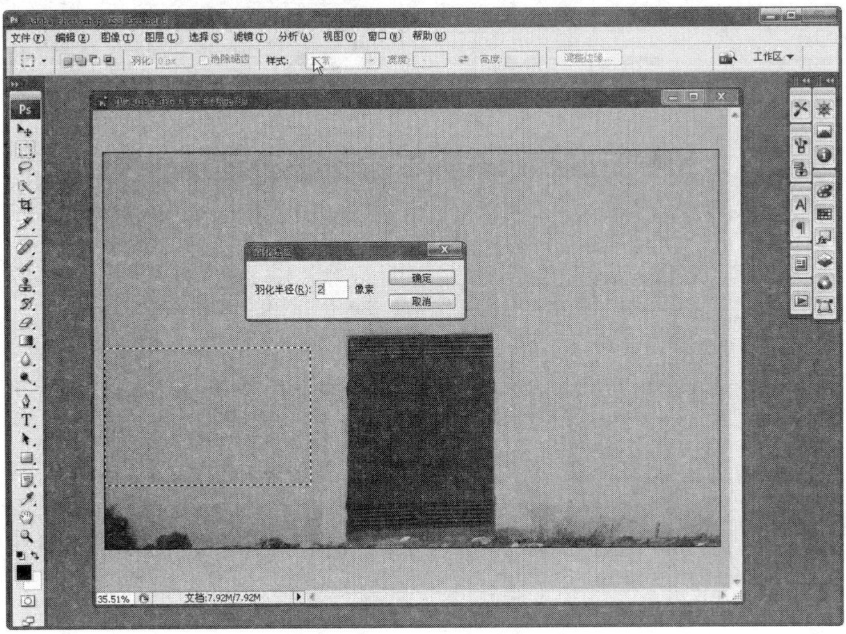

图 5-3-13　处理纹理杂色

复制矩形选区成新的图层(快捷键 Ctrl+J),使用移动功能(快捷键 V),选择新图层朝下移动(图 5-3-14)。重复以上步骤,把所框选的正常纹理覆盖在杂质和遮挡的其他部位纹理上,合并相关图层(图 5-3-15),即可把纹理的遮挡和杂质去除。

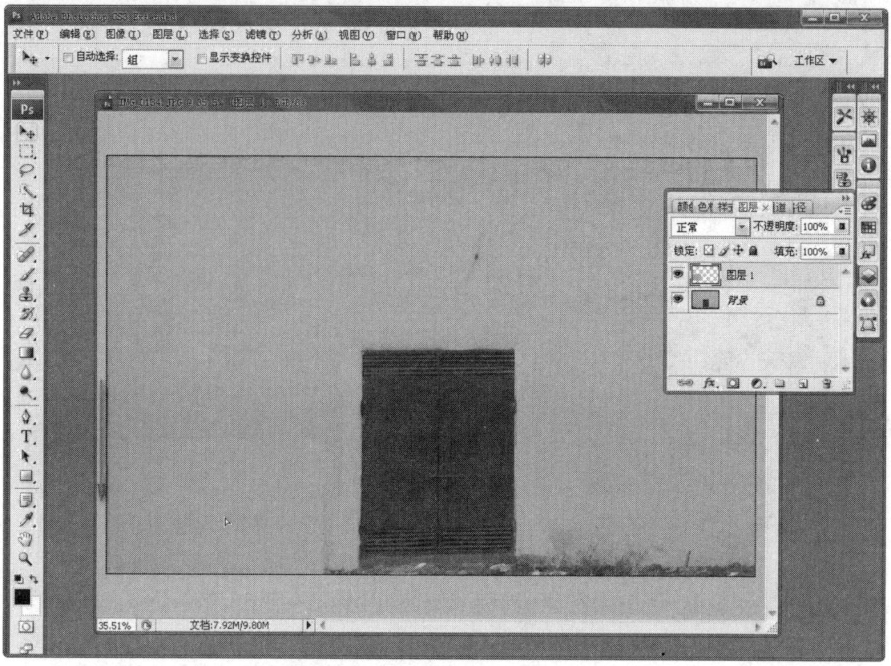

图 5-3-14 纹理杂色去除后效果

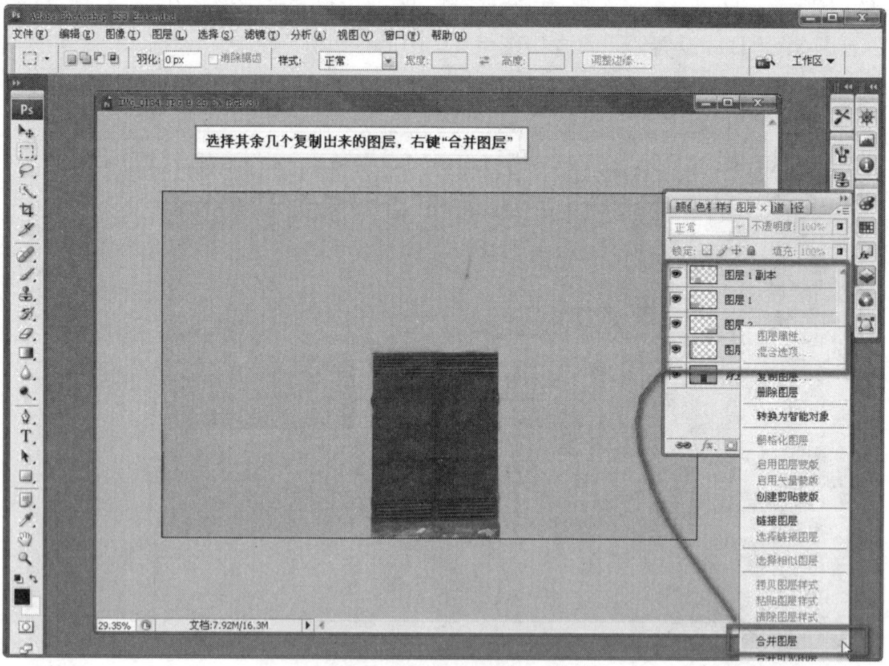

图 5-3-15 合并处理纹理图层

对在纹理的接边或阵列中出现的不自然接缝和重复特征(图 5-3-16)，可用印章工具对接边处进行匀色处理。也可通过把纹理的上边复制后镜像覆盖到下边，纹理的左边复制后镜像覆盖到右边，同时使用印章工具处理镜像纹理与底纹理的接合处，形成接边无缝、无明显色差的合格纹理成果，效果如图 5-3-17 所示。

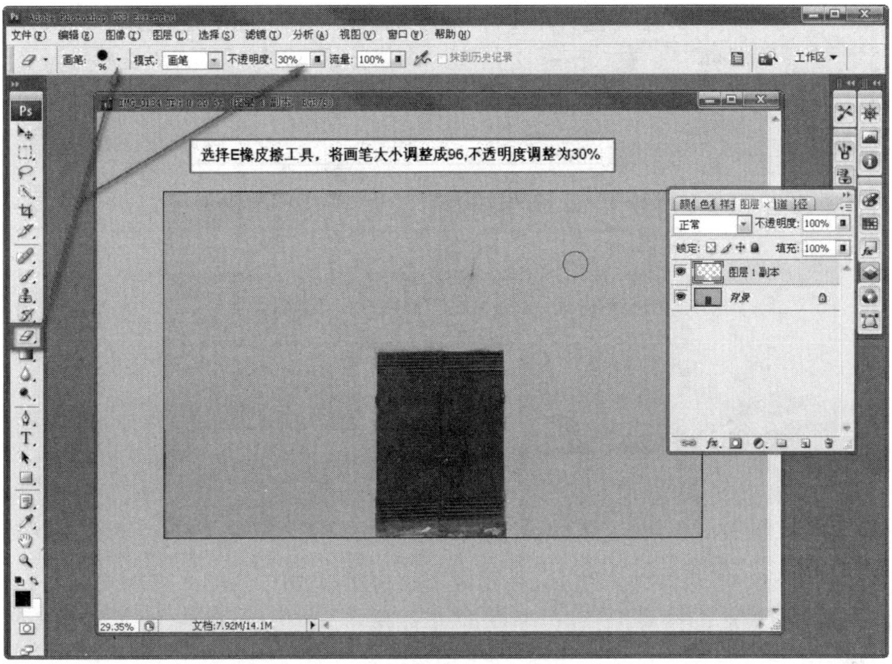

图 5-3-16　用印章工具处理纹理接边处

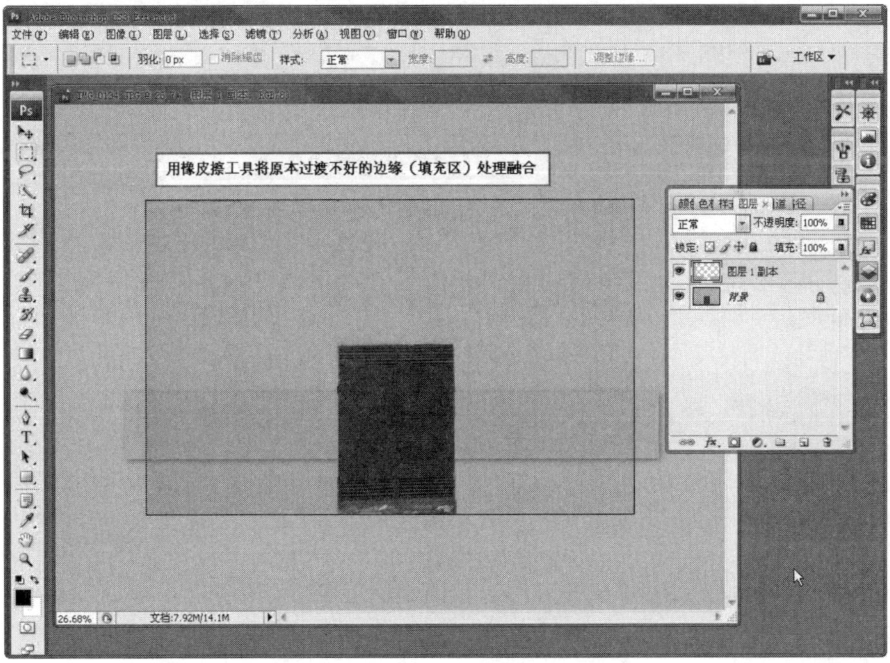

图 5-3-17　接边处理后纹理示意图

(4)完成纹理接合处理后，建筑第一个面的合格纹理就生产完成。使用同样的方法，选取并裁切建筑第二个面所需要的纹理，如图 5-3-18 所示。

图 5-3-18 选取并裁切模型另一个面的纹理

(5)为方便纹理的调整和接合测试,需要放大纹理处理画布的尺寸。方法为:打开图层锁,调整画布大小(快捷键 Ctrl+Alt+C),也可以直接按"F4"键,使画布自动放大 300%,如图 5-3-19 所示。

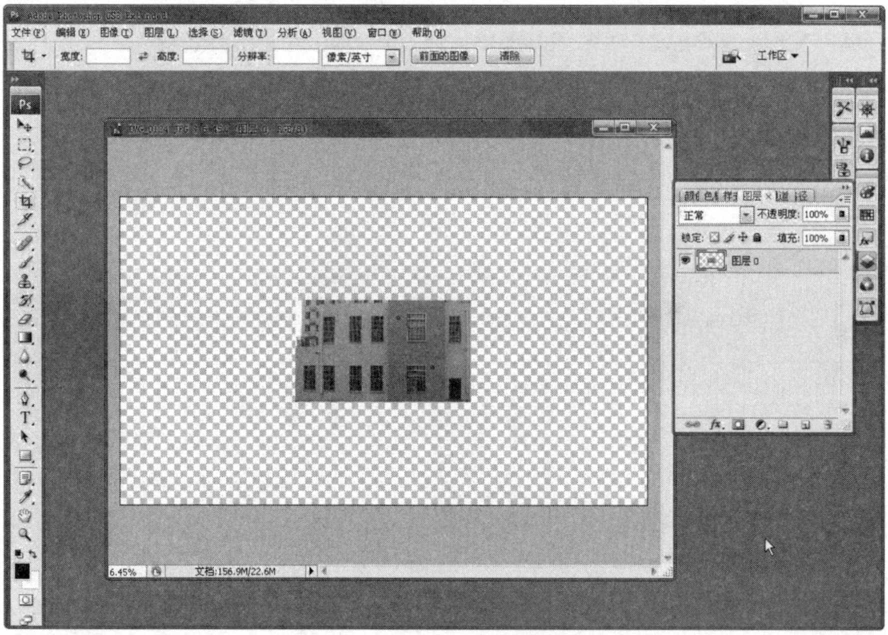

图 5-3-19 放大三倍画布

(6)可把同一墙面的不同结构纹理拆分成不同的图层,以方便单独处理不同结构的透视关系,如图 5-3-20 和图 5-3-21 所示,把当前墙面的纹理分为两部分。

图 5-3-20　选取主体纹理部分分层

图 5-3-21　选取其余结构分层

(7)打开标尺(快捷键 Ctrl+R)，显示“图层 1”，从标尺处拉出参考线，选择“图层 1”启用自由变换工具(快捷键 Ctrl+T)，右键选择“变形”，通过调整“变形”节点，将同一水平线上的纹理对齐参考线，以校正照片的镜头畸变和投影差，结果如图 5-3-22 所示，检查没有明显变形后回车确认。

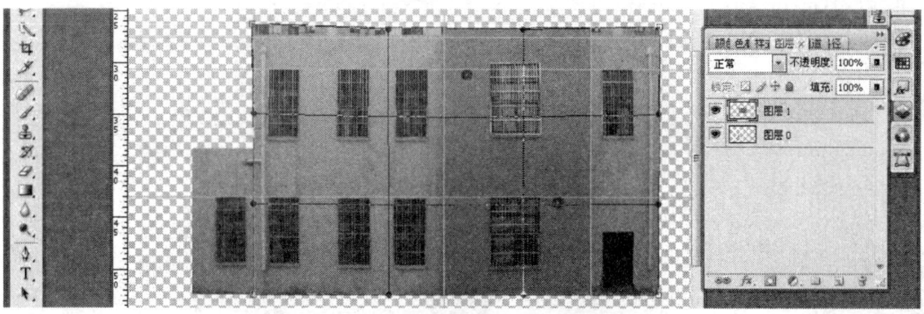

图 5-3-22　采用变形处理镜头畸变

(8)微调因小量进退结构投影差造成的应水平但不在同一水平线上的纹理(如图 5-3-23 中灰色墙面和白色的窗子应水平)。可采用框选工具(快捷键 M)，先将灰色墙面选中，如图 5-3-23 所示。

图 5-3-23　选中不在同一水平位置的纹理

(9)使用快捷键 Ctrl+T 将选框设置为自由变换,将纹理整体往下移动,调整上下两层窗户的顶线,使它们分别与白色区域的窗口在同一水平线上(使上下窗口上沿分别对准两条参考线),如图 5-3-24 所示。

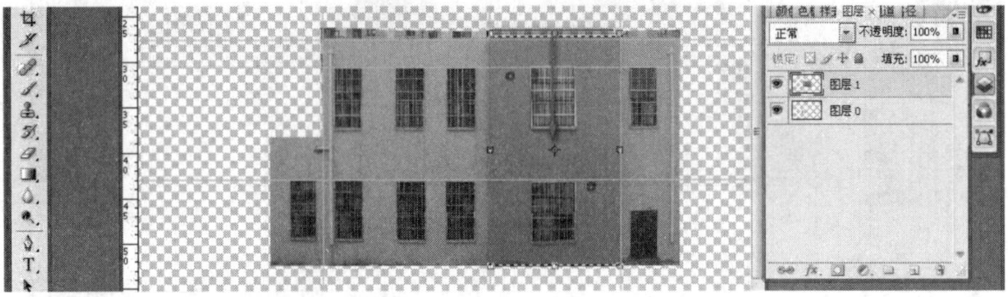

图 5-3-24 用自由变换处理不在同一水平位置纹理

(10)调整完成后,用上述的印章工具或框选纹理覆盖的方法,填充缺漏边角,完成的纹理成果如图 5-3-25 所示。其他面的纹理可重复上述步骤处理,得到一个建筑的完整纹理成果。

图 5-3-25 纹理水平处理完成效果

(11)透明贴图的处理。

选择要需处理的透明贴图,使用裁切工具裁取,并处理透视关系,如图 5-3-26 所示。

图 5-3-26 透明纹理的裁切

将图像的尺寸调整成 2 的 n 次幂，如图 5-3-27 所示。

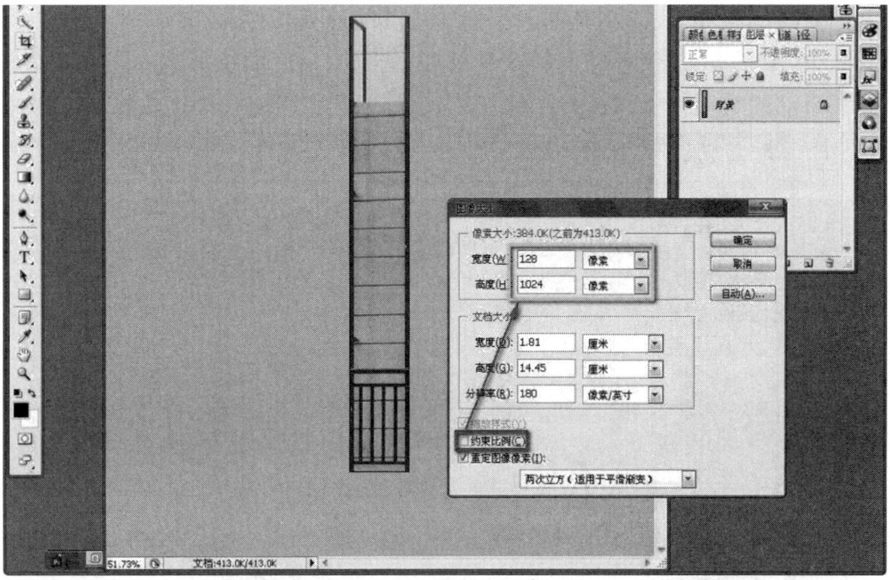

图 5-3-27　分辨率调整

将图层解锁，删除爬梯结构肌理外的其他部分纹理(如两级爬梯间的墙面纹理)，处理完成的爬梯纹理如图 5-3-28 所示。

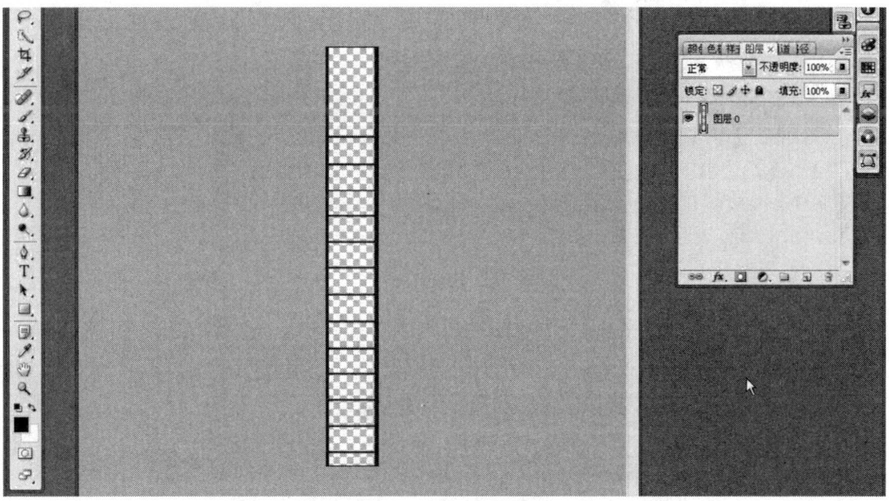

图 5-3-28　清除不属于纹理表示内容的背景

采用默认参数，将爬梯的纹理成果保存为包含透明通道的 png 图片格式，如图 5-3-29 所示。

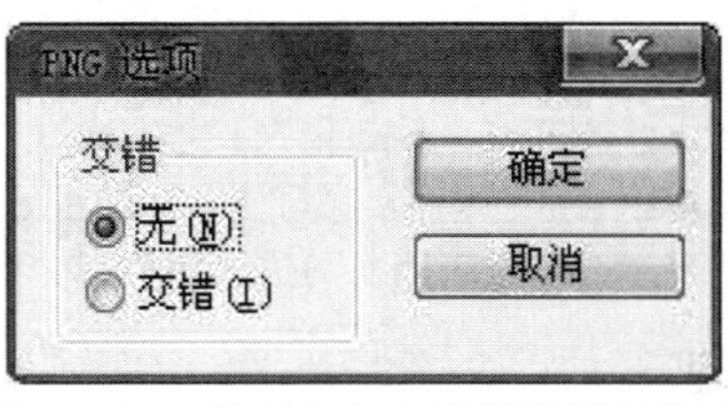

图 5-3-29　另存为包含透明通道的格式

(12)纹理的接边处理。

采用上述介绍的相关方法，将其同一个建筑的其他面处理好，按建筑墙面的实际顺序排列在同一个画布中，编辑接边，使各墙面间纹理对齐，使同一高度的特征线在同一条水平线上，如图 5-3-30 所示。

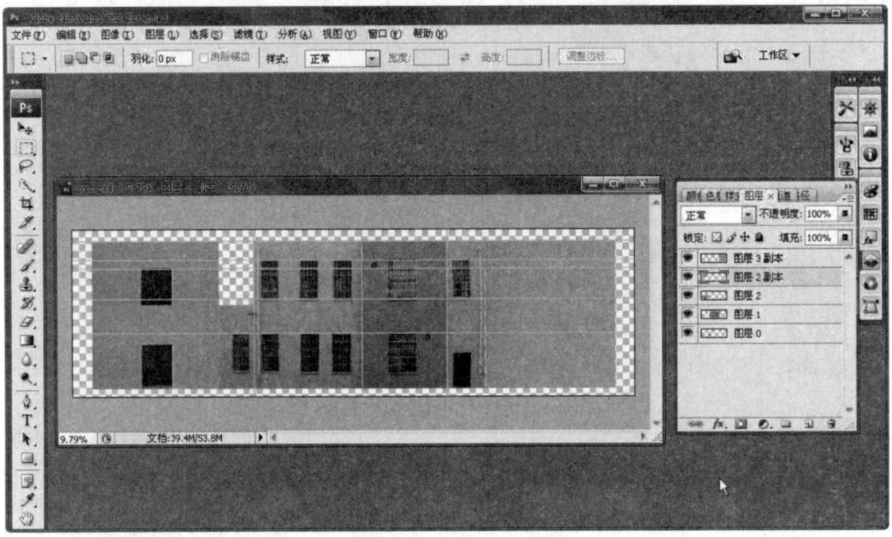

图 5-3-30　纹理预拼接

按建筑墙面的进退结构分界线，将处理好的各部分纹理分离成独立的贴图文件，如图 5-3-31 和图 5-3-32 所示。在分离操作前，应先备份拼接源文件。

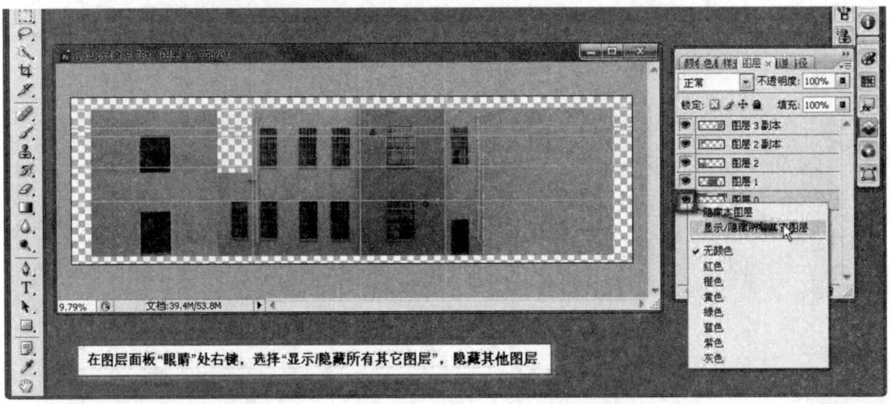

图 5-3-31　按建筑墙面的进退结构布拆分线

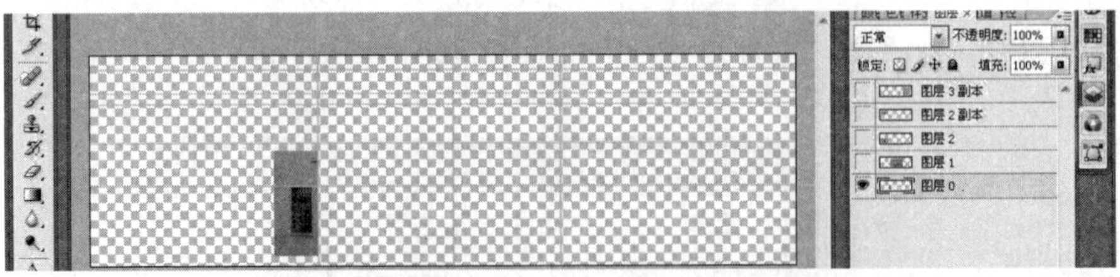

图 5-3-32　按建筑墙面的进退结构拆分贴图

(13)纹理命名及标准化处理。

将按各部进退结构分离的贴图文件尺寸调整为 2 的 n 次幂，并按命名及格式要求另存为单独的文件。

纹理图像保存的品质一般选择“8”，有特殊要求或高精细模型的纹理品质可保存为“12”(图 5-3-33)。

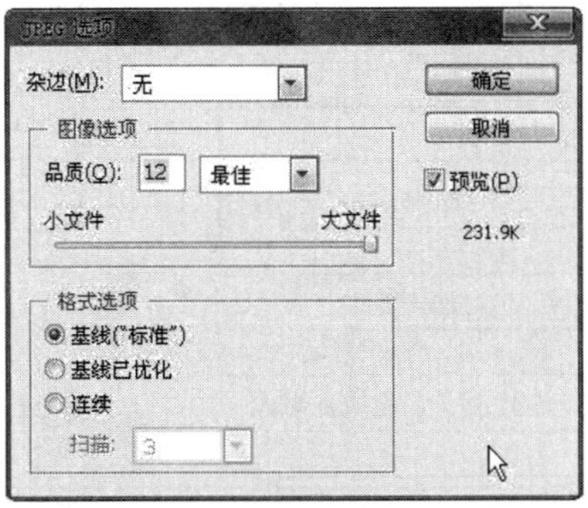

图 5-3-33　纹理品质保存设置

样例建筑的所有纹理生产完成后，贴图文件命名及存放示例如图 5-3-34 所示。

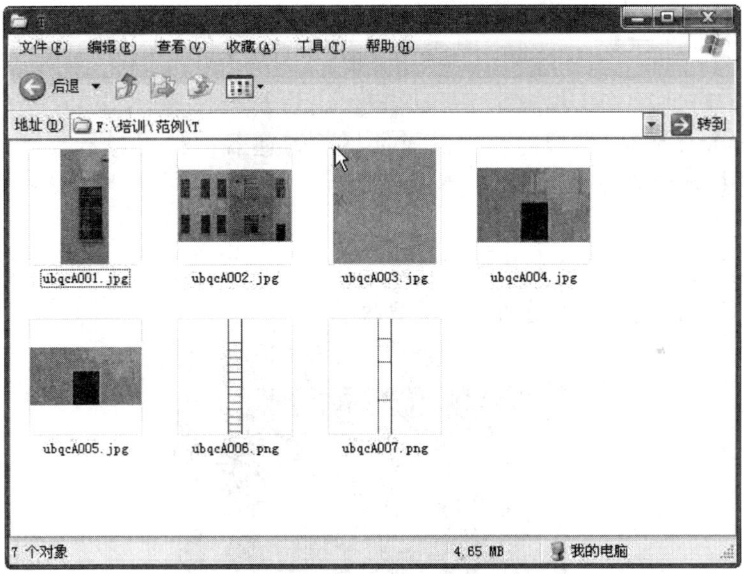

图 5-3-34　模型的完整贴图文件

3. 模型贴图

1)贴图的主要方式

常用的贴图方式有两种：

(1)通过开发的批处理工具为模型自动贴纹理，此方式适用于对纹理要求不高的简单模型纹理贴图。

(2)采用人机交互，对建筑模型逐面人工贴图，此方式是现阶段三维模型纹理贴图的主要方式，适合各种不同精细级别的建筑模型纹理贴图。

2)3DMAX 贴图流程

在 3DMAX 下，对建筑模型进行纹理贴图的主要流程如图 5-3-35 所示。

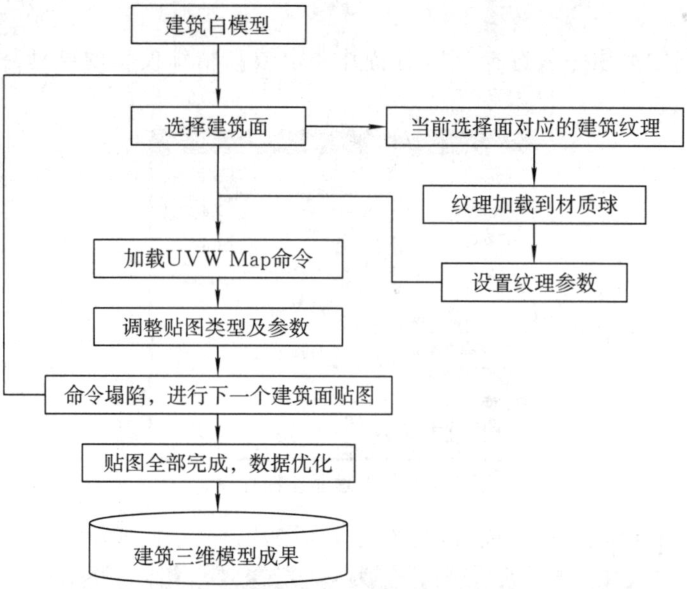

图 5-3-35 建筑模型贴图流程

3)材质球处理

采用 3DMAX 建模时，模型的纹理需通过材质管理器进行纹理参数设置，图 5-3-36 为 3DMAX 材质管理器的面板及几个常用的选项。在三维城市建筑模型生产中，材质球的主要应用包括以下几个方面：

(1)设置及管理当前场景所使用到的材质。

(2)把纹理数据通过材质通道加载到材质球。

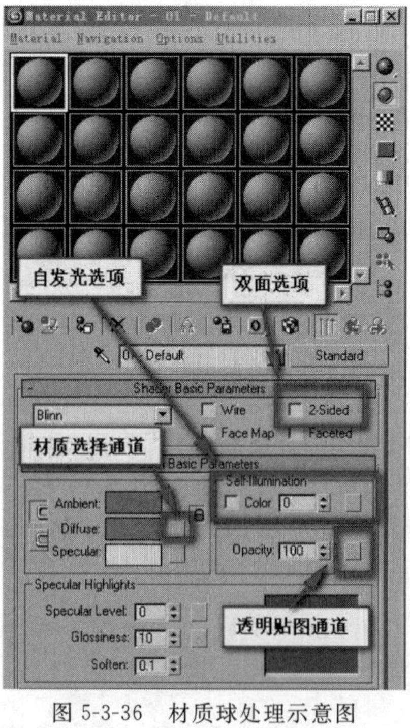

图 5-3-36 材质球处理示意图

(3)透明贴图的加载及参数设置。

(4)材质自发光设置,灯光材质加载及参数设置。

(5)材质平铺段数设置。

4)材质球工具使用方法

材质球工具是采用 3DMAX 生产三维模型进行纹理贴图的必要工具,也是模型纹理处理的最有效的方法之一,熟练使用它能提高三维建模的效率。

(1)透明贴图的处理。

首先将制作好的透明贴图通过材质通道加载到材质球,也可以将材质直接拖放到材质球上,再将材质通道中的材质复制一份到透明贴图通道。可通过在材质通道菜单"M"按钮上按住鼠标左键拖动到透明贴图通道,在弹出的对话框中选择"copy",如图 5-3-37 所示。

勾选双面贴图(图 5-3-37)。在 3DMAX 和常用的三维可视化平台中,一般需要在 3DMAX 贴图设置中勾选双面贴图,以使透明纹理贴图在正背面均为可见状态。

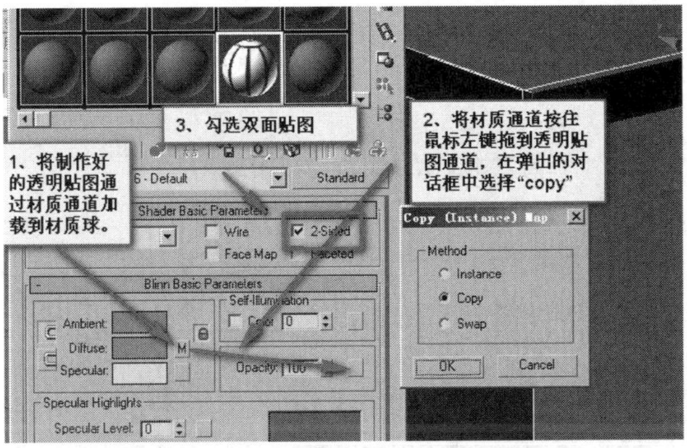

图 5-3-37　透明材质加载示意图

在透明贴图通道单击鼠标左键进入参数面板,在通道选项中选择"Alpha",如图 5-3-38 所示。

(2)贴图段数的调整。通过材质球可以调整当前材质的贴图段数,如图 5-3-39 所示。贴图段数是指当前纹理在模型面上平铺的重复次数。这种设定固定纹理平铺数值的方式比较少用,因为采用此种方式贴图,在同一建模对象中材质相同而平铺次数不同,则需要在新的材质球上按新的要求重新设置平铺次数。

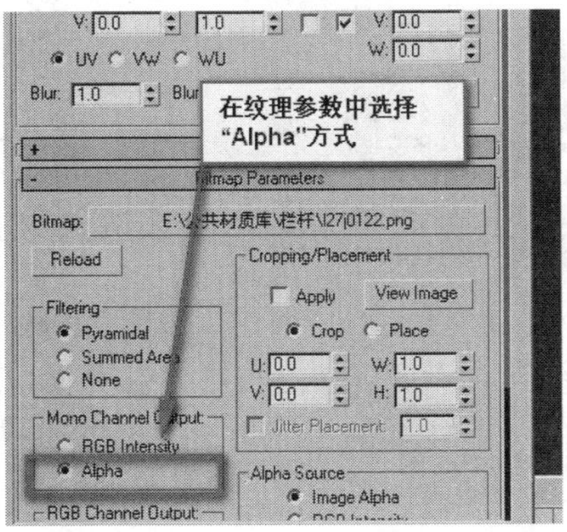

图 5-3-38　透明参数设置

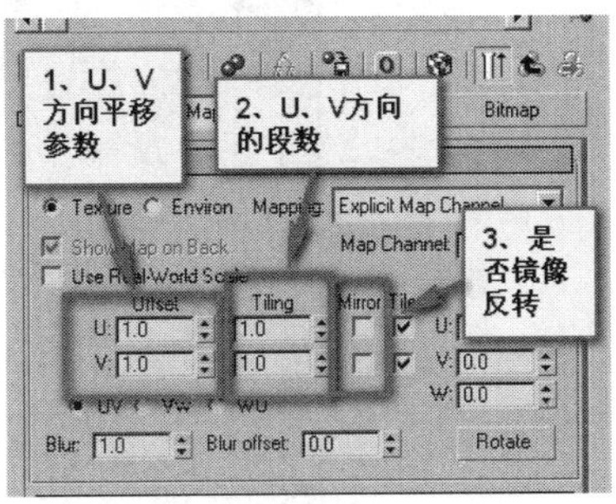

图 5-3-39　贴图段数调整示意图

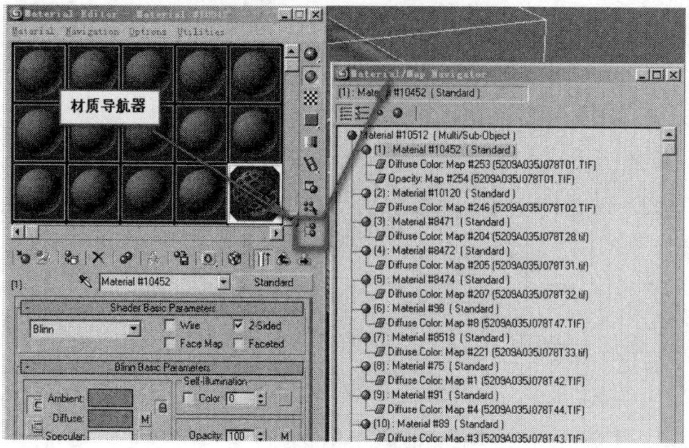

图 5-3-40 当前材质管理示意图

(3)贴图类型的调整。三维城市建筑模型一般使用“Standard”类型的贴图，其他如多维材质(multisub-object)、光线追踪(raytrace)等贴图类型在目前的 GIS 三维可视化平台中的兼容性不高，因此在相关用途的三维模型生产中基本不使用。

(4)当前场景的材质管理。在城市建筑三维模型的生产中，通常一个复杂的建筑模型会使用到大量的纹理贴图，使用材质导航器可以快速定位到该纹理贴图的参数面板，可快速地根据需要进行参数修改，如图 5-3-40 所示。

(5)贴图 UVW 处理。UVW 贴图处理是三维城市建模最常用纹理平铺方式，可以根据需要把一张纹理按规则阵列贴到整个模型面上，也可以根据需要对各个单独面片进行平铺调整。UVW 处理过程如图 5-3-41 所示：①选择要贴赋纹理的模型面；②将处理好的纹理通过纹理通道加载到材质球；③把纹理赋予需要贴图的面片；④加载“UVW Map”命令；⑤选择调整类型，可根据当前地物模型的形状选择，如当前选用的“BOX”贴图类型是最常用的方式之一。

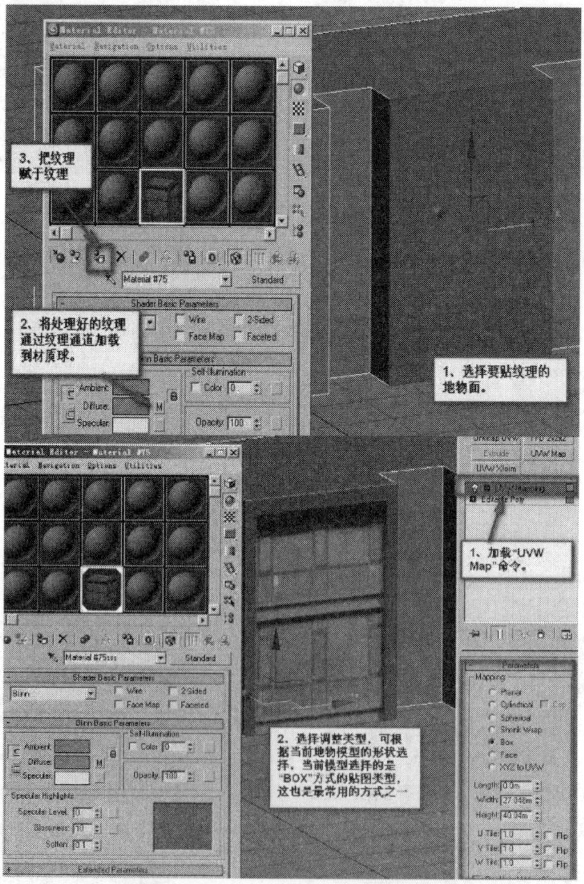

图 5-3-41 UVW 贴图示意图

(6)反射贴图处理。

在某些建筑的大面积玻璃幕墙,如果采用阵列纹理平铺的方式进行贴图,整体效果会存在光影单一、不协调等与现实不符的情况。如通过反射贴图处理的方法,使玻璃幕墙纹理上有周围物体的反射阴影,会增加模型纹理的光影效果和仿真度(图 5-3-42)。

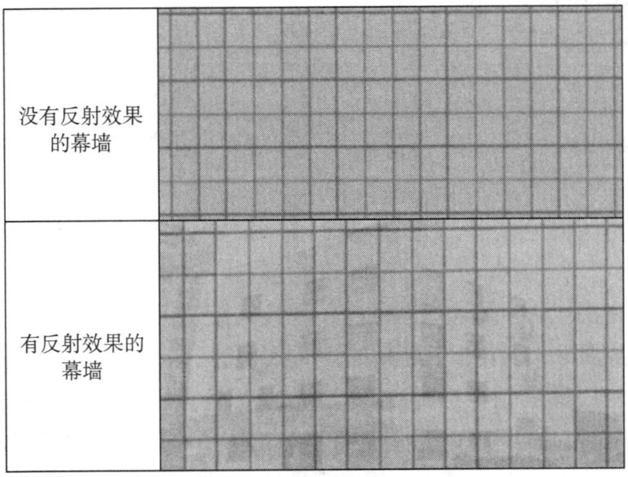

图 5-3-42　反射贴图处理示意图

玻璃幕墙的反射效果也可以通过 PhotoShop 处理纹理得到,或采用纹理烘焙的方式实现。在 3DMAX 中的纹理反射效果菜单设置如图 5-3-43 所示。

反射效果菜单设置步骤如下:①在材质管理器中选中反射贴图通道;②勾选反射选项;③通过贴图通道加载反射图像;④通过参数值调节反射强度;⑤单击反射贴图通道进入反射贴图参数界面进行参数调整。

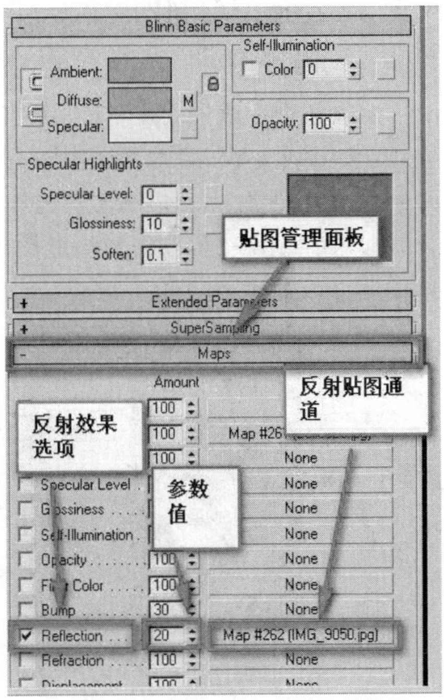

图 5-3-43　3DMAX 纹理反射效果设置

(7)模型优化处理。

建筑纹理贴图完成后,应进行模型优化处理,优化处理(在第 7 章中有详细介绍)的内容包括:①删除模型不需要的点、线、面;②删除模型中的内面(模型外视不可见的面),如底面等;③清空模型材质球;④将同一模型的结构及纹理文件放在同一个文件夹中,并删除当前模型没有使用到的纹理,然后指定模型的贴图路径到纹理所在的文件夹;⑤用辅助插件工具优化模型,删除模型中没有用到的纹理 ID 等无用对象或属性。

优化插件使用方法:

打开"场景助手"中的"多功能"脚本文件,点击"优化材质"按钮,再用鼠标左键点选模型,插件会自动清除模型本身没有用到的材质 ID 和纹理,如图 5-3-44 所示。

使用辅助插件时,需要查看"物体最多 ID 数目"、"之前子材质数目"和"当前子材质数目"三组数字是否一致,如果不一致,则重复上述优化步骤,直致三组数字相同为止,如图 5-3-45 所示。

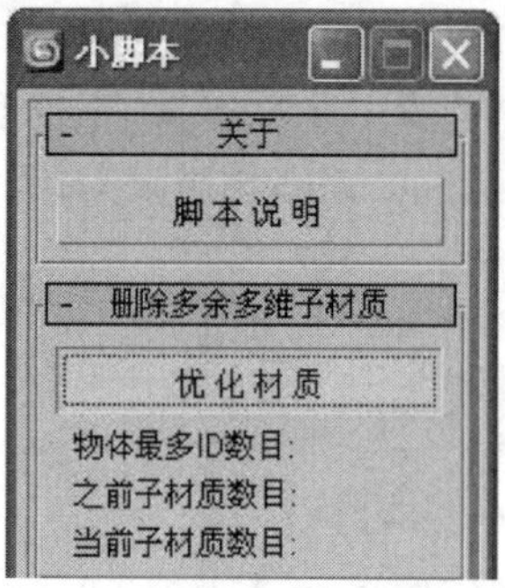

图 5-3-44　优化材质工具

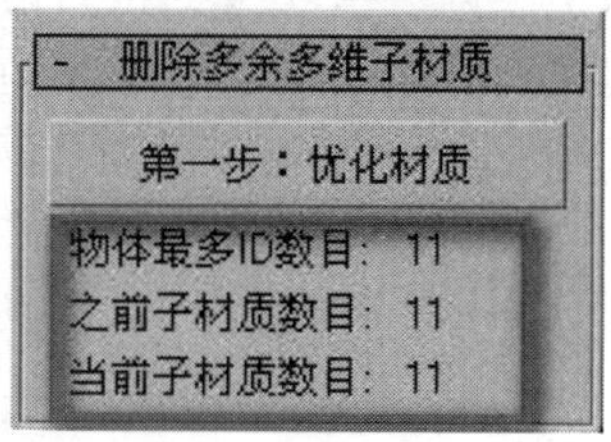

图 5-3-45　优化材质结果示意图

(8)模型检查。模型的主要检查内容包括(详细的检查方法和流程将在§5.4中进行介绍):①模型命名是否正确;②模型是否有多余的点、线、面;③模型与源数据矢量线是否相套合,误差是否在允许范围之内;④模型与外业照片的匹配度是否达到要求,结构表现是否按要求制作;⑤模型是否按要求存放,是否漏贴纹理,是否丢失贴图;⑥纹理的分辨率、尺寸、命名是否符合要求;⑦相邻的纹理是否相互对齐;⑧纹理的清晰度是否满足要求,色调、饱和度和明度是否一致;⑨纹理中是否存在不属于建模对象本身的人、车等遮挡物;⑩纹理的比例是否与实际相符。

5.3.4　交通模型制作

1. 模型建立

交通模型一般采用1∶500、1∶1000、1∶2000地形图中的道路轮廓线进行三维模型的建立。一些要求不高,且地形图中没有表示的小路、路牌等地物,可参照高分辨率影像和外业照片制作,结合照片中目标物与其他固定地物的相互空间位置关系示意摆放。制作方法为:

(1)在CAD中提取矢量地形图中的道路轮廓线、道路中心线等道路空间三维矢量信息,如图5-3-46所示。

(a)地形图和影像道路信息

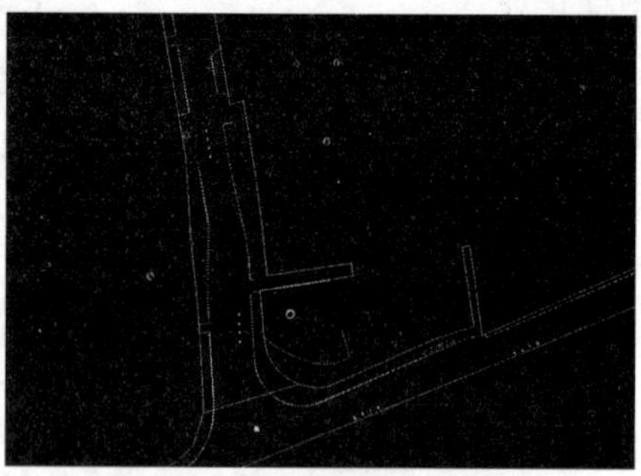

(b)提取的道路轮廓线

图 5-3-46　道路空间三维信息提取示意图

(2)设置3DMAX的软件环境,将单位设置为m。

(3)将提取完成并通过检查后的道路轮廓线导入3DMAX中,用二维线把路面轮廓线描绘出来,在此过程中尽量减少描绘道路形态所使用的节点,一般遵循圆形采用8边形表现的原则对路面中的圆、弧形进行简化处理,特殊情况可适当放宽要求,小于1 m的结构可视情况(标准、要求等)忽略,如图5-3-47所示。

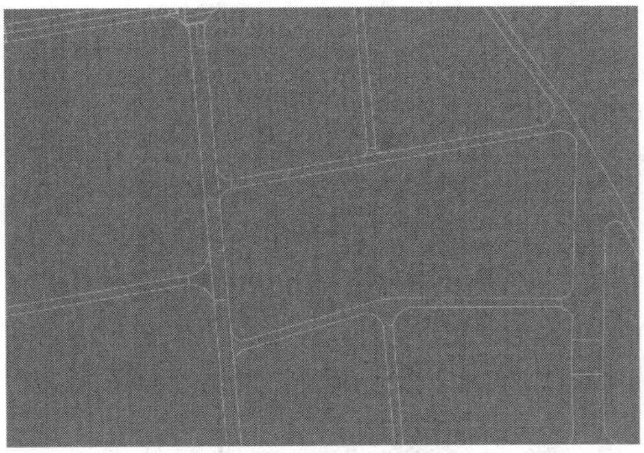

（a）地形模型轮廓线

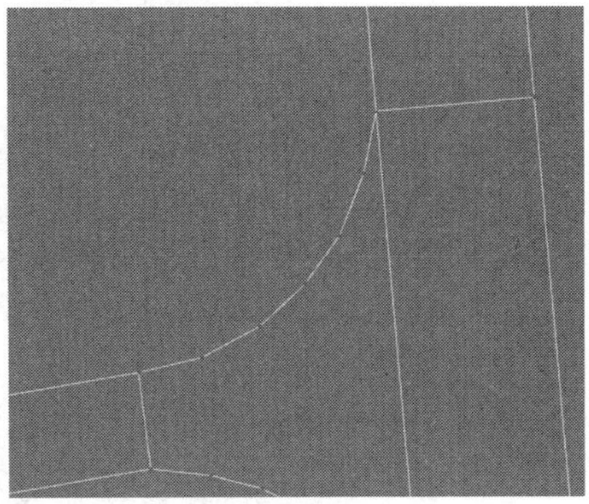

（b）转弯细节

图 5-3-47　节点简化示意图

(4)交通模型依地形的起伏制作时，需按道路的实际高程（参照具有实际高程信息的道路轮廓线或高程点）进行调整。

三维城市的道路模型根据不同的要求一般有两种制作方式。一种是将地表起伏不大的区域进行平整，忽略较小的起伏，再将其他道路附属模型制作集成在这个平面上。这种方式生产的城市三维道路模型数据量较小，主要用于对模型高程精度要求不高的项目中。

另一种是按地形图或数字高程模型（DEM）进行制作（图 5-3-48）。此种方式生产的道路模型起伏比较准确，但数据量较大，主要使用在对道路高程及高度要求较高的行业应用中。

（a）平坦区域道路场景效果

（b）按地形起伏制作的道路场景

图 5-3-48　道路效果示意图

(5)生成的道路轮廓线一般以一条或一段道路为一个对象，相邻道路应做无缝接边处理。

(6)将路面轮廓线“挤压”(extrude)统一的厚度，生成道路模型。

(7)完成路面模型后，按矢量信息把人行道的轮廓线描绘出来，制作人行道的模型，制作方法与路面模型相同，人行道模型的效果如图 5-3-49 所示。

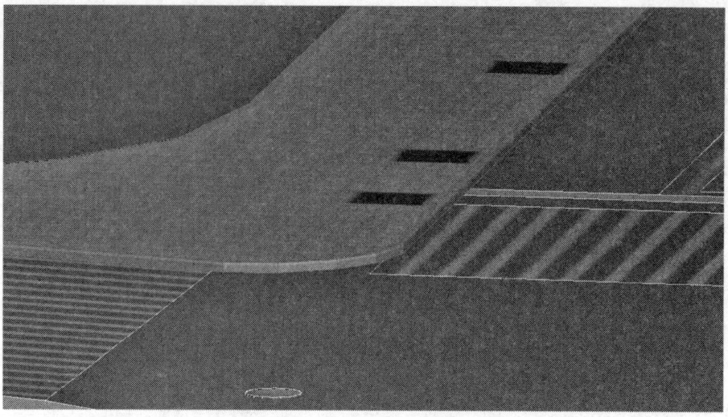

图 5-3-49 人行道效果示意图

(8)根据外业采集照片中记录的内容，如道路中间的栏杆，参照道路中心线或该道路数字正射影像图中的道路中线位置制作中间栏杆，栏杆一般以透明贴图表示，以减少数据量，如图 5-3-50 所示。

图 5-3-50 道路栏杆效果示意图

(9)人行天桥、立交桥、跨河桥等应按照实际形状、尺寸、位置建模，路面与桥梁之间的接合部位必须正确、平滑、过渡自然，不应出现拼接有缝隙或生硬的现象，效果如图 5-3-51 所示。

图 5-3-51 桥梁效果示意图

(10)一般情况下立交桥需按实际建模，弯曲程度较大细节需进行圆滑简化处理。立交桥的高度、长度、宽度、形状和细部结构需表示准确，模型应体现出立交桥与其附属设施模型的相互关系及接合、比例等细节特征。桥面的栏杆可采用透明贴图纹理制作，桥墩一般按实际位置建立实体模型，如图 5-3-52 所示。

图 5-3-52　人行天桥效果示意图

(11)交通模型的基底高程应与所接合处地形模型的高程一致，并需要进行相应的接合处理，确保交通模型与地形模型的起伏相贴合。

2. 纹理制作

(1)道路面的纹理一般根据影像或外业照片采集的道路标线和材质信息，预先在模型生产过程中制作项目区域相应的路面材质库，在道路模型制作时根据实际情况选用，如图 5-3-53 所示。

图 5-3-53　路面材质示意图

(2)道路中心线、车道分界线、斑马线、车道方向指示标志等按照实际位置和形状制作，要求尺寸、间距基本准确，比例协调，且其弧线结构表示圆滑。不重要的非十字路口的斑马线可视情况或项目要求进行取舍，如图 5-3-54 所示。

图 5-3-54　路面标线制作示意图

(3)重要的道路附属设施,如指示牌、公交站、路名牌等需按实际照片制作纹理贴图。

(4)相同纹理的路段,路面应使用同一种材质。

(5)人行道纹理根据外业采集照片制作材质库,在模型贴图时根据实际情况选用,如图 5-3-55 所示。

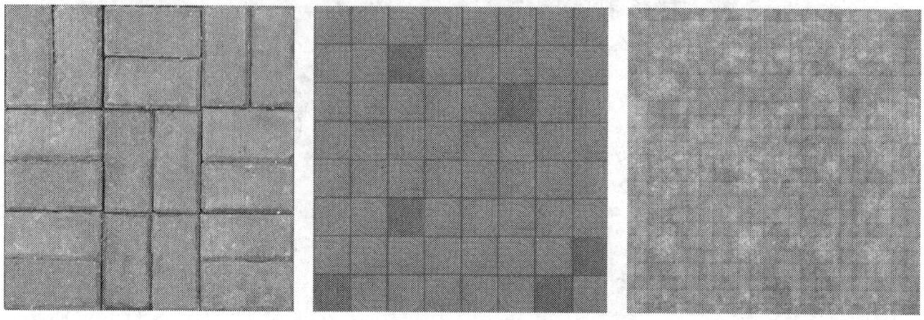

图 5-3-55 人行道材质示意图

(6)同一个测区所有道路的纹理应先制作成无缝贴图,再统一建立对应的纹理库,按规定命名存放,方便重复调用。

3. 模型贴图

(1)交通模型的贴图作业必须参照正射影像图和外业照片进行,路面的道路导向标志、车道数、斑马线位置等应与实际一致,并根据接边需要进行 UVW 坐标调整,保证纹理的合理、统一、协调,如图 5-3-56 所示。

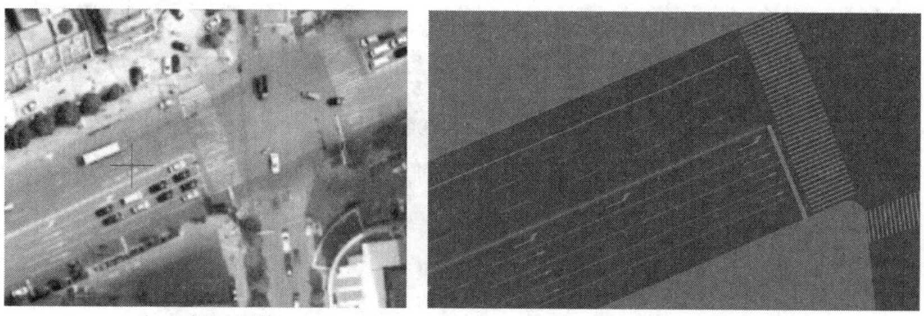

(a)航空影像　　(b)交通模型纹理展示

图 5-3-56 交通模型纹理与影像比对示意

(2)道路间的护栏,应采用透明贴图先贴赋其一个面,然后在同样位置复制一个相同的面,反转法线,并使之与第一个面平行分离 0.03 m 左右的距离,形成在护栏两侧均能可见的护栏模型。

(3)交通模型纹理通常先根据道路的不同路宽划分不同材质类型,然后以实际道路中相同类型、相同纹理、相同宽度的道路段为单位进行分段贴图。

(4)交通模型的纹理在贴图过程中应该与外业照片及高分辨率影像图进行核对比较,作为路面材质色调、标线间距、特征位置纹理贴图的生产依据,确保贴图后模型效果与实际基本一致。

4. 后处理

(1)完成的模型须进行数据优化,删除没有用到的纹理。

(2)清除模型多余的点、线、面。

(3)道路中所包含的路面、路崖、人行道等模型需要进行无缝接边,使相互间的衔接正确合理，且不能出现重面、闪面等情况。

(4)在可视化检查通过后，道路需按街坊或路名分块存放(标准要求)，以减少模型存放的数据量，并能减少预入库检查的工作量。

(5)分块后的模型成果，需采用插件对模型进行材质优化，去除当前模型中没有使用到的材质 ID。

5. **模型检查**

交通模型检查的主要内容有：

(1)交通模型的轮廓是否与平面和高程控制数据匹配，平面和高程误差是否在规定允许的范围内。

(2)交通模型中是否有丢漏的结构、漏贴的纹理。

(3)交通模型中的车道数、路面转向、人行横道等标志、标线与现状是否一致。

(4)交通模型的分块是否合理。

5.3.5 植被模型制作

1. **模型建立**

植被模型主要包括行道树、景观树、古树名木、花圃、绿地、林地、农地等，模型制作的要点如下：

(1)花坛、车道绿化带、水泥台、树池等按照实际尺寸及位置建模，精度标准参照设计书，或与建筑物的建模精度要求相同。

(2)绿化树一般采用透明贴图组成十字交叉面片树表现，行道树可采用米字模型树表现(图 5-3-57)。树干需重合在同一基准点上，密度适中，姿态、树冠大小、树冠颜色、树冠方向应有不规则的变化，构成树木模型整体高低错落、形态美观的效果。行道树等集中、规整的树木不能同宽、同高、同姿态。

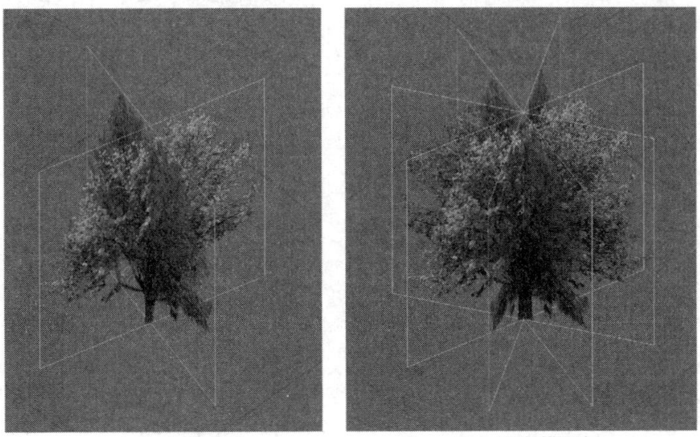

(a) 十字交叉树　　(b) 米字模型树

图 5-3-57　十字米字面片树示意图

(3)重点区域或要求较高的树木可采用多面片表现，构成形态变化的异型模型树，可提高树木的可视化仿真效果，如图 5-3-58 所示。

（a）片分布　　（b）渲染效果

图 5-3-58　多面片树示意图

（4）古树名木等重点树木须按照实际尺寸、树种、位置制作成模型成果，树干、树枝、树叶均可通过结构表现，必要时可采用三维激光扫描仪获取树木的形态空间信息，处理纹理后构建模型。如古树名木挂有树铭牌，需把保护铭牌制作结构，表现清楚，如图 5-3-59 所示。

（5）有特征树种或特殊色调的花坛，一般选取其中最有代表性及视觉感观最突出的树木、花苗种类，采用透明贴图构建十字交叉双面片树表现。成片统一的花坛则可直接构建主体形状处理纹理贴图生产，应保证所用的纹理与实际基本一致，如图 5-3-60 所示。

图 5-3-59　模型树示意图

图 5-3-60　花坛示意图

（6）草地等大面积的绿地应参考影像、地形图和外业照片，按实际范围、形状、种类建立模型，应保证总体的效果和接边的合理，以及色调的合理渐变和过程自然，如图 5-3-61 所示。

（7）灌木带绿地模型的顶面与立面纹理须有区分，根据实际情况结合光影和色调分别贴赋不同的灌木顶面和立面纹理。

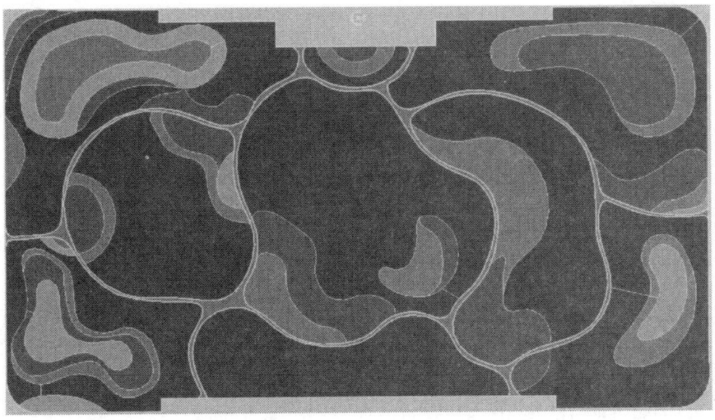

图 5-3-61　大面积植被示意图

(8)在树木模型生产中，透明贴图的使用频率很高，应在模型制作时注意软件中是否勾选双面显示选项。

2. 纹理制作

(1)植被的纹理须依据外业照片制作，一般生产成 png 或 tga 格式带透明通道的贴图。

(2)同一类型树木一般只需制作 4～6 种不同形态或纹理色调的模型，建立模型库，实际使用时在库中随机选取。

(3)用于草地等需平铺的纹理必须制作成无缝贴图。

3. 模型贴图

植被模型贴图要注意以下几个要点：

(1)树木、花草需要独立表现的模型，应使用透明纹理，并勾选双面显示构建模型。

(2)大面积的草地、绿化等模型纹理，应采用有明暗过渡效果且能无缝接边的贴图，使场景模型生产后效果自然、合理、美观。大面积和小面积景观绿地纹理图例如图 5-3-62 所示。

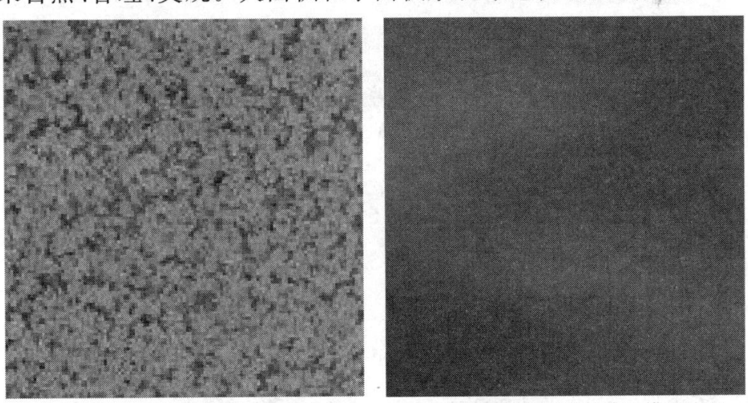

(a) 适用于小面积的草地模型纹理　(b) 适用于大面积的草地模型纹理

图 5-3-62　大、小面积植被纹理示意图

4. 模型优化及检查

(1)检查绿化模型衔接是否无缝、合理，过渡自然、美观。

(2)删除模型多余的点、线、面。

(3)用工具优化模型纹理，删除没有使用到的材质。

(4)采用手动或批量工具使模型归中归底。

(5)对地块与地块之间的纹理过渡是否自然进行检查和调整。

(6)模型纹理的编号、命名是否正确。

5.3.6　水系模型制作

1. 模型建立

(1)在地形图中提取出河流、湖泊、池塘、水库等水系的轮廓线。

(2)将提取的水系轮廓矢量数据导入 3DMAX 平台,按水系矢量轮廓"挤压"(extrude)一定的厚度,在一些模型急转弯处适当增加结构,使模型过渡圆滑。一般情况下的圆形结构使用 8 个面片构建,一些重点区域模型或大直径结构可根据要求适当增加,确保模型边缘合理、圆滑、自然,如图 5-3-63 所示的圆形水池模型。

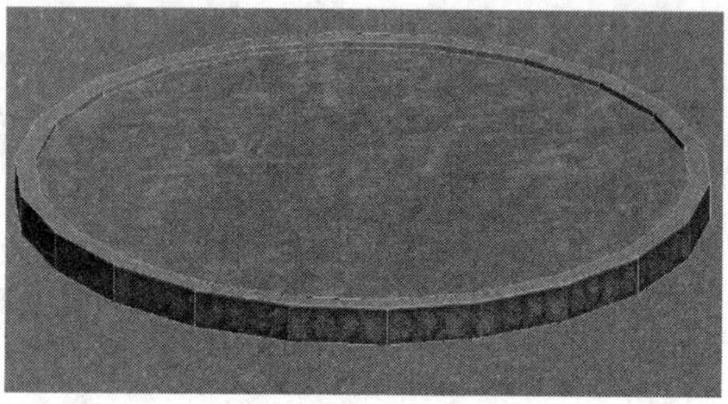

图 5-3-63　圆形水池模型示例

(3)如果河流模型长度较长,应把模型按合适的区域划分区存储。

2. 纹理制作

(1)水系模型的纹理可按模型类型、水体的区域、水体的深度等信息制作,可在一个项目或测区内建立材质库,如按海洋、河流、湖泊、水池等类型不同,结合水系所在的区域,分别制作相应纹理,整合成水面纹理材质库。

(2)水系纹理制作还应依据实地采集照片的内容,对纹理的透明度和底质进行调整,有需要时可制作双层纹理,上层表示水面,下层表示质底。

3. 模型贴图

(1)喷泉可采用十字交叉面片双面贴图建模,如图 5-3-64 所示,也可根据三维可视化平台的要求制作成 GIF 动态纹理或采用粒子系统表现。

图 5-3-64　喷泉模型示例

(2)为了突出水面的感观效果,一些区域的水系模型可采用双层结构和纹理来制作,在制作时,按水系模型轮廓"挤压"(extrude)出两个不同高度的面,上层结构贴水面的透明或半透明纹理(透明度约为 60%),下层结构贴水底的底质,如石子、带水草的泥土等纹理,如

图 5-3-65 所示。

图 5-3-65　水系模型双层纹理示意图

4. 优化检查处理

(1)检查水系模型的接边是否无缝,水面与岸壁等相对关系是否正确,桥梁、涵洞的下部、隐部等位置是否合理正确。

(2)删除多余的点、线、面。

(3)使用工具优化纹理,删除没有使用到的材质。

(4)使用人工或批处理工具操作处理,使模型归中归底。

(5)检查各水系接合间的过渡是否合理,不同的类型、水深、质底的水系模型衔接是否自然。

(6)模型编号、命名是否正确。

5.3.7　小品模型制作

1. 模型建立

(1)小品模型一般采用航空摄影测量、近景摄影测量、三维激光扫描等方法获取数据生产,或采用 1∶500、1∶1000、1∶2000 大比例尺地形图为控制数据制作。

(2)小品模型的建立应该按实际的尺寸进行,细节小于 0.1 m 的结构可用纹理表示。

(3)路灯按实际形状、位置、高度表示。形状对称的灯可以使用交叉十字面片表示,非对称路灯一般通过建模表示,建模时在满足精度要求的前提下尽量减少面片数量,一般的路灯面数应控制在 150 面之内。同一道路上左右两边路灯一般统一,可先根据实地照片生产 1 个路灯,再通过复制把路灯按定位数据摆放到场景中。

(4)交通信号灯、路牌、路标、交通指示标志牌等应按实际形状和位置表示。

(5)临街的围墙、栅栏应根据地形图和外业照片按实际位置、尺寸建模,围墙两头及折角拐弯处一般建实体模型,中间采用透明纹理贴图表示,保证围墙的连续性和完整性。

(6)街道两侧、公园、重要区域(如入口处)等位置的异形小品可制作简单模型,非重点的人物、动物等复杂雕像一般采用透明贴图挤出一定的厚度表示,但基座应采用实体建模表现(图 5-3-66);对精细度要求不高,且要控制模型数据量的其他的雕像,可采用十字交叉面片表现或建立与现实物体形态大概相似的简化形状 BOX,贴上实地采集的修饰纹理表示。

(7)政府机关、工厂、小区内的旗杆应按实际位置和形状建模,旗面可采用透明贴图,也可根据需要采用 GIF 动态纹理。

图 5-3-66 非重点人物面片模型示意图

(8)小区内的景观灯可根据实地照片通过简单建模贴图表示,空间位置可依据地形图等空间数据确定,如已有的定位数据中缺失景观灯空间位置信息且项目对该类模型的位置精度要求不高,可参照外业照片中灯与其他地物的相互位置关系示意定位。

(9)小品模型的高度精度一般优于模型实际高度的5%,存在方向的模型要注意摆放的方位,应保证与实地方位基本一致,小品底面的高程要与地形模型正确接合,不能有抬起或不合比例的下陷。

(10)小品模型应尽可能地控制构成模型的点、线、面数量,圆柱一般采用6至8边表示,并根据类型和特征建立模型库,如重复使用率较高的路灯、垃圾桶、座椅等。

2. 纹理制作

(1)球场、运动场等模型按矢量数据进行建模,纹理应参照正射影像图和实地照片制作,如图5-3-67所示。

图 5-3-67 球场、运动场模型示意图

(2)模型的纹理细节应清晰,真实准确地反映模型物体的材质特征,在色调的处理上应与周围地物相协调。

(3)小品模型的纹理应制作材质库，在建模过程中遇到采用相同特征或类似纹理贴图时，应尽量采用同一张纹理贴图，不能出现相同内容但名称不同的纹理。

(4)小品纹理尺寸一般不超过 256×256。

3. 模型贴图

(1)非重点的小品采用近似通用纹理，以减少数据量及生产工作量，如图 5-3-68 中广告牌的柱子纹理。

图 5-3-68　通用材质纹理示意图

(2)对于唯一特性纹理的表现和处理，应采用外业照片处理成修饰真实纹理，如图 5-3-69 所示。

(3)具有方位和指示功能的路牌类小品，应注意纹理指示方向的正确性，如图 5-3-70 所示路牌的南北指向。

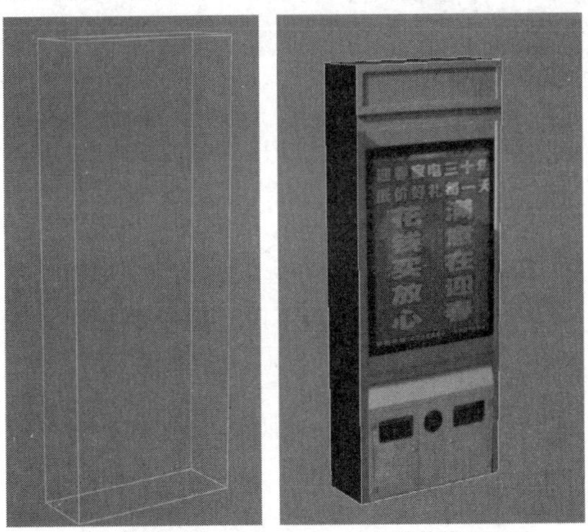

(a) 线框显示　(b) 实体模型显示

图 5-3-69　小品真实修饰纹理示意图

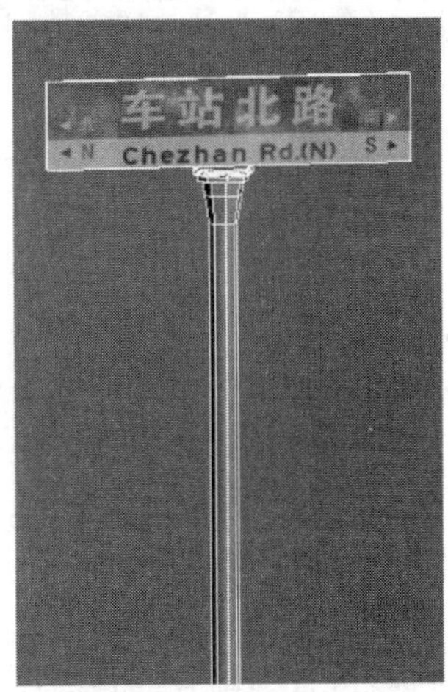

图 5-3-70　有方向和方位的模型纹理示意图

4. 模型优化及检查

(1)在小品模型生产完成后须删除多余的点、线、面结构。

(2)在一个区域内的小品模型，如路灯、垃圾筒、交通灯等重复使用率较高的模型，应在生产完成其中一个并检查通过后，再复制到其他相同模型所处的位置。

(3)有方向、方位属性的模型，如路名牌、路灯、交通标志等，需要检查其方位是否正确。

(4)一个区域的小品模型生产完成后,需要检查是否存在重名、重叠。

5.3.8 管线模型制作

1. 模型建立

管线模型的建立,可直接通过管线段中心线挤出每根管线段的半径,然后处理管线段间的接边得到,一些如三通、阀门、弯头等固定部件,可根据标准建成模型库,在使用时调取。管线模型生产的注意事项:

(1)管线模型的位置、尺寸应采用实际测量或现场勘察资料进行提取。

(2)管线模型在符合使用需要的可视化效果下,应尽可能减少模型的几何面数。

(3)管线模型应真实反映管线的主次关系,各种不同类型的部件应按独立的名称编号和图层进行组织分离(图 5-3-71),并作为单独对象保存和导出,方便在可视化应用平台中的使用和管理。

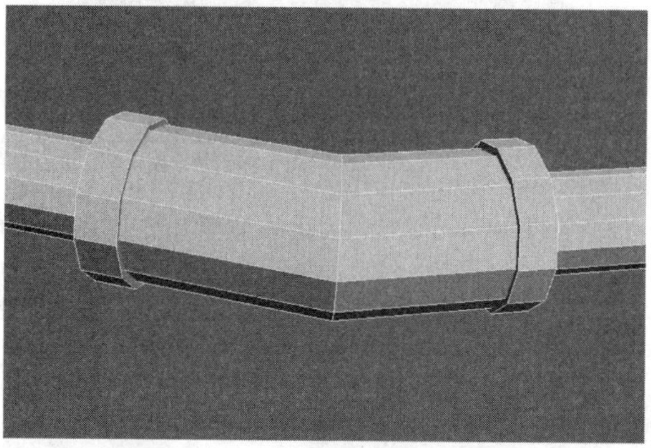

图 5-3-71 管线部件模型分离示意图

(4)管线模型应根据各种管线和管点类型建立通用模型库,在实际的模型生产中根据需要调用相同类型的模型。

(5)管线段、管线点及附属设施的类型、大小、纹理、结构等,应能反映出管线连接关系、连通关系、主次关系和管径比例等内容。

(6)管线体的断面尺寸应反映管径真实大小,管线断面应做圆滑处理。

(7)管线模型应真实表达管线在平面位置的走向及垂直空间的位置关系。

(8)管线的地下和地上部分连接应准确,井盖、检修孔、放水口、消防栓等地上与地下的接合部分高度应保证与地形的地面高度一致。

(9)依据外业照片生产的消防栓、井盖等需要重复使用的模型,应在生产完成其中一个并检查通过后,再复制到其他相同模型所处的位置,避免出现因复制的模型存在问题需全测区修改的情况。

2. 纹理制作

(1)管线模型的纹理一般以实地调查为基础,结合同一类型管线纹理基本一致的特点,按不同的管线类型制作纹理库,在生产中再根据实际情况进行必要的调整(图 5-3-72)。

(2)通常情况下,地下管线模型的类型用颜色区分,颜色的选用根据现行的管线探测行业标准《城市地下管线探测技术规程》中对管线代号和颜色的规定进行,如表 5-3-2 所示。

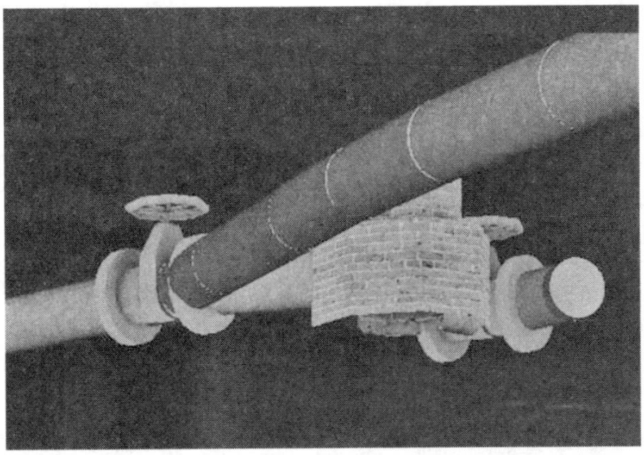

图 5-3-72 地下污水压力管示意图

表 5-3-2 管线三维模型颜色分类

序号	管线类型	模型颜色	序号	管线类型	模型颜色
1	给水	蓝色	5	燃气	粉红色
2	排水	褐色	6	供暖	橘黄色
3	电力	大红	7	工业	黑色
4	通信	绿色	8	…	…

3. 模型贴图

(1)通用的管线及其附属设施模型可采用通用纹理,如图 5-3-73 所示(消防栓)。

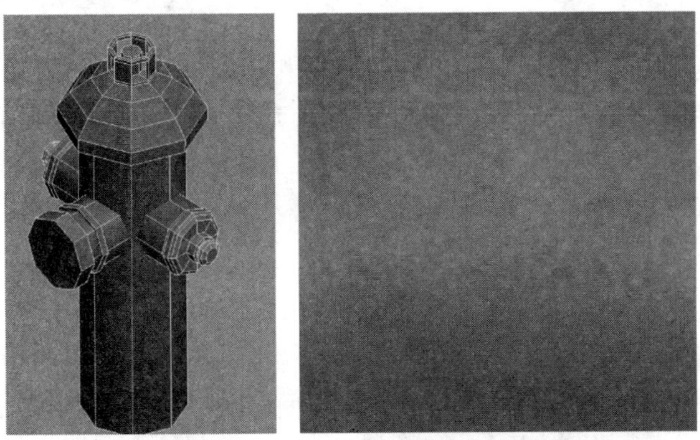

(a)消防栓模型　(b)消防栓所用纹理

图 5-3-73 消防栓模型示意图

(2)不同类型的管线制作应采用对应的纹理库或颜色。

(3)管线模型可根据需要采用杂色块纹理贴图,但要注意模型整体色调的合理性,以及接边处的一致性和美观。

(4)对于路面上的各类井盖,可通过把井盖矢量数据导入 3DMAX,结合批处理工具根据井盖属性批量地生成各类模型的井盖透明贴图,并与路面模型进行贴合处理。

(5)对消防栓模型,可导入消防栓矢量点数据,通过相应的工具调用模型库,批量生成模型并处理贴地。

4. 优化及检查

(1)管线模型数据的可视化要求相比其他模型而言要低一些,其结构也相对统一和简单。

但通常情况下管线模型成果主要用于管线实体的管理和分析，所以对成果数据量的要求较高（系统使用的高效）。因此，应在模型整体效果允许的前提下，尽量减少点、线、面的数量，对转折管线段可适当放弃部分面数较多的圆滑处理。

（2）管线段模型与管线点模型之间的连接要正确合理，管线点模型与地面模型的接合不能出现重面、闪面。

（3）应删除成果中管线段、管线点及附属物模型中看不到的面。

（4）管线模型的命名、类型、半径等属性要进行相应的检查。

5.3.9 地形模型制作

地形模型的建立一般有两种方法：第一种是在 GIS 可视化平台中采用 DEM 叠加 DOM 的方式建立，可以通过提高 DEM 和 DOM 的精度提高地形三维模型的精度；另一种方法是通过 3DMAX 等交互建模平台，依据实地地形地貌的三维空间矢量数据，进行精细的地形模型生产。本节主要介绍通过 3DMAX 平台进行精细地形模型生产的方法。

1. 地形建模数据的预处理

采用 3DMAX 平台交互建立高精度地形模型，需要能确定地形起伏的高程数据及确定地物形状和位置的平面数据。在通常情况下，用于三维地形模型生产的源数据多为测量的 DEM、地形图等成果数据。DEM 格式的数据不能直接导入 3DMAX 建模平台，而地形图数据通常都是点、线数据，不能构成连续的地形曲面。因此，在使用这些数据建模前必须进行必要的数据预处理。

1）DEM 格式的转换和导入

DEM 数据通常是 GIS 平台下的文本、矢量或栅格格式，需要进行相应的转换方能导入 3DMAX 平台。常用的处理方法是把 DEM 转换成 TIN，再通过 TIN 转换为 3ds 或 obj 格式。在转换的过程中要注意转换前后精度的一致性。DEM 数据一般通过网格点记录地面高程，网格间距就代表 DME 的精度，在转换成 TIN 时，需要根据原 DEM 的精度设置同样的输出精度，确保在适当数据量的前提下减少高程精度的损失。

图 5-3-74 DEM 导入 3DMAX 平台示意图

2）常规高程数据转换和导入

常规高程数据是指地形图中的高程点和等高线，此类数据如直接导入 3DMAX 平台，则是一堆杂乱无章的不连续点、线，后处理的工作量非常大。因此，通常需要先把高程点和等高线处理成 TIN，然后采用前面的方法，把 TIN 转换成 3ds 或 obj 格式，再导入 3DMAX 平台中编辑处理，如图 5-3-74 所示。

2. 地表地物与地形起伏的映射

地形的起伏通过 DEM 在 3DMAX 平台中还原出来后，还需要把地表上的各种自然和人工设施映射到起伏的地形模型表面上，才能还原出真实世界中地形、地物、地貌的形态和位置。使用人工手动构绘各类物体在地形表面的位置和形状，费时费力，且精度很难控制得准确，所以在起伏的三维地形模型实际生产过程中常采用映射的方式。通常把地形图矢量数据导入 3DMAX 建模平台，并映射到 DEM 构建的三维地形模型上，生产有准确空间高度和平面位置的三维地表模型，操作步骤如图 5-3-75 所示。

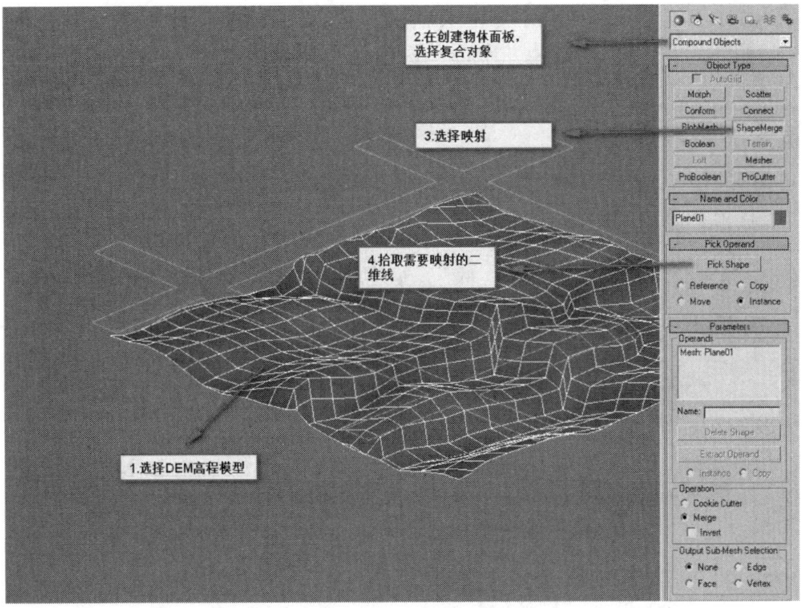

图 5-3-75　道路映射到地表模型示意图

3. 细节结构的建立

完成映射后的三维地表模型，只有地表上物体位置和形状的投影线，没有细节结构，因此还需要建立细部结构。细部结构建立的主要工作是处理地表上物体与地表相贴合的形状和起伏，如建筑底面整平、道路侧石挤起、水系堤岸下压等，使地形表面模型整合集成后能与其他地物模型无缝接合。图 5-3-76 为道路细节处理。

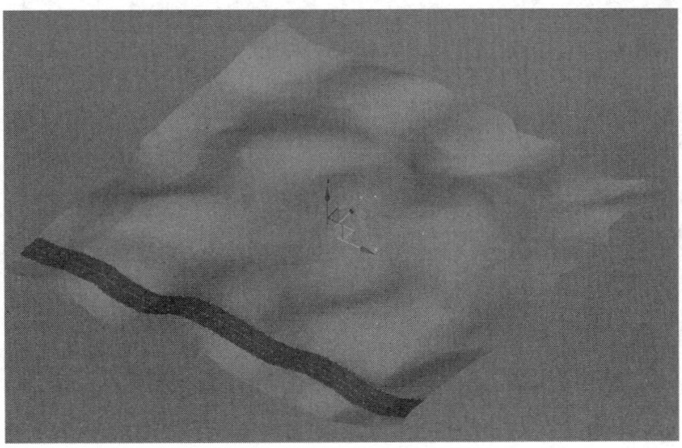

图 5-3-76　道路细节处理示意图

4. 纹理制作

一般的地表模型纹理可分为两种：一种是通过正射影像图作纹理贴图，另一种是采用照片修饰纹理或采用通用示意纹理进行贴图。

1)正射影像图纹理

三维城市大范围的三维场景一般都以正射影像图作为地表纹理,其特点是整个场景色调比较统一,地物信息丰富,远观真实感强,但需要近距离观看时,应采用 0.2 m 甚至更高分辨率的正射影像,以保证有足够的清晰度和纹理细节,如图 5-3-77 所示。

图 5-3-77 用正射影像图为纹理的地形模型示意图

2)模拟纹理

模拟纹理由照片修饰纹理和通用示意纹理组成,通常根据不同项目或区域的精细度和仿真度要求使用,如在城市中心区的精细场景,就需要到实地采集真实的地形照片,如道路面的材质、花圃绿化的形态及色调等。模拟纹理的特点是纹理的清晰度可以按不同要求制作,物体的细节结构可根据需要进行夸张和简化,纹理的色调、明度、饱和度等感观因素可以人为调整,使场景内容更丰富、精细程度更高、重点更突出、细节更美观等,示例效果如图 5-3-78 所示。

图 5-3-78 用模拟纹理生产的地形模型示意图

5. 模型贴图

1)以数字正射影像图作纹理贴图

(1)将数字正射影像图与生成地表模型的 DEM 套合裁切,形成 DEM 与 DOM 范围一致。

(2)对数字正射影像图进行调色和匀色处理,尽可能还原真实的色彩。

(3)对较大面积的正射影像图按一定的规则和大小进行裁切分块,一般为矩形或正方形。

(4)将地表模型按数字正射影像裁切的形状和大小拆分。

(5)将裁切的数字正射影像图纹理赋予对应的拆分后地表模型。

2)以模拟材质作纹理贴图

(1)材质的制作要依据实地照片或参照正射影像图。

(2)贴图的接边应和谐,过渡自然合理。

(3)模型纹理与模型结构要匹配,纹理的UVW尺寸要正确,展出的测量尺寸要与实际尺寸基本一致。

(4)示意纹理的使用要符合逻辑,要与测区的环境和地理相匹配(图5-3-79)。

图5-3-79 以模拟材质贴地形模型纹理

6. 优化检查

(1)检查地表模型与原始数据的坐标系统是否一致,套合是否正确。

(2)优化模型数据,精减模型的点、线、面数。

(3)模型块与块的衔接是否有缝隙或重面。

(4)纹理色彩搭配是否合理、美观、和谐。

(5)地形结构相互之间的衔接需采用捕捉工具,使衔接位置无缝连接。

(6)当源数据采用的坐标系数值太大时,需要将原始矢量数据平移到原点坐标进行制作,避免因捕捉问题形成缝隙,模型制作完成后将成果平移回原坐标。

§5.4 内业成果质检

城市三维模型内业成果的质检,主要是对内业建模生产完成后的模型成果按相应的标准进行质量检查。本节主要介绍通过3DMAX平台交互生产模型的质检流程、方式、方法,并对三维城市模型的常规检查及质量指标进行介绍,以使城市三维模型的成果质量满足相关标准和规范要求,并能在可视化应用平台中正确流畅使用。本节介绍的质检过程是指质量控制部门的检查过程,所检查的模型一般为经生产人员自检和小组互检合格后的成果。在检查的实际操作中,目前多采用检查工具结合人工可视化进行检查,以提高检查的效率、完整性和正确性,质量检查工具使用方法和内容将在后面的章节中详细介绍。

5.4.1 数据质检流程图

城市三维模型成果的质量检查与传统测绘成果一样，需要完成自检、互检、抽检三个工序，并且由过程检查、最终检查和验收检查三大部分组成。主要的质量控制指标除了国家的相关规范标准外，还需根据项目测区的地方特点和要求，制订适用的针对性项目数据标准。质检流程如图 5-4-1 所示。

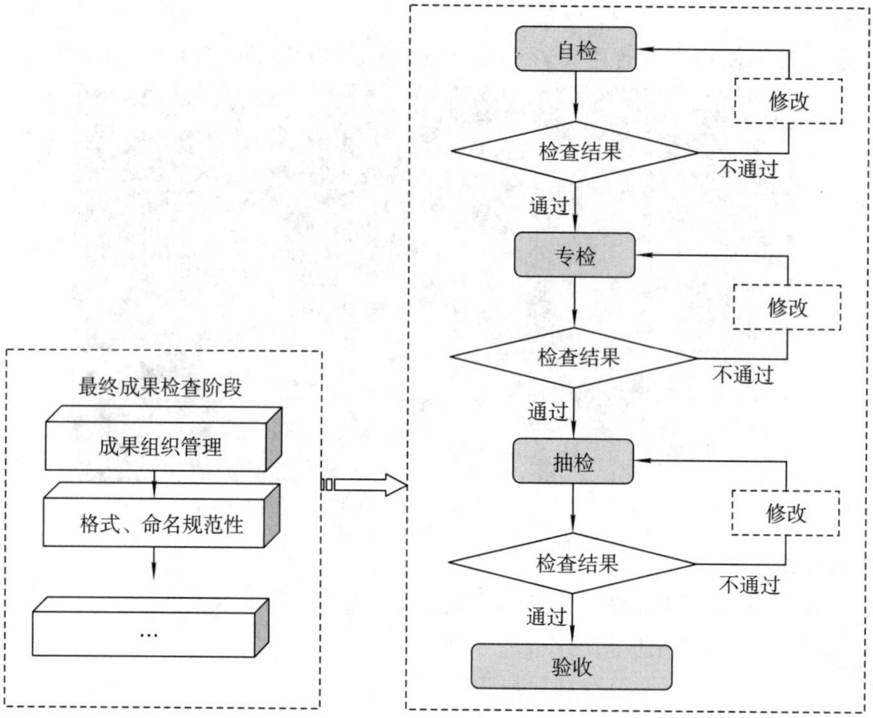

图 5-4-1 内业质检流程

5.4.2 检查内容

城市三维模型的检查内容主要包括数据完整性检查、数据正确性检查、空间位置精度检查、数据格式转换检查、应用平台集成可视化检查等，详细内容如下。

1. 数据完整性检查

数据的完整性检查主要是检查生产的三维模型成果与实际应做模型数量的一致性。各个作业小组完成一个区域的模型生产后，通过外业调查底图的记录信息、模型平面控制数据、影像图等资料核对是否有漏做或丢失的模型。在作业组自检和互检后，提交成果到质检组进行检查，其检查的主要内容如下：

1)成果完整性检查

(1)内业成果完整性检查：内容一般包括模型成果数据、纹理数据、模型属性表、可视化平台格式的模型成果及配置表、自检互检记录、外业照片与模型成果核对记录、外业照片与打点记录及其匹配性、作业记录和特殊情况说明及文档成果等。

(2)模型成果完整性检查：通过人工结合工具将模型成果与原始的平面、高度控制资料(如地形图、影像图、规划设计图等)相比对,检查是否有漏做和丢失。

(3)模型纹理完整性检查:通过批量工具和人工结合检查模型纹理是否有缺漏,是否与模型一一对应。

(4)属性表完整性检查 :通过批处理工具检查属性信息数量与模型数量是否一致,命名是否一致,坐标位置信息与控制数据位置是否一致。

(5)模型格式转移及配置表完整性检查:通过人工结合工具检查模型转换可视化平台格式后的完整性,以及相应配置表的完整性和模型成果的匹配性。

(6)自检、互检记录表完整性检查:对模型生产过程中作业大组和质检组的检查和修改过程进行检查和监控,确保模型过程检查的完整与合理。

(7)外业照片与模型成果核对记录的完整性检查:检查作业员和作业组在模型生产过程中,对外业照片与内业模型核对检查的完整性。

(8)作业记录和特殊情况说明的完整性检查:检查作业员和作业组模型生产的作业记录是否完整,对一些疑问和特殊情况处理的记录是否完整等。

(9)文档成果完整性检查:主要是提交客户的成果文档,一般包括质检报告、技术设计、实施方案、技术总结、工作报告等。

(10)外业照片与编号记录及其匹配完整性检查:主要检查外业照片及外业编号记录的完整性和正确性,以及它们之间的一一对应性。

2)过程资料的完整性检查

(1)原始数据完整性检查:原始资料包括建模的平面和高度控制数据、外业记录及作业底图等资料,在成果提交时,原始数据一般也作为成果的一部分提交,作为成果数据完整性、正确性和合法性的证明。

(2)模型中间成果的完整性检查:模型中间成果包括模型的过程作业凭据,是项目数据存档的重要部分,一般也需要进行存档,直至项目验收结项。

(3)原始过程记录完整性检查:主要包括小组级别的检查记录,一般有作业员自检记录、组内互检记录等内容。

(4)项目过程文档完整性检查:包括项目实施过程中的作业任务分配表、会议纪要、周报月报、阶段性总结及相关函件等资料,该部分资料是项目实施过程中的技术、进度、需求、变更等内容的真实记录文件,是项目实施过程完整性的重要组成部分。

2. 数据正确性检查

1)数据格式正确性

(1)纹理数据格式正确性:三维城市模型的普通纹理为通常为.tif 和.jpg 格式,透明贴图纹理通常为.png 和.tga 格式。

(2)原始模型格式正确性:在模型生产中一般使用 3DMAX 平台,模型成果格式通常为.max 和.3ds 格式。

(3)地形模型格式正确性:地形模型有通过 DEM 和 DOM 集成的各种可视化应用平台的专用格式,也有通过 3DMAX 平台生产的.max 和.3ds 格式。

(4)可视化集成模型格式正确性:在三维可视化平台中的模型通常为.x、a.usx、3dm 等格式,普通纹理通常为.tif、.xpl 格式,透明纹理通常为.png、.tga 格式。

(5)文档数据格式正确性:技术文档、工作报告、会议记录等文档常用 Word 的.doc、.xls

格式，以及打印装订的纸质文档。

2)模型正确性

(1)模型分类的正确性：模型分类一般按国家相关标准进行，如项目另有要求，则根据项目制定的数据标准进行，一般分为建筑、交通、水系、植被、管线、地形、其他(小品)等种类。

(2)模型精细分级的正确性：模型精细分级一般按国家相关标准进行，如项目另有要求，则根据项目制定的数据标准进行，一般分为精细、标准、基础、简易(框架)四级。

(3)建模单元编码的正确性：建模单元的编码按照技术要求和数据标准进行编制，建模单元的划分要覆盖整个项目区域，单元与单元之间不能有重叠或缺漏的地方。

(4)模型编号的正确性：项目区域内的所有模型均要有唯一的模型编号，一般不应有断号和漏号。

(5)模型结构的正确性：模型的生产需要根据其对应的精细级别制作其细节结构，且需要保证与真实的一致性，即在不同精细级别下，应当保证其结构表现方法和取舍的合理与正确。

3)纹理正确性

(1)纹理材质的完整性：每个模型的每个面都必须赋予纹理材质，不能存在无贴图的面或无贴图的模型。

(2)纹理材质的现势性：模型上的纹理材质要真实反映实地现状情况，模型纹理都应与外业采集照片所反映的内容一致。

(3)纹理命名的正确性：纹理的命名通常与模型命名相对应，一般根据国家标准或结合地方特点制定的技术要求和数据标准进行。

(4)纹理数量的合理性：为了减少相同面积、相同精细度下模型的纹理数量，通常要对模型纹理进行优化，包括建立重复使用的纹理库、避免使用相同内容不同命名的纹理，以及对小尺寸纹理进行必要整合等。纹理数量的合理性检查主要是检查处理和实现这些内容的正确性与合理性，确保模型纹理优化的效果和可视化的效率。

(5)纹理尺寸、通道、分辨率的正确性：三维城市模型的纹理尺寸必须为2的N次幂，且大小不应大于1024×1024，分辨率通常为72，透明贴图纹理一般为Alpha通道。

(6)纹理的合法性、有效性、冗余性检查：主要检查内容为三维城市模型的纹理应该为RGB模式，文件没有损坏，能正常打开可视化，类型应该为Standard标准材质，没有用不到的纹理数据等。

4)一致性检查

(1)模型与建模单元和管理单元的一致性：通常情况下，模型成果与测区的建模单元在命名和空间位置上有逐级包含的关系，在模型成果的应用中，应该保证它们之间的关系唯一且相对应，以方便管理使用。

(2)模型与纹理的一致性：三维城市的模型与其纹理有一一对应的包含关系，通过检查它们之间的一致性，确保模型在应用时的图属一致及管理和使用正确。

5)数学精度检查

(1)通过在建模平台中采用人工套合可视化和采用批处理工具检查模型成果与原始平面和高度控制数据的匹配情况，并随机设置检查点计算误差值和求解套合中误差，以检查和保证模型成果的精度误差在规范和标准规定的范围内。

(2)数学精度的检查需要正确理解控制数据与成果数据之间的关系，通常情况下由于传统地形测量的建筑物数据只表示了建筑的基底位置，而三维模型需表现基底以上的阳台、屋檐、墙体附属结构、墙面突出装饰物等，这两者在空间上并不会完全一致，因此需要正确区分和对待。

(3)模型的高度控制数据通常使用航空摄影测量采集，而平面控制数据通常用传统测绘获取。在城市密集区建筑物的平面精度控制上，传统测绘要高于航空摄影测量。因此，通常在三维模型的平面控制上使用传统测绘的地形图数据，而高度控制上使用航测三维矢量线数据，但这两者在平面投影中是存在误差的，所以在精度检查中要理解并注意平面数据与高度数据的精度特点。传统测量地形数据只使用其基底平面位置信息，航测高度矢量数据只使用其高程信息和解析建筑物顶部结构，二者进行合理的整合和取舍。

(4)在模型生产过程过，通常存在源数据与实地现状不一致的现势性问题，这种情况首先需要检查作业组在生产过程中是否有进行特殊情况说明，然后根据技术设计的要求进行整理与核对，并根据相关的规定进行更新。

6)集成平台可视化检查

(1)数据导入三维可视化平台后，通过在平台中人机交互检查模型成果是否存在平面和高程坐标移位、模型显示错误、纹理错乱、透明贴图错误、模型和纹理丢失、模型炸散飞离、模型纹理整体色调过渡不合理、模型仿真度和立体感不强等问题，并对这些问题反馈相应的修改和调整建议。

(2)在三维可视化平台的数据库中，通过人工结合工具检查模型和其属性的一致性，以及模型属性的完整性、正确性、合法性等，并对出现的问题进行汇总分析，反馈修改建议。

3. 模型成果检查细项清单

模型成果的质量检查分两部分：第一部分为基础条件检查，主要是检查模型必须达到的标准要求，内容如表 5-4-1 所示；第二部分为附属条件检查，主要检查模型成果调优的细项，内容如表 5-4-2 所示。

表 5-4-1　三维模型基础条件检查细项

1	3DMAX 软件的版本是否符合技术设计的要求
2	模型的单位是否设置无误
3	每个模型面是否都已贴纹理
4	成果模型是否丢漏面，是否存在要求删除的面没删除
5	模型中是否有多余的点、线、面没删除
6	成果模型是否有重叠的面
7	模型的平面精度及高程精度是否满足技术设计的要求
8	模型的三角面数量是否达到技术设计的要求
9	模型每个面的法线是否统一向外
10	模型及纹理的命名是否符合要求
11	模型的存放格式及位置是否符合要求
12	模型的特征是否按外业采集照片进行制作，是否存在漏做结构的情况
13	模型的显示比例是否存在变形、与外业照片差异较大等情况
14	模型的楼层数等特征是否正确
15	入库的数据格式与技术设计是否一致

续表

16	纹理尺寸与分辨率是否符合技术设计的要求
17	纹理的存储格式是否符合技术设计的要求
18	透明纹理是否能正常显示，格式和通道是否正确
19	广告牌等明显特征是否与现实一致或按设计要求制作
20	重点地物模型的细节特征是否按设计要求用模型或纹理表示
21	模型的纹理是否以 Standard 标准材质制作，是否能正确打开
22	分区域检查是否有丢失和漏做模型的情况
23	模型是否出现漏面或衔接缝隙
24	模型文件夹是否存在未使用的纹理或缺少纹理

表 5-4-2　三维模型附属条件检查细项

1	现实在同一平面上的纹理特征线，在模型成果中显示是否对齐
2	模型的纹理是否已合理处理遮挡、明显反光等情况
3	采用通用示意纹理制作的模型，纹理显示是否合理，整体的色调是否自然
4	材质球的命名是否已进行优化处理，是否去除了没有用到的材质 ID
5	模型的色调与明暗度是否符合要求，与周边地物模型是否协调，立体感和仿真度是否符合要求
6	纹理的尺寸比例是否合理，一般长宽比不小于 1∶4，推荐使用 1∶1 或 1∶2
7	相同内容的纹理应使用同一个命名，不应出现相同纹理不同命名的情况（另有标准除外）
8	模型相同位置的点是否进行焊接处理
9	现实中同一特征面的点在模型中是否在同一平面上（如墙面、顶面等）
10	屋顶纹理的比例与实际是否一致或使用合理
11	各种类型模型的整合是否协调合理

5.4.3 检查方法

1. 成果完整性检查

检查成果提交文件夹中是否包含纹理数据、模型文件、控制数据、外业照片、生产说明和检查记录等内容，如图 5-4-2 所示。

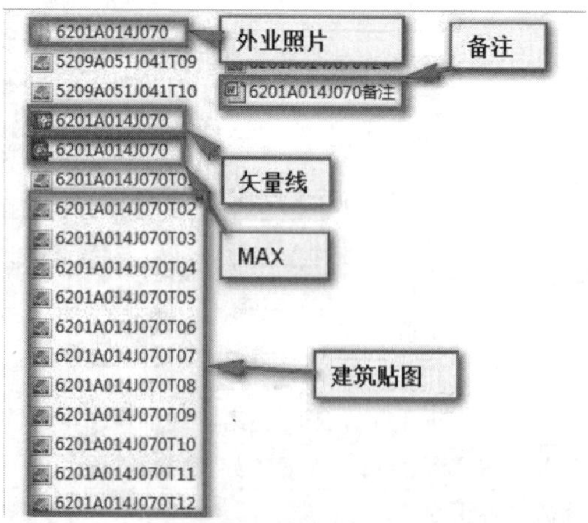

图 5-4-2　模型成果完整性检查内容示意图

2. 纹理完整性检查

打开 3DMAX 文件的模型成果，检查建筑是否有丢失纹理。如果模型丢失纹理，在打开模型文件的时候，会弹出提示丢失纹理文件的对话框，如图 5-4-3 所示。

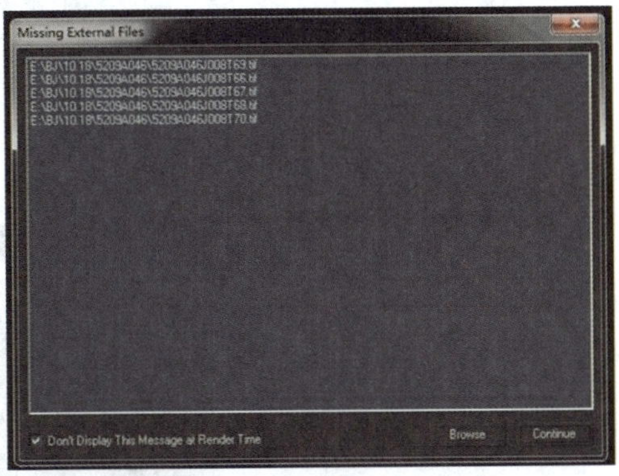

图 5-4-3　纹理丢失提示对话框

3. 模型完整性检查

在 3DMAX 软件中用模型成果套合平面和高度控制矢量数据，检查是否有丢漏模型的情况。如图 5-4-4 所示，黄色线框为模型平面控制数据，黑色线框为模型成果，通过套合便能检查模型的完整性。

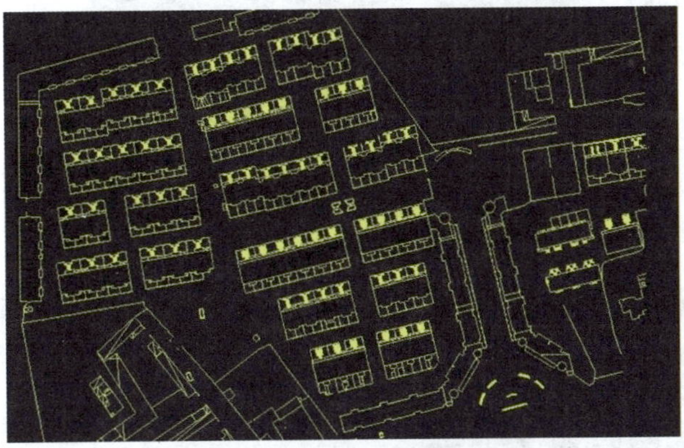

图 5-4-4　模型数据完整性检查

4. 数学精度检查

1）平面精度检查

采用人工可视化和批量工具，把模型成果与其平面控制数据在建模软件下进行套合，通过顶视图查看和量测模型的轮廓与平面控制线是否重合或误差小于要求的限差，如图 5-4-5 所示：红色线框代表建筑模型，黄色线框代表平面控制线，图 5-4-5(b)中模型平面精度存在问题。

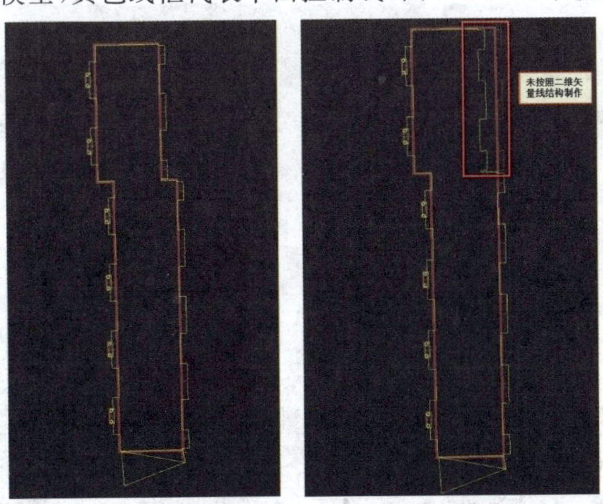

（a）正确　　（b）错误

图 5-4-5　模型平面精度检查示意图

2)高度精度检查

采用人工可视化和批量工具,把模型成果与其高度控制数据在建模软件下进行套合,并通过多视角放大打点、量边,检查模型的高度线与三维控制线的较差是否符合项目规定的要求,如图 5-4-6 所示。

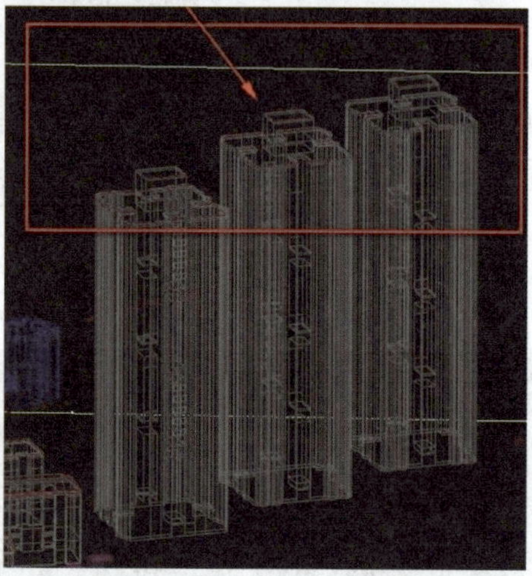

图 5-4-6　模型高度精度检查示意图

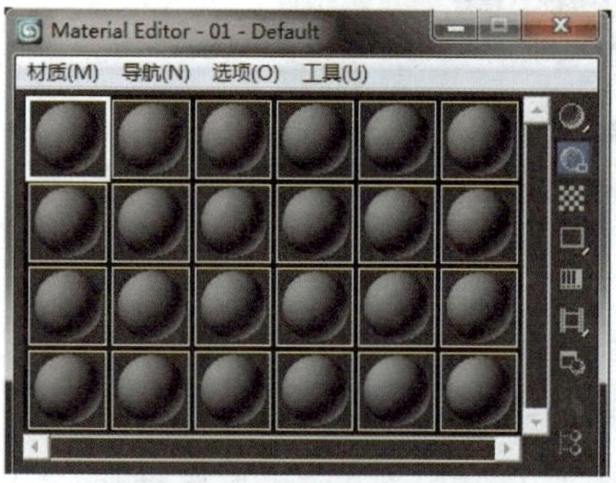

图 5-4-7　材质球检查示意图

5. 3DMAX 平台下批量检查工具快速检查

批量工具的检查一般有基础参数检查和项目定制参数检查,检查的细节内容将在第 7 章进行详细介绍。

(1)材质球检查。打开材质管理器,检查是否清空了材质球,如图 5-4-7 所示。

(2)使用基础检查辅助工具,检查模型的常规指标参数是否符合要求,如模型基础参数、纹理基础参数、一致性内容等,如图 5-4-8 所示。

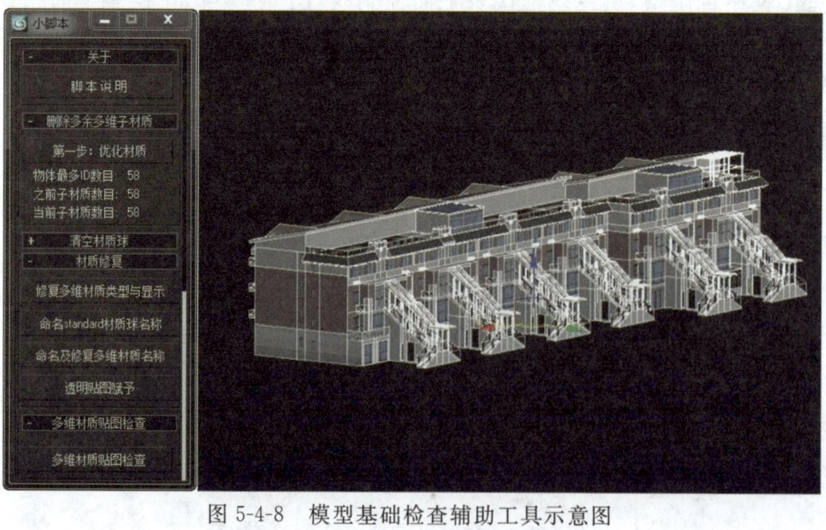

图 5-4-8　模型基础检查辅助工具示意图

(3)使用项目定制检查辅助工具，检查不同项目对模型的特性参数指标，如模型命名、纹理命名、单元分块、面数指标、纹理尺寸指标、冗余性指标等内容，如图 5-4-9 所示。

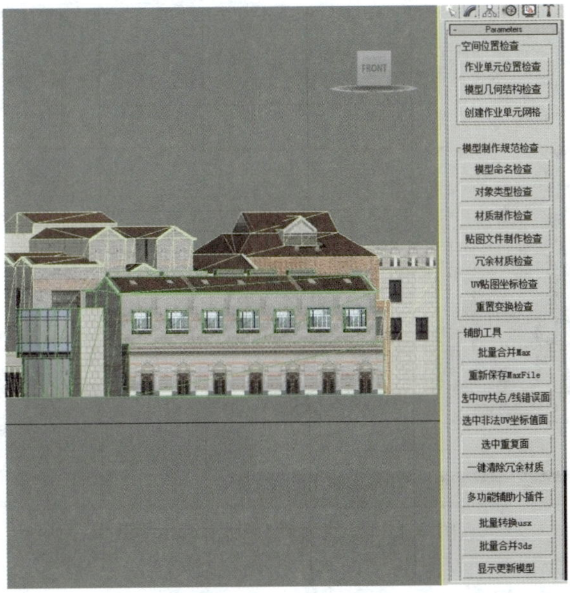

图 5-4-9　模型项目定制检查辅助工具示意图

6. 模型成果效果检查

通过人工在建模平台中可视化地对比模型成果与外业采集照片，逐个检查模型的结构及比例是否合理一致，主要包括：纹理的色调、位置、比例，模型结构的完整、正确、满足精度等内容。

1)纹理比例检查

通过在建模平台中人工可视化比对纹理成果与外业照片相同位置的相似性、色调一致、比例正确等内容，如图 5-4-10、图 5-4-11 所示。

图 5-4-10　纹理比例错误示意图

图 5-4-11 纹理比例改正后示意图

2)纹理色调检查

通过截取建筑墙面材质,并统一匀色后,比对外业实地照片进行检查色调的合理性和一致性,不应曝光或有明显的阴影,并要考虑一个小区甚至一个测区的整体统一合理性,如图 5-4-12 所示。

(a)外业照片 (b)截取的纹理示例

图 5-4-12 纹理颜色检查示意图

3)结构比例检查

细部结构的比例会直接影响建筑的真实感和仿真度,在模型细节结构处理时必须保证整体结构无明显拉伸、压缩失调等情况,如图 5-4-13 所示。

4)结构完整性检查

依据外业照片、二维三维控制数据比对成果模型的结构,检查模型是否有漏做结构的情况,如图 5-4-14 所示。

（a）错误的结构比例　　（b）正确的结构比例

图 5-4-13　结构比例检查示意图

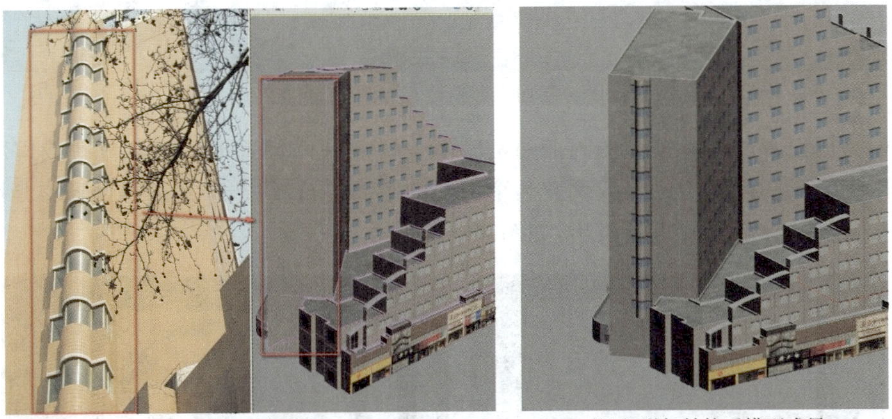

（a）漏做结构　　（b）增加结构后模型成果

图 5-4-14　建筑结构完整性检查示意图

5）模型优化检查

主要检查模型成果是否存在折面、烂面、闪面、漏面、多点、多线、多面等不合理的数据冗余和模型完整性问题。

（1）模型折面。模型的折面通常是因为构成面的点不在同一个平面上造成的，可通过调整模型面的节点，使之处在同一平面上解决，如图 5-4-15 所示。

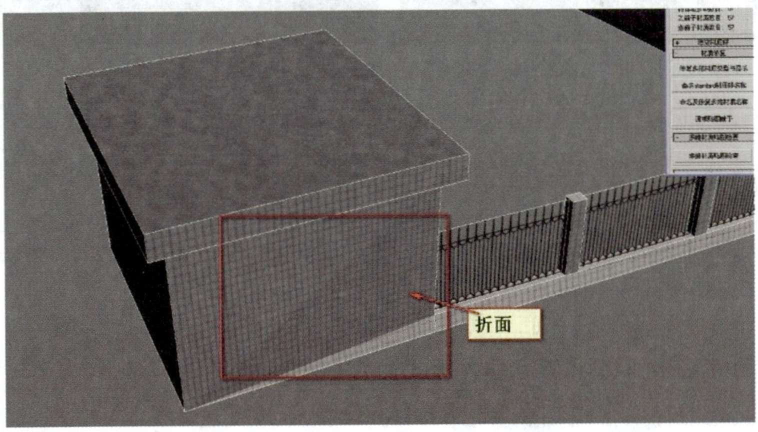

图 5-4-15　建筑折面检查示意图

(2)模型烂面。模型的烂面通常是因为构成面的点没有焊接成一个整体造成的,可通过焊接节点和调整点的平面位置进行解决,如图 5-4-16 所示。

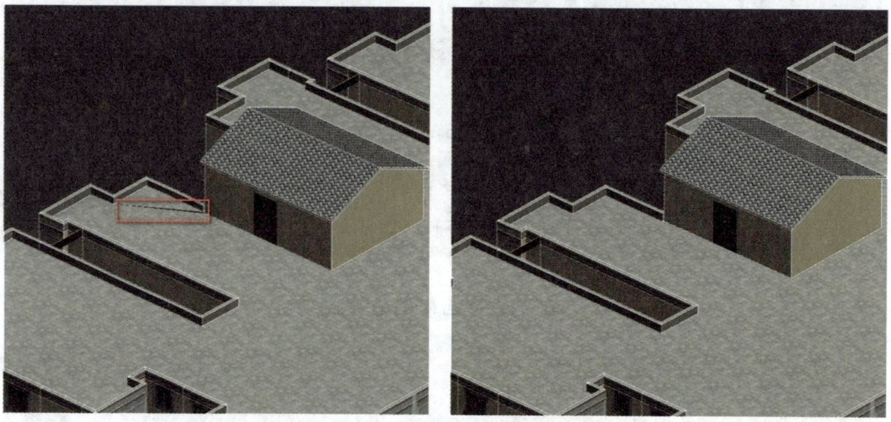

图 5-4-16 建筑烂面检查示意图

(3)模型闪面和漏面。模型的闪面通常是由于两个同一位置的面完全重叠或间距太小造成的,可根据情况删除其中一个或调整两个面间的距离进行解决;模型的漏面通常是因误删操作或漏挤造成的,一般需要重新挤出,如图 5-4-17 所示。

图 5-4-17 模型闪面处理前后示意图

(4)多余的点、线、面检查。多余点、线、面检查主要是为了减少模型成果的数据量,提高数据可视化应用的效率。多余点、线问题通常是因作业员作业习惯不合理和误操作产生,可通过人工结合工具进行处理。

模型的多余面主要是模型的底面和内面,即从正常视角下无法看到的面,通过人工结合工具进行删除处理,如图 5-4-18 所示。

6)纹理透视关系检查

纹理透视关系检查主要是发现并处理纠正因外业拍照时站位和角度的原因,所造成的进退结构部位的实地照片发生遮挡和变形的问题,如图 5-4-19 所示。

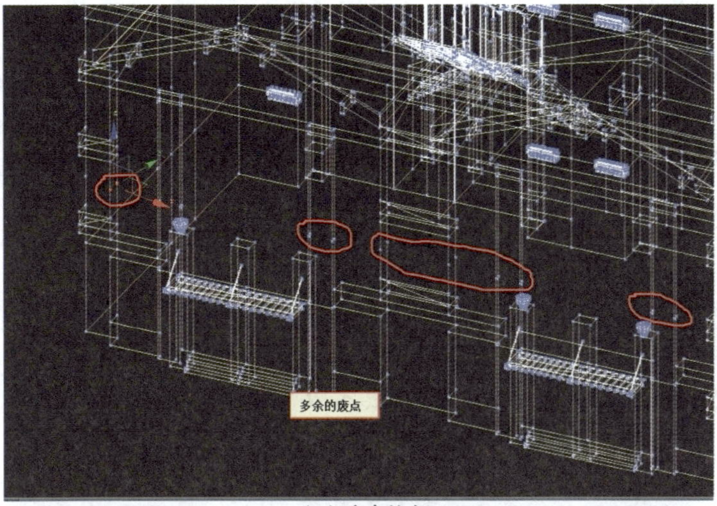

(a) 多余的点

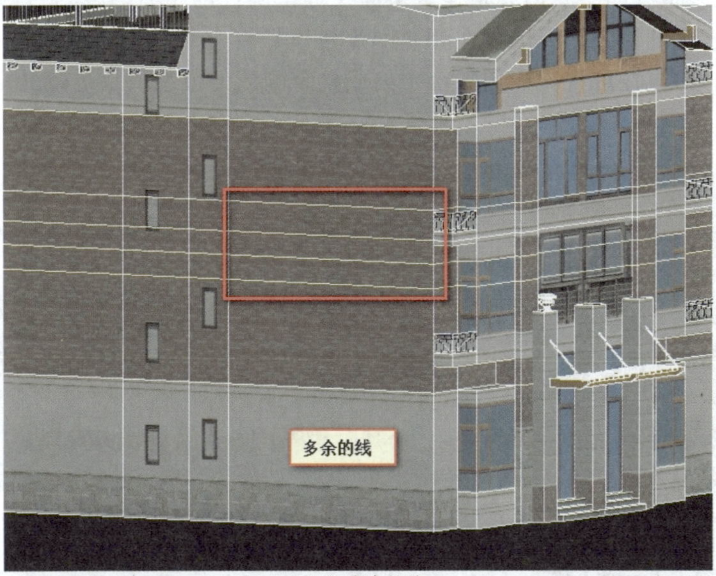

(b) 多余的线

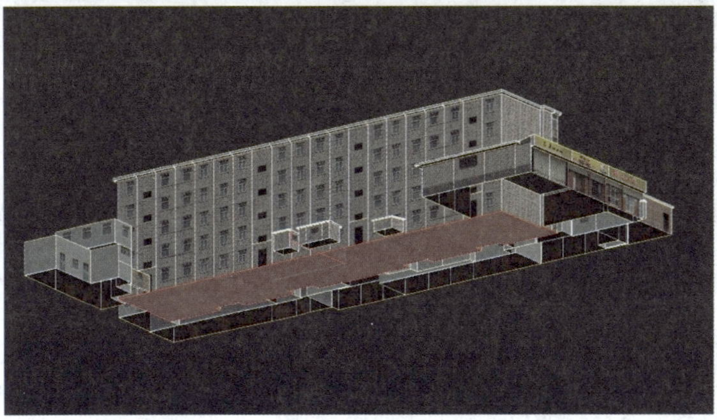

(c) 多余的面

图 5-4-18　建筑优化检查示意图

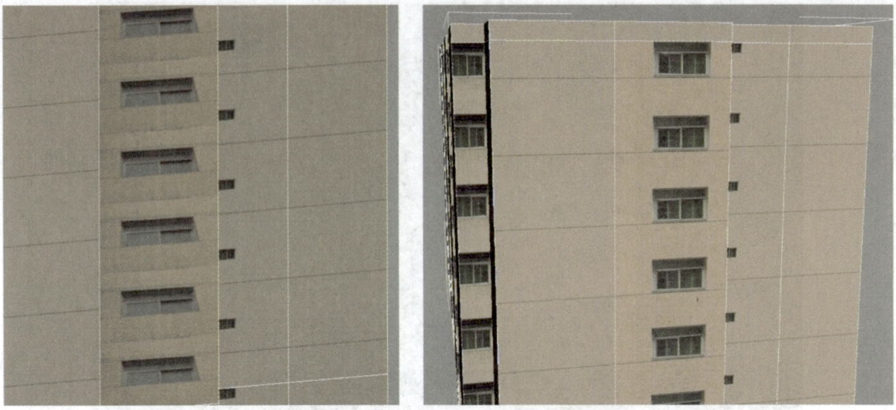

图 5-4-19 透视关系检查示意图

7)模型整体效果检查

模型整体效果检查的主要内容是建筑顶部纹理正确性的检查、模型色调过渡合理性的检查、立体感和仿真度的检查。一般可在 3DMAX 建模平台中对一个区域的所有模型成果合并进行初步检查修改,再在可视化应用平台中集成整个测区的模型成果进行最终检查和修改,如图 5-4-20 所示。

图 5-4-20 模型整体色调一致性检查示意图

5.4.4 常见问题的处理

在城市三维模型的生产中,由于作业员技术水平及软件自动化程度的原因,会有一些较常出现的质量问题,这里主要介绍在 3DMAX 平台中生产城市三维模型时出现几率较高的问题及其处理方法。

1. 模型坐标轴问题处理

处理方法:在模型上新建一个 BOX,使用对齐命令,使模型的轴心归中归底。或采用批处理工具,自动批量把一个区域的模型轴归中归底,如图 5-4-21 所示。

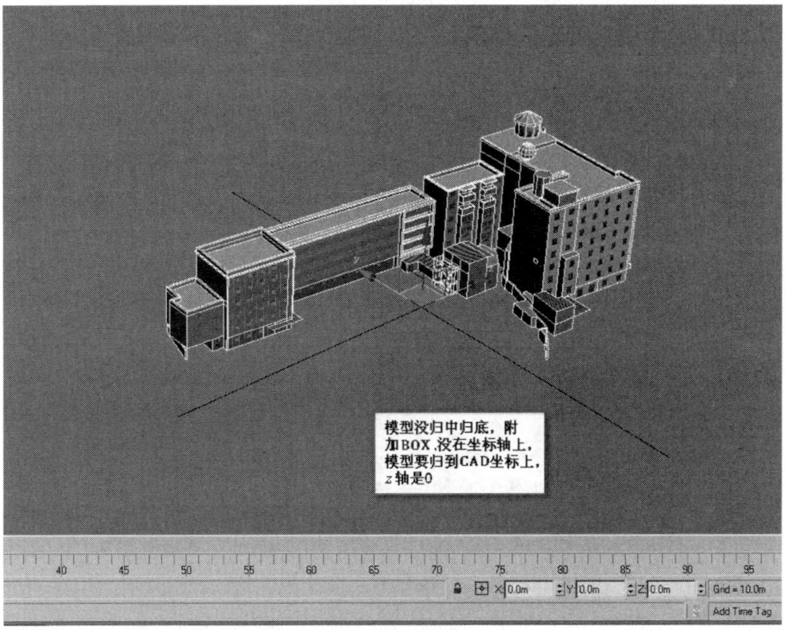

图 5-4-21　坐标轴处理示意图

2. 纹理分辨率、尺寸、格式、模式、有效性、合法性处理

处理办法：使用 PhotoShop 手动或批处理工具修改贴图，使纹理的尺寸为 2 的 N 次幂并小于 1024×1024，格式为标准多维材质，模式为 RGB，分辨率为 72，材质数量小于 255，材质 ID 连续，纹理能有效打开，材质球已清空等，如图 5-4-22 所示。

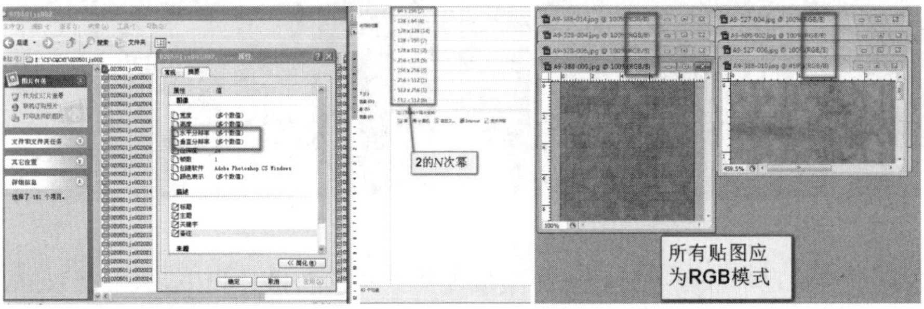

图 5-4-22　纹理检查示意图

3. 纹理合理性处理

纹理合理性主要体现在纹理反映现实情况的合理性上，如接边不合理、色调不合理、逻辑不合理等，一般通过 PhotoShop 处理纹理和在 3DMAX 中调整纹理 UVW 值进行解决，主要有以下几类问题。

(1)同一幢建筑物几个墙面相同纹理的色调不一致。通常因作业员没有分析和统一处理外业照片在不同时间和角度拍摄存在的色差问题，一般需要作业员选择正确合理的基准色调，并使用 PhotoShop 对整幢建筑的纹理进行统一的色调处理，确保建筑模型所有外观面的纹理色调一致，且过渡自然。

(2)同一建筑相邻墙面的纹理没有对齐(图 5-4-23)。这种情况须在 3DMAX 中重新展 UVW 坐标值，使纹理衔接正确、自然、合理，并与实际相符。

图 5-4-23 纹理对齐处理示意图

(3)模型纹理的接合不是无缝贴图。通常模型的纹理在贴图时通过 UVW 平铺的方式实现。如果纹理没有处理成无缝,则接边处会重复出现阵列性错误等问题,如图 5-4-24 所示。

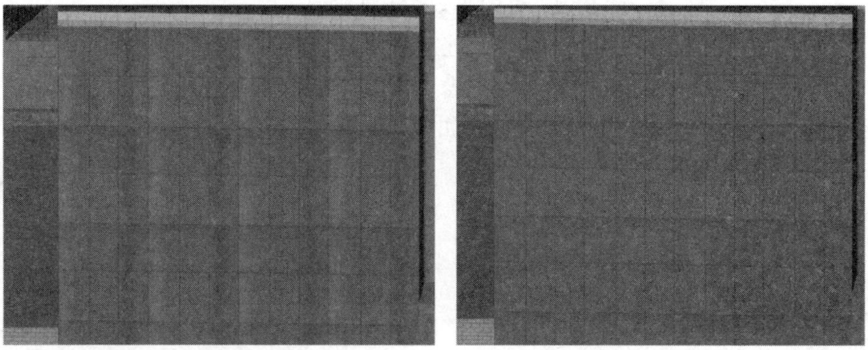

图 5-4-24 纹理接边阵列性问题处理示意图

(4)纹理没有处理非自有遮挡物。在实地外业照片的拍摄过程中,通常有衣服、树木、行人、车辆等不属于建模对象自有的信息遮挡在目标物上,因此需要使用 PhotoShop 合理处理纹理的遮挡后再使用,如图 5-4-25 所示。

图 5-4-25 纹理不合理遮挡处理示意图

(5)纹理唯一性特征阵列化。在模型纹理贴图过程中，使用 UVW 进行纹理平铺时，如纹理中有一些唯一性的特征没有进行常态化处理，则在最终的纹理贴图效果中会出现不合理的重复性阵列，纹理的合理性和美观性就大打折扣。如图 5-4-26 所示，其中一个开启窗户重复阵列出现，则需要用 PhotoShop 把开启的窗户处理成较常态的关闭状态。

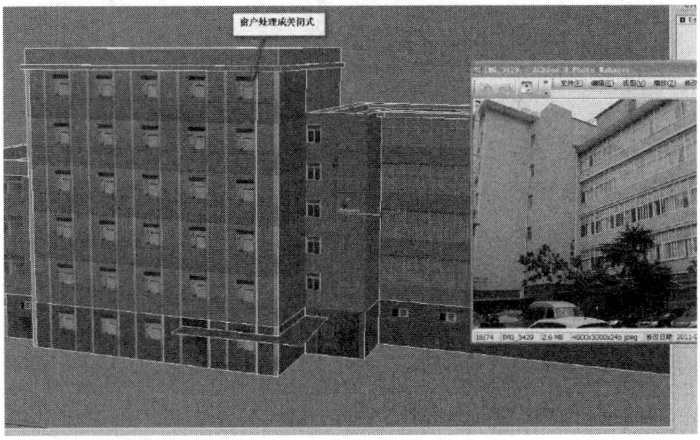

图 5-4-26　窗户合理性处理示意图

4. 模型结构合理性处理

在一些隐部和顶部结构的处理上，因在实际中可能无法测量到数据或观看到实地情况，这种情况下要注意模型结构的合理性，如图 5-4-27 中的屋顶楼梯间的位置处理。

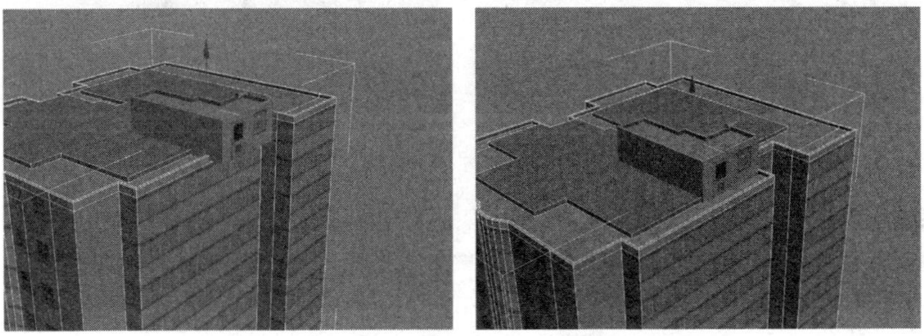

图 5-4-27　建筑顶部结构合理性处理示意图

5. 折面、烂面、扭曲、漏面问题处理

对于折面和扭曲，通过把构成模型面的所有点调整在同一平面上解决；对于烂面和漏面，主要是在 3DMAX 补齐缺少的面，如图 5-4-28、图 5-4-29、图 5-4-30、图 5-4-31 所示。

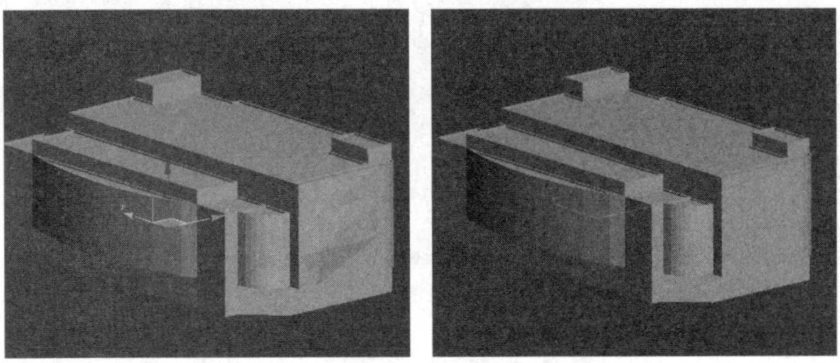

图 5-4-28　模型折面处理前后示意图

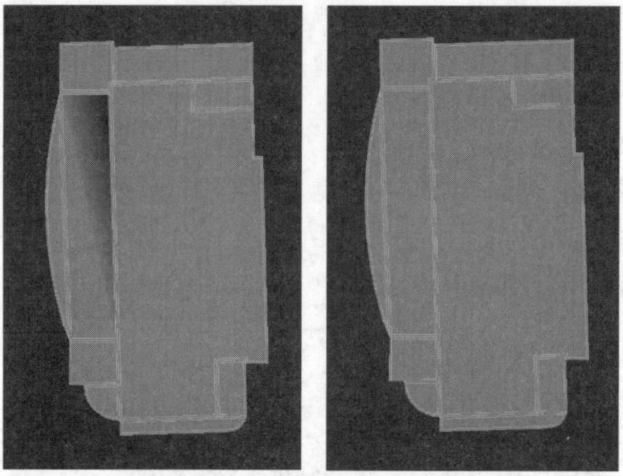

图 5-4-29 模型烂面处理前后示意图

图 5-4-30 模型扭曲面处理前后示意图

图 5-4-31 模型漏面处理前后示意图

6. 精度问题处理

1)平面精度的处理

在模型的平面精度控制上，通常在建立模型时需直接从二维控制数据上挤出主体模型结构，然后在主体结构的基础上增加和修改细节结构，以保证模型的平面精度。如在生产模型后出现平面精度超限问题，则应该在 3DMAX 平台中导入平面控制数据，并套合模型成果，把模型数据的平面同名点移动并捕捉到平面控制数据中，修改结构完成后，再调整模型纹理的 UVW 值，以完成模型的修改。如因误操作等原因使模型成果产生整体的变形，则可找到三个同名基点，把整区域模型当成一个整体进行平移旋转，直至与平面控制数据完全套合，如图 5-4-32 所示。

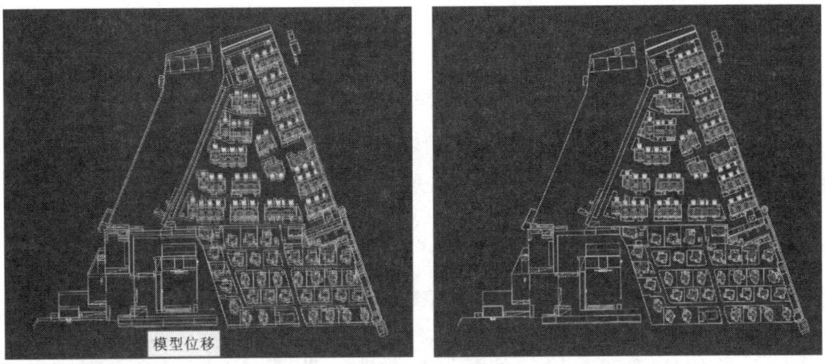

图 5-4-32　模型平面位移修改前后示意图

2)高度精度的处理

模型的高度精度问题修改通常是在平面精度正确的情况下进行,模型的平面精度符合要求后,把模型的高度控制数据导入场景,并可在平面方向移动到与二维控制数据垂直对应的位置(在高度方向不能变动),然后通过可视化比对同名特征点、线,把模型的高度调整到正确的位置,最后重新修改模型的纹理 UVW 值,完成模型高度的修改,如图 5-4-33 所示。

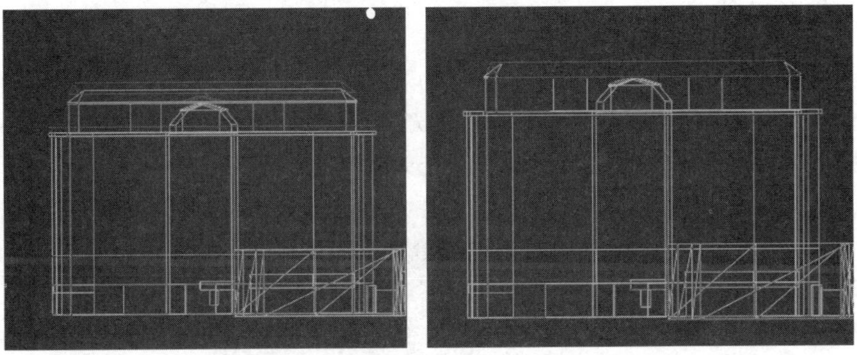

图 5-4-33　模型高度错误修改前后示意图

5.4.5　模型成果整理

模型成果的整理一般根据项目成果提交的要求进行,通常把建筑模型、地形模型、交通模型、绿化模型、小品模型等成果按类型分级存放,每个类型文件夹下再按管理单元命名建立子文件夹以存放不同地块的模型,地块文件夹下按模型的命名建立文件夹,单独存放每个对象地物的模型数据和纹理数据,详细情况如图 5-4-34 所示。

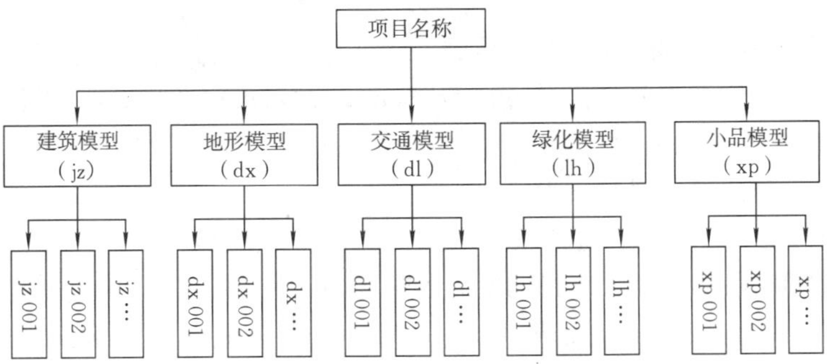

图 5-4-34　一般模型成果整理结构示意图

§5.5 模型烘焙

模型烘焙是为了把光照对模型结构所产生的光影信息赋予纹理贴图，从而使模型具有更强的立体视觉效果的过程。在本节根据城市三维建模项目的烘焙经验，介绍模型可视化集成前的烘焙要求，以及相应的烘焙方式、方法等，并介绍常用的烘焙参数设置。

5.5.1 烘焙的概念

烘焙是把灯光、环境光等元素信息通过“渲染到纹理”技术，从而使三维模型纹理贴图带有光影信息等立体效果的过程。烘焙的概念是从面包等食品生产过程中热烘烤转换而来，在实际应用中把光照信息渲染成贴图方式，从而省去计算机 CPU 对光与模型结构的交互再进行计算，提升了三维场景在类光源下的运行速度，并使模型纹理本身带上光照的阴影信息，增加了立体感观视觉效果。这种技术目前主要应用在游戏、虚拟现实和建筑漫游动画中，实现了把光能传递计算应用到动画中，用以快速显示物体贴图，提升仿真效果，加快渲染速度。

5.5.2 烘焙的分类

随着三维城市的不断建设，城市三维模型的烘焙技术也日趋成熟，烘焙方法也越来越多样化，包括全烘焙、光影贴图烘焙等。全烘焙是把光影烘焙到模型纹理后反贴回模型对象本身，形成带光影效果的三维模型；光影贴图烘焙是把光影烘焙到一张辅助纹理中，在模型场景中加载辅助纹理以实现光影效果的方式。本节主要介绍目前在三维城市中使用得较多的 VRay Complete Map 和 VRay Lighting Map 两种烘焙方式的烘焙方法和流程。

1. VRay Complete Map

VRay Complete Map 支持 3DMAX 中绝大部分材质类型，烘焙贴图光感较好；缺点是烘焙贴图清晰度不够，同时耗用计算机显存较大，时间长，适用于小物件及需要重点表现的物体。

2. VRay Lighting Map

VRay Lighting Map 只支持 3DMAX 默认材质（标准材质），烘焙光感相对于 Complete Map 较差；优点是烘焙贴图清晰度较高，且耗用计算机显存较小，便于操作，适用于比较大型的场景。

为了使烘焙的效果更好，一般会配合其他软件进行贴图处理，如 PhotoShop 等图像处理软件，但想达到较好的纹理效果需要操作人员有较高的美术功底。

5.5.3 烘焙的方式

1. 默认扫描线渲染烘焙技术

扫描线渲染烘焙方式主要包含 Complete Map 烘焙方式和 Lighting Map 烘焙两种方式，设置相对较为简单，在三维城市中使用不多。

2. 结合 VRay 渲染器的烘焙技术

VRay 渲染器是一款专业的渲染软件，通常结合三维建模软件（3DMAX 等）进行图像的渲染，能渲染高质量纹理，但对计算机的性能要求较高，目前在三维城市、建筑效果图、建筑动画实时渲染和高质量画面的游戏场景中应用广泛。VRay 渲染的烘焙方式主要包含 VRay Complete Map 和 VRay Lighting Map 两种。

1)VRay Complete Map 设置

VRay Complete Map 在 3DMAX 平台下安装 VRay 后，按快捷键“0”进入烘焙设置面板，设置如图 5-5-1 所示。

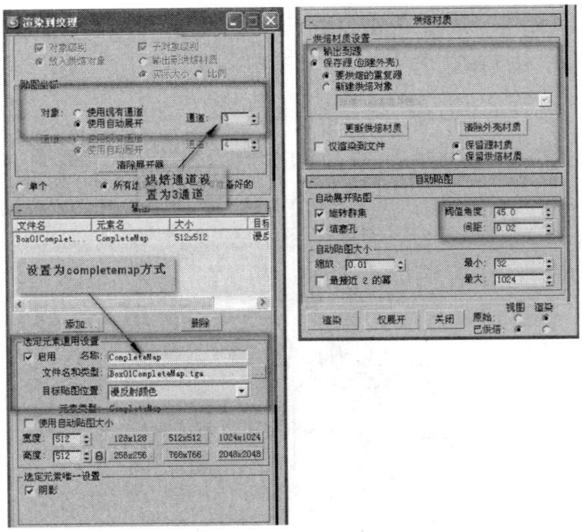

图 5-5-1　VRay 烘焙工具菜单

2)VRay Lighting Map 设置

VRay Lighting Map 与 VRay Complete Map 的主要区别在烘焙的设置。VRay Lighting Map 设置如图 5-5-2 所示。

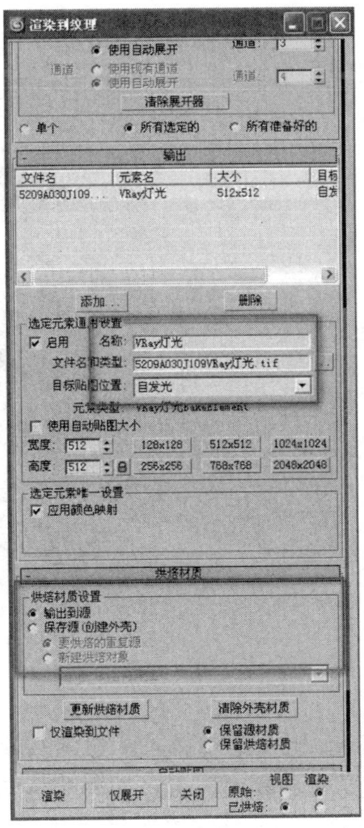

图 5-5-2　VRay 烘焙参数设置示意图

5.5.4 灯光设置

1. 灯光的方向设置

在三维城市模型的烘焙中,烘焙灯光方向主要由以下几个方面进行判断。

(1)影像图中建筑的阴影分析。

(2)地表影像的阴影方向。

(3)根据现实环境中光线最好的时段进行分析(一天中下午 2 点时段的光照较佳),如图 5-5-3 所示。

图 5-5-3 光方向设置示意图

2. 灯光的类型设置

在 3DMAX 的灯光面板中有数十种灯光类型,主要介绍常用的目标平行光和天光两种类型,如图 5-5-4 所示。

1)目标平行光

在烘焙灯光的使用中,目标平行光一般模拟太阳光照。通过设置目标平行光的光照强度、光照阴影类型、光照颜色等属性,使烘焙场景产生类似阳光照射后的阴影和立体效果,如图 5-5-5 所示。

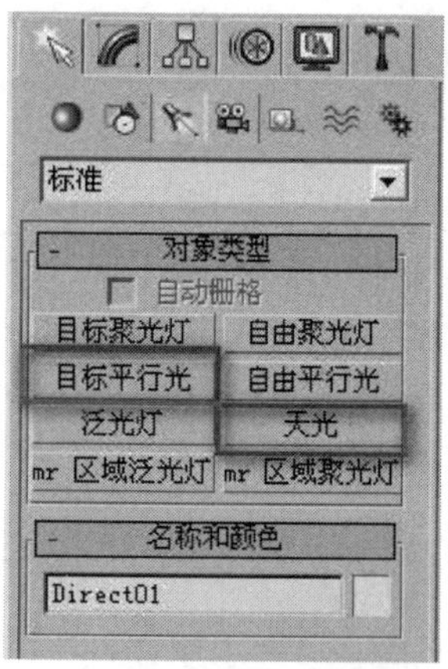

图 5-5-4 灯光类型设置示意图

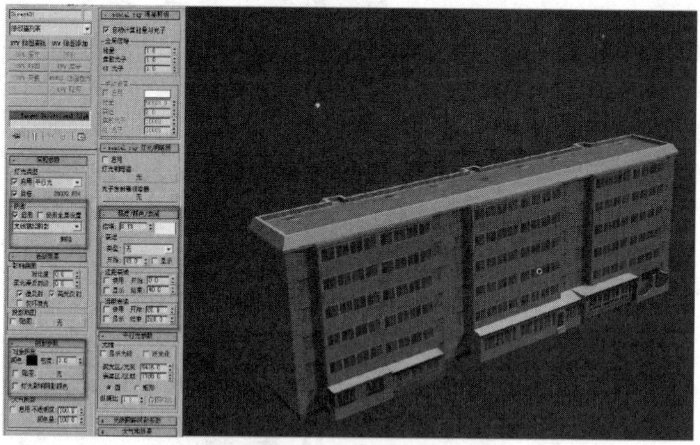

图 5-5-5 日光效果示意图

2)天光

天光主要模拟环境光照,通过天光设置光照强度和光照颜色,让整个场景光线模拟现实中各种自然光的漫反射效果。VRay 渲染器烘焙也可以直接在 VRay 渲染面板中设置环境光参数,如图 5-5-6 所示。

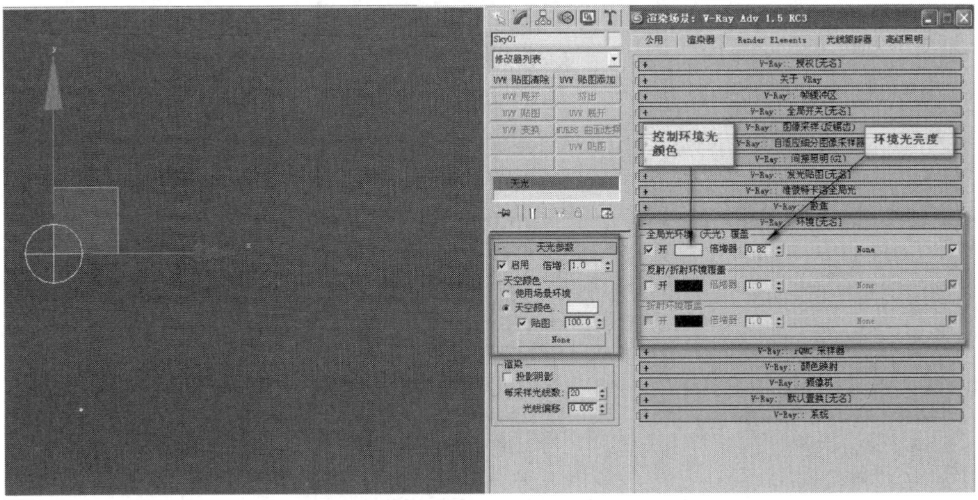

图 5-5-6　天光效果示意图

5.5.5　通道设置

通道的设置是整个烘焙流程中至关重要的一环，烘焙贴图在场景中能否正常显示，与烘焙贴图的通道设置正确与否息息相关。

(1)在 3DMAX 软件中，贴图通道与模型 UVW 通道默认为 1 通道，如图 5-5-7 所示。

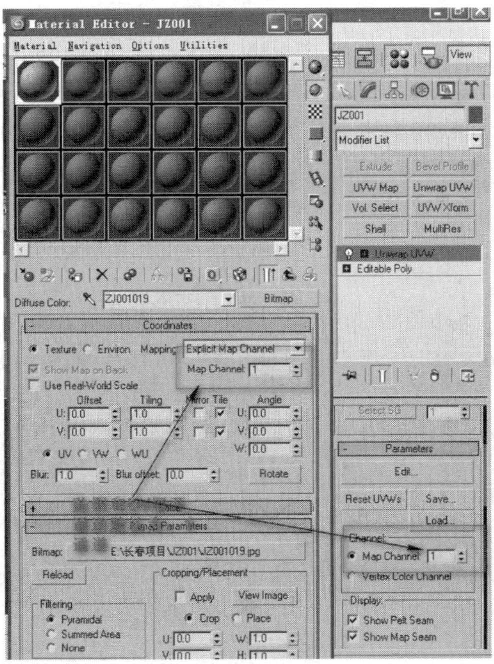

图 5-5-7　3DMAX 纹理通道示意图

(2)在实际的烘焙过程中，烘焙通道不能设置为其他贴图已占用的通道，必须使用新的通道，否则贴图将无法完成烘焙，如图 5-5-8 所示。

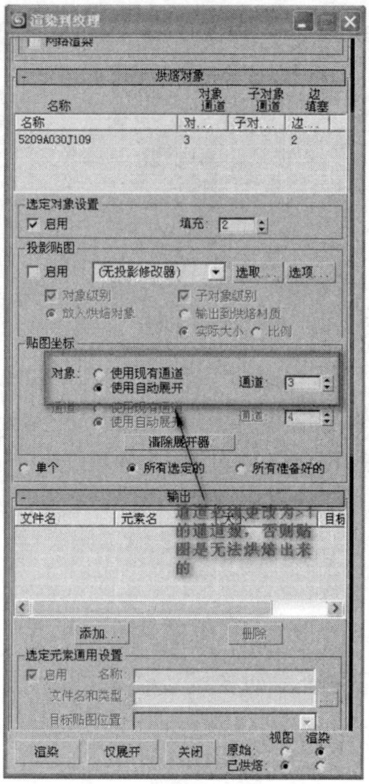

图 5-5-8　烘焙通道设置示意图

(3)在贴图烘焙完成之后,必须将烘焙通道重新设置为通道 1,否则贴图在可视化应用平台中将无法正常显示(目前大部分的主流平台只支持 1 通道贴图),如图 5-5-9 所示。

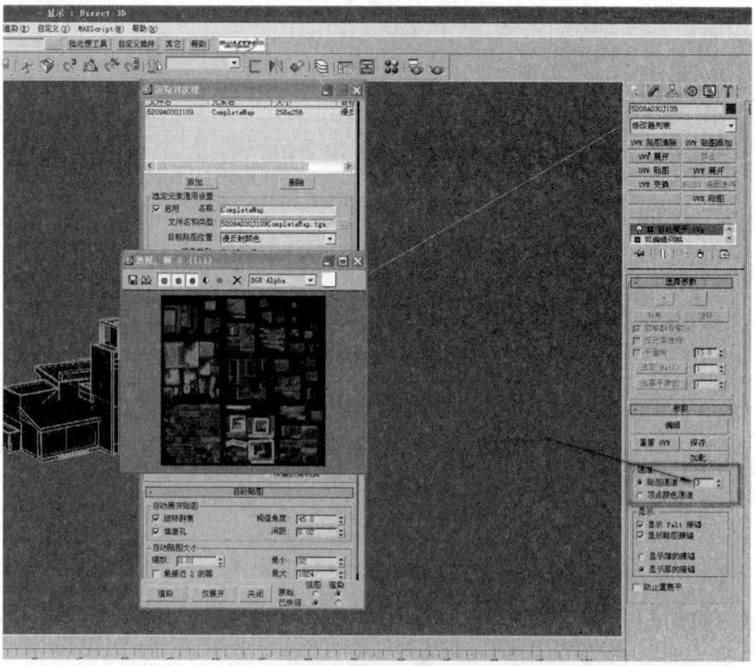

图 5-5-9　烘焙后纹理通道设置示意图

5.5.6 渲染设置

本小节主要介绍 VRay 渲染烘焙的设置，在 VRay 烘焙中 VRay 参数的设置值决定了烘焙贴图的质量和光感效果。

在渲染之前应检查 VRay 渲染器是否已安装，若未安装，需先安装 VRay 渲染器。安装完成后，在 3DMAX 软件的渲染设置中将默认的扫描线渲染更改为 VRay 渲染，操作如图 5-5-10 所示。

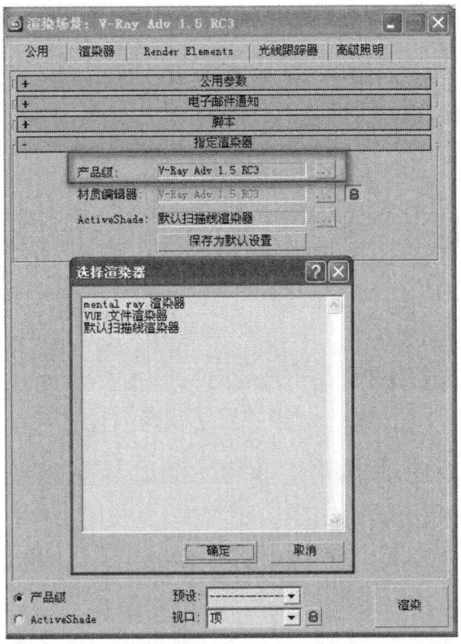

图 5-5-10 3DMAX 渲染设置更改示意图

VRay 渲染器具体参数设置如下：

(1)在工具栏中选择“渲染/渲染”或直接按“F10”进入渲染面板，如图 5-5-11 所示。

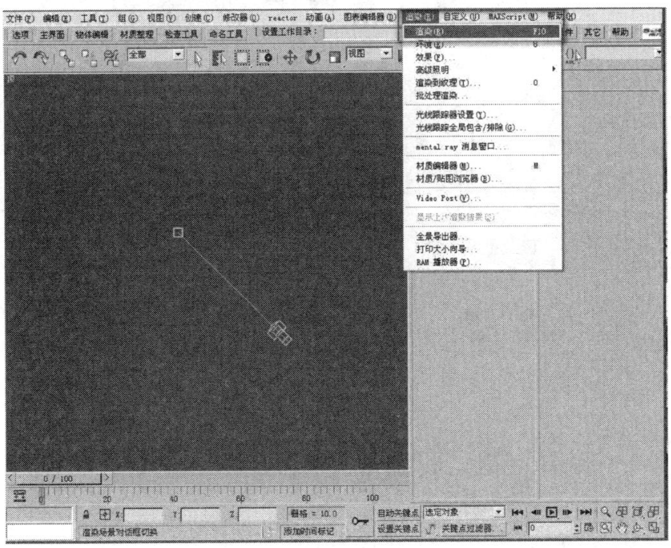

图 5-5-11 VRay 渲染菜单调出

(2)打开渲染面板,在 VRay 帧缓存卷展栏中,勾选"启用内置帧缓存",如图 5-5-12 所示。

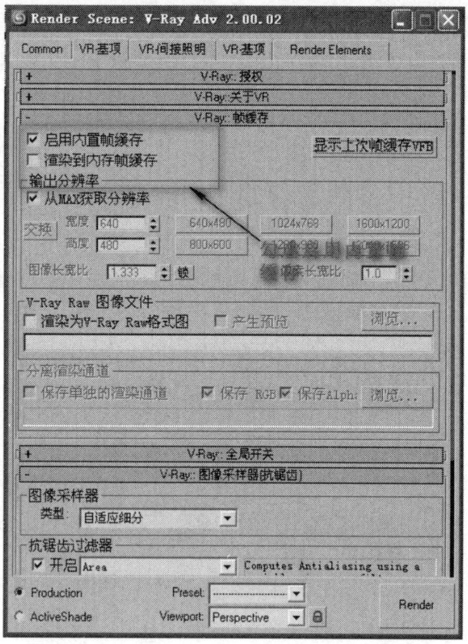

图 5-5-12 VRay 渲染缓存启用设置

勾选使用 VRay 渲染器的内置帧缓存,VRay 渲染器不会渲染任何数据到 3DMAX 自身的帧缓存窗口,而且减少占用系统内存。

(3)在 VRay 全局开关卷展栏中,将 3DMAX 中的"灯光"和"贴图"选项勾选,并关掉缺省灯光,如图 5-5-13 所示。

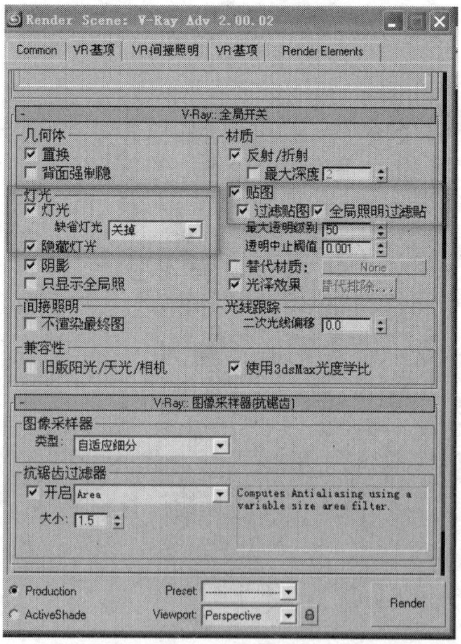

图 5-5-13 VRay 渲染主设置

各参数设置的主要含义如下:

置换:指置换命令是否使用;

灯光：指是否使用场景中的灯光；

默认灯光：指场景中默认的两个灯光，使用烘焙渲染时必须关闭；

隐藏灯光：场景中被隐藏的灯光是否使用；

阴影：指是否用灯光产生的阴影；

全局光：类似自然漫反射光，一般使用；

不渲染最终图像：指在渲染完成后是否显示最终结果；

反射/折射：指场景的材质是否带反射/折射效果；

最大深度：指反射/折射的次数；

覆盖材质：用一种材质替换场景中所有材质，一般用于渲染灯光时使用；

光滑效果：指是否要对渲染后的贴图进行光滑处理，如选中则能得到较好的烘焙纹理。

(4)在 VRay 图像采样器卷展栏中，主要是对“图像采样类型”和“抗锯齿过滤类型”进行设置，设置的参数根据实际需求而定，如图 5-5-14 所示。

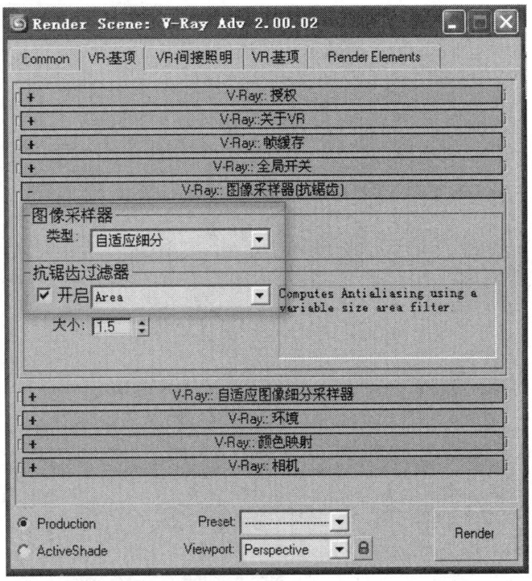

图 5-5-14　图像采样和抗锯齿设置

(5)在 VRay 间接照明(全局照明)卷展栏中，全局照明开关必须开启，在首次反弹中的全局光引擎一般设置为发光贴图，在二次反弹中设置为灯光缓存，如图 5-5-15 所示。

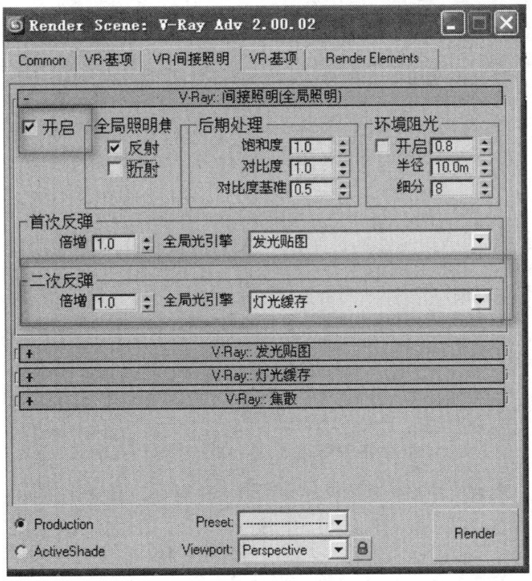

图 5-5-15　VRay 全局照片设置

各参数设置的主要含义如下：

发光贴图：计算场景中物体漫射表面发光，运算速度非常快；

灯光缓存：它是一种近似于场景中全局光照明的渲染，支持所有类型的灯光。

(6)在 VRay 发光贴图卷展栏中，主要是对“当前预置”和“发光贴图的基本参数”进行设置，详细参数根据实际需要设置，其他参数按默认设置即可，如图 5-5-16 所示。

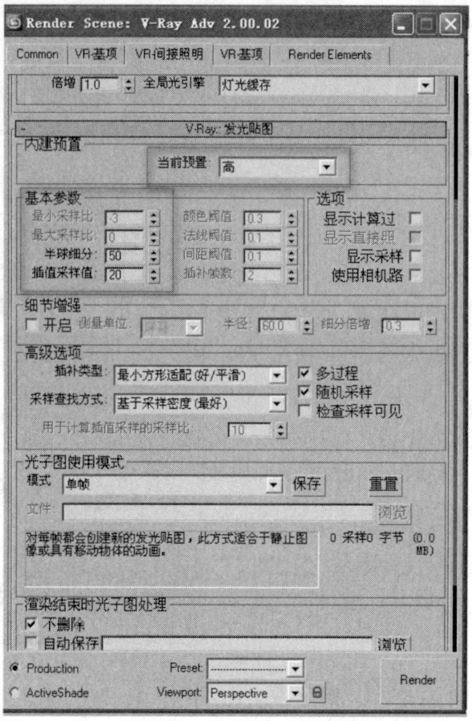

图 5-5-16 发光贴图基本参数设置

(7)在 VRay 灯光缓存卷展栏中，主要是对计算参数中的“细分”和“采样大小”进行设置，其他参数按默认设置即可，如图 5-5-17 所示。

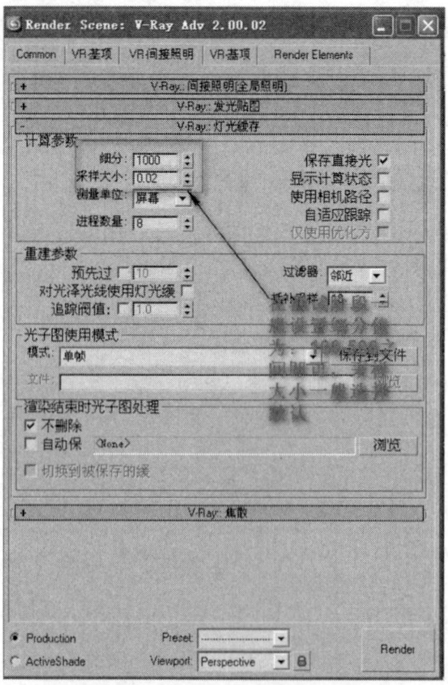

图 5-5-17 细分和采样大小设置

各参数设置的主要含义如下：

细分：主要设置灯光信息的细腻程度，细分值越大就越细腻；

采样大小：决定灯光贴图中样本的间隔，值越小、样本之间距离越近，画面越细腻，在三维城市模型的烘焙中一般默认设置即可。

(8)在 VRay 环境卷展栏中，主要是对“环境光颜色”和“环境光倍增值”进行设置，其他参数按默认设置即可，如图 5-5-18 所示。

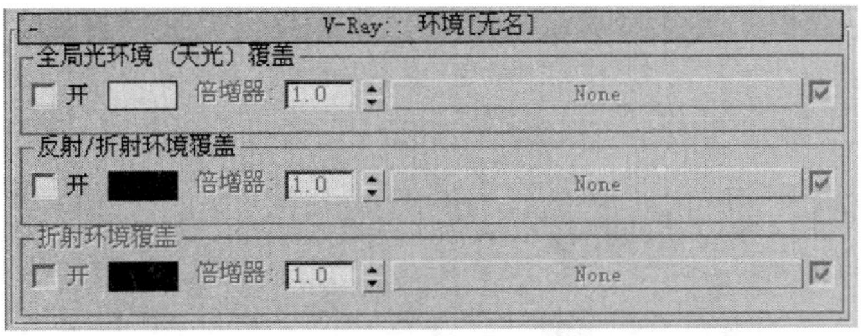

图 5-5-18　环境光设置

此处的颜色是指环境光的颜色，而不是 3DMAX 软件中的背景颜色，要注意区分开。

(9)在 VRay-rQMC 采样器卷展栏中，“适应数量”和“噪波阈值”的参数设置对烘焙贴图的质量和效果起着至关重要的作用，包括烘焙贴图的模糊度和质感，如图 5-5-19 所示。

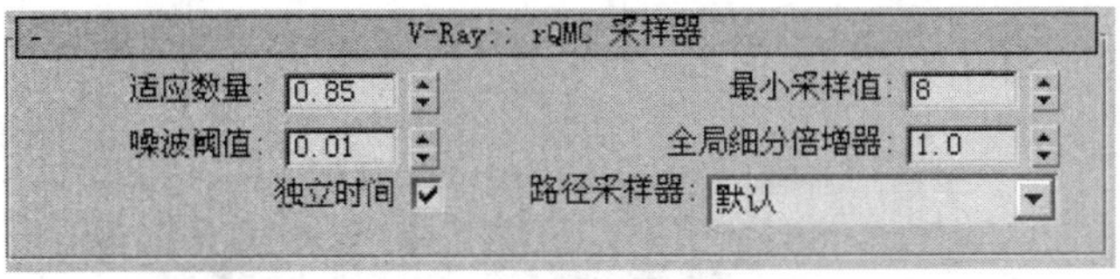

图 5-5-19　适应数量和噪波阈值设置

各参数设置的主要含义如下：

适应数量：主要控制杂点数量和噪波大小，值越小质量越优；

噪波阈值：主要用于控制模糊度，值越大杂点越多。

(10)在 VRay-颜色映射卷展栏中，“映射类型”和“变亮、变暗倍增值”的参数设置主要是对烘焙场景明暗度的控制，如图 5-5-20 所示。

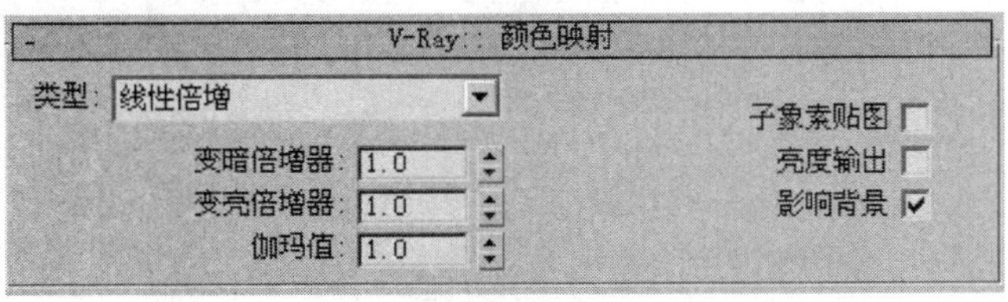

图 5-5-20　映射类型和亮度设置

各参数设置的主要含义如下：

线性倍增类型：明暗对比强烈，同时容易曝光；

指数类型：场景明暗对比不强烈；

HSV 指数类型：曝光方式相比前面两种比较平稳。

如果在烘焙中希望得到明暗对比明显同时效果很鲜艳的纹理烘焙结果，可以采用线性倍增方式，如果希望烘焙贴图结果不易曝光，则采用指数类型或 HSV 指数类型。

5.5.7 烘焙输出

烘焙纹理的输出是通过上述烘焙设置把灯光的光影立体效果附加到纹理贴图后，输出烘焙成果纹理并反贴回模型的过程。

(1)在烘焙之前先根据模型的烘焙效果要求及模型自身的形状、结构、体积、主感光面等情况，将灯光环境设置好，并对模型进行全面的拓扑检查和优化处理，以及对模型进行测试渲染，确认模型光影效果，如图 5-5-21 所示。

图 5-5-21 烘焙测试效果

(2)在 3DMAX 9.0 中，单击“渲染/渲染到纹理…”，或按快捷方式“0”，弹出“渲染到纹理”对话框，首先在“常规设置”卷展栏中，设置烘焙的输出路径，一般情况下应设为英文路径。“烘焙对象”卷展栏能显示所需要烘焙的对象(如果烘焙对象栏中没有内容，说明没有选择烘焙对象)，设置贴图坐标对象为“使用自动展开”，通道设置为“3”，如图 5-5-22 所示。

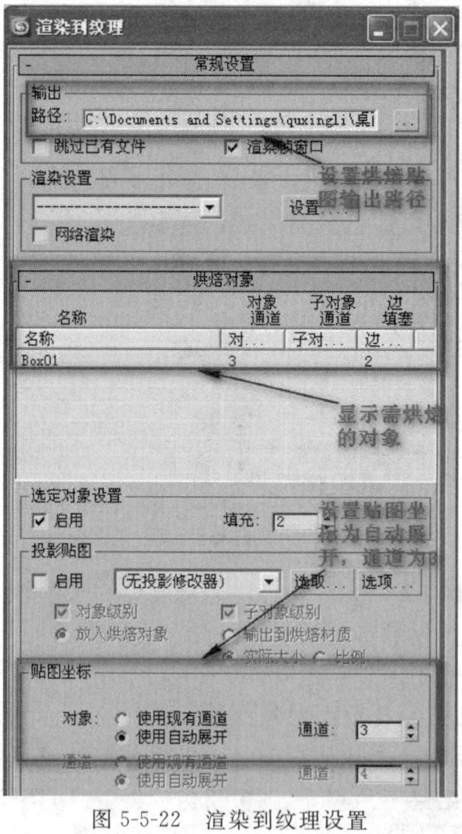

图 5-5-22 渲染到纹理设置

(3)在“输出”卷展栏中，点击添加按钮，纹理元素列表中有多种方式，如 SpecularMap、ShadowsMap 等，三维城市一般使用 VRay Complete Map 的完整烘焙方式，如图 5-5-23 所示。

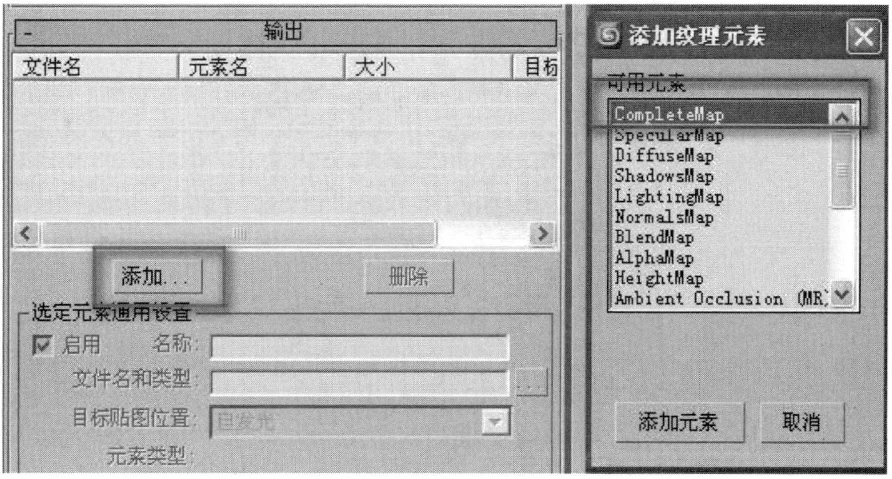

图 5-5-23　烘焙元素设置

(4)在名称栏中可以对文件进行命名，对存放路径文件类型进行设置。文件类型根据实际需要进行设置，一般情况下使用默认即可。在目标贴图位置选择漫反射颜色；对于烘焙贴图分辨率，根据实际需要进行设置，分辨率越高，质量越好，如图 5-5-24 所示。

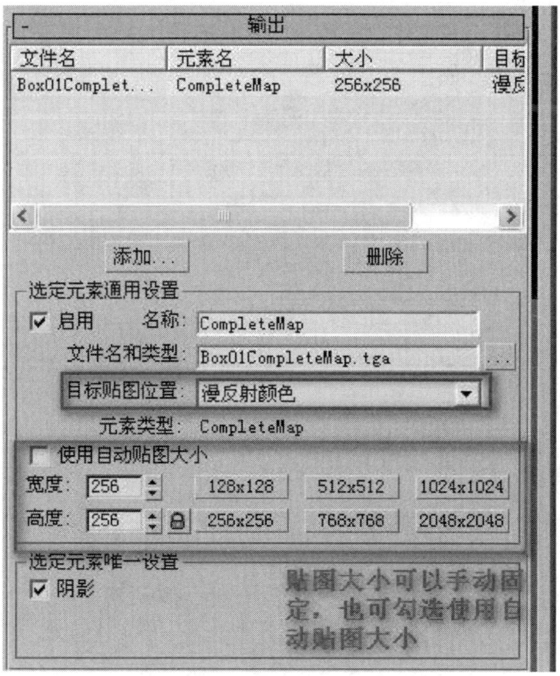

图 5-5-24　烘焙输出纹理设置

(5)在“烘焙材质”卷展栏中，将烘焙材质设置为“保存源(创建外壳)”和“保留源材质”，如图 5-5-25 所示。

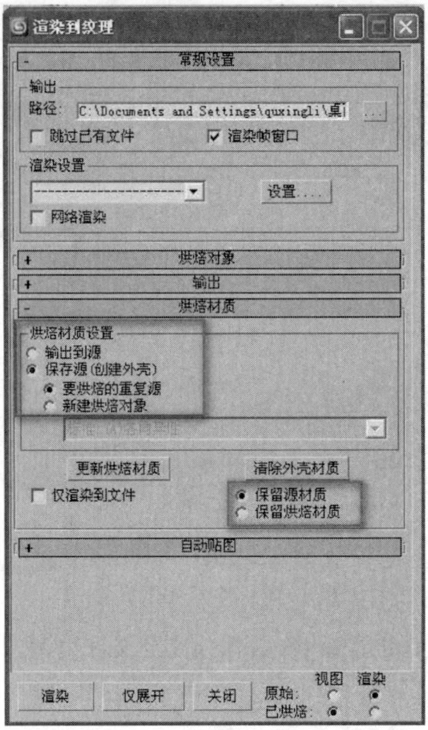

图 5-5-25 创建外壳设置

(6)在自动贴图卷展栏中设置“阈值角度”、“空间间距”,以及贴图最大值和最小值;值的大小根据项目实际需要进行设置,如图 5-5-26 所示。

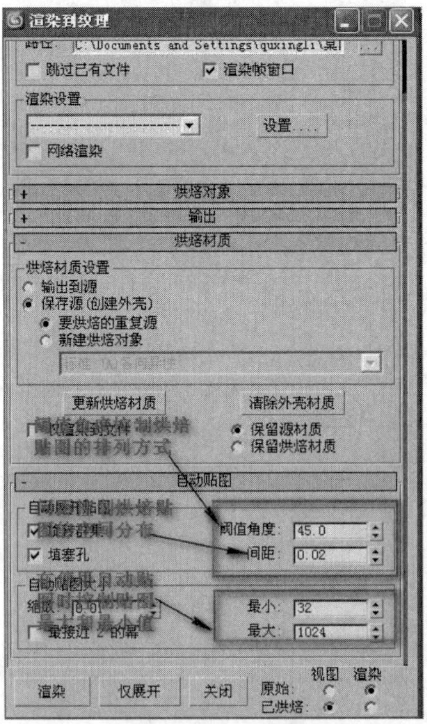

图 5-5-26 阈值角度、空间间距、贴图大小设置

(7)参数设置完成后,单击"渲染"烘焙输出,效果如图 5-5-27 所示。

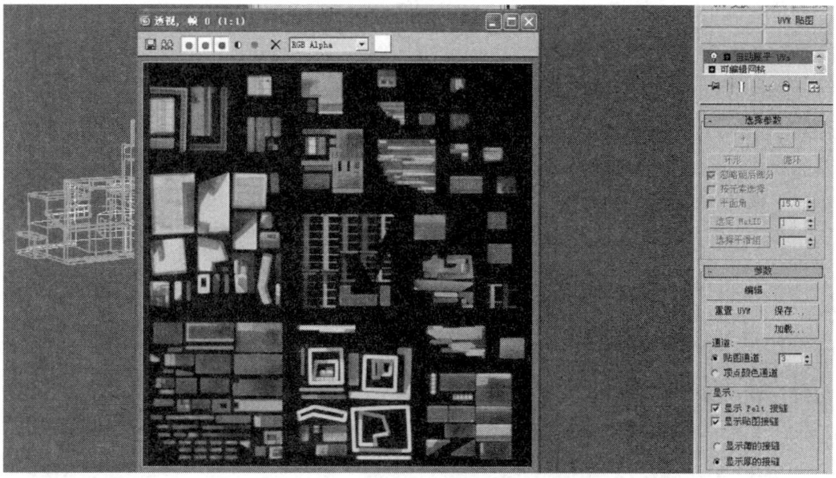

图 5-5-27　烘焙输出效果示意图

(8)烘焙完成后,单击"自动展平 UVs ",在参数面板下面单击"保存",保存 UVW 贴图坐标纹理,如图 5-5-28 所示。

图 5-5-28　烘焙输出纹理坐标设置

在烘焙输出中,需要注意 UVW 通道的转换,否则可能会导致模型贴图坐标错乱。

(9)保存好 UVW 贴图坐标后,打开材质编辑器或按"M"键直接打开,选择一个空白材质球,将该材质球的贴图更改为烘焙生成的纹理,并将材质赋予烘焙的对象,效果如图 5-5-29 所示。

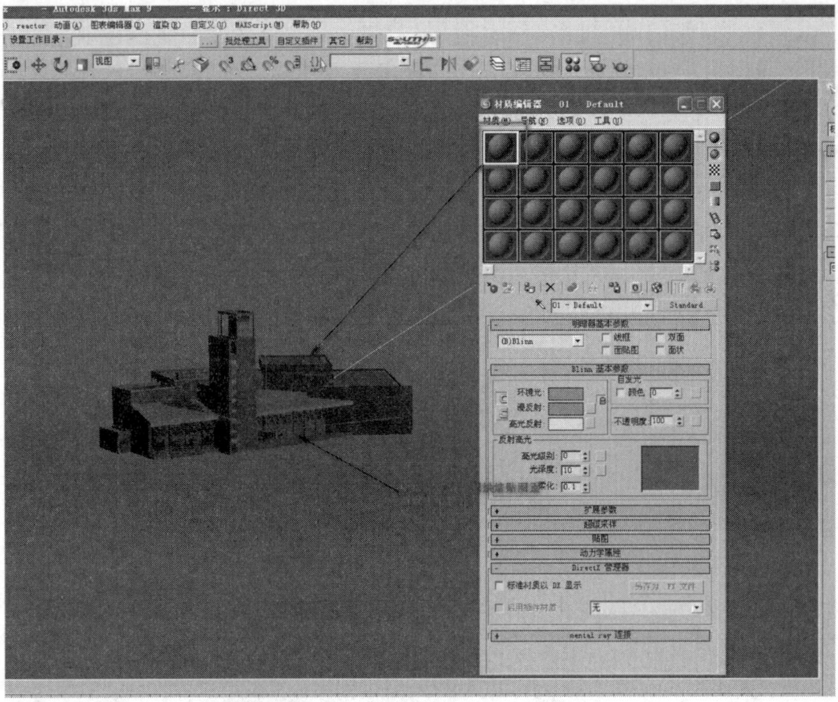

图 5-5-29 烘焙纹理反贴示意图

(10)关闭材质编辑器,把修改栏中烘焙生成的自动展平 UVs 删除,在 UVWMap 下拉列表中选择"加载",将之前保存的 UVW 贴图坐标纹理加载进来,完成烘焙纹理的加载,如图 5-5-30 所示。

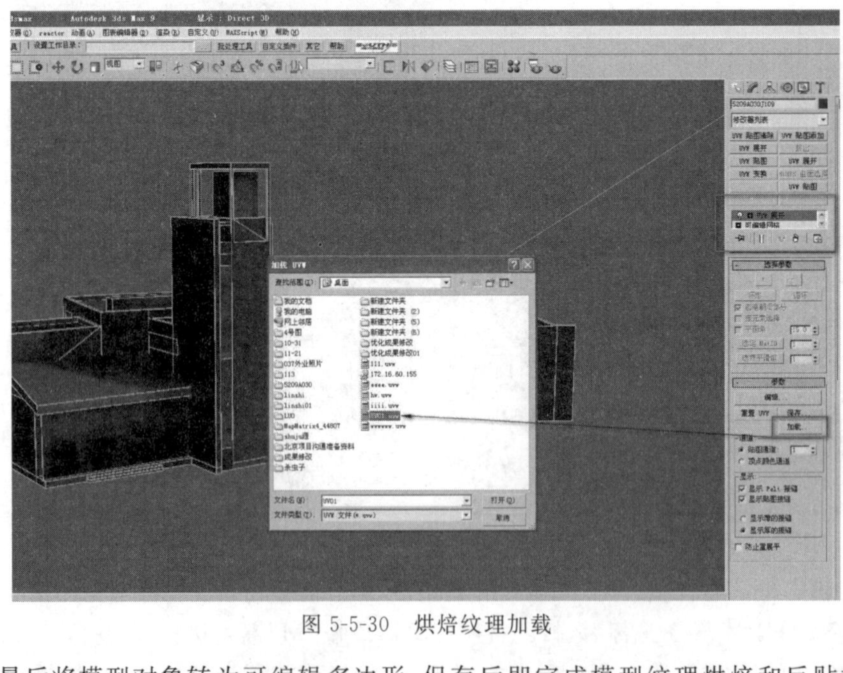

图 5-5-30 烘焙纹理加载

(11)最后将模型对象转为可编辑多边形,保存后即完成模型纹理烘焙和反贴加载过程。在烘焙过程中,对于不同的效果要求,参数的设置需要进行相应的测试和调整,三维城市模型的烘焙还应考虑烘焙的速度和成果的数据量。

在对大面积的城市三维模型进行烘焙时，一般需要把大场景中的模型根据一定的规则拆分，并按规定的烘焙纹理尺寸分多批次进行烘焙。通常情况下，三维城市的烘焙贴图尺寸不应大于 1024×1024，如单个模型较大、纹理较多时，应对模型进行拆分，烘焙完成后再把拆分的模型合并还原。总的来说，城市三维模型的烘焙应该使用性能较好的计算机进行，以提高烘焙的效率。

§5.6　三维可视化检查与美化

三维模型成果生产完成后，还需要在场景中进行全面三维可视化检查，具体内容如下。

(1)场景数据的完整性检查：检查模型成果数据是否全部已加载完成，是否有模型的丢漏。

(2)模型坐标的正确性检查：通过在可视化平台中，把模型成果与以正射影像图及平面控制数据叠加，检查模型是否有移位。

(3)检查模型之间的衔接是否正确，是否有不合理的缝隙或重叠。

(4)检查相邻的地物模型是否存在重面，如有地形起伏则需检查地形与其他地物模型高程的接合情况。

(5)检查模型是否有丢失纹理，是否有模型对象分离、模型缺面等情况。

(6)检查三维场景中的不合逻辑情况，如同一小区建筑屋顶瓦片大小相差较大，同类建筑层数相同高度相差过大，建筑门口出现草地、树木等地物遮挡等情况。

1. 需要进行场景美化的主要问题

(1)相邻建筑模型的亮度、色彩对比度出现强烈反差。

(2)地面模型衔接处色彩过渡不自然、不合理。

(3)较大的地块用了单色或同一种纹理。

(4)行道树千篇一律的形态和色调。

(5)道路面衔接处裂开，形状突变。

(6)大面积植被的色调和纹理特征明显阵列。

(7)广场、公园等绿地树木种类、颜色、形态单一。

2. 场景美化的主要方法

(1)对相邻建筑模型亮度和色彩对比度的不合理反差，可通过在建模平台上对模型的纹理进行匀色，找一个合适的色调折中值，把相邻的模型根据折中色调进行统一处理。但要注意折中色调的合理和美观，并选择正确的光影效果，以增加建筑模型与整体场景的协调性。

(2)对地面模型衔接处出现色彩生硬、唐突、断节等情况，一般通过在建模平台中对地面纹理进行过渡处理，如通过在接合生硬的地方两边纹理往同一种色调拉渐变，在唐突的地方增加中间过渡纹理，断节的地方补上协调纹理，以减轻或消除地面衔接的不自然。

(3)在较大地块使用了单色纹理，会造成整个场景的单调感，一般需要把纹理进行增加杂色、作旧等处理，必要时还应切分大纹理，变成多个小纹理，以提高纹理的清晰度、分辨率和精度。如在较大地块使用了同一种尺寸较小的纹理，容易造成纹理 UVW 阵列重复，整体效果不美观，对于这种情况，可把地块用结构切开分块，在块与块之间增加一些合理的示意性内容，如种树、加内部的行人小径等，避免大面积的同一纹理阵列。

(4)在行道树的处理上，可用一定范围和规则的随机函数，把同一种类型的树木随机地变化高度、树冠大小、树冠方向等，还可以通过处理透明贴图纹理，把同一种类型的树制作成5～10种不同的形态和色调，在“种”行道树时通过人工或程序随机摆种，可形成形态丰富、美观的行道树，如图5-6-1所示。

图 5-6-1 多种形态行道树效果

(5)在大片绿地的处理上，可结合实地照片，通过增加挤出一定高度的花圃结构作分界线，再使用多种不同的色调和纹理贴图，且尽量把纹理的接合处藏在茂密的树丛下，可以较好地处理绿地的衔接，形成较好绿化模型效果，如图5-6-2所示。

图 5-6-2 大片绿地分隔效果

(6)在道路纹理过渡和衔接的处理上，可尽量把纹理接合处压置在道路的侧石下，在起伏较大的地方多分段，且分段线要垂直于路中心线，对于道路面上的标线和车道指示箭头，可单独制作独立面片，贴上纯白色纹理，浮置于道路纹理之上3 cm左右，以达到不闪面且较清晰的路面纹理效果，如图5-6-3所示。

图 5-6-3　道路标线效果

(7)在各种花圃、绿地上的大批量景观树,可结合实地照片,在保证主要树种位置和形状正确的前提下,采用多种其他树种进行美化补充;可根据人站立的视点确定各棵树的高低分布,保证各类树木高、中、低的立体垂直变化合理丰富;在成片较单一色调的树林中穿插种上暖色调的红色、黄色、紫色等花卉树种,形成立面空间绿化色调的丰富变化;大面积树林切忌同一种类、同一颜色、同一形状、同一高矮、同一大小的单一树木重复使用,如图 5-6-4 所示。

图 5-6-4　空间立体分布树木效果

(8)对于地面的铺砖纹理,要注意 UVW 的尺寸,防止出现过大或过小。在一个项目中使用同一张通用材质纹理时,应先根据实际情况设定合适的 UVW 值,所有作业员在用同一张纹理时使用同样的值,且在方向的调整上要与周边其他地物纹理相匹配,符合实际的逻辑关系,如图 5-6-5 所示。

图 5-6-5 统一大小和注意方向的人行道铺砖效果

(9)对一些没有空间尺寸信息的小品模型，如在绿地间刻上字的景观石头，人物、动物雕像，假山花架等，在建模时要结合照片与周围地物比较，确定小品较正确的尺寸大小，使场景的整体效果合乎逻辑，相互位置关系和大小关系正确，如图 5-6-6 所示。

图 5-6-6 小品模型大小与位置控制效果

(10)在一些道路两边的路灯、路名牌、公交站、广告牌、果皮箱等小品模型，有定位参考的模型空间位置必须准确，没有定位信息的模型，相对位置关系必须正确，路灯可根据实地情况生产一个，根据实际情况重复用在一个路段中，但要注意同样的路灯在不同的路段使用时高度要一致，如图 5-6-7 所示。

图 5-6-7 道路两边小品相对空间位置效果

(11)对于红旗模型，可根据需要制作成 GIF 动态纹理进行贴图，以能体现出迎风飘扬的效果。

(12)对于大型的运动场，使用一张纹理贴图时，跑道分隔线纹理容易虚化模糊，可把分隔线做成单独面片，浮置于跑道上方 3 cm 的位置，可达到较好的效果，如图 5-6-8 所示。

图 5-6-8　运动场跑道分隔线纹理示意效果

(13)对一些单位的室外停车场，以及大型的公交站场，可以合理摆放各类汽车模型，使整个场景空旷感不明显，沉浸感更强，如图 5-6-9 所示。

图 5-6-9　室外停车位放置车辆后效果

(14)一些用透明贴图建立的树木、花卉等模型，在场景中需要特别注意与地表的接合情况，可做成有些许穿插进地面，防止出现类似于飘浮在空中不真实的感觉。

(15)最终的模型场景效果，可采用烘焙增加光影效果和立体感，体现出模型整体的层次感及和谐感，提高仿真度。

§5.7 格式转换

格式转换主要介绍模型在集成进可视化平台前的数据准备和格式转换，包括常用的转换工具和转换方法，以及转换后的成果质量检查。格式转换是城市三维模型可视化应用的一个重要工序，通过这个工序，使三维模型能在各类三维 GIS 平台中可视化展示和应用。

5.7.1 常用的三维模型格式

在目前，城市三维模型的生产平台和集成平台并不完全一致及统一，建模平台的数据也不能直接在集成平台中使用。因此，需要把建模平台的模型数据格式转换为集成平台所使用的数据格式。

1. 常用的三维模型生产平台数据格式

(1)三维模型数据包括：. max、. 3ds、. obj 等。

(2)模型纹理数据包括：. bmp、. tif、. tga、. png、. gif 等。

2. 常用的三维模型可视化集成平台数据格式

(1)通用的中间转换格式:. 3ds、. obj。

(2)EAVR 数据格式：. ive、. south，以及 dwg、dxf、shp 等二维数据格式。

(3)Skyline Terra Explorer Pro 数据格式:. shp、. xpl、. xpl2、. x、. fly 等。

(4)ArcGlobe 数据格式：. gdb、. 3dd、. shp、. mdb、. multipatch 等。

5.7.2 常用的转换工具

1. 三维可视化应用平台自有的转换工具

如. x 格式转换 PandaDirectXMaxExporter 工具;. osg 格式转换 OSGEXP 工具;. usx 格式转换 usxExporter 工具等(图 5-7-1)。

图 5-7-1 常用转换工具图标

2. 自主开发转换工具

自主开发的转换工具主要是根据三维城市项目的模型成果格式及可视化应用平台的集成格式要求，定制开发的模型批处理工具，能有效、快速、无损地完成模型成果结构、拓扑、语义和纹理的转换。

5.7.3 常用的转换方法

1. 建模平台自带转换工具转换

模型的中间通用交换格式可通过 3DMAX 等建模平台导出，如 3ds 格式的导出方法如下：

(1)检查优化模型成果，确保无拓扑和冗余问题后，直接选择导出，如图 5-7-2 所示。

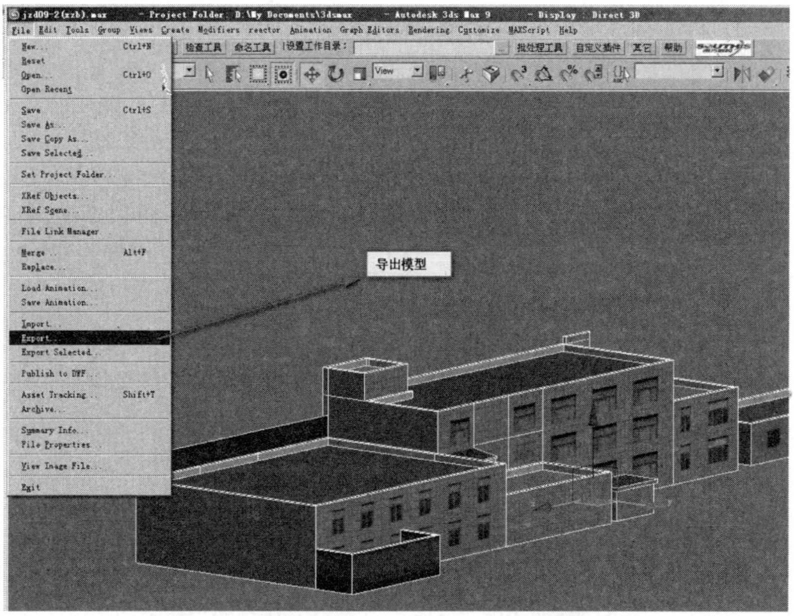

图 5-7-2　3DMAX 自带转换工具菜单

(2)选择导出格式，设置保存的文件名称，如图 5-7-3 所示。

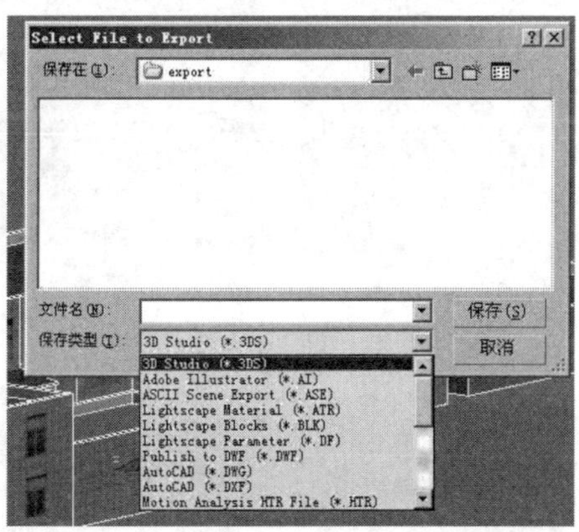

图 5-7-3　3DMAX 转换工具格式选择

(3)确认导出完成，会弹出完成提示窗口，如图 5-7-4 所示。

图 5-7-4　3ds 格式转换完成提示

3ds 格式模型成果的纹理命名长度不能大于 8 位，否则在可视化时模型会出现纹理错乱情况。

2. 使用转换工具转换

通常不同的可视化应用平台提供自己独有的转换工具，安装好对应的平台格式转换工具后，可以直接完成模型成果格式的转换，如把.max 格式模型成果转换为 Uniscope 平台使用的.usx 格式的方法如下。

(1)安装格式转换工具 usxExporter1.0.4.1，将工具软件直接复制安装在 3DMAX 安装目录的“plugins”文件夹下(图 5-7-5)。

图 5-7-5　USX 转换工具安装路径

(2)设置导出参数。在用该格式转换工具导出.usx 格式数据时，需要使用 Selected Export(选择输出)工具，不能直接使用 Export(输出)工具(图 5-7-6)。

图 5-7-6　USX 纹理导出参数设置

(3)完成数据转换。设置好相应的转换参数后，可直接按“OK”，完成模型的转换和输出。

5.7.4　转换后的检查

转换后的模型检查主要是采用人工可视化的方法进行，检查内容包括模型丢面、模型黑面、模型丢失、模型分离、模型炸散，以及纹理 UVW 坐标错乱、纹理丢失、纹理损坏等问题，主要检查模型对象是否能正常完整地可视化。通常有两种检查方式。

1. 导入三维可视化应用平台检查

通常情况下，城市三维模型的最终使用平台是可视化应用平台，因此模型转换后效果的合格与否可通过模型数据集成后直接在可视化平台中检查，这种方式适合大范围的模型成果检查。

2. 使用辅助可视化工具检查

辅助可视化检查工具主要是对单个或小面积的模型成果进行检查，可以详细地检查格式转换后的模型结构、拓扑、纹理、语义和空间位置，如使用 DirecrX Viewer 工具检查. max 格式转换为. x 格式后的模型数据(图 5-7-7)。

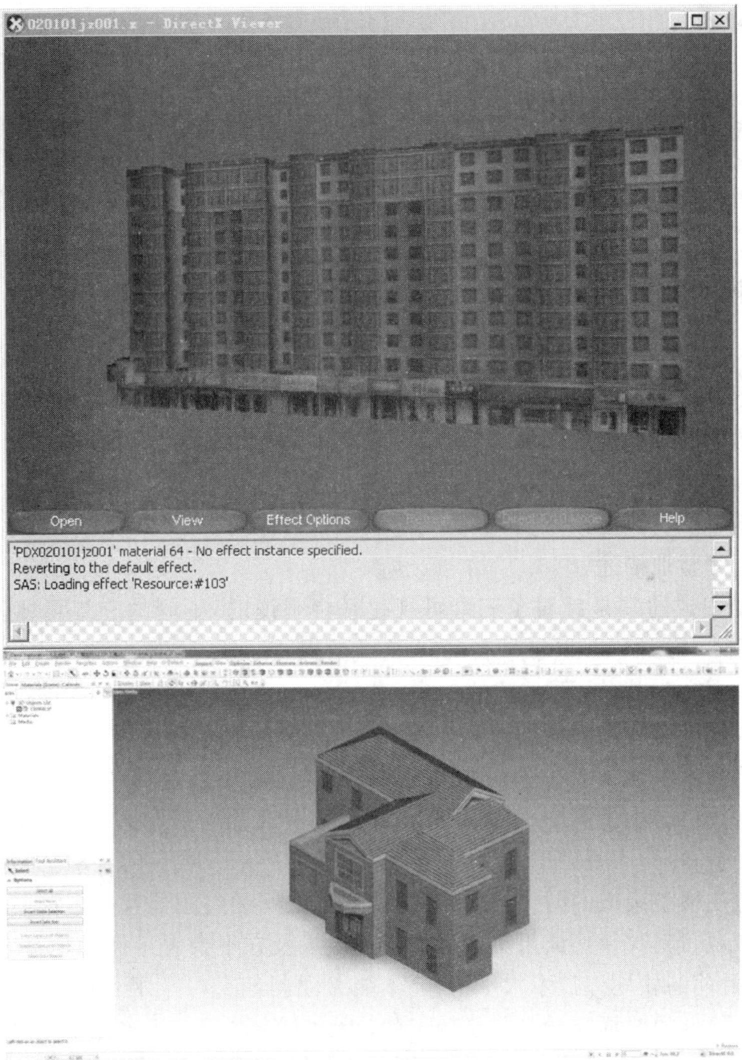

图 5-7-7　使用 Deep Exploration 工具检查模型效果

第6章　数字城市三维模型的可视化集成

数字城市三维模型成果集成的主要内容是三维模型数据入库及可视化应用，根据目前常用的几个数字城市三维可视化应用平台特点，本章主要介绍三维城市模型数据成果集成入库的流程。

§6.1　三维模型可视化集成基本知识

三维模型的可视化集成涉及平台、架构、展示等内容，不同的三维可视化平台有不同的集成要求，也有自己的侧重点。目前在数字城市常用的三维可视化平台中，有的注重色彩的还原，有的注重数据库的管理，有的注重大数据量的加载。

6.1.1　三维模型集成的概念

数字城市中三维模型的集成是把不同种类的三维模型数据转换为统一格式，集合在统一空间坐标系统下，使模型在三维平台上集成后，进行浏览、查询、分析、应用的过程。三维模型的集成也可理解为三维模型的入库。

在数字三维城市中，三维场景集成是将建筑、道路、水系、绿化、管线、地形、小品等三维模型利用计算机、软件工程、虚拟现实、可视化等技术集合在同一个空间体系中，实现对三维地理空间直观、合理、完整地描述。

三维模型的集成通常是针对于三维可视化平台来说的，不同的三维可视化平台集成（入库）要求和格式不一样，如Skyline平台的.x格式数据，ArcGlobe平台的multipatch格式（shp格式），Uniscope的usx格式，EARV的south格式，NewMap的3dm格式等，模型集成入库的过程也就是格式转换和导入平台的过程。

数字城市三维模型的集成一般按不同的要求和类型分层转换和入库，如模型可分为地面、建筑、道路、水系、绿化、小品等。一般情况下，先把数字高程模型和数字正射影像图作为空间控制参考集成进平台，作为基础的地形。再根据平台的要求或项目的要求，把各地物模型转换导入整合。各地物模型集成的时候，通常要考虑它们之间的空间位置和拓扑关系，确保它们之间正确、合理、美观。其次模型成果集成后的使用效果及在平台中运行的效率与平台的性能有很大的关系，在目前的软硬件技术水平下，还不能无限制地在一个平台中集成很大量的数据，也就是说平台和硬件的数据容量极限是一定的，因此为能在同一平台中集成更多更大面积的数据，就需要在不降低使用效果的前提下对模型数据进行优化，包括结构的精度优化、纹理的精度优化、模型的冗余优化、模型的面数优化等。

在现常用的数字城市三维可视化应用平台中，除了不同平台对集成源数据有不同的要求外，同一个数据在不同平台集成后的效果也会有差异，这是由于不同的三维可视化平台采用不同的引擎、渲染方式和数据格式，所以造成在同一个生产平台生产的模型成果在经转换后再集成到不同的可视化平台产生不一样的视觉效果。

不同的城市三维可视化平台使用的数据格式对纹理色调的还原能力也不尽相同。目前常用的三维 GIS 平台都有自己的数据格式，可能是考虑到使用效率的原因，在专用数据格式转换过程中对模型数据进行了切分、重组和排列，以能与自己平台的性能最兼容，因此大多只保留了一些最需和最有用的信息，舍弃了不需要的信息，如 3DMAX 中自带的阴影、环境光、渲染色调等信息，基本上都在模型数据转换为其他集成平台的专用数据格式时丢失了。因此如需要这些信息，就需要用专门的转换工具，把这些信息作为一个必选的内容转换过来。

一般来说，一个完整的数字城市三维模型数据有很多类型，分别来自不同的数据源。不同的平台也有不同的转换集成方式，将在后面的章节中进行介绍，就目前数字城市三维可视化平台集成中常用的数据种类有以下几种：

(1)数字高程模型(DEM)。

(2)数字正射影像图(DOM)。

(3)地面模型：建筑模型、交通模型、水系模型、绿化模型、城市地物小品模型等。

(4)地下模型：地下停车场、地铁、各类管线模型等。

(5)建筑室内模型。

(6)属性信息：模型的属性信息。

(7)二维矢量数据。

(8)动画数据。

(9)其他数据等。

6.1.2　典型的三维可视化平台

目前，数字城市建设中比较典型的三维可视化平台主要有以下几种。

1. EAVR 三维 GIS 平台

1)平台简介

EAVR(易维)三维 GIS 平台是广东南方数码科技有限公司依托公司在测绘行业的丰富经验和技术优势，独立开发出的具有完全自主知识产权的数字城市建设三维可视化平台。该平台集成了最新的地理信息、计算机网络、计算机图形学、虚拟仿真等技术，它可以综合多源地理数据(栅格、矢量)与实体模型对地理环境中的自然和人工实体进行建模，并具有大范围、海量的、多源的数据一体化管理与可视化功能，以及快速实时的三维场景浏览功能。EAVR 支持三维空间测量分析、通视分析、填挖方分析、空间拓扑分析等功能，可与常见 GIS 软件平台交互并集成使用。EAVR 提供开放的全球基础影像资料，方便用户快速构建三维空间信息服务体系，可广泛应用于国土资源、水利、电力、交通、农林、环保、城市信息等行业，以及公安、消防、军事等领域。另外，在数字城市建设，科技、工业园区的招商，房地产、楼盘的宣传，博物馆、旅游景点的展示等方面，也能发挥很高的应用价值。

2)EAVR 三维 GIS 平台功能介绍

(1)灵活多样的建模方式，自动批量生成三维建模。

(2)强大的空间分析及数据管理功能。

(3)逼真、复杂的环境模拟，置动态粒子引擎，支持动态和粒子模型。

(4)空间数据查询与统计功能，自动生成报表。

(5)属性的管理与编辑，可订制各类属性报表。

(6)支持截面和地形的管理与分析。

(7)支持实时动态卫星定位信息的接入,可进行准确导航和位置服务。

(8)多数据整合,海量数据加载。

(9)提供二次开发接口,进行自定义界面,用户也可以通过 EavrSDK 开发所需的功能模块。

2. Terra Explorer Pro

1)平台简介

Terra Explorer Pro 平台是 Skyline 公司的产品,以三维模型数据集成展示为主,实现地形、建筑、道路等地形地物可视化功能,同时还能够在三维平台中创建二维符号及实体模型,通过二维符号与三维模型能构建一个具有真实世界特征的三维场景。

2)常用功能介绍

Terra Explorer Pro 是一个容易使用编辑的交互式三维场景编辑器。

(1)具有编辑、注释、打印真实地物图像的功能。

(2)具有对象实体模型的建立、GIS 图形编辑、注释、查询,以及空间分析等功能。

(3)可以进行实时的三维地形浏览,以及利用外部数据源如 GPS 的实时三维场景对象的跟踪等功能。

(4)能直接读取 Oracle 等数据库,与 SHP、DXF、GeoData 等数据兼容。

(5)提供二次开发接口,进行自定义界面。

3. ArcGlobe

1)平台简介

ArcGlobe 是 ArcGIS 9.0 之后出现的新产品,设计用于展示大数据量的三维场景,基于全球视野,所有数据均投影到全球立方投影(world cube projection)下,并对数据进行分级分块显示。

2)功能介绍

(1)在三维环境中的 GIS 工具和功能,可进行空间量测。

(2)可同时查看多个透视图。

(3)进行城市天际线分析、日照分析、通视分析、最大建筑分析等。

(4)可兼容多种数据格式,方便管理和浏览大型的数据库。

6.1.3 三维场景展示的主要特点

三维场景展示的主要特点有以下方面:

(1)更加生动、直观、形象地展示了地物模型。

(2)可将二维符号数据、三维模型数据同时展示在平台中。

(3)可将不同时期(包括规划未建设、已拆除的地物模型)的地物以三维实体的形式可视化展现出来。

(4)可以将多媒体等资料加入到三维场景中,丰富及更真实重建现实环境。

(5)可进行分析、查询、导航等交互式应用。

§6.2　EAVR 平台的集成方法

6.2.1　EAVR 集成入库方法

EAVR 构建三维场景有两种方式：一种是采用传统的数字高程模型(DEM)和数字正射影像图生成地形模型，再与 3DMAX 导出的其他地物模型整合构成；另一种是采用 3DMAX 精细全模型构建场景。两者的区别是地形模型的构建方法不同，生成易维图层的流程有一定区别，下面具体介绍。

在三维模型数据入库进 EAVR 前，需要对三维模型成果的空间位置、拓扑、语义进行详细检查，并修改错误。另外，还需要安装 3DMAX 模型数据格式转换 EAVR 平台模型数据格式需要用到的 OSGEXP 插件。

1. 以 DEM 和 DOM 建立模型构建三维场景的方法

通过 DEM、DOM 和 3DMAX 导出的其他模型进行整合构建三维场景，地形部分需要采用专门的三维场景生成工具 EAVR Builder 来构建。首先使用“生成地形”工具将 DEM、DOM 文件导入到 EAVR Builder，如果 DEM、DOM 文件的投影和坐标不是 WGS-84 的球面坐标系，而是国家的大地坐标系(如北京 54 等)，则需要把大地坐标转换为 WGS-84 坐标。如果 DEM、DOM 为地方独立坐标系，则需要使用“坐标转换”工具输入偏移值和中央子午线转换到 WGS-84 坐标系。如果 DEM 与 DOM 范围不匹配，则需要以其中一个为基准裁剪另一个，软件会自动计算出相互重叠的范围，使裁切后的影像和高程范围相互套合。影像的金字塔层数一般按默认 6 层即可，如果 DEM、DOM 的分辨率很高，则可以增加分层数，其他设置默认，生成地形的步骤如下。

(1)将生成好的地形导入 EAVR Builder，效果如图 6-2-1 所示。

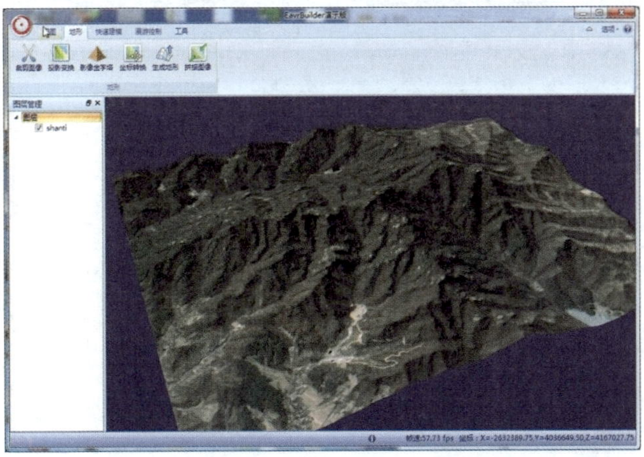

图 6-2-1　EAVR Builder 生成地形模型效果

(2)三维模型的输出。将所有模型按标准完成命名，并根据不同的模型类型划分不同的选择集或者图层，如建筑、树木、道路、水系等，然后再将其按类型分别输出成不同的 ive 格式文件。如果每种类型的模型数据量太大不能一次性输出，则应把模型按一定大小的数量拆分输出，为提高效率每次输出的模型应尽量多，但单个导出的 IVE 文件不能超过 1.4 GB。输出设置如图 6-2-2 所示。

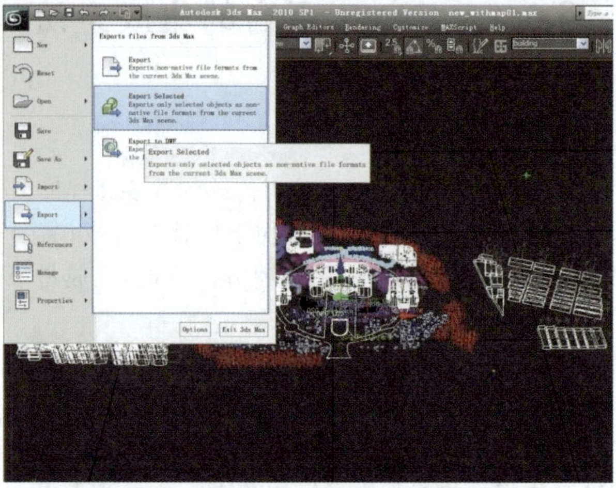

图 6-2-2 EAVR Builder 导出建筑模型设置

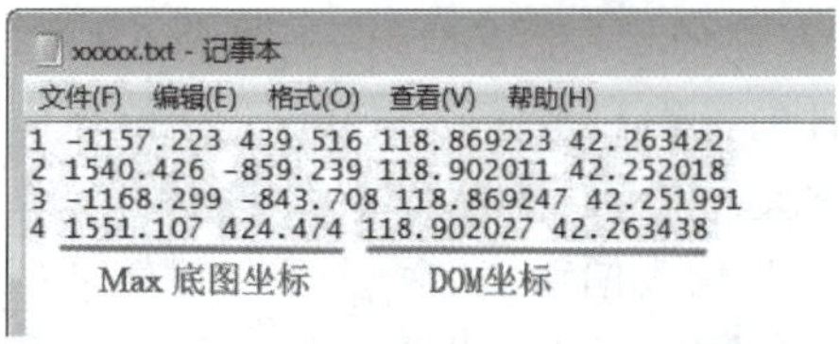

图 6-2-3 读取四对坐标用于空间校正

(3)易维图层文件的生成。

(a)输出 3DMAX 与影像图匹配的角点坐标。将 3DMAX 模型数据的四个角点的坐标用 Point 工具捕捉得出,同时读出 DOM 影像图上与读取模型同名位置的坐标,把得到的四组坐标一一对应编写成 TXT 文件,用于校正模型与 DOM 的相互空间关系。TXT 文件内容和格式如图 6-2-3 所示。

(b)批量分割模型并生成 SHP 文件。通过 EAVR Builder 工具的外部数据处理工作面板,导入 IVE 文件,设置各项参数,并批量分割导出 South 模型文件,如图 6-2-4 所示。

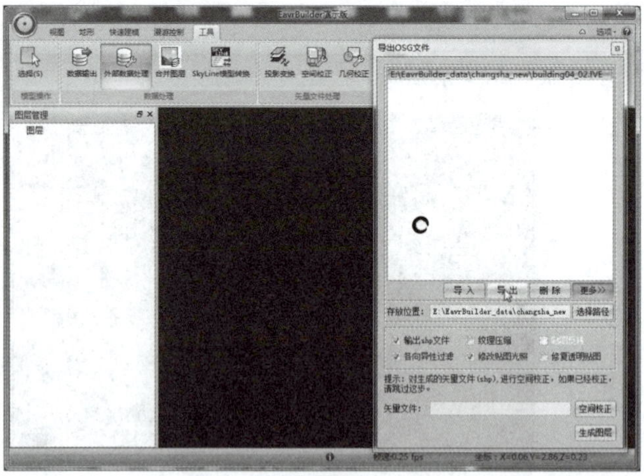

图 6-2-4 批量分割模型并生成 SHP 文件

导出 OSG 文件面板的可选选项含义如下:

输出 SHP 文件:输出模型 SHP 坐标文件;

各向异性过滤:提高侧面观察模型的纹理清晰度,纹理清晰度要求较高的注意勾选;

纹理压缩:如无特殊情况不需要勾选,后面程序会自动进行贴图压缩,但注意所有贴图必须是 2 的 n 次幂；

修复透明贴图：如果模型贴图生产过程在 3DMAX 中带上了不必要的透明通道，但是输出贴图时是不能带透明通道的，这个选项可以修复模型仍然显示为透明贴图的问题，一般不用勾选；

修改贴图光照：3DMAX 导出的模型的贴图一般偏暗，勾选后可以提亮贴图，使视觉效果更好，一般勾选。

(c)模型坐标空间校正。在“外部数据处理”一体化面板点击“空间矫正”按钮，弹出“空间矫正”面板，导入刚才生成的 SHP 文件，添加 3DMAX 模型源坐标和对应的目标经纬坐标，或导入之前生成的 DOM 和模型匹配文件，校正 SHP 文件，如图 6-2-5 所示。

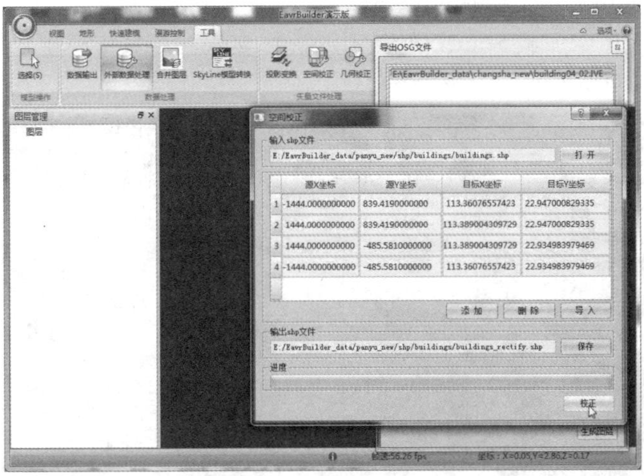

图 6-2-5　校正 SHP 文件

(d)生成模型图层。校正完 SHP 文件之后，在“外部数据处理”一体化面板单击“生成图层”按钮，弹出模型图层制作面板，输入前面生成并校正后的 SHP 文件(软件会自动填入路径)，并导入通过 DEM 和 DOM 生成好的地形文件，指定图层名和存放路径，默认勾选“依赖地形”选项，设置模型各个 LOD 级别的可视距离，并设定图层的分块的行列数，最后生成模型图层，具体设置如图 6-2-6 所示。

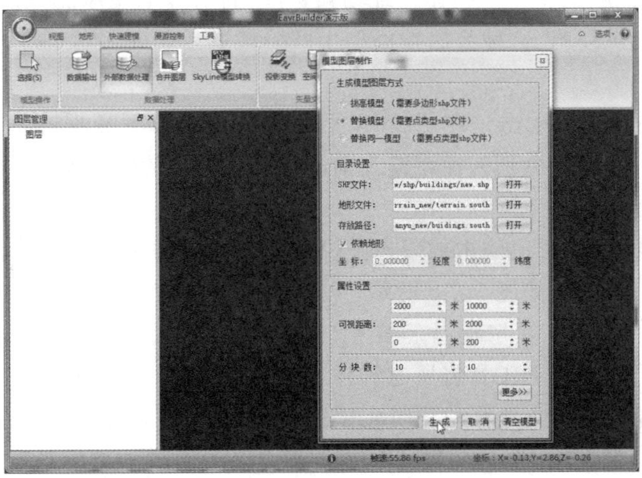

图 6-2-6　生成模型图层

为了能流畅加载和可视化更大面积，一般需要进行模型的 LOD 级别可视距离设置，LOD 级别的含义如表 6-2-1 所示。

表 6-2-1 EAVR 的 LOD 可视化级别

<table>
<tr><td rowspan="3">可视距离</td><td>显示第一级别模型的起始距离</td><td>显示第一级别模型终止距离</td><td>白模</td></tr>
<tr><td>显示第二级别模型的起始距离</td><td>显示第二级别模型终止距离</td><td>较低精度模型</td></tr>
<tr><td>显示第三级别模型的起始距离</td><td>显示第三级别模型终止距离</td><td>高精度模型</td></tr>
</table>

另外，除了进行 LOD 设置外，还应对模型图层文件分块。图层分块是使用 PageLOD 技术将整个模型文件分割成纵横网格的文件，以达到节省内存的目的。分块数视情况而定，一般生成出的一个分块文件大小不要超过 20 MB。

(e)最后在 EAVR 中加载 South 模型图层文件，实现三维城市模型数据的可视化和应用，三维场景效果如图 6-2-7 所示。

图 6-2-7 DEM 地形加建筑模型的三维场景示例

2. 以 3DMAX 全模型构建精细场景

采用 3DMAX 的精细全模型构建三维场景，可以高仿真地还原测区的真实景观和地形地貌，并能得到较好的沉浸感，这种方法在模型生产阶段的工作量较大，模型成果的数据量也通常较大。

(1)3DMAX 三维模型输出。在 EAVR 平台集成三维模型数据的工序中，3DMAX 三维模型输出包含两部分内容，分别为模型输出前的准备及模型的输出作业。

(a)模型输出准备。

用 ArcMap 打开场景对应的正射影像图(WGS-84 坐标系)，找出某个地物的具体坐标，并把其经纬度坐标记录下来，如图 6-2-8 所示。

在 3DMAX 用 Point 工具取得以上参考地物的 X、Y 坐标并记录下来，如图 6-2-9 所示。

将所有物体打开，用移动工具将所有物体移动负的 X、Y 坐标值，这样就将参考地物的 X、Y 坐标归零，整个场景也相应地移动到对应位置，如图 6-2-10 所示。

(b)模型输出。像采用 DEM、DOM 生成地形整合建筑模型的场景输出一样，精细全模型的成果输出也要将所有模型按标准命名，并划分为不同的模型图层，如建筑、树木、道路、水系等，再将其按类型分别输出成不同的 ive 格式文件。

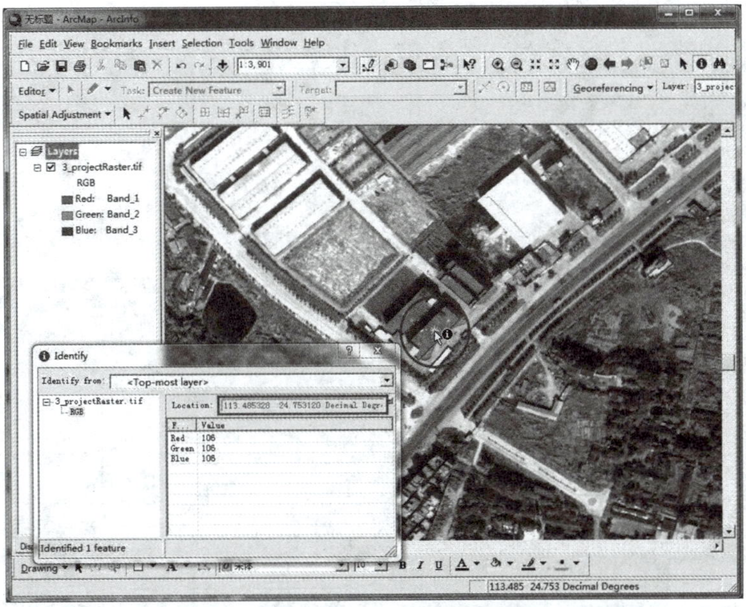

图 6-2-8　在 ArcMap 获取参考地物的经纬坐标

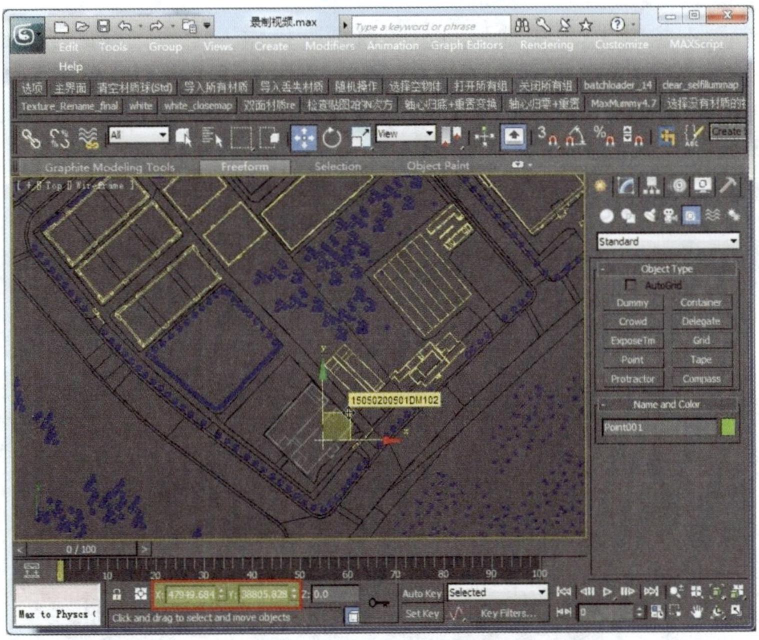

图 6-2-9　Point 工具获得参考地物的 X、Y 坐标

（2）批量分割模型生成 SHP 文件。批量分割模型生产 SHP 文件也与采用 DEM、DOM 和建筑模型建立三维场景一样，使用 EAVR Builder 工具的外部数据处理工作面板导入 IVE 文件，批量分割导出 South 模型文件。

（3）生成模型图层。采用精细全模型建立三维场景生成模型图层与用 DEM、DOM、建筑模型建立三维场景的操作有一个地方存在差异，前者在定义图层名和存放路径时要勾选“依赖

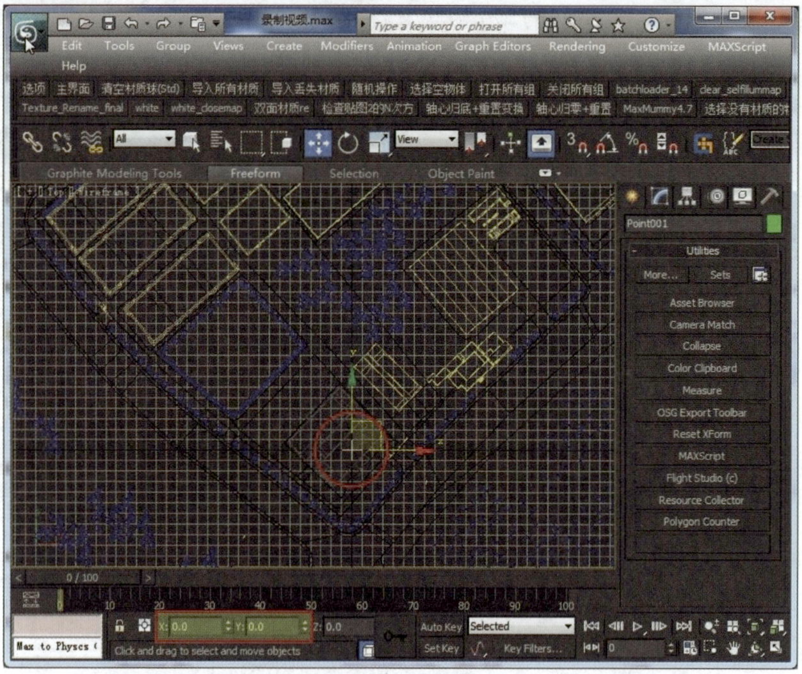

图 6-2-10　用移动工具将整个场景移动到参考物体原点

地形”选项，后者则不能勾选“依赖地形”选项，而是直接输入之前记录的场景经纬度坐标，如图 6-2-11 所示，其余操作均相同。

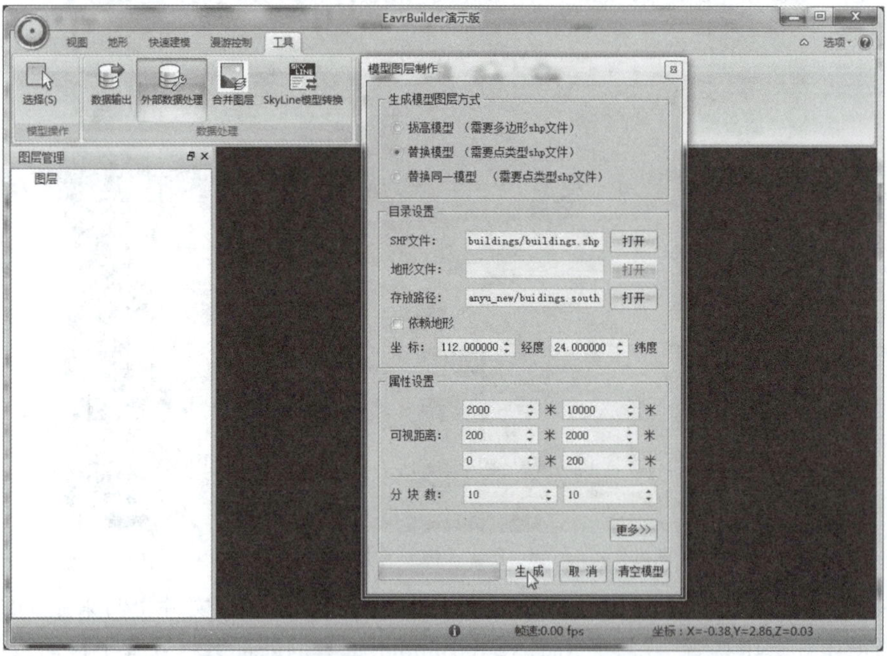

图 6-2-11　精细全模场景生成模型图层设置示意图

(4)在 EAVR 平台中加载全模场景并可视化，生成的三维场景效果如图 6-2-12 所示。

图 6-2-12　全模场景效果示例

6.2.2　EAVR 三维平台常用功能介绍

易维 2.0 平台实现了从空间信息文件建立综合模型文件库，从精细场景中提取核心空间信息库，通过空间数据引擎建立空间数据管理中心，给综合模型库与空间信息库提供更强大的功能支持，包括三维的空间分析、三维模型的自动建立等。

1. 自动建立三维模型

三维模型的自动建立可根据要求分为不同的精细级别，对重点的区域可精细建模，对一般区域可根据要求降低模型精细度，对次要区域可建立体块模型，这样能在保证效果的前提下节省三维建模的时间和经费。

1)EAVR 数据管理中心功能

EAVR 平台支持通过读取矢量数据和图形及属性，对不同的地区选择不同的建模方式。对于那些不是十分重要的区域可以批量生成场景中的建筑物，并可以通过纹理库自动贴上示意纹理或进行真实照片生产纹理贴图。同时，系统可以支持外部精细模型的加载，尤其是对重点场景和标志性地物可以进行精细化建模(图 6-2-13)。

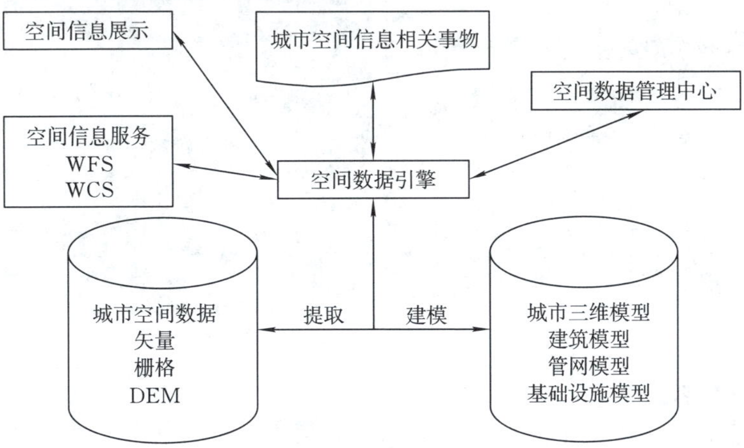

图 6-2-13　EAVR 数据管理中心示意图

2)自动生成建筑简单模型

自动生产建筑物简单模型可通过矢量建筑物二维轮廓数据及楼层、楼高属性,自动生成和拔高模型,并能通过属性关联自动应用墙体贴图,通过影像图批量提取屋顶纹理和自动贴图,支持单一视图内2万个模型自动进行LOD、四叉树纹理压缩功能,生产效果如图6-2-14所示,主要步骤如下。

(1)选择加载类型。使用菜单栏中的建筑物下拉菜单,通过SHP(多边形)生产建筑物工具,或者点击相对应的图标。

(2)设置输入文件,指定高程字段,生成文件。输入SHP文件、地形文件,指定模型高度字段,最后指定保存路径,即可生成。

(3)加载模型检查。导入建筑物模型,检查效果。

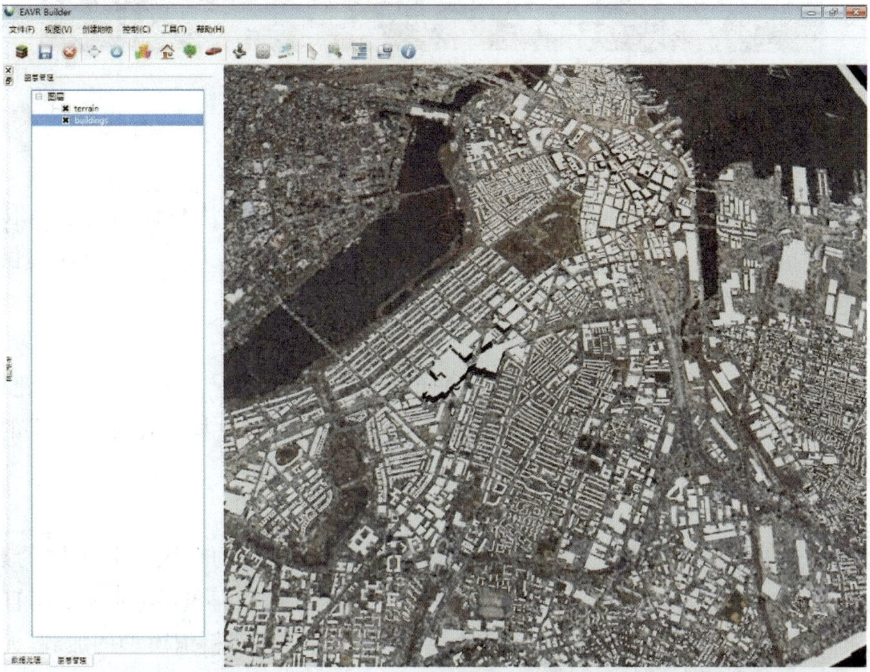

图6-2-14 EAVR自动生成白模型效果

3)精细建筑模型处理

通过获得精细建筑模型的空间信息,利用空间信息进行场景的优化与四叉树组织,通过EAVR Builder自动或者半自动完成模型的处理,步骤如下。

(1)建立和调整模型。

将 DOM 转换成的底图导入到 3DMAX,参照底图完成建筑物、地面、绿化模型等地物(最好是烘焙过的模型)的构建。全选地物,使用 3DMAX 的重置变换工具(reset xfrom)将地物模型重置变换,以确保将建模时可能使用的局部坐标系合并到统一世界坐标下。在安装好 OSGEXP 插件的情况下,将模型分门别类地输出成 OSG 文件(如建筑、树木等分别输出)。

将 3DMAX 底图的四个角点的坐标用 Point 捕捉得出。与 DOM 坐标一一匹配得出四组坐标,编写成校正 TXT 文件,以便在 ArcMap 校正模型坐标使用。

(2)批量分割模型和获取地理要素数据。将模型单个处理以及输出模型的 SHP 文件,将 SHP 文件导入校正,用刚才编写好的 TXT 文件完成 SHP 文件坐标校正,最后保存编辑。

(3)自动对数据分块分层,生成图层。根据 SHP(点)生成建筑等地物,在打开的面板中输入刚校正好的 SHP 文件及地形文件,选择模型输出路径保存。

(4)加载和检查模型。将各种生成好的地物模型导入进来,检查效果。

生成模型效果如图 6-2-15 所示。

图 6-2-15　EAVR 精细建筑模型自动处理及展示效果

2. 地形模型的构建

将已有的 DEM 和 DOM(需带坐标)导入,完成数据裁剪、构建金字塔,最后构建地形模型,效果如图 6-2-16 所示。

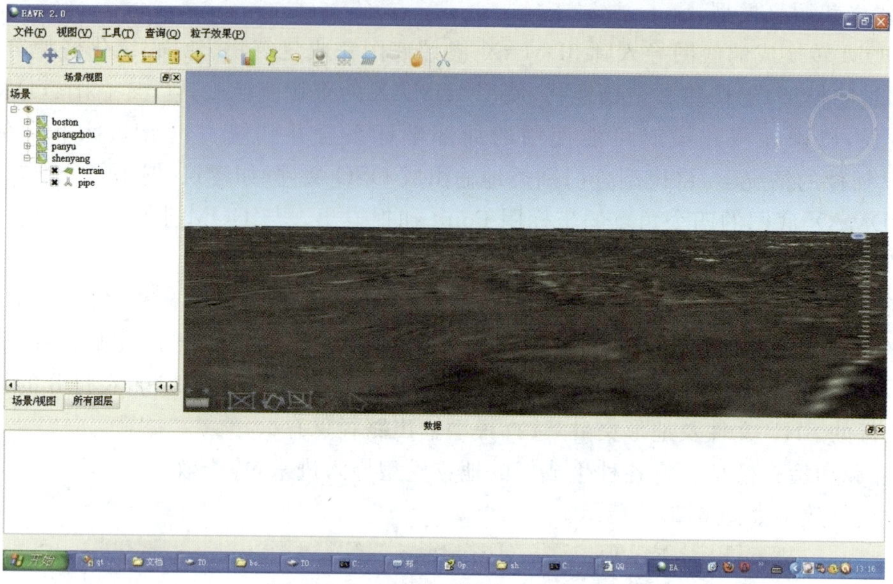

图 6-2-16　EAVR 构建地形示意图

3. 空间数据查询与统计

易维 2.0 支持三维模型、矢量线和矢量面的查询，直接查询建筑模型，可以浏览查看挂接在房屋本身的属性及基础档案资料，如图 6-2-17 所示。

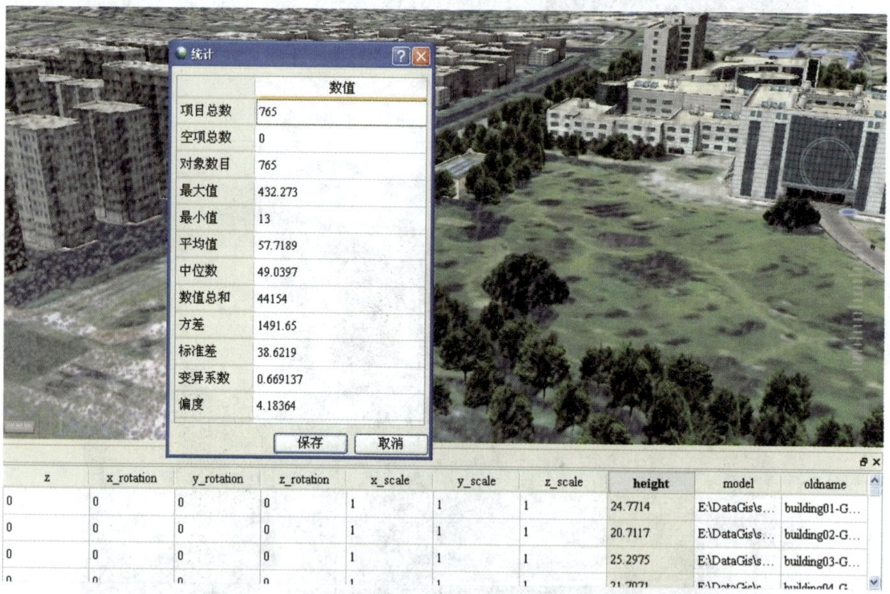

图 6-2-17　EAVR 空间数据查询统计

1)属性和位置查询

易维 2.0 支持地名属性信息的模糊和精确匹配查询，同时提供了快速集成其他信息的接口，通过接入数据库服务，将模型的语义信息和三维场景相关联，能够在虚拟城市里快速查询定位，以及包括一些必需的空间分析功能(图 6-2-18)。

图 6-2-18　EAVR 属性和位置查询

2)属性的管理与编辑

易维 2.0 提供的属性表格，并不是一种固定的表格形式，它可以根据实际的需求做出调整，用户可以根据自身的需要对其进行相应的自定义，并可修改空间数据的相关属性信息。

3)统计与图表

易维 2.0 提供了方便的属性统计及空间数据功能，可以十分方便地对地物要素进行统计、生成统计报表，如图 6-2-19 所示。

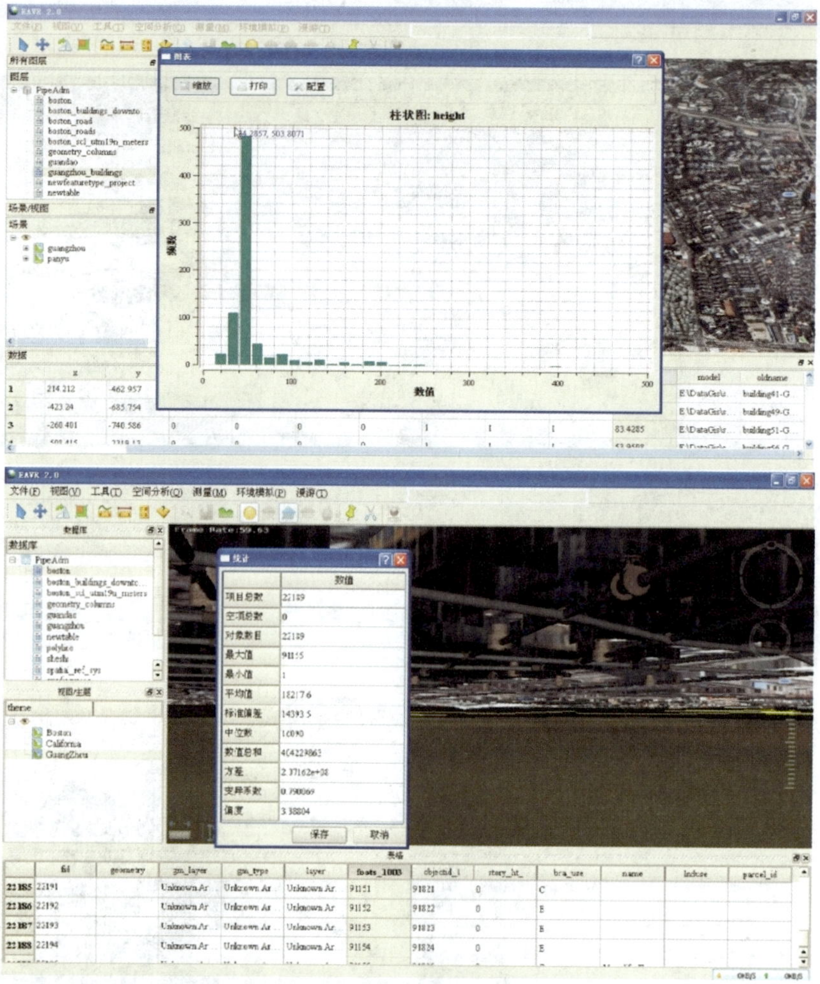

图 6-2-19　EAVR 要素信息统计

4. 空间数据分析

为了给空间决策提供更好的技术支持，更需要能够对空间对象做三维空间分析和查询的功能，如空间距离测量、土石方量计算、最短路径分析、通视分析、缓冲区分析等。易维软件平台提供了空间关系查询、缓冲区查询、日照分析、视点分析等诸多的空间分析功能，并可通过链接空间数据进行更多更有实用价值的分析，如叠加分析、缓冲区分析、网络分析、空间统计分析等。为了满足各行业和业务部门的三维应用需要，EAVR 针对性地开发了坐标转换、空间测量（包括直线距离、水平距离、地表距离、水平面积、地表面积等）、通视分析、空间查询、统计分析、日照分析、剖面分析、水淹分析、填挖方计算等功能。

1）地物的量测

易维 2.0 提供了基本的量测功能，包括地面距离、面积、高度及水平距离的量测等，如图 6-2-20 所示的表面积量测。

2）截面和地形分析

易维 2.0 提供了截面和地形分析功能，此功能在城市规划过程中尤其对城市的天际线规划很有作用，如图 6-2-21 所示。

图 6-2-20　EAVR 表面积量测

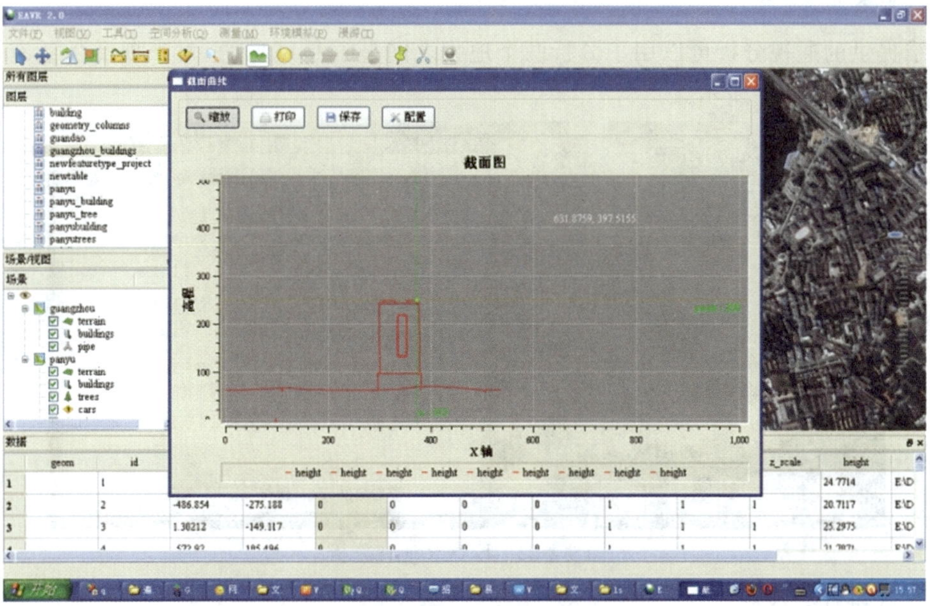

图 6-2-21　EAVR 天际线获取

3)缓冲区分析

缓冲区分析是针对点、线、面实体，自动建立周围一定宽度范围内的缓冲区多边形，通常用于确定地理空间目标的一种影响范围或服务范围，该功能对一些地物的分析十分重要，如图 6-2-22 所示。

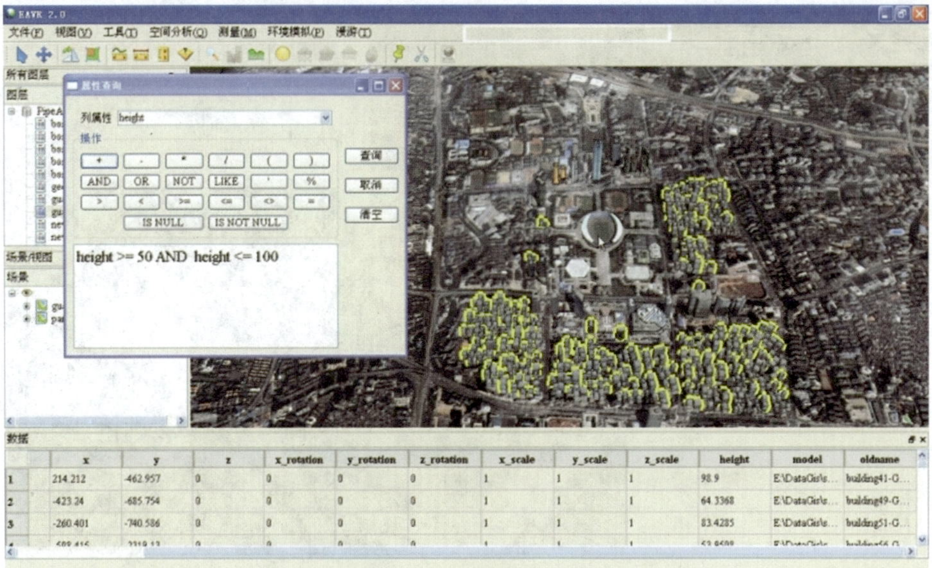

图 6-2-22 EAVR 缓冲区查询

4)通视分析

易维提供的通视分析可以用于分析两个地物之间是不是可见的,对于现实生活有一定的实用意义,如图 6-2-23 所示。

图 6-2-23 EAVR 通视分析

5)日照和阴影分析

易维 2.0 的日照分析功能是模拟太阳光在一天中的变化情况,可用于研究建筑物的阴影对其他建筑物的遮挡,可以辅助政府部门的城市规划,如图 6-2-24 所示。

6)空间关系的查询

就地理信息系统而言,地物之间的拓扑关系是十分重要的信息,GIS 软件的重要功能就是对空间的查询和分析,易维提供了强大的空间关系查询功能,如图 6-2-25 所示。

7)地下管线查询和分析

地下管线的查询和分析功能,对于市政建设中的给水、排水、通信、电力等地下管线的管理起到很好的辅助作用,如图 6-2-26 所示。

图 6-2-24　日照和阴影情况分析示意图

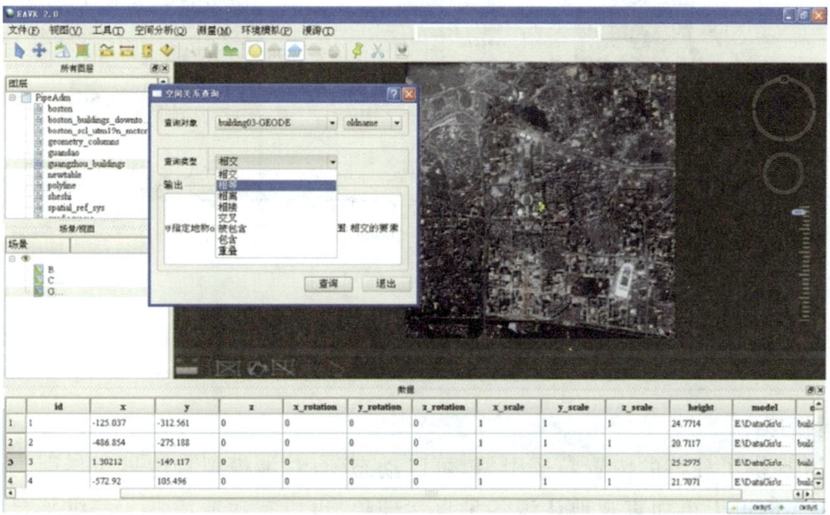

图 6-2-25　地物之间的拓扑关系查询

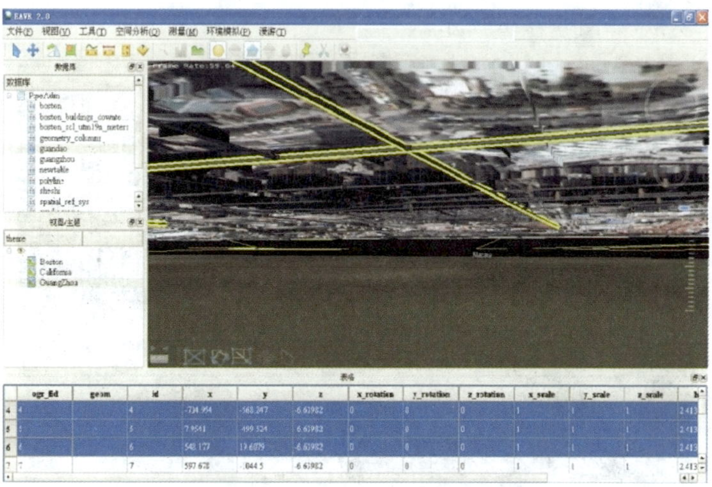

图 6-2-26　地下管线信息查询示意图

5. 空间数据入库

空间数据库的建立有助于基础地理图件的快速更新，以及地理信息数据的共享及相关研究等。目前GIS中常用的空间数据入库主要包括矢量数据、DEM数据、DOM数据、元数据等数据的入库。空间数据入库前要检查源数据的几何精度、拓扑关系、完整性、正确性等质量要素，以及图形和属性的一致性、接边精度等，检查合格的数据方可入库。易维2.0提供了空间数据库，可以方便地对空间数据进行入库管理，包括入库矢量数据的分幅、数据图形编辑、数据属性管理、图层设置、属性逻辑连接设置等功能，数据库进入界面如图6-2-27所示。

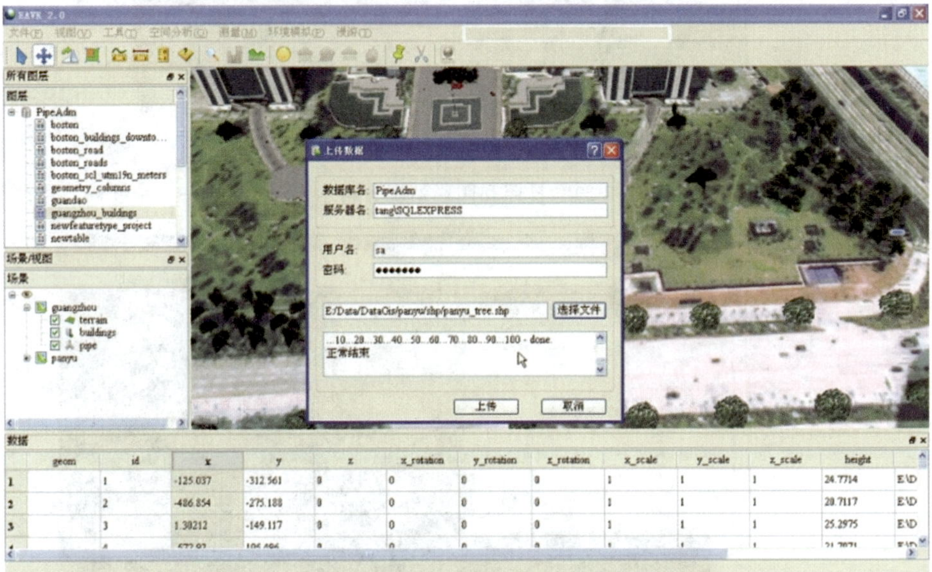

图6-2-27 EAVR数据库用户管理示意图

6. 环境模拟

易维2.0提供了独特的内置粒子引擎，可以动态、直观地模拟自然界包括雨、雪、火焰和爆炸等环境，使人们可以更加直观地认识各种自然现象，也更有效地增强了三维平台对此类现象的表现力和可视化能力，对相应的自然灾害评估等应用具有重要作用。

(1)雪的效果模拟，如图6-2-28所示。

图6-2-28 雪模拟效果

(2)雨的效果模拟,如图 6-2-29 所示。

图 6-2-29　雨模拟效果

(3)雾的效果模拟,如图 6-2-30 所示。

图 6-2-30　雾模拟效果

(4)爆炸效果模拟,如图 6-2-31 所示。

图 6-2-31　爆炸模拟效果

(5)复杂环境模拟,如图 6-2-32 所示。

图 6-2-32　复杂模拟效果

7. 地下管线三维可视化应用

EAVR 平台提供丰富的地下管线加载、生成、三维可视化、管理等功能,可为城市的市政规划建设提供数据分析支持和管理使用辅助。

1)数据处理

通过系统提供的地下管线转化工具,将现有的管线二维矢量数据批量转化为三维模型。

2)管道信息查询

对于地下管线线路的位置、走向和井点信息进行快速浏览查询,为管线市政管理部门提供了快速查看、定位、检索等功能,如图 6-2-33 所示。

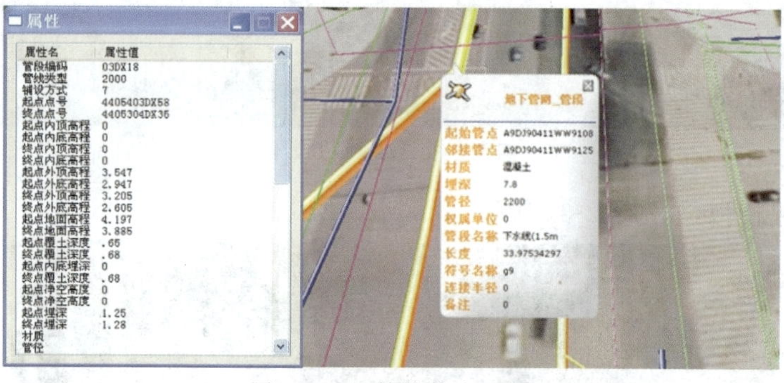

图 6-2-33　管线信息查询

3)管网分析

通过管网空间位置和属性信息,可对排水管网进行连通分析、坡度分析,也可对煤气管道的压力进行分析,找到可能存在的泄漏点,并在预判事故发生地点后,系统自动搜索在 50 m、100 m 和 150 m 等规定范围内的其他危险源,加亮闪烁提示,并显示事故地点与周围消防设施的距离。也可对城市建设的地面开挖进行分析,避免施工破坏地下管道。

8. 特定的环境化配置

在实际应用当中,不同的行业常常需要关注某些特定的场景,如电力系统关注的是电力线路,其他的是次要的;市政管理系统关注的是地下的管线等。对此,EAVR 针对性地对这种不同行业的需求制定了不同的配置，可以根据不同场景的（如城区、风景区、山区等）需要加载不同的对象，并能调节光的亮度，保证环境光、漫射光的合理有效自然，以保证场景的展示效果。这些配置可在系统启动之前进行选择，以及根据需要进行参数设置，提高了系统的灵活性。

9. 空间信息三维一体化快速浏览

EAVR 具备对地上三维景观、地下三维设施、室内三维环境的全空间三维可视化能力，以数字地球方式对地球空间系统内的自然地物、人工设施、天气现象、人类活动进行空间一体化显示，支持地面三维场景的快速浏览。易维 2.0 为用户提供了灵活、交互式的三维可视化显示控制功能，其中包括：

（1）图层控制：系统提供分层显示、多层叠加、无级缩放、漫游等多种工具，支持通过鼠标滚轮键对三维城市浏览无级缩放。

（2）灵活的运动控制模式：提供鼠标、键盘控制，用户可以在三维场景中前进、后退，改变行走方向，升高、降低视点。

（3）多种动态浏览方式：提供行走、驾驶、地形、地下、飞行等多种浏览模式。

（4）设定动态浏览路径：提供按设定的浏览路径进行交互式浏览。

（5）批量布置地物，或视情况灵活加载地物。

10. 城市管理辅助决策

利用易维平台将需评审的规划建设项目的多个方案分别放入三维仿真场景中，通过对现状、规划不同场景中各地物要素全方位的实时比对，感受建筑建设前后的变化效果，比较规划对象与其他地物的协调关系，利用可视化的人机交互操作，对设计方案实时地进行修改，可以直接用鼠标来平移、旋转、缩放、对齐等操作，也可以通过调整建筑属性数值，精确实时调整模型，改变建筑高度，改变绿化密度，改变颜色等，大大提高了规划方案决策的科学性和质量，为专家、领导决策提供科学依据。易维 2.0 提供城市设计和城市规划管理辅助决策工具，具体包括：

（1）规划方案展示：提供将规划建设方案导入系统，进行展示，实现多角度浏览查看。

（2）规划方案比较分析：对同一位置的多个设计方案进行比选，可实时动态地对建筑物高度、位置、朝向、色彩等进行调整。

（3）规划地块查询：在三维场景中可查看规划地块的信息，如面积、规划用地性质、容积率、绿化率等。

11. 多种系统接口

EAVR 平台预留了同其他相关系统的多种不同接口，根据实际需求的不同，可以将实体的 ID 编号迅速在其他相关系统的数据中进行检索，以进行相应的空间查询、统计、空间分析等。有效地拓展了系统的功能，不受制于当前系统的数据；有效地利用已有的其他系统的数据，提高了数据的利用能力；有效地节约了不同数据之间转换的生产成本，避免了由于转换可能出现的数据损失。

12. 多数据融合及海量数据集成

DEM 具有不同精度，影像具有不同分辨率，如何将这些不同精度、不同分辨率的数据无缝集成与浏览，是三维地理信息系统的关键技术之一。易维在传统瓦片金字塔技术的基础上，采用四叉树瓦片金字塔构建方法代替传统逐层向上的构建方法，并与覆盖级别、网格掩码等技术共同使用，以解决不同精度数据的融合问题。EAVR 支持遥感、航测、GIS、CAD、纸质图等多数据源,并可以有效地融合多源数据。可以与南方 CASS 软件生产的线划数据无缝集成,快速、批量地进行转换,进行三维浏览与展示;支持各种格式的栅格数据输入,如 tif、img、grid、xyz、DEM、ascii 等;支持各种格式的矢量数据输入,如 shp、dxf、gml 等,支持空间数据库。

城市三维模型地理信息数据与传统二维数据相比,具有数据复杂和数据量庞大(海量)的特点。一个城市的三维模型地理信息数据,数据量一般可达几十 GB 至几百 GB,甚至 TB 级别,如何实现海量空间数据的管理就成为三维地理信息应用系统的关键。EAVR 从以下几个方面进行处理,能较好地支撑了大数据量的城市三维模型成果的集成可视化和应用。

1)数据组织方法

EAVR 对三维数据组织有分类组织、分层组织和分区组织三种不同的策略。首先将栅格数据与矢量数据区别对待,在分类的基础上可以进行分层组织,分层组织通常都是根据用户的使用需要进行分层,如不同时序的影像、不同等级的道路等。对于一个范围很大的城市来说,即使通过分层分类,每一层每一类对象的数据量仍可能非常大,直接从中筛选某个特定房屋的效率还是很难保证。因此,EAVR 还对整个城市区域的数据进行分区组织,保证每个子区域的数据量最有利于数据库管理系统进行高效的管理。

2)压缩方法

EAVR 通过与二维信息库组织类似的原理组织数据,在基本的逻辑结构之上,为了三维显示的要求,建立三维显示所需要的金字塔数据结构,并对原始信息进行压缩处理。如果原始影像数据极大,则通过合适的影像数据压缩算法进行压缩。

3)分幅管理与分块索引架构

EAVR 的数据组织整体思路是采用数据分块索引架构,统一 DEM、DOM、三维模型、DLG 等数据的组织模式,这种组织模式在存储、管理、维护上采用基于图幅方式进行管理。图幅划分原则遵循客户原则及国家标准。

EAVR 通过先进的数据组织管理技术,支持海量地形数据、矢量数据和三维模型数据的加载及流畅的可视化,并以实时动态的模式加载 DEM 与 DOM 数据,既能近似于无限地载入数据,又能确保系统的流畅运行。在矢量数据的加载和显示中,通过分页的形式进行。通过测试,EAVR 平台可以支持超过 10 万幢建筑物三维模型数据的同时加载和可视化(图 6-2-34)。

图 6-2-34　海量数据快速浏览

§6.3　Skyline 平台的集成方法

6.3.1　前期准备

(1)在进行 Skyline 平台集成前,需要先对完成的 max 格式模型成果进行详细的拓扑、空间位置、语义和纹理检查,并确保模型数据的全面完整。

(2)然后安装.x 转换插件,将.x 模型的转换插件 PandaDirectXMaxExporter.dle 复制到 3DMAX 安装文件的“plugins”目标下,如图 6-3-1 所示。

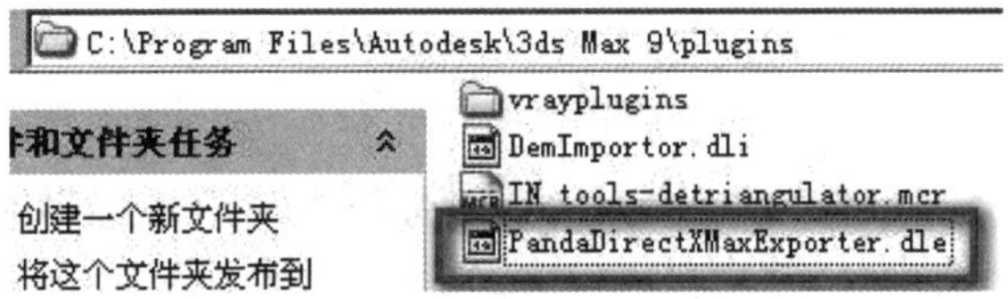

图 6-3-1　Skyline 转换工具存放路径

(3)安装完成后,重新启动 3DMAX 9,可在 File 文件菜单下 Export 导出下拉选项中找到 Panda DirectX(*X)选项。

(4)最后安装 Terra Explorer Pro 软件,用于模型的可视化。

6.3.2　入库步骤

入库步骤是把 3DMAX 平台生产的模型成果数据通过格式转换等工序,入库到 Skyline 平台的过程,主要步骤如下。

1. 将模型输出.x 文件

一个模型对象应单独输出一个对应的*.x 文件,这样在 Skyline 平台中方便作为一个独立的对象进行几何拓扑的管理和属性等信息的编辑,操作步骤如下。

1)模型坐标轴“归中归底”处理

坐标轴是否在模型中心的最低点,将决定入到平台后的模型是否有偏移、高程是否正确、方向是否旋转。为了防止模型入库坐标或方向出现问题,需要在格式转换前把 3DMAX 模型对象归中归底,如图 6-3-2 所示。

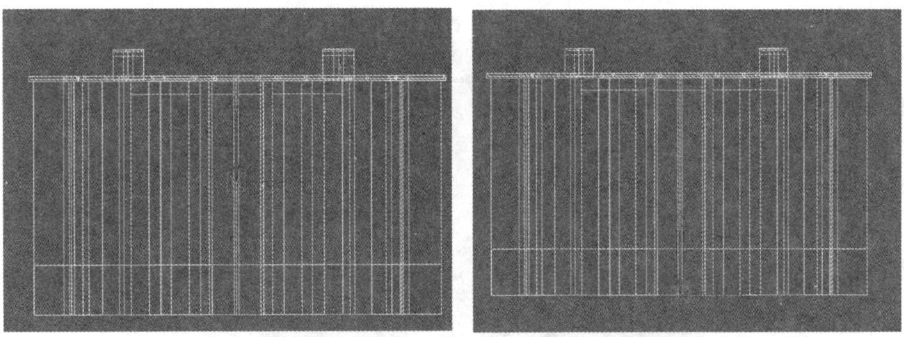

(a)未经过坐标轴处理的模型示意图　(b)经过坐标轴处理的建筑模型

图 6-3-2　模型坐标轴处理示意图

2)用 Excel 表格(或数据库文件)记录与.x 模型相对应的坐标文件

配置文件是还原 3DMAX 模型在 Skyline 平台中空间位置和属性信息的重要文件,主要包括模型文件的路径、名称及 X、Y、Z 坐标值等内容。在 Skyline 平台三维数据集成中,由于集成及可视化效率的原因,.x 文件通常作为过程数据,一般还需把.x 文件转为.xpl2 文件,配置文件内容一般如图 6-3-3 所示。

	A	B	C	D	E
1	Filename	name	X	y	Z
2	D:\model\h6\h6jz018\h6jz018.xpl2	h6jz018	51444.73	100722.3	0
3	D:\model\h6\h6jz103\h6jz103.xpl2	h6jz103	51174.91	101409.3	0
4	D:\model\h6\h6jz104\h6jz104.xpl2	h6jz104	51920.81	101089.2	0
5	D:\model\h6\h6jz122\h6jz122.xpl2	h6jz122	51621.75	100944	0
6	D:\model\h6\h6jz125\h6jz125.xpl2	h6jz125	51617.16	101037.5	0
7	D:\model\h6\h6jz142\h6jz142.xpl2	h6jz142	51304.17	101193.9	0

图 6-3-3　Skyline 模型配置示意图

3)将模型的 X、Y 坐标归 0

此步骤的主要作用是为了保证入库模型的坐标轴在当前模型的中心。因为转换成.x格式后的模型本身没有坐标信息，模型的坐标信息通过记录模型信息的配置文件来读入。在 Skyline 平台导入的模型默认的 X、Y 坐标值为 0、0，如不把模型的 X、Y 坐标归 0 后再转换，则会出现入库模型坐标偏离实际坐标的情况。

4)在 3DMAX 平台输出.x 格式模型

在下拉菜单中选择 Panda DirectX(* X)选项，将输出文件名保存为需要的文件名，选择保存路径，完成模型的格式转换输出，主要设置如下所示。

(1)设置.x 格式模型的输出参数，如图 6-3-4 所示。

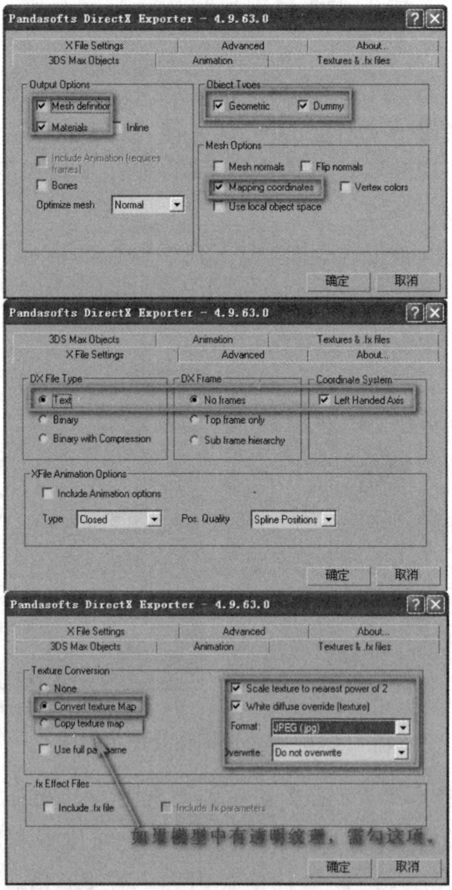

图 6-3-4　.x 模型输出配置示意图

(2)参数设置完成后,“确定”保存成功,特别需要注意的是,模型中用到透明贴图时,如需要再次保存 *.x 格式,则要在选项“Textures & .x files”中选择“Copy Texture Map”。

2. 将配置文件转换为 shp 格式

(1)在 ArcMap 的 File/Add Data/Add XY Data 菜单下,打开坐标文件加载对话框,如图 6-3-5 所示。

图 6-3-5　在 ArcMap 中展模型位置点

(2)通过读入数据工具,读取模型配置文件并设置 X、Y、Z 坐标,如图 6-3-6 所示。

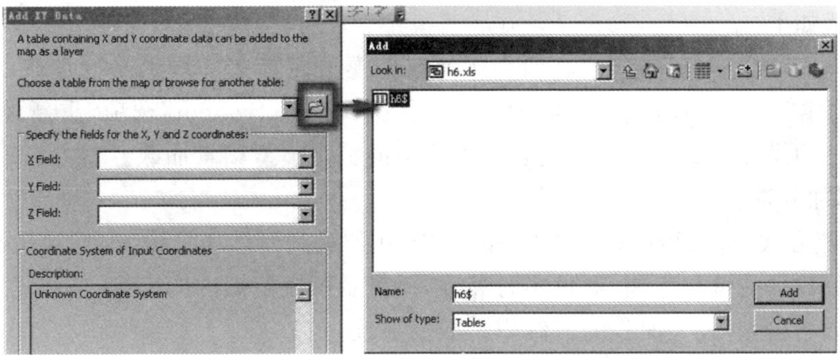

图 6-3-6　在 ArcMap 中展模型轴心坐标点

(3)将导入的模型配置文件保存为 SHP 文件。操作方法为在 ArcMap 的文件列表窗口上的配置表对象单击右键,在弹出的菜单中点击 Data/ Export Data 选项,在弹出的对话框里选择要保存的路径和名称,如图 6-3-7 所示。

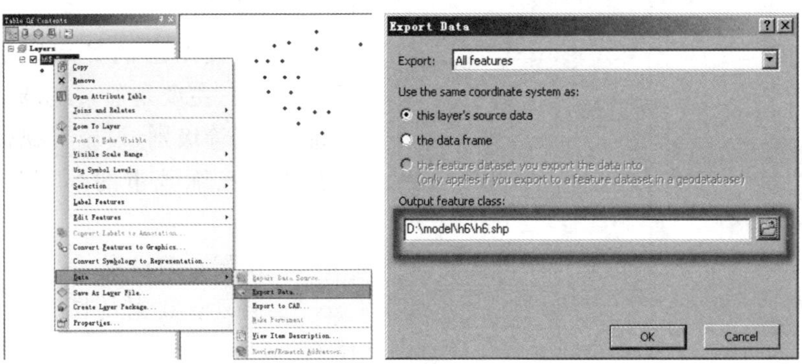

图 6-3-7　模型配置表输出 shp 格式

3. .x 模型批量转为 xpl2 数据格式

打开 Terra Explorer Pro 主界面，在“Tools”的“Make XPL”工具选项下，将. x 格式模型数据转换为 xpl2 格式的模型数据，在打开的对话框里选择待转换文件和转出文件的路径，步骤如下：

(1)选择待转换模型所在路径(Source Directory)。

(2)批量转换模型格式，勾选 Process Entire Director 选项。

(3)如果主文件夹下还有子文件夹里的模型需要转换，勾选 Search Sub Folders 选项。

(4)选择转换后的数据存储路径(Output Directory)。

(5)选择完成，开始转换。

6.3.3 模型集成入库

1. 模型数据导入步骤

(1)打开 Terra Explorer Pro。

(2)加载 MPT。MPT 文件是融合了数字正射影像(DOM)、数字高程模型(DEM)和矢量数据等，带精确空间三维信息，表达了地形起伏的基础模型数据。

(3)在 Feature Layer 下拉菜单中选择加载 ShapeFile 文件，选择需加载的 shp 格式的模型配置文件，确认打开后会显示配置文件的属性信息，再根据需要选择模型的加载方式，一般的模型参数设置如下：

(a)重投影参数(reprojection)。如果所加载的模型配置文件投影与已加载的 MPT 投影参数不一致，则需要勾选该选项，并需勾选“Set Coordinate System”选项，重新设置加载当前模型配置文件的投影参数。此方式适合较大范围的三维模型场景加载。

(b)数据加载选项(load option)。

Stream 流方式：将模型成果数据以索引的方式加载到三维场景中，根据视角高度、显示范围等设置加载数据的可视范围，通过实时加载，仅显示可视范围内的模型，节省了系统资源，提高了可视化效率，适合较大面积的三维模型数据加载。

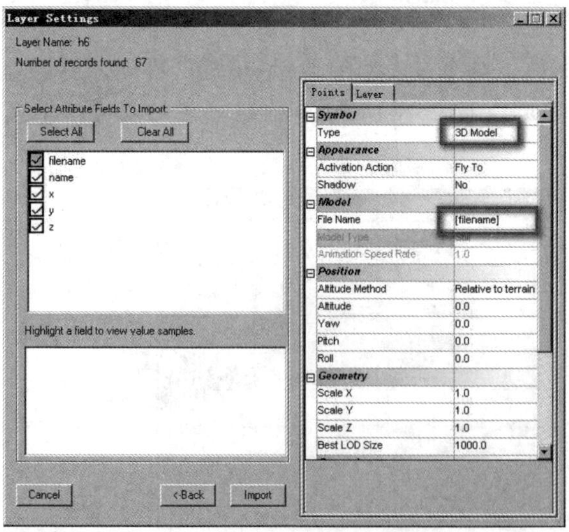

图 6-3-8 图层参数设置

Entire Layer 层方式：将模型成果数据一次性加载进三维场景中，浏览时一次性显示全部数据，在初始加载时需要时间较久，对计算机性能要求较高，适合较小面积的三维数据加载。

(c)设置图层的显示级别(predefined visibility)。主要是通过地球、洲、国家、省、城市、街区等级别，设置可视化的显示和缓存范围。三维城市的场景加载一般选择“City”级别。

2. 图层参数设置

三维模型数据的图层设置主界面如图 6-3-8 所示，包括字段内容、数据类型、模型路径、尺度比、模型角度和高度等内容。

在城市三维场景的加载中，通常要设置以下几个参数。

(1)在 Select Attribute Fields to Import 选项中，选择需加载的属性字段。

(2)右边 Type 下拉菜单中选择“3D Model”。

(3)File Name 菜单中选择模型的保存路径。由于当前模型配置点文件中已包含模型的完整路径，如图 6-3-9 所示，所以在此只需要选择[File Name]的字段即可。

	A	B
1	Filename	name
2	D:\model\h6\h6jz018\h6jz018.xpl2	h6jz018

图 6-3-9　完整路径参数设置

(4)也可以通过模型名称字段进行三维模型相对路径的数据加载。首先在 File Name 右边的选择框里单击鼠标左键，会出现一个扩展按钮，点选扩展按钮会出现图 6-3-10 右边的对话框，在 Use Attribute 选框中选择“name”字段，在 Expression 选框中将文件路径复制在[name]前面，在路径与[name]前加“\”，在[name]后加文件后缀名“xpl2”，确认加载即可。

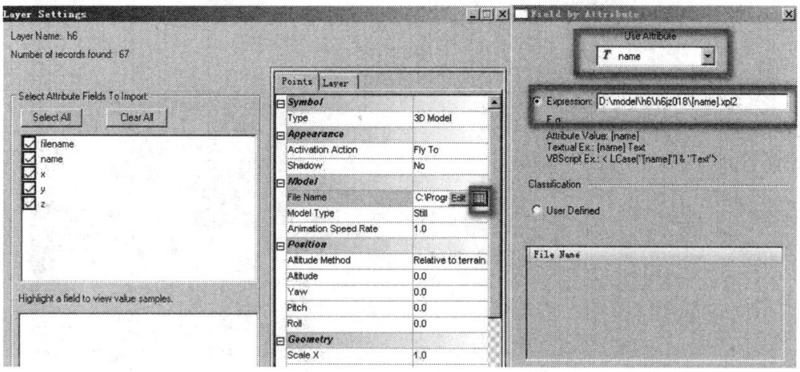

图 6-3-10　名称相对路径加载参数设置

3. 数据完成加载可视化

通过以上步骤，可以完成 Skyline 平台下的建筑模型的加载入库(图 6-3-11)，也可以用同样方法加载道路、水系、植被等其他类型的模型。

图 6-3-11　Skyline 加载建筑效果示意图

Terra Explorer Pro 也可加载矢量、影像图等数据，方法与加载三维模型数据基本一样，在此不一一叙述。

6.3.4 常用工具和路径展示介绍

1. 常用操作

1)设置透明纹理显示

通常在数据入库后,透明纹理默认只显示其中一面,此时只要打开双面渲染就可以在双面显示,操作步骤如下:

(1)Home 菜单栏中,点击"Project Sottings",打开"Project Settings"设置对话框。

(2)在"General"常规设置选项卡中找到"Performance and Quality Setting"。勾选复选框"Double-side Rendering of 3D Models",会将场景中所有模型进行双面渲染。完成效果如图 6-3-12 所示。

(a) 未勾选双面渲染的面片树效果　　(b) 勾选双面渲染的面片树效果

图 6-3-12　模型双面渲染示意图

2)时间及太阳光设置

Home 菜单栏中的"Time Slider"、"Sun"键,可打开时间调节滑块和开启太阳光。使用太阳光功能会让场景中的地物模型朝向光面和背光面,增强地物的立体感。太阳光的照射方向及强度是按设置的地区、日期、时间自动计算的。

在使用太阳光功能时,可以通过调节时间滑块来调整当前区域太阳光的强弱和照射方向,如图 6-3-13 所示。

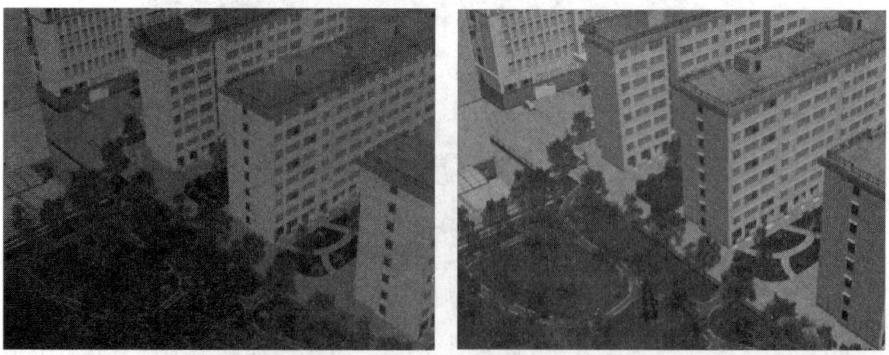

(a) 未打开太阳光的场景效果　　(b) 打开太阳光的场景效果

图 6-3-13　阳光及时间设置示意图

3)模型的位置调整

在需要对单个模型的位置进行调整时，在模型上点击鼠标右键，就可弹出当前模型的属性框，在弹出的属性框中，选择工具调整模型的平面位置，使用工具调整模型的高程位置，调整完成后点击保存，将调整的结果保存到当前的 FLY 文件中，如图 6-3-14 所示。

图 6-3-14　模型位置调整示意图

2. 展示路径的设置

1)路径类型

通过指定路线进行场景浏览主要有地面和空中两种方式，在 Objects 菜单栏下分别为“Ground Object”和“Aerial Object”两个选项。“Ground Object”为地面浏览方式，“Aerial Object”为空中浏览方式，地面浏览受地表 MPT 起伏的影响，空中浏览不受地表起伏影响。

2)创建方法

浏览路径一般在平面图的环境中创建。首先在 Navigation 菜单栏中点击“2D”按键，则场景会切换到顶视图且朝正北方向。

在 Objects 菜单栏中调出“Ground Object”和“Aerial Object”选项，按设置需要选择其中某种路径方式，这时鼠标会变为形状，在场景点击即可创建路径，同时会弹出路线的属性框，通过属性框的工具可对路径进行修改，如图 6-3-15 所示。

图 6-3-15　浏览路径设置示意图

3)路径设置

通过属性框上的工具可以增加路径的节点,调整路径每个节点的位置及路径水平、垂直移动的方向等。在路径转弯处应加密节点,以使浏览视窗在转弯时平稳。在属性框的 Route Options 路径选项中,可以按需求设置浏览路线的高度(altitude)、移动速度(speed)、加速度(acceleration)、转弯速度(turn speed)、是否循环(circular route)等参数。使用飞行模式建立浏览路径的方法与地面模式基本一样,只区别于飞行模式属性框的“Object Options”选项下“Motion Style”窗口右侧下拉框中选择“Airplane、Helicopter、Hover”选项时,路径的每个节点可以更改高度。

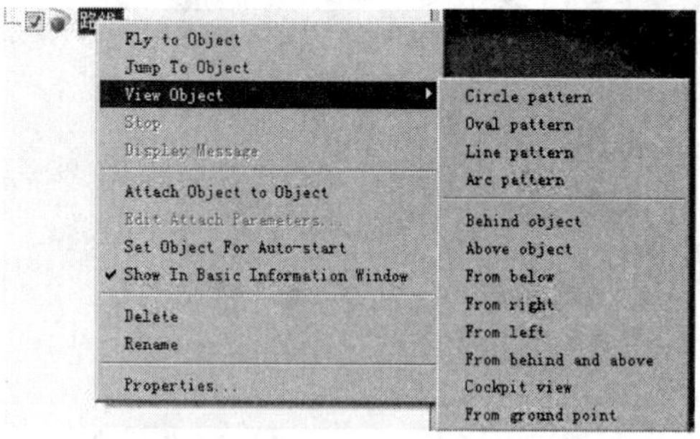

图 6-3-16 浏览路径模式选择示意图

4)路径浏览模式选择

在左侧的信息树中,右键点击已设置好的对象标识(图 6-3-16)在“View Object”的扩展列表中可以选择路径的浏览方式,可根据需要进行选择。上部四项为导航模式,主要包括环绕、椭圆环绕、弧形、直线模式。下部为跟踪对象模式,包括对象后方、对象上方、对象下方、对象右方、对象左方、对象后上方、驾驶员视角、地面视点模式。其中三维城市路径最常使用驾驶员视角(cockpit view)。

3. 演示工具的使用

1)主要功能

创建由定位点组成的浏览路线,其中每个定位点都包含了飞行的高度、视角等信息,在设置完所有需要的定位点后可将定位点串联起来形成浏览路线。可将浏览路径、设置的视点、图层的隐藏及显示等合并到一个演示过程中,进行连续展示。同时,可将演示结果输出视频。

2)创建方法

在 Home 菜单栏里点击“Presentation”按键,弹出演示工具的操作面板,在放置好定位点后,点击“Add Location”按键,成功添加第一个定位点,按此方式把所有需要的定位点添加完成,如图 6-3-17 所示。在添加定位点的过程中,要注意每个定位点间的间距应尽量平均,使浏览播放过程能平稳流畅运行。在定位点设置完成后,可根据需要对定位点进行添加、删除、前后顺序调整等编辑,也可以采用鼠标或操纵杆进行浏览的同时打开录相功能(record flight),将浏览的过程记录下来,生成一条路线。

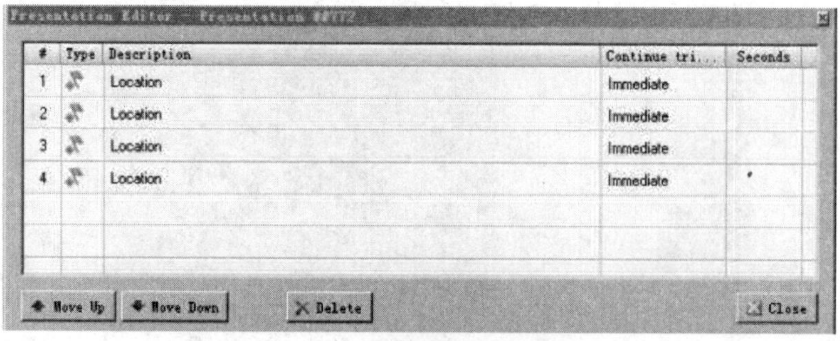

图 6-3-17 浏览路线设置示意图

3)添加文本说明框

在演示过程中如需添加文字说明,使演示内容更加清晰,可在演示工具栏中点击"Add Caption"按键,弹出"Set Caption"对话框,在"Insert Cation's Text"中输入文本内容,点击确认,调整说明文本的显示位置及显示时间,如图 6-3-18 所示,则在本条演示路线下,说明文本在第 5 个定位点后弹出,显示 11 s。

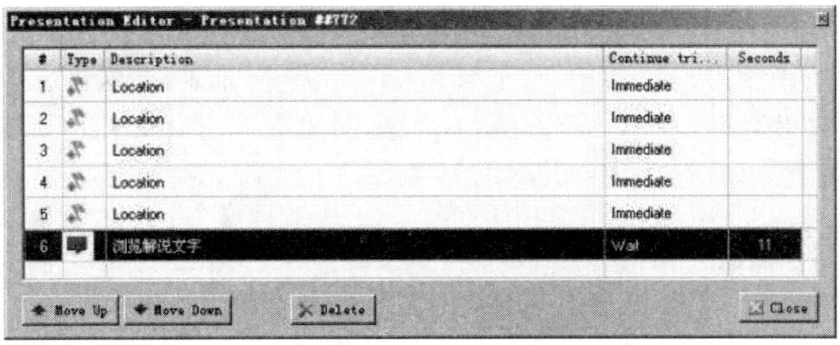

图 6-3-18 路线中的文本显示设置示意图

4)演示操作

在播放演示路径时,可在操作面板上进行停止、返回上一节点、暂停、快进下一节点等基本操作。

5)创建视频

在 Skyline 中可将工程中任何一个演示过程输出成 avi 格式的视频。通过点击"Create Movie"按键,在弹出的对话框中选择 AVI 视频的路径及名称,确认保存,弹出视频算法的对话框,选择需要的算法,确认后则开始渲染并创建视频(图 6-3-19)。创建视频所需的时间与路径长短及场景模型的多少相关。

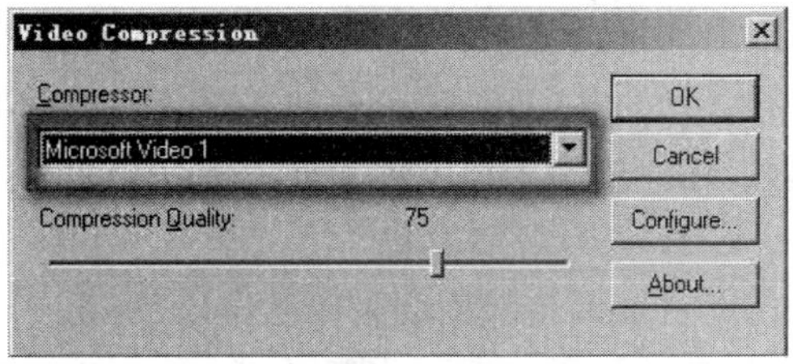

图 6-3-19 创建路径展示视频示意图

§6.4 ArcGlobe 平台的集成方法

ArcGlobe 是 ESRI 公司的三维可视化应用平台,它继承了 ArcGIS 对数据库管理高效方便的特点,能很好地完成三维模型数据的图形和属性管理。ArcGlobe 提供了三维分析的扩展模块,能用于建立城市三维模型和创建虚拟现实场景,如三维的建筑物、桥、树木等。城市三维模型在 ArcGIS 中以 Multipatch 的要素类型储存,一个三维模型包括每个显示面的三维结构信息(multipatch)和纹理信息(image)。Multipatch 几何类型可以通过地理数据库和 Shape 文件存储三维要素,可以涵盖二维数字地图的所有地类和要素。

在 ArcGlobe 平台中集成三维模型数据,通常是采用平台自带的工具和本身的集成管理流程,把三维模型数据导入到 GDB 数据库中,以实现三维城市模型的可视化、管理、编辑、维护、分析、应用等功能的过程。

ArcGlobe 入库用到的工具主要有 3DMAX 和 ArcGIS 系列软件,涉及的主要数据类型是 3DS 和 Multipatch。通过 3DMAX 平台建立精细城市三维模型,并导出成.3ds 格式的模型文件。3DS 文件也叫 3D Studio,文件结构是由"块"组成,每一个块是一个层次结构,"块"是由两部分内容组成：一是 ID；二是下个块的位置。

Multipatch 要素不能通过标准的编辑用户界面创建，主要通过以下几种方法构建。

(1)通过一些 ArcGIS 自有的地理工具创建，如 Extrude Between、Layer 3D to Feature Class 等。

(2)通过把已有模型数据导入，如 SketchUp、Collada、3DMAX、OpenFlight 等。

(3)通过 ArcObjects 代码创建。

在城市三维精细模型的生产中，目前多采用 3DMAX 完成，在这里主要介绍对 3DMAX 生产的三维模型成果数据，利用 ArcToolbox 工具创建 Multipatch 几何类型，然后建立三维 Symbol，构建三维数字城市的方法。

6.4.1 集成工作准备

1. 数据准备

采用 ArcGlobe 集成三维模型数据，模型数据必须为通过质量检查，拓朴、语义、几何、纹理完整正确的成果数据，主要包括以下内容：

(1)带空间位置的 3DMAX 模型成果。

(2)与模型成果相匹配的纹理贴图。

2. 文件质量检查

在进行模型转换集成前，应对模型成果进行质量检查，确保模型数据的空间坐标、空间拓扑、语义、几何、纹理等属性项符合设计标准的要求，以及保证模型的几何与纹理的唯一对应关系，还应删除入库工程文件夹中不属于入库对象的其他数据。

3. 入库环境准备

三维模型的集成入库工作以 ArcGIS 10.0 或以上版本为平台，要求软件完全安装，应安装在 XP2000 以上版本的操作系统中，必须安装.net3.5 以上版本组件。数据的格式转换及模型的导入主要使用 ArcToolbox 工具箱完成，可视化应用主要通过 ArcGlobe 实现。

6.4.2 主要工具介绍

ArcGlobe 是 ArcGIS 桌面应用的三维可视化模块，它提供了海量地理数据的交互式可视化的功能，允许全球、国家和街道各等级数据间的无级过渡。它使用标准的 ArcGIS 数据源和图层，打开 ArcGlobe 主界面如图 6-4-1 所示，界面主要包括菜单栏、工具栏、TOC、GlobeControl。

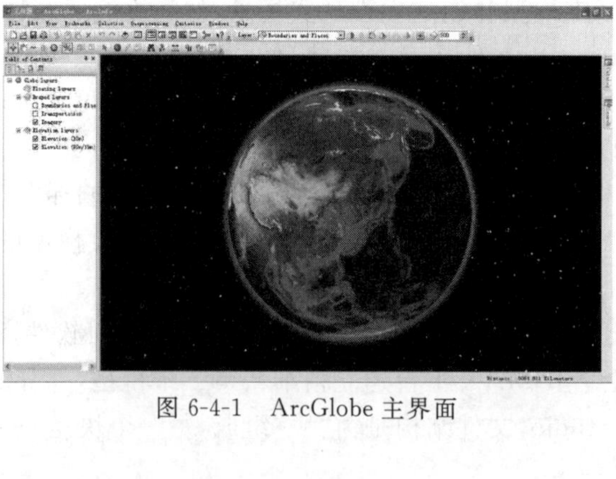

图 6-4-1 ArcGlobe 主界面

(1)菜单栏：包括 ArcGlobe 的窗口选择、界面显示，也能添加图层、调用其他工具、改变样式等，如图 6-4-2 所示。

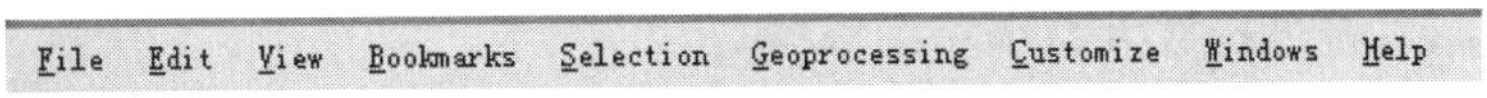

图 6-4-2　ArcGlobe 主菜单

(2)工具栏：ArcGIS 自带了很多工具，经常用到的是主工具栏，可通过右键点击主菜单空白处添加工具条，如图 6-4-3 所示。

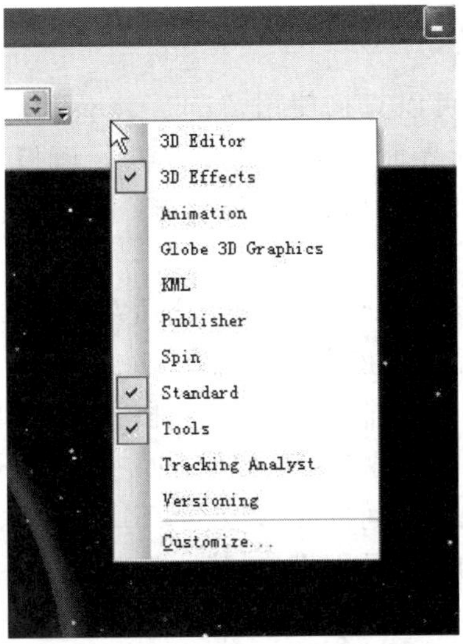

图 6-4-3　ArcGlobe 加载工具菜单

添加后的主工具条如图 6-4-4 所示。

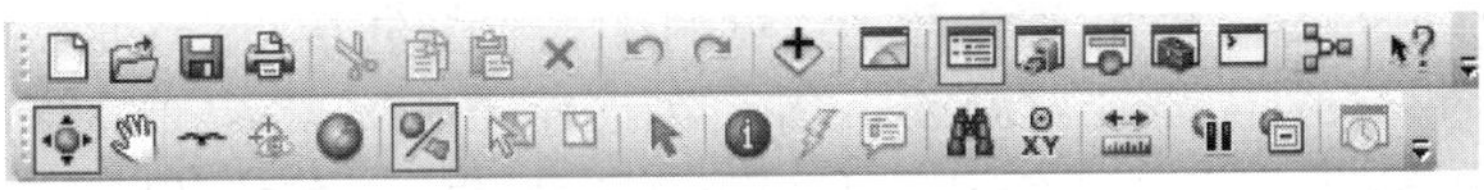

图 6-4-4　ArcGlobe 工具菜单

(3)TOC(table of content)：是图层管理窗口，主要有管理图层的显示、改变图层的样式等功能。

(4)Floating Layers：浮动图层，一般内容为模型数据，可设置位于 Globe 图层之上或之下。

(5)Draped Layers：悬挂图层，一般为贴于 Globe 表面 DOM 图层。

(6)Elevation Layers：高程图层，一般为定义 Globe 的高程的 DEM 图层。

(7)GlobeControl：地图的主要显示区域，能对地图进行浏览显示、编辑、查询等操作。

(8)图层添加：可以通过菜单栏或者工具栏中的，或右击 TOC 窗口中的 Globe Layers 菜单，指向 Add Data，增加相应的图层。

(9)ArcGlobe 有两种查看模式：Surface 模式和 Globe 模式。Surface 模式允许用户在地面下操作其数据，允许透视查看操作，并且将投影目标设置在球体表面。Globe 模式允许用户在整个球体中浏览数据，并将球体中心设为投影目标。

(a)Surface 模式浏览。当放大到接近目标数据时，可以切换到 Surface 模式，以使对目标的浏览工作进行得更正确。切换到 Surface 模式后，将投影目标设置于球体表面，为浏览数据的过程中提供一种重力感。可以以某个目标为中心，将其设置到球体表面上，切换到 Surface 模式，单击 Zoom to Target，然后单击 Navigation 按钮拖动，或者直接单击鼠标滚轮，然后按左键进行浏览操作，右键进行放大缩小。

(b)Globe 模式浏览。可以通过 Navigation 工具进行操作，用户也可以根据需要使用 Spin 工具条(右键工具栏空白区打开 Spin 工具条)，以其需要的速度自动地顺时针或者逆时针对球进行旋转。

6.4.3 用 ArcCatalog 建立三维数据库

在 ArcGIS 10.0 版本中，可以直接使用 ArcCatalog 进行图层管理和浏览，同时还能在 ArcMap、ArcScence、ArcGlobe 界面中调出 ArcCatalog 面板，使用户能在同一界面上进行图层的管理和数据库的建立，完成编辑、浏览等功能，也可以使用 ArcToolbox 工具箱直接建立数据库。

ArcGIS 地理数据库(GeoDatabase)是 ESRI 公司在 ArcGIS 8 版本后引入的一个全新的空间数据模型，是建立在关系型数据库管理信息系统之上的统一的、智能化的空间数据库。它是在新的一体化数据存储技术的基础上发展起来的新数据模型。实现了 GeoDatabase 之前所有(coverage\shapefile)空间数据模型都无法完成的数据统一管理，即在一个公共模型框架下对 GIS 通常所处理和表达的地理空间特征(如矢量、TIN、网络、栅格、地址)进行统一描述。同时，GeoDatabase 是面向对象的地理数据模型，其地理空间特征的表达较之以往的模型更接近对现实事物对象的认识和表达。

GeoDatabase 事实上是很多 GeoGraphic Dataset 的集合，最基本的 Dataset 的类型包括 Feature Classes、Raster Dataset、Attribute Tables。在以上基本要素的基础上，还能定义 GeoDatabase 的 Schema、数据的完整性、规则和行为，包括 Spatial Reference、Spatial Resolution、Topology、Network、DOMain 等。在创建 GeoDatabase 时，首先生成不同的 Dataset 类型，然后添加或者扩展 GeoDatabase 基本要素，如添加拓扑、网络、子类，以实现 GIS 行为建模、维护数据完整性及建立空间关系。

在 ArcGIS 中，主要涉及数据库是 GeoDatabase 和 ArcSDE。GeoDatabase 可分为 File GeoDatabase 和 Personal GeoDatabase，两者有一定的区别，前者能存储海量的数据，后者则小于 2 GB 的容量。所以，对于三维城市模型的海量数据，我们主要使用 File GeoDatabase。

为了更好认识地理数据库，还应清楚下面两个概念。

1. XY Tolerance

指实现 Cluster 或者进行拓扑验证、缓冲区分析、多边形叠加等操作时，点与点坐标之间的最小距离(容差)。缺省的 XY Tolerance 是 0.001 m(投影坐标系)；如果是 State Plane feet，则缺省值是 0.003 281feet；如果是地理坐标系，则缺省值是 0.000 000 008 982 995°。一旦点与点的 X 坐标或者 Y 坐标的距离小于 XY Tolerance，则两点将合并为一个点。缺省状态下 XY Tolerance 等于 XY Resolution×10。在实际应用中，XY Tolerance 太大或者太小均有问题，应该根据实际情况设定合适的 Tolerance。在设定 Topology 时，可以设定不同要素类的 Rank，以确保当两个要素的点小于 XY Tolerance 时，应该是哪个点向哪个点移动。

2. XY Resolution

表示存储要素坐标时的数值精度，即可以保留的小数点的位数。缺省状态下的

Resolution 是 0.000 1 m(投影坐标系)；如果是 State Plane Feet 则缺省值是 0.000 328 1feet；如果是地理坐标系，则缺省值是 0.000 000 000 898 299 5°。

对于三维模型数据及 Linear Referencing 数据，可以分别对 Z 值和 M 值设置 Z Tolerance、Z Resolution，以及 M Tolerance、M Resolution。

ArcGIS 地理数据库模型是通过 ArcSDE 应用服务器在标准的关系型数据库上实现的。ArcSDE 为数据库系统定义了一个开放的接口，它允许 ArcInfoTM 或 ArcEditorTM 在多种不同数据库平台上管理地理信息，如 Oracle、Microsoft、SQL Server、IBM、DB2 及 Informix 等。

根据城市三维模型的管理习惯，一般把数据库名称设为测区名称，Dataset 名称设为建模单元(分区)顺序号，Multipatch 名称为模型的命名。

6.4.4　集成实例介绍

通过实际的模型集成入库实例操作，介绍在 ArcGlobe 平台中集成可视化三维模型的流程。

1. 建筑模型入库

(1)在 3DMAX 平台中打开.max 模型成果文件，通过快捷键 Shift＋T，资源追踪到模型成果文件的存放路径，检查文件是否符合要求，是否存在多余内容，模型是否已经附加。通过重置坐标，检查模型坐标是否正确，在完成模型检查且无问题后，导出.3ds 格式模型文件(图 6-4-5)。

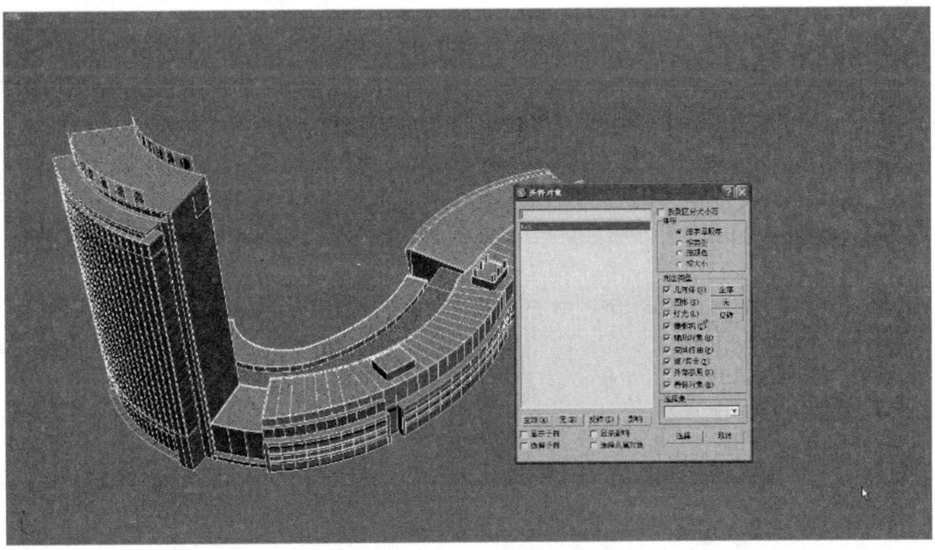

图 6-4-5　入库前模型检查

注意：检查重置坐标轴，保证坐标正确无误，然后导出 3DS 文件放在贴图文件夹中。3DS 文件名不可超出 8 位，首位不可用阿拉伯数字。

(2)在 ArcCatalog 新建 File GeoDatabase(图 6-4-6)，在 GDB 里面右键新建一个 Dataset，设置容差为 1 m，根据模型的坐标系，设置中央子午线，高程系统一般先不设置(图 6-4-7)。

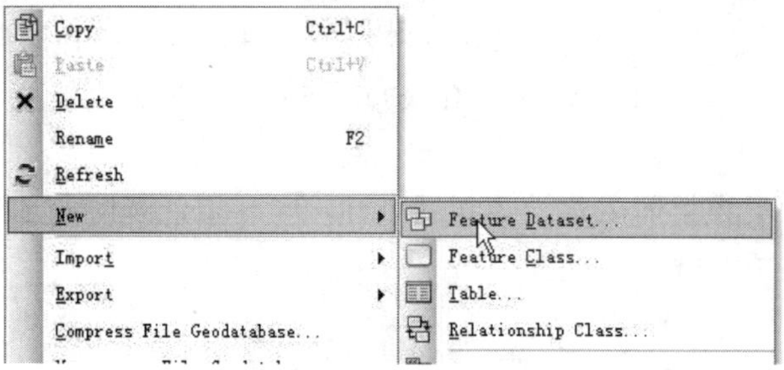

图 6-4-6　新建要素集

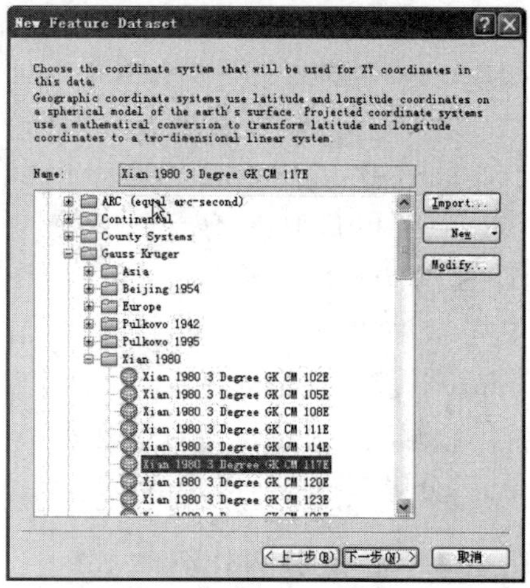

图 6-4-7　选择正确的投影参数

(3)调出 ArcToolbox 工具箱，在 3D Analyst Tools/Conversion/From FileImport 路径下开打 3D to Feature Class 工具，选择 Import 3D File 选项，根据数据导入的要求设置相应内容(图 6-4-8)，各选项含义如下：

(a)Input Files：选择要导入的 3DS 模型文件。

(b)Output Multipatch Feature Class：由 3DS 导出成 Multipatch 的存放位置，也就是 GDB 数据库的 Dataset 中，生成 Multipatch 模型数据。

(c)One Root Per Feature(optional)：在批处理时，是否为每个要素设置基点。

(d)Spatial Reference(optional)：设置生成模型的坐标系统，这里的模型数据要导入到 GDB 数据库的 Dataset 中，Dataset 本身就定义了坐标系统，因此在这个地方不需要设置。

(e)Y Is Up(optional)：Z 轴向上，选择后模型的中心轴为垂直于水平面。

(f)File Suffix(optional)：文件前缀，通常为默认值。

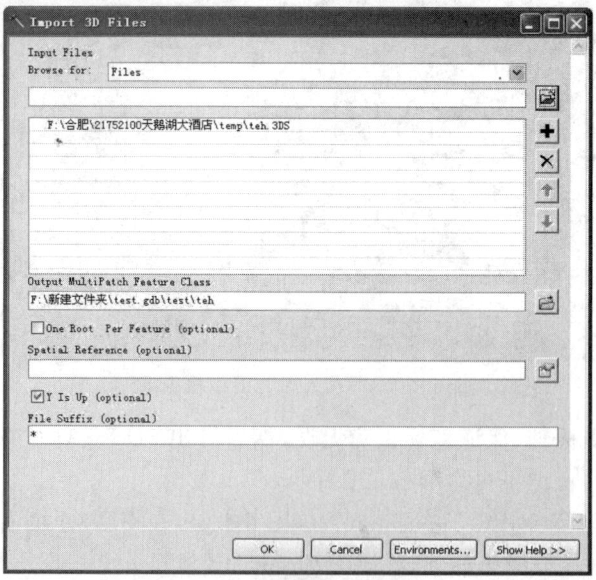

图 6-4-8　模型导入参数设置

(4)模型导入后，右击模型图层，点击“Zoom to Layer”工具，Surface 显示模型导入效果，如图 6-4-9 所示。

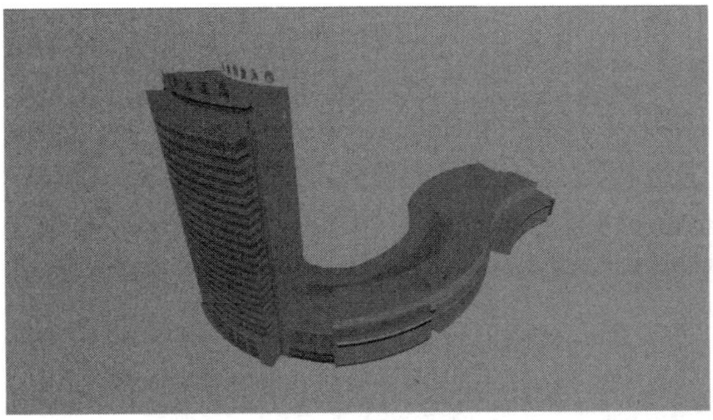

图 6-4-9　导入模型效果

(5)再通过加入数据工具(add data)，加载 DEM 和 DOM，检查发现模型并没有正确贴近到 DEM 和 DOM 构成的地面，如图 6-4-10 所示。

图 6-4-10　模型导入检查

(6)然后右击模型图层，打开图层属性窗口(property)，弹出图层属性的对话框，选中“Elevation”，选中“Floating on a Custom Surface”选项，指定测区的 DEM 数据为目标，使模型正确贴合地形，如图 6-4-11 所示。

图 6-4-11　模型贴地效果

2. 点状模型入库

(1)与建筑模型入库一样,建立一个 GDB 数据库和要素集(dataset),在要素集中新建 Feature Class,数据类型选择“Point Features”。

(2)下一步,设置字段,可以对图层增加相应的字段属性,如 Name、Class 等,也可以通过 Import 导入,根据其他图层数据的字段增加,最后点击 Finish,完成新建 Point Features。

(3)点状模型的位置可以通过已有的实地测量地物点数据生成,也可以根据影像等现状数据进行采集。如图 6-4-12 中根据测区的高分辨率影像,通过人机交互,在树的位置上生成点。

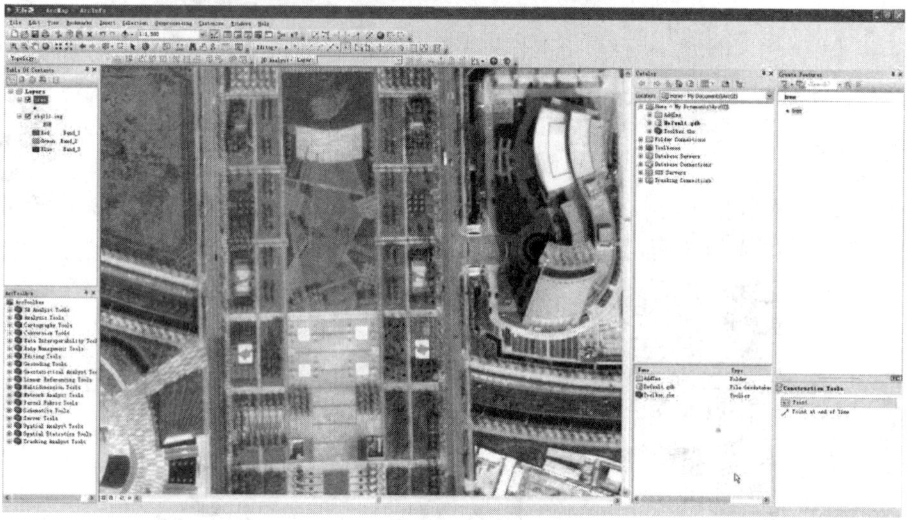

图 6-4-12 点状树木模型位置提取

(4)在 ArcMap/ArcScence/ArcGlobe 中,选择菜单栏的 Customize/Style Manger 工具,在 Style Manger 窗口中找到 Marker Symbols 目录,在目录下右击空白区域新建 Marker Symbols,新建后出现 Symbol Property Editor 的对话框,在 Type 下拉列表选择 3D Marker Symbol,导入点状模型的 3DS 文件,如图 6-4-13 所示。

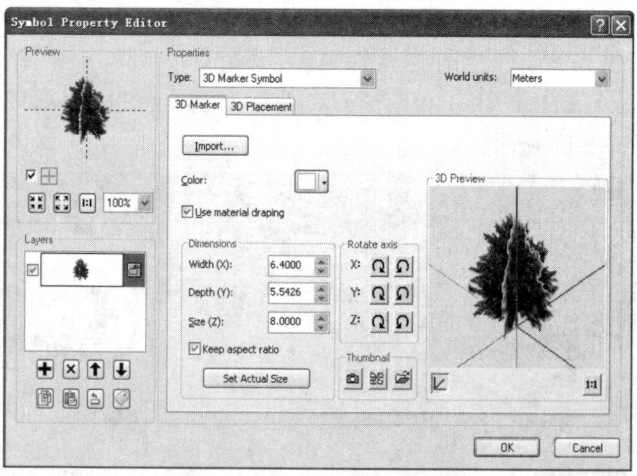

图 6-4-13 树木模型导入设置

(5)打开 ArcGlobe,根据向导加载点状模型数据图层,选择“Display Features as 3D Vectors”选项,点状矢量要素会以三维方式显示,通过设置显示比例(参数默认),选择“Display

Symbols in Real World Units”选项,矢量三维模型的样式会以现实度量单位显示。

(6)右击矢量要素图层对象,选择图层属性窗口,在符号系统面板下根据点状模型的属性字段自动匹配符号,并能根据字段属性值的大小自动匹配符号大小,以及根据字段属性值设置需要的符号角度等。点状矢量三维模型数据加载可视化后的效果如图 6-4-14 所示。

图 6-4-14　点状树三维模型可视化效果

3. 模型整合和特殊情况处理

通过上述方式,把建筑模型和点状树木模型整合加载后,得到了建筑和树木的整体三维可视化效果,还可以根据要求加载道路、小品等其他模型,得到如图 6-4-15 所示的效果。

图 6-4-15　模型整合后效果

以上是对. 3ds 格式模型数据的集成方法,. wrl 格式模型数据的集成与其有些区别,通过 Vrpad 软件可以看出,. wrl 格式模型数据在处理较大的空间坐标值时,坐标值的后几位数会省略为 0,导致模型数据转成. wrl 格式加载入库后坐标会与实际产生位移,这种问题可采用以下方法解决。

(1)先平移 3DMAX 模型坐标,把模型的原始坐标值减去一个常量,使其坐标值位数在 5 位以内。

(2)接着采用与转换和集成. 3ds 格式模型数据同样的方法,把. wrl 格式模型数据加载到地理数据库。

(3)最后利用 ArcMap 的编辑工具,把模型坐标值增加回减去的常量部分,则能正确地完成.wrl 格式模型数据的集成和可视化。

6.4.5 批量入库方法

ArcGlobe 平台模型批量入库,是采用平台本身的批处理工具,自动批量地完成模型的格式转换和导入数据库,通常有以下方法和步骤。

1. 导入模型文件的批量方法

“Import 3D Files”工具本身具有批处理的功能,只需在使用“Import 3D Files”的时候,右击工具,选择 Batch,然后根据提示逐个选择模型并设置参数,这样多个模型就导出为多个 Multipatch。

要将多个模型加载到一个 Multipatch 对象中,在“Input Files”的“Browse for”选项中选择“Folder”,源文件选择存放模型的文件夹,则可以完成整个文件夹的模型导入,也可以在“Input Files”时选择多个 3DS 模型文件。

2. 使用 ArcGIS 的 ModelBuilder 工具

利用 ArcGIS 的 ModelBuilder 工具,能实现类似 FME 的批处理功能,可以批量把多个 3DS 文件转成一个或多个 Multipatch,操作流程及各设置项含义如下:

(1)Folder:指定存放 3ds 格式模型的文件夹。

(2)Wildcard:通配符,主要是一个 SQL 函数,设置条件选择文件,在此可不填。

(3)File Extension:模型文件的扩展名,选择 3ds,通常 3ds 格式模型的几何及纹理文件存放在一起,因此一般只需选择 3ds 格式。

(4)用 Model 工具栏的连接符号,把模型导入的 File 窗口和工具窗口连接在一起,如图 6-4-16 所示。

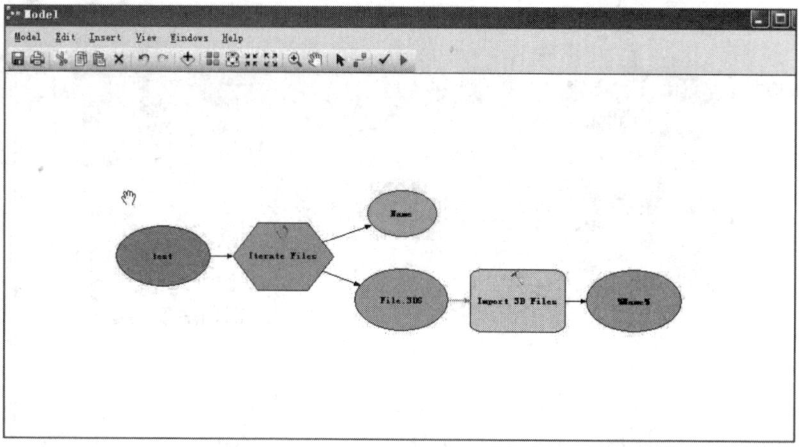

图 6-4-16 模型导入批处理设置

(5)双击“Import 3D Files”设置保存 Multipatch 文件时的参数,其中输出模型的名称需设为“%Name%”,如此在数据库中生成的目标模型名称将与原 3DS 模型命名一致,点击运行,即完成模型格式转换和入库。

3. 使用 Python 脚本工具

上述采用 ModelBuilder 工具批量转换模型集成入库方法有一个明显的缺点,在运行过程中出现一个模型转换或导入发生错误时，Model 会停止之后的工作，跳出循环。因此，我们通常使用 Python 脚本语言编写自动批量转换和集成模型的脚本“BatchImport3DModels”，它能同时支持 3ds 和 wrl 格式模型数据的转换，并且在模型数据转换和集成的过程中出现某个模型转换或入库错误时，脚本会自动记录出错的模型编号，然后跳出错误模型，从下一个模型接着转换和入库。

6.4.6　ArcGlobe 环境光开启与参数调整

通过上面的实例可以看出，模型入库后在平台中的可视化色调整体偏暗，效果不太好，可以根据 ArcGlobe 平台提供的模拟环境光功能，开启环境光并设置相应的参数，以有更好的可视化效果，主要步骤如下。

(1)右击 Globe 图层调出属性对话框，勾选启用太阳照明并根据测区的地理位置设置太阳属性，调节环境光亮度，如图 6-4-17 所示。

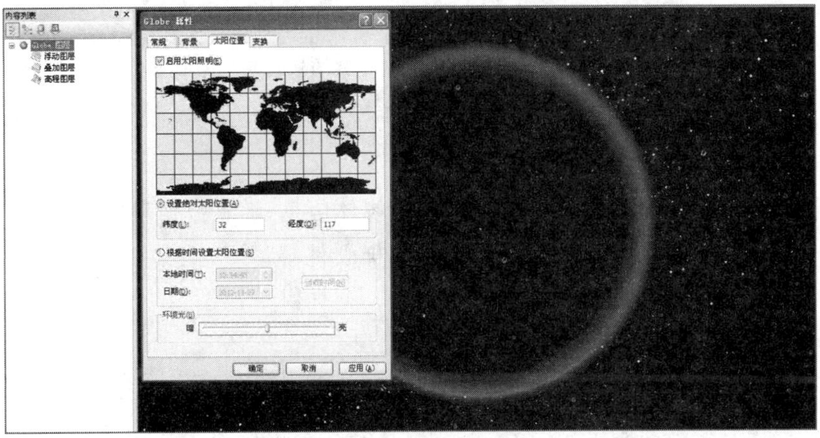

图 6-4-17　太阳光设置

(2)同时，ArcGlobe 还提供了背景设置功能，如天空颜色、空间颜色、模拟环境设置等，如图 6-4-18 所示。

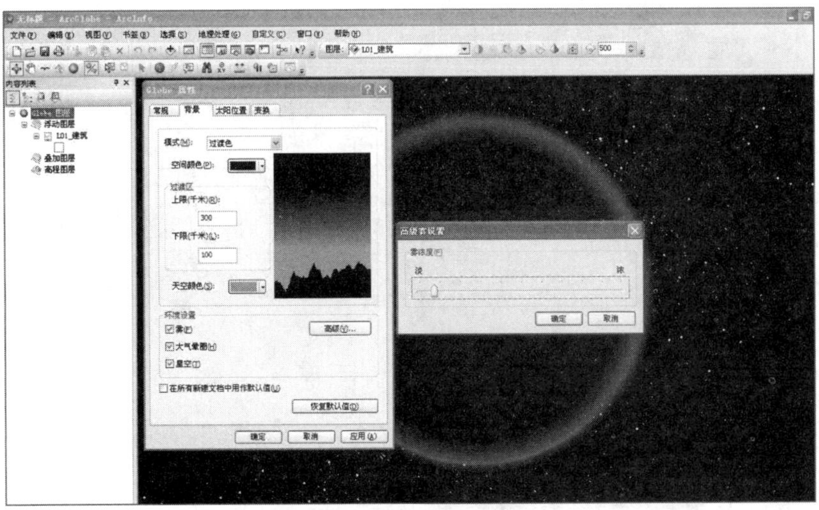

图 6-4-18　背景设置

(3)设置完成后，在图层管理器中选择需要开启环境光的图层，开启光照，如图 6-4-19 所示。

图 6-4-19 开启环境光后场景效果

6.4.7 模型缓存的建立与调用

三维城市有着海量的空间三维模型数据及多媒体信息，随着数据量的增加，对应用平台及支撑硬件的性能要求会越来越高。为了实现在同样硬件环境下，能集成可视化更多三维城市模型数据，能更快速、流畅地可视化和浏览，ArcGlobe 提供了模型数据的缓存建立功能，三维模型数据的缓存创建与使用方法步骤如下。

(1)缓存的设置。缓存的建立可在自定义/ArcGlobe 选项/显示缓存窗口下进行设置，主要的内容有设置缓存路径、内存缓存大小等。内存缓存大小需要根据本计算机的内存大小进行设置，不能超出本机内存最大值，设置内容如图 6-4-20 所示。

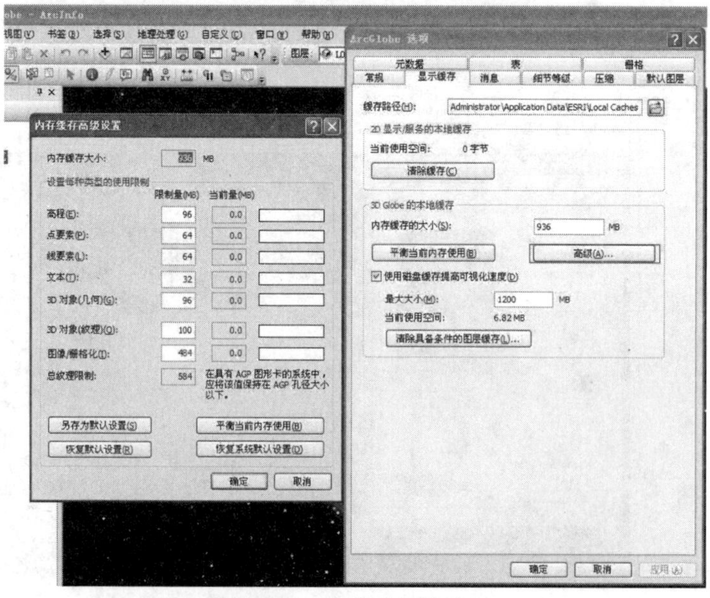

图 6-4-20 缓存设置主窗口

(2)缓存参数的检查。可在自定义/ArcGlobe 选项/显示缓存/高级窗口中,检查各种设置参数是否满足建立缓存的要求,并可根据要求进行调整。

(3)缓存的生成。在设置完成并检查无误后,在属性列表中选择要生成缓存的图层,右击选中生成数据缓存,完成缓存的生产,如图 6-4-21 所示。

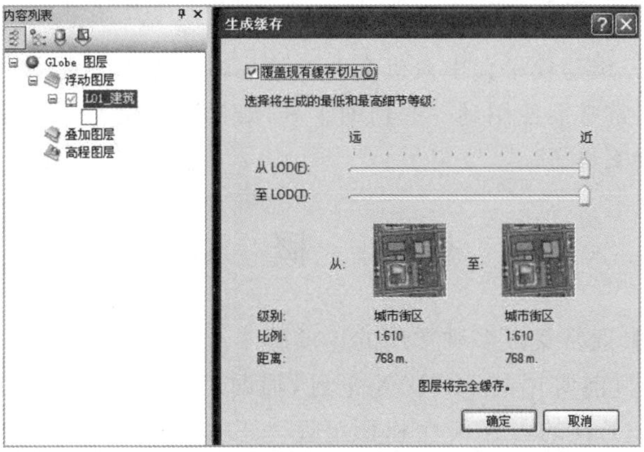

图 6-4-21　缓存生成

(4)缓存文件的存放。生成的缓存文件存放路径为 ArcGlobe 安装路径下的 GlobeCache 文件夹中,以建立缓存的图层文件命名,文件的格式为 *.lyr。

(5)缓存文件的加载和保存。缓存文件可像矢量图层文件一样直接在数据载入菜单下加载,在保存时通常设置为相对路径,可避免在其他计算机上使用时路径不一致出错。设置的方法是在 ArcGlobe 内容列表中右击 Globe 图层,在弹出的 Globe 文档属性窗口中勾选"存储数据源的相对路径名",如图 6-4-22 所示。

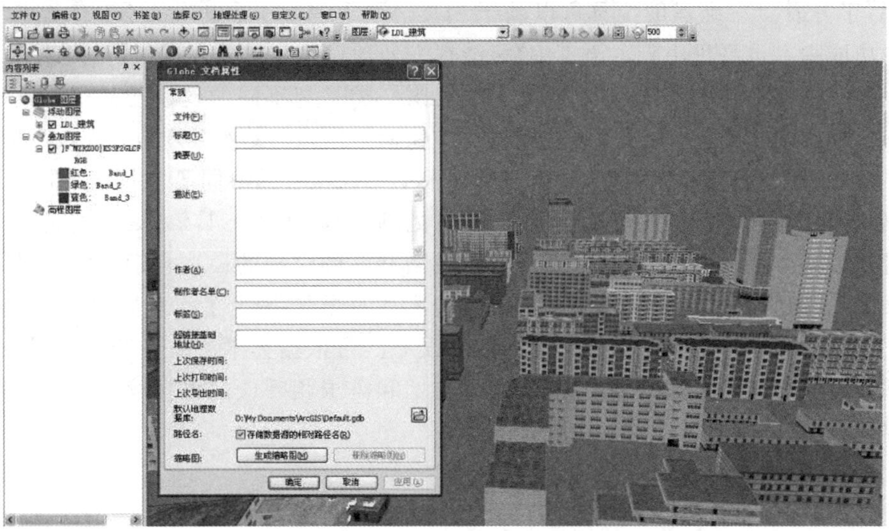

图 6-4-22　缓存保存相对路径设置

(6)最后把三维场景及缓存文件一起保存成 *.3dd 格式的工程文件,在下次打开三维场景时可直接读入模型和缓存,提高加载效率和可视化速度。

第7章　常用的三维建模辅助工具

为了提高在城市三维建模平台中人机交互式建模的效率和质量，针对三维建模中的一些重复操作和固定规则，常常需使用到一些辅助工具，如自动建模工具、批量优化工具、自动命名和导出工具、批量修改工具等。

§7.1　概　述

三维建模辅助工具通常集成多种常用的建模脚本插件，收录包括批处理、优化、自动化等脚本插件工具。针对目前常用的3DMAX平台，辅助工具一般可结合3DMAX脚本和SDK进行开发，较大地保证工具的可移植性和稳定性。工具集的功能主要是通过3DMAXScript进行实现，不使用鼠标键盘就能完成工序的处理。当然，也有许多工具可以独立于特定的平台使用。这些辅助工具在数字城市三维建模应用中，主要有以下特点：

(1)高效性。在项目实施工序中使用，对模型的相同或类似工作进行批处理，减少人工干预，提高模型生产的效率及质量，并能按一定的规则高效地完成较复杂重复的工作。

(2)准确性。三维工具集能准确完成一些有规则的作业任务，通过精密的计算开发及测试，在项目实施中准确地达到预期目标，错误率几乎为零，在项目实施作业中减少人为操作造成的错误，以及准确检查、修正人工容易出错的问题。

(3)易于开发。三维辅助工具可以基于3DMAX等建模平台进行开发，有开发环境简单的特点。功能脚本也可只用脚本语言编写，能很方便地快速完成开发、测试及修改。

常用的三维建模辅助工具可以分为三大类：第一类是与不同的建模任务都相关的自动检查工具和自动修改工具，它的开发主要根据三维建模中模型的基本要求进行，如模型的几何正确和完整性，纹理的正确和完整性等；第二类是根据不同项目的不同要求而开发的类似于定制的工具，如项目流程管理工具、自动命名工具、批处理工具、优化工具等；第三类是能根据项目成本或时间的高要求，批量全自动低要求建立模型并贴图纹理的模型自动建立工具。经过多个数字城市三维建模项目的经验实践，建模辅助工具的开发，减少了作业员在生产中的劳动强度，节省了时间和成本，也降低了模型成果的错误率。可依据技术的发展和新项目的要求，不断地根据需要更新或开发新的辅助工具，实现技术和需求相呼应的可持续发展。一般辅助工具的主界面如图7-1-1所示。

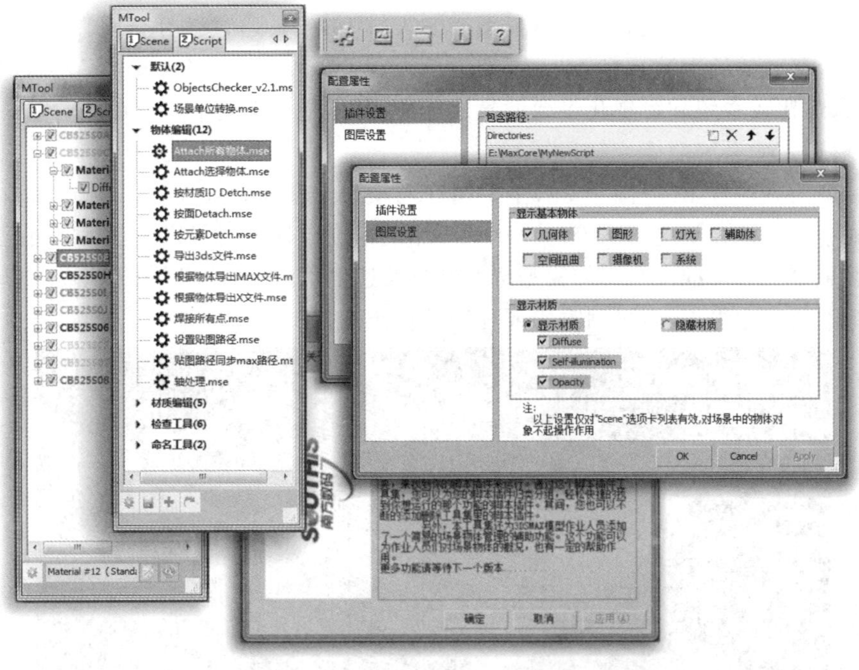

图 7-1-1　自主开发工具界面

§7.2　基础辅助工具

三维建模基础辅助工具，是对生产模型基本要求的处理、检查、修改等工具，主要分为三类：第一类是数据的基本处理工具，第二类是模型的检查工具，第三类是模型的自动修改工具。

7.2.1　三维模型自动检查工具

在数字城市三维建模作业中，不论什么项目，都需要对三维模型的成果进行详细的检查，以保证模型的空间拓扑、纹理一致性、完整性、结构的正确性、空间位置正确性、语义的正确性等，使模型成果在入库后能正确无损地使用。但是，模型的检查涉及的内容很多，有许多是重复性的批量问题，采用人工手动检查容易丢漏问题且费时费力。因此，三维模型的批量自动检查工具显得尤为重要。

三维模型的自动检查工具一般是根据模型生产各流程要求进行设计的。三维模型数据也属于地图数据的一种，它的检查主要涉及三类内容：几何拓扑、属性内容和纹理数据。具体的检查内容包括模型命名、数据格式、空间拓扑、属性质量、完整性检查、纹理检查等。主要的检查方法包括：脚本软件自动检查、人机交互检查、人工手动核对检查等。

1. 区块模型基本信息检查工具

区块模型基本信息检查工具是针对不同数字城市三维建模项目集成可视化平台对模型数据量要求的不同，对模型面数检查核算的批量统计工具。工具主要调用了 3DMAX 平台本身对单个模型的统计功能，通过整合，以便能对视图内模型或文件中模型的数量、面总数、三角面数及子材质的总数等进行统计。它主要达成以下目的：一是通过统计模型的数量，比对模型的生产数量和入库数量，检查是否有漏做模型或漏入模型；二是通过统计材质数量，检查与模型纹理文件夹中存放的纹理数量是否一致，查出是否有丢少纹理或多余纹理；三是通过统计总面数和三角面数，比较系统和可视化平台的集成标准，得出是否满足平台的最佳性能对数据量的要求，保证模型入库系统后能流畅运行。

区块模型信息检查工具（图 7-2-1）主要用在对模型数量有严格标准和要求的城市三维模型项目实施中。通常为了提高系统可视化和应用的速度与性能，项目规定了区块模型面数、纹理（材质）数量等细节标准。为了使模型分块结果快速准确，通过开发信息查询工具，检查是否有不符合标准的模型组织，再采用人工或程序进行修改。

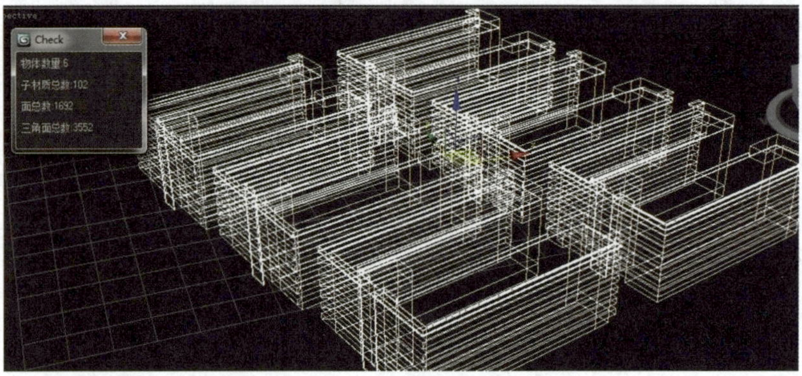

图 7-2-1　区块模型信息检查工具

2．非 Poly 和非 Mesh 检查工具

在 3DMAX 平台通过人机交互生产三维模型，通常会出现一种情况，就是在模型多次修改操作或导入一些其他格式的数据后，会在模型文件中出现一些不属于模型对象的非法物体，主要是非 Poly 和非 Mesh，如一些废点、空轴等。这些物体在建模软件平台中是不直接可视的，以致模型生产作业人员常常忽略，直到在模型格式转换或入库可视化管理系统的过程中才能发现。如在格式转换时无法完成或丢失数据、入库可视化管理系统时地物坐标错误等情况，大多都是到模型生产集成的最后阶段才发现先前的此类问题，这就需要返回生产环节进行修改，造成返工、费时费力。基于这种情况，借鉴 GIS 对数据管理的思路，把存在属性或几何的所有物体均查找出来用列表管理，如此就能对只存在属性或只存在几何的所有对象都找到，并且辅助可视化，然后通过人机交互进行删除等处理。非 Poly 和非 Mesh 自动检查在基于 3DMAX 平台的人机交互生产三维模型时经常用到，属于一种基本要求检查，以保证三维模型成果的正确。

3．模型命名检查工具

数字城市三维模型的主要内容，主要是地球表面、地下等自然、人工建设物体，如地下的管线及地球表面的建筑、水系、道路等。为了方便这些内容在三维可视化平台中进行管理和应用，就需要对不同的类型、不同的区域、不同的对象进行分类、分层、编号等组织管理。在 3DMAX 平台的模型生产过程中，用于实现和区分这些内容的属性就只有模型的编号和记录号。所以，就要对整个测区甚至整个项目的所有模型建立不同的编号和记录号，也就是我们所说的名称，以实现对所有模型数据的正确组织管理。

模型的命名一般根据不同的项目有不同的标准，在模型生产的过程中也常是根据项目的命名标准采用人工手动或程序自动的方法进行。当采用人工手动方法命名时，就有可能出现命名重复(图 7-2-2)、断号、错号等情况。如不改正，则不能保证模型格式转换导入管理平台后的图属一致性，甚至不能正确入库管理系统。通常一个城市的三维建模项目面积较大，模型数量较多，在模型生产完成后采用人工手动去检查，很困难也很费时费力。因此，根据属性管理的方法，开发批检查工具，通过循环算法，可以准确、快速地找出重复、断号、错号等命名错误，并可通过自动或人机交互完成修改。

模型命名检查工具的开发，首先基于国家相关标准设定一个最基本的规则，如模型名称长度不能大于 8 个字符，在这个前提下再结合其他项目的要求进行订立规则，如命名作业单元的合法性、模型的类型级别码和模型的精细程度级别码等。

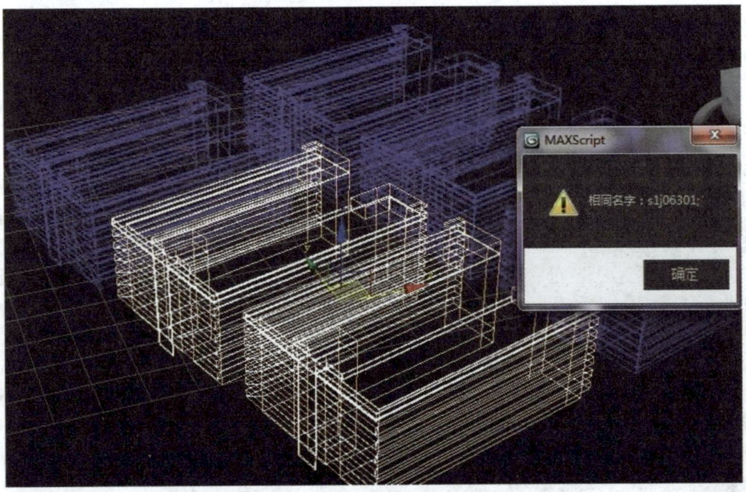

图 7-2-2　模型重名信息提示

4. 模型纹理检查工具

在数字城市三维模型中，模型的纹理是真实、直观地反映实地信息的重要资料，纹理的正确性、完整性、一致性等内容，直接影响模型的格式转换和能否正确入库可视化平台，以及模型可视化后效果。由于模型纹理数据的多样、大量、不标准等特点，采用人工手动检查处理会浪费大量的时间和人力，况且很难彻底完成检查和修改。基于这种情况，就需要开发能批量、快速完成纹理自动检查的工具。纹理的检查内容主要有七个方面：一是纹理的命名，二是纹理与模型的一致性，三是纹理是否有漏贴，四是纹理的尺寸标准，五是透明纹理的格式和通道，六是纹理的模式和有效性，七是材质的合法性检查。

1)纹理的命名检查工具

纹理的命名检查主要有三部分内容：首先是命名长度的检查，需要根据平台集成的标准长度设定最基本的检查规则，如 EAVR 平台的纹理命名长度不能超过 16 个字符；其次是纹理命名正确性的检查，包括命名的重复、断号、字母大小写不统一等错误；再次是纹理格式的检查，一般纹理的格式为 jpg、tif 等，但同一个项目通常不会使用两种或以上格式的普通纹理，因此我们需要检查格式是否均为其中的某一种。

2)纹理与模型的一致性检查工具

模型纹理是贴附在模型几何对象上的附属物体，它属于模型单元的子对象，因此它的名称与模型几何体的名称一般需要有一一对应的被包含关系，如纹理命名的前面部分就是模型对象的命名或与其有唯一的对应关系，后面几位一般是一个模型对象下多张纹理的流水顺序号。当纹理命名的前面部分与模型命名不同时，则产生了模型与纹理的不一致，在后期的模型可视化应用中可能会出现纹理关联错误。而这种不一致的人工检查非常费时费力，纹理与模型一致性自动检查工具的开发能有效地提高这类问题的检查效率。

3)纹理丢漏检查工具

模型纹理的漏贴，可以理解为模型的某个面没有附加贴图或材质，也就是如白模型一样没有纹理。这种情况经常会导致在后期的格式转换和平台集成中出错，或者在可视化时丢失纹理的面与其他面不协调。而纹理的丢失通常是作业员的粗心造成的，丢失纹理的位置一般都是在很小的或较隐蔽的面上，采用人工交互检查很难发现全部问题。因此，纹理丢失自动检查工具通过赋予纹理空间坐标与白模型所有面的空间坐标比较，查找出没有贴附纹理的面，再由人工核实和修改，极大地提高了模型丢失纹理检查的效率和修改的完整性。还有一种情况是纹理的存放路径与模型几何体对象的存放路径不一致，或设置的路径与存放的路径不一致，则就直接显示纹理的错误信息(图 7-2-3)。

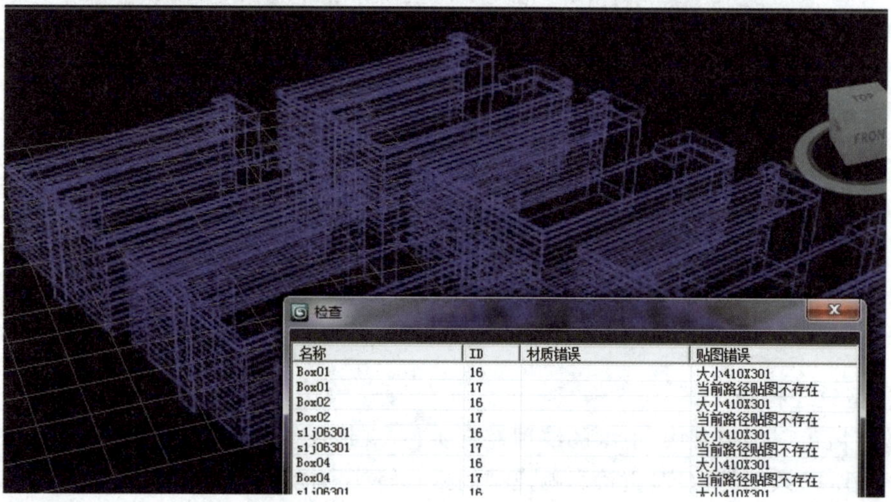

图 7-2-3 纹理错误信息提示

4)纹理尺寸标准检查工具

模型纹理的总数量是数字城市三维模型中数量最多，也是数据量最大的部分，手工单个模型逐张纹理检查尺寸大小工作量非常大，因此开发了纹理尺寸的自动检查工具。纹理尺寸标准的检查包括两个方面：一是尺寸大小是不是 2 的 N 次幂，纹理尺寸为 2 的 N 次幂是数字城市三维建模的行业标准，主要是考虑模型成果与可视化应用平台的兼容性；二是尺寸大小有没有超限，如某项目的三维可视化应用平台规定模型的纹理尺寸不能超出 512×512，则就设定一个上限值，快速地查出超限的纹理。

5)透明纹理检查工具

透明贴图是模型纹理的重要组成部分，主要使用在一些可透视结构的纹理上，如阳台的镂空栏杆、金属大门等。透明贴图在模型中的表现通常为光线可通过的部分，它一般采用普通纹理不一样的通道和格式，如使用.tga、.png 格式和 Alpha 通道。格式的检查相对容易，而通道的检查需要打开纹理才能检查，所以手动检查的效率很低。自动检查工具一般是根据数据标准，设定标准格式和通道要求，一次性找到问题并提示改正。

6)纹理模式和有效性检查工具

在模型纹理的生产处理过程中,因纹理的数量一般很大,人为地多次操作后有可能会损坏,也可能由于误操作的原因,把纹理的RGB模式错设置成了灰度,这种错误在纹理贴上模型后手动找出又很费力。纹理模式和有效性检查工具主要是为了自动批量地找出这两类问题而开发的,它通过对每一张纹理自动虚拟打开比对,找出无法打开和模式错误的纹理。

7)材质的合法性检查工具

材质的合法性检查主要是对模型材质的数量、标准、格式、类型、通道、属性进行检查,包括以下内容:①检查模型中是否存在材质数量超过255的情况;②检查对象材质类型是否为多维子材质或者标准材质;③检查多维子材质中是否包含除标准材质外的其他材质类型;④检查多维子材质ID是否连续;⑤检查材质中Diffuse通道是否存在有效的Bitmap类型贴图;⑥检查模型材质中是否除Diffuse和Opacity通道外还存在其他冗余通道(如模型带有自发光通道);⑦检查模型是否存在Diffuse通道中使用了Tga透贴材质,但在Opacity透明通道中却没有设置相关信息的错误现象;⑧检查模型块中对象是否存在冗余材质贴图,即对象材质列表中是否存在没被使用的多余材质;⑨检查模型块中是否存在未清空的材质球。

8)贴图和材质UVW合法性检查工具

贴图和材质中,UVW是记录其空间信息和尺寸属性的元素。UVW的合法性决定了贴图和纹理在模型上可视化的效果。贴图和材质UVW合法性检查工具主要检查两方面的内容。一是材质UVW偏移、旋转等参数设置检查,因为UVW偏移和旋转参数修改后,在3DMAX平台中显示的结果无法能通过格式转换集成到可视化应用平台,造成生产和可视化的不一致错误。材质UVW偏移、旋转参数设置检查主要检查图7-2-4中的参数设置是否为材质默认参数值,如对图7-2-4中的参数进行了修改,该材质就会被识别为错误材质。二是UVW贴图坐标检查,检查UVW贴图的坐标值中是否存在过大的非法坐标值,如坐标绝对值大于10的7次方时,会造成应用可视化的错误。

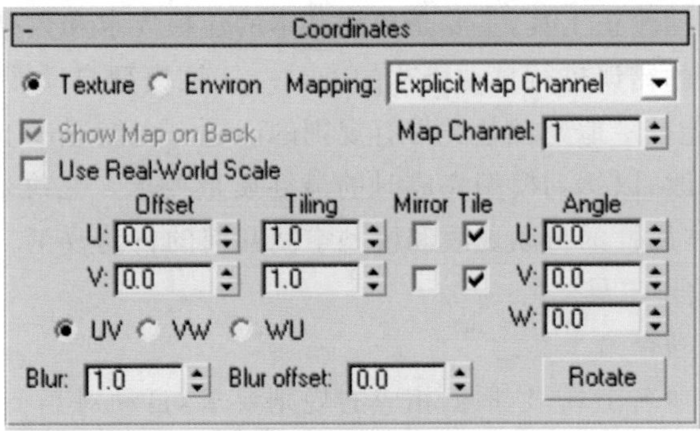

图7-2-4　偏移、旋转参数设置检查

9)冗余材质检查工具

冗余材质检查主要有两方面的内容。一是检查模型块中的对象是否存在冗余材质贴图,如对象材质列表存在材质,但在模型中没有被使用,造成数据量的冗余。二是检查模型块中的材质球是否已清空,这也是为了消除冗余,减少数据量,提高转换后集成应用平台的可视化效率。

5. **模型几何结构检查工具**

模型几何结构的检查主要包括四个方面。一是空间位置的合法性检查，通过空间位置和命名相互关系，检查生产单元中所有模型的轴心是否都在模型对应的建模单元范围内，防止出现模型飞离等错误。二是模型顶点合法性检查，通过检查模型每个顶点是否都在模型对应的模型单元一定范围内，不存在距本作业单元过远的顶点坐标值，防止出现错误拉伸的模型。三是模型细碎三角面的检查，通过模型生产的合理性和逻辑性，检查是否存在面积极小的细碎三角面。四是重复面的检查，通过空间位置关系，检查模型中是否存在大小和位置完全一致的面，这种情况均属于不合理的重复面，在可视化管理平台中会造成模型面的叠加闪烁。

6. **模型非法对象检查工具**

数字城市三维模型在3DMAX平台的生产过程中，常需要导入平面控制数据、高度控制数据等其他内容辅助模型的生产，而在生产完成后模型成果的格式转换和平台集成中又必须把这些物体清除，否则有可能会导致转换和集成的错误。非法对象的检查包括三方面内容。一是建模辅助对象的检查，主要是把在建模生产过程中的辅助数据进行查找清除，如二维矢量线、三维矢量线、3DMAX场景灯光、Camera等非三维模型等对象。二是隐藏对象的检查，在模型生产过程中，由于作业员作业习惯和方便自检查的需要，通常会把一个单元中完成的模型一个个地隐藏起来，以准确快速分辨和管理模型的生产情况，而当生产完成后，又可能会忘记把隐藏了的模型重新消隐，则有可能会造成后期转换、导入、导出等操作的错误。自动隐藏对象检查工具就是针对这种情况，批量地完成隐藏对象的检查。三是0面数空对象的检查，0面数的空对象一般是作业员在多次操作时遗留的废对象，主要是一些废轴、废点、废线，有部分在平台中是不可视的，人工检查存在困难，而通过程序检查就方便快捷得多。

7.2.2 三维模型自动改正工具

三维模型数据的自动改正工具，主要是根据基本的建模要求和数据标准，对质检员人工检查或程序自动检查出来的错误进行自动修改的工具。三维模型自动改正工具的开发，具有高效性和准确性，基本上能批量地处理各类带有规则的问题。也能通过不同的算法，对一些人工无法操作的问题进行修改，以达到模型完成时的最终质量要求。三维数据自动改正工具主要包括两个方面：模型基本属性的自动更改和模型空间几何的自动改正。

1. **模型基本属性改正工具**

1)模型和贴图的自动命名工具

模型和贴图的自动命名工具，是根据相应的规则要求，自动对当前场景中的模型名称、纹理名称及模型与纹理的一致性自动处理的工具。它通过模型与纹理的相互关系，以及模型的命名标准要求、纹理的命名标准要求，一次性地完成模型命名、纹理命名及模型几何与纹理一致处理的过程(图7-2-5)。它主要是先把模型的贴图文件根据标准要求进行名称修改，再将修改后的贴图进行反贴，以实现改正贴图资源文件的同时，不造成当前模型纹理的丢失和UVW错乱，保持模型可视化的正确性。模型和贴图自动命名工具的使用从根本上消除了模型命名和一致性等问题，比人工手动修改快捷和精准，是目前三维建模工作中最常用、最基本的改正工具之一，对于建模、质检及入库等工作都相当重要。

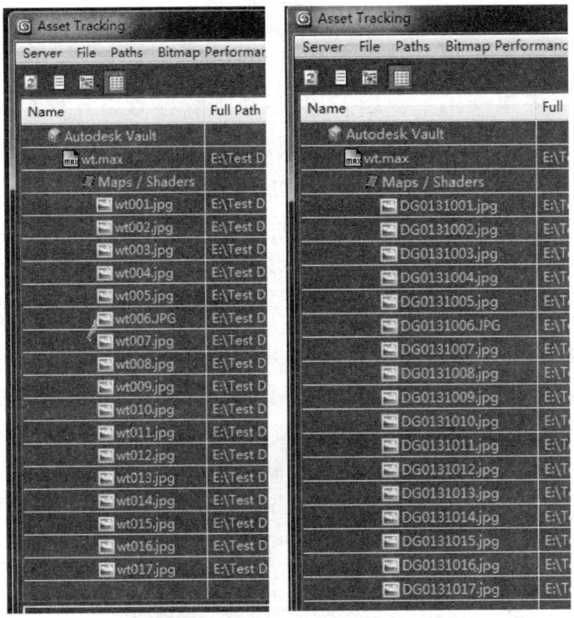

图 7-2-5　模型和贴图的自动命名工具使用效果

2)纹理尺寸批处理工具

纹理尺寸的批处理工具主要功能是自动一次性完成贴图大小、分辨率的修改，保证纹理的尺寸均是 2 的 N 次幂，并能在此基础上检查、修改长宽比例过大的纹理。同时，也能根据集成可视化平台对最大纹理尺寸的限制，把纹理自动按原比例压缩到规定尺寸下，如小于 1024×1024 的尺寸，以及把所有纹理的显示分辨率统改为 72(一般为 72，如有特殊要求则可进行统改设置)。

3)纹理冗余批处理工具

纹理冗余批处理工具主要是对纹理的材质球、冗余纹理材质进行处理。清空材质球工具可以一次性批量清空当前模型场景材质球列表中的所有信息，保证没有材质球冗余。清除冗余材质工具可以清除当前场景中所有模型的所有冗余材质，如一些没有使用到的纹理材质和一些自发光等非法通道，并能自动地将选中的单个模型的多维子材质中的每个子材质球名称以 Diffuse 贴图文件的要求进行自动命名(图 7-2-6)。大大提高了模型纹理冗余数据的处理效率，减少了数据转换和集成的出错率。

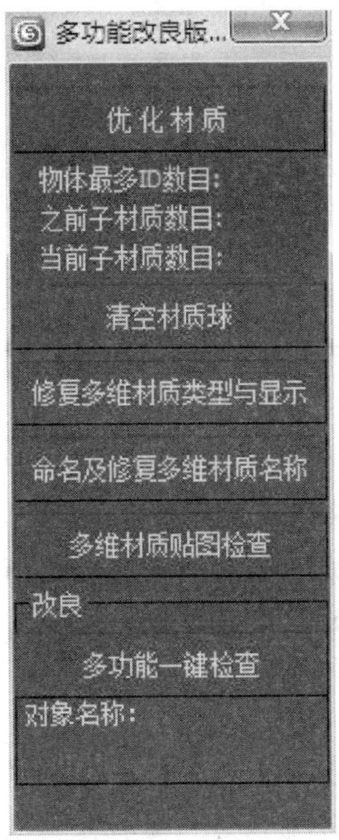

图 7-2-6　纹理冗余批处理工具

4)模型批量拆分和合并工具

模型的自动批量拆分工具主要是为了使模型满足可视化应用平台的集成要求，保证单体模型不超过某个量值的面数。当超出时由程序自动根据合理性原则进行拆分，可以通过自动或设定，从任何一个方向开始，根据面数的要求对模型进行拆分，并保证模型的完整性，以及合并后的一致、统一，在可视化应用平台中体现为属性和结构的一致，一个物体看不出由两个或以上的对象组成。模型的自动批量合并工具，主要是方便模型在

3DMAX平台中的可视化检查和成果合并提交所需而开发的工具。在数字城市精细三维模型的生产中，作业员一般是单个逐步地完成模型的生产、检查和提交，但在模型成果的小组检查和质检组检查中，除了需要检查单个模型的质量，还需要检查整片模型的整体色调、协调性、立体感、仿真沉浸感等。而这个检查过程如果到集成可视化应用平台再进行，就需要进行模型成果的重复格式转换和集成，造成工作的反复，增加了工作量。因此，一般需要在3DMAX中先进行整合的统一检查，以降低集成平台后返修的几率。模型的自动批量合并工具是根据用户指定的路径目录，再设定按子目录合并或根目录合并，程序自动将在源文件目录下的所有模型文件(3DS文件或MAX文件)合并且保存为一个模型文件(3DS文件或MAX文件)，或根据设定的要求把选定目录下所有子目录的文件合并为多个模型文件(3DS文件或MAX文件)，并能根据需要把目录或路径的名称自动命名为模型文件的名称(图7-2-7)。

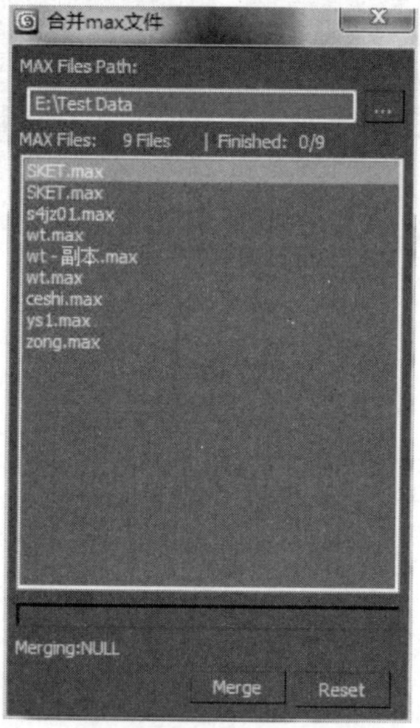

图7-2-7 模型合并工具

5)批量模型格式转换导入导出工具

模型格式转换导入导出工具通常建模软件本身就自带有，但软件本身的转换工具不够智能和方便，一般需要打开模型文件并且每次只能对一个文件进行操作，效率不高，因此在此基础上开发了更自动高效的批量格式转换和导入导出工具。该工具一般先进行转换格式的选定，然后在不需要打开模型文件的情况下，把选定路径下的多个文件或文件夹根据要求完成批量格式转换和存放。它可以把一个模型文件中的多个模型按对象个数、对象命名、模型间距等因子，分别导出成多个新格式文件，可以智能识别多重路径，并自动根据规则完成命名，以及能同时生成模型转换前后一一对应的属性列表，记录模型的变化过程。模型的批量导入工具类似于批量导出工具的逆向工具，它把多个不同格式、不同路径下的模型文件根据规则要求合并成一个新格式的文件，它也类似于模型的批量合并拆分工具。另外，还有一种根据空间范围进行分区域处理和导出的工具，主要是根据模型的空间位置结合需分区域的矢量数据或空间坐标值，自动进行分块分模型处理，并进行格式转换和导出，以及模型分块后命名等工作。

2. 模型空间几何自动改正工具

模型空间几何的自动改正工具，主要有模型轴心自动归中工具、模型平面位置自动改正工具、模型高程位置自动改正工具三种。

1)模型轴心自动归中工具

模型轴的处理，就是对模型坐标轴的固定。在实际的模型生产中，由于作业员的多次操作，通常会改变模型的轴心位置，而在可视化应用平台中，读取模型通常是以轴心为基准转换读入的，这种情况就会导致在格式转换集成可视化平台后，模型的空间位置发生变化而出现精度错误。模型轴心的自动归中工具能批量自动地完成对模型的坐标轴平面方向的固定，并归中在模型的中心平面位置，同时保证模型的坐标轴高程处于模型的最低点。

2)模型平面位置改正工具

模型的平面位置改正一般有两种情况。第一种是模型的平面坐标在生产的时候为了避免坐标值过大而在 3DMAX 中跳格和无法准确捕捉焊接而归 0 生产，在生产完成后再重置回原坐标的情况。在生产中，如果需要归 0 生产，则必须在归 0 前通过程序记录每个模型的原坐标和名称，在生产完成后根据模型的名称，把模型置回原坐标。另一种是在模型生产过程中由于作业员的误操作，模型发生了移动或旋转，造成了模型的平面位置错误，这种情况是通过把模型的名称等关键字及轮廓投影数据。与建模前的平面控制数据进行空间分析，自动进行拓扑改正的过程。主要算法是首先求出三维模型的二维投影面，通过与平面控制数据的匹配比较，算出相应的坐标差值。三维城市建模通常以测区的 1∶500 地形图作为平面控制数据，地形图数据对一些建筑的二层以上进退结构没有表示，因此三维模型的二维投影面不可能与二维的控制数据完全重合，因此在做比较和改正时需要查找和判断同名点，再通过比对同名点进行模型平面位置的改正。

3)模型高程位置改正工具

模型高程位置改正有三种情况，第一种和第二种与平面位置改正情况一样，是根据模型生产前记录的高程信息，通过名称等关键字把模型重置回原本高度；同时，根据模型的高程矢量数据把模型在生产过程中由于误操作引起的高程错误进行空间分析并自动拓扑改正。第三种情况最常碰到，一般数字城市三维建模的测区，通常已有数字高程模型数据(DEM)，而没有单个各类地物的矢量高程数据，在这种情况下，模型生产的时通常把模型的高程放在 0 值上生产，在生产完成后，再对合并成区块的模型进行贴地(DEM)处理，对模型的高程信息，根据空间关系及需要直接自动求取其正射投影下 DEM 的最小值、最大值、平均值，并赋予模型高程(图 7-2-8)。还可以根据赋予模型的高程值，自动抹平 DEM，以实现在集成可视化平台中模型与 DEM 良好无缝接地。

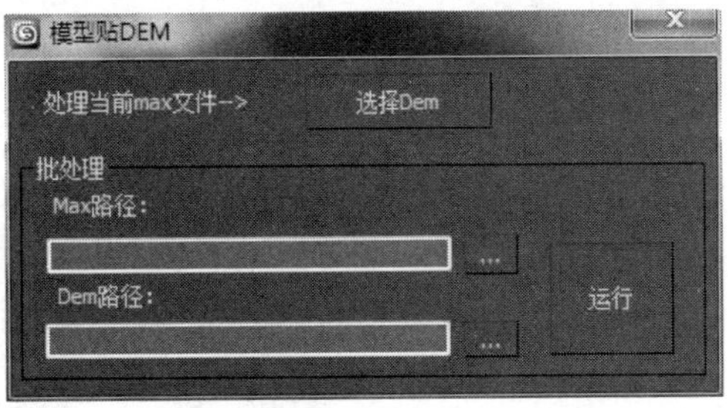

图 7-2-8　模型自动贴 DEM 工具

7.2.3　三维模型自动优化工具

三维模型的自动优化工具主要是在模型生产完成后，为了减少模型的数据量和冗余度，对模型成果自动批量优化处理的工具，主要有模型的结构自动优化、模型的纹理自动优化两类。

1. 模型结构自动优化工具

模型的结构自动优化工具包括三种。第一种是模型面数的自动优化工具，主要是对模型的重叠面、模型底面、模型内面(在模型外观看不到的面)、模型相交面和模型曲面的优化。第二种是模型结构的自动简化工具,主要是完成对小于某精度的结构进行自动删除简化,并自动补回漏面的操作工具。第三种是模型冗余结构的自动优化工具,主要是对在建模生产作业中多使用的一些不必要的点、线、面进行自动删除的工具,而且这些点、线、面的删除不会使模型的结构和纹理发生变化。

1)模型面数自动优化工具

模型面数自动优化工具开发较复杂,需要考虑较多的因素。对模型重叠面的优化删除,首先要通过面的空间坐标判断两个或几个面是否完全一致,再通过纹理判断哪些面没有贴图纹理,然后把空间坐标一样而又没有贴图纹理的面删除。模型底面的自动删除主要是通过求解构成模型面的所有节点高程值,把由同样高程值节点构成的面,并且该面的高程为该模型中所有节点的最低值,此类面就属于模型的底面,查找出来后自动删除。模型的内面优化主要是根据程序自动设定模型的视点,把经多视点测试后无法找到的面判断为内面,并进行删除。模型的内面自动优化算法目前还不是很成熟,如视点不够选取的面有可能不是内面,如视点太多效率又不是很高,目前还在研究更高效、准确的方法。模型的相交面优化是通过程序自动切分相交面,再采用查找内面同样的算法,找出不必要的面进行删除。相交面的处理重点要考虑自动切面后纹理 UVW 的记录和返贴,否则会出现优化后纹理错乱。模型曲面的优化工具主要是对模型生产中采用多线段组成的球面、弧面,根据半径与弧长的关系,根据简化规则自动算出不需要的线段并删除。

2)模型结构自动简化工具

模型结构的自动简化工具,目前还在不断完善之中,现只能处理一部分结构不太复杂的模型,如地面模型、河流模型等。在建筑模型的自动简化使用中,效果不是特别理想。它的算法主要是通过对模型节点的空间分析,结合与模型轴心的空间关系,查找出尺寸较小(一定规则),且又在模型最外边的结构,进行自动删除,并进行补面缝合及根据原纹理的 UVW 数值重新贴图(图 7-2-9)。

图 7-2-9 模型结构自动简化结果

3)冗余结构自动简化工具

模型的冗余结构自动简化工具,主要是根据模型空间拓扑和纹理 UVW 值进行分析解算,求解出模型中删除后不会对结构产生变化,也不会对纹理的 UVW 值发生改变的点、线、面进行删除。如在一个大矩形面中只展示了一张 UVW 贴图，而却用线段把大矩形面切割成了 9 个小矩形面，则中间因切割产生的 4 条线和 12 个点均为冗余线和冗余点，可以通过自动选择出来后删除，模型的面数也减少了 8 个，减少了大量的冗余(图 7-2-10)。

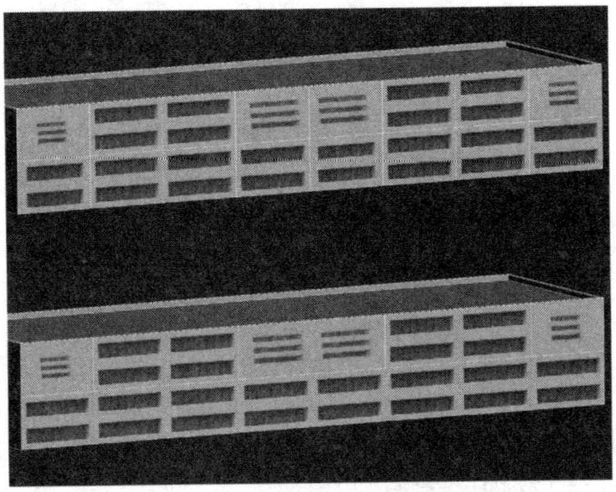

图 7-2-10　冗余结构自动简化结果

2. 模型纹理自动优化工具

模型纹理的自动优化主要有两种情况，一种是不同命名而相同内容纹理的优化，另一种是把多张小纹理合并成一张大纹理。这两种情况均能大量地优化纹理数量，减少纹理的数据量，大大提高可视化的效率。

1)相同内容不同命名纹理优化工具

相同内容而命名不同的纹理出现，主要是由于在建模生产中，一个区域的模型由多人协作完成，而每人生产的模型有可能会用到一些公共纹理，但为了方便建模与提高效率，每名作业员常会根据自己生产习惯或模型名称命名公共纹理，这样就造成了一个测区中有许多命名不一样而内容完全一样的纹理，这就需要进行优化精简。这种优化工具先获取模型场景中所有贴图文件，然后根据文件的大小判断可能重复，再根据模型的像素进行逐个对比，找出相同内容不同名字的纹理，并记录每张纹理的 UVW 参数，最后按规定的规则统改纹理名称，反贴回原所有用到同样纹理的模型，实现纹理优化，如图 7-2-11、图 7-2-12 所示。

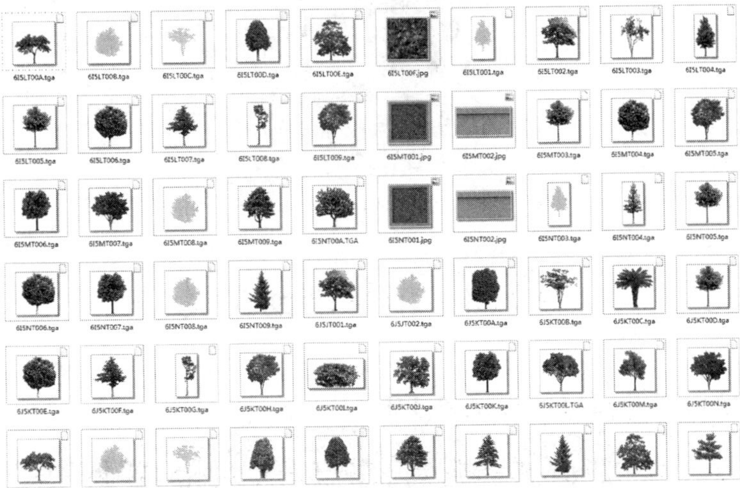

图 7-2-11　相同内容不同名称纹理优化前截图

图 7-2-12　相同内容不同名称纹理优化后截图

2)小纹理合并大纹理优化工具

小纹理合并成大纹理的优化工具，先是根据允许纹理的最大尺寸建立一张空白的最大尺寸纹理，如 512×512。然后按纹理的类型、格式、尺寸，把每个模型或每个区块模型的所有纹理进行计算分类，如把 4 张 512×128 的.jpg 纹理组成一个单元，分别记录每张纹理与其所属模型的关系，以及每张纹理的 UVW 值，然后把这 4 张纹理按照一定的空间顺序合并到新建的 512×512 空白纹理中，形成一张由原 4 张 512×128 组成的新纹理，并通过原来记录的每张纹理与其所属模型的关系和其 UVW 值，重新计算和建立新 512×512 纹理与使用原 4 张 512×128 纹理模型之间的空间关系和 UVW 值，最后把新 512×512 纹理反贴回使用原 4 张 512×128 纹理的模型，完成纹理的合并工作，如图 7-2-13 所示。

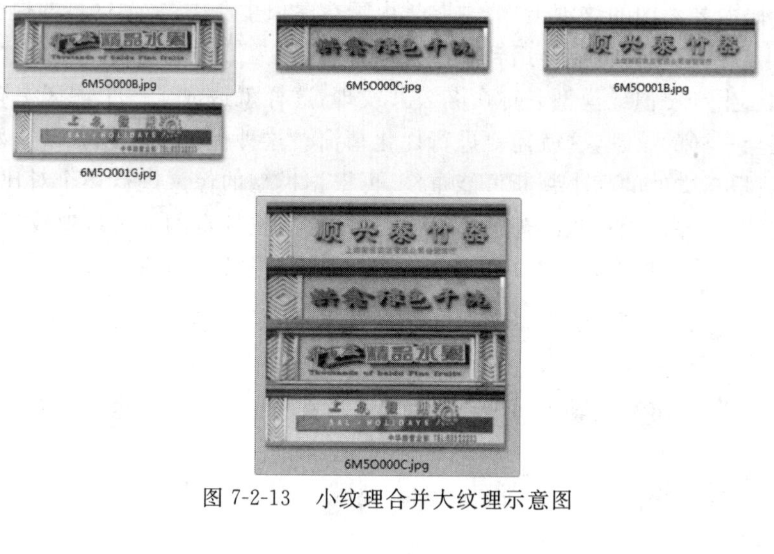

图 7-2-13　小纹理合并大纹理示意图

§7.3　项目辅助工具

7.3.1　三维城市建模项目流程定制工具

在实际的三维城市建模项目中，通常是不同的项目有不同的数据标准和要求，如模型和纹理的命名、入库格式要求、纹理优化要求、模型轴心处理、女儿墙的结构和纹理等。因此，为了能高效完成对不同数据标准的模型成果生产，能根据项目特定要求定制的项目管理工具就很有必要。

项目管理工具也可以称为项目定制工具，通过定制主界面(图 7-3-1)，把项目实施的各流程中应用到的脚本工具按工序定制在管理工具的菜单列表中，在项目实施中按顺序把每个工序应该采用的脚本使用一次，如纹理检查工具中的先检查模型是否有漏贴纹理和丢失纹理，再检查处理纹理的重复性，接着检查和修改纹理的尺寸，然后检查处理纹理的命名，最后检查纹理的 UVW 和存放路径等。

建模项目的管理工具根据数据标准定制一个针对项目任务分配、导入、导出、命名、检查、批处理、优化、自动修改、数据整合等多个分工具组成的工具集，并把工具集按作业顺序写成界面菜单。

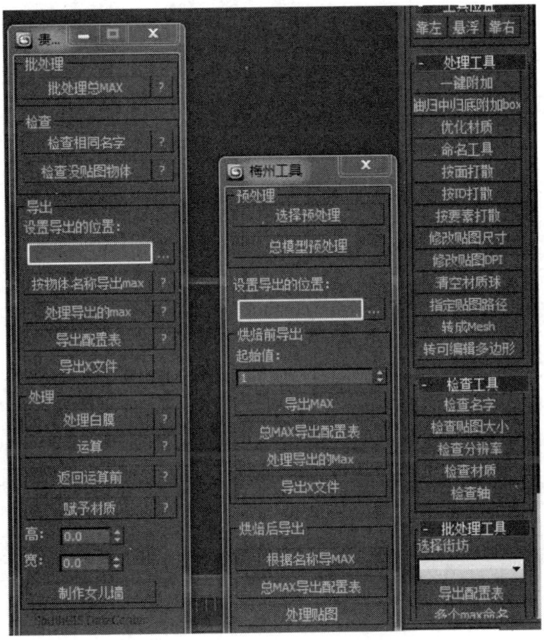

图 7-3-1　项目定制工具

7.3.2　三维模型数据整合工具

三维模型数据整合工具的开发是为了结合项目的实施要求，一次性完成项目数据的导入、分块、建模、合并、导出等组织和操作，减少人工操作导致的错误。整合工具类似项目管理工具，但又不同于项目管理工具。项目管理工具是针对一个项目的所有流程，整合工具一般是对一个或多个项目的一个或几个阶段进行整合处理。整合工具一般包括按标准处理 3DMAX 文件、多路径多文件合并、模型多路径多文件拆分、模型成果导出、配置表导出、模型赋坐标、同步数据等内容。

(1)处理 3DMAX 文件：对一个块的所有模型进行处理，包括优化材质、模型的轴心处理、焊接点处理等，以符合数据入库的拓扑要求。

(2)导配置表：根据建筑模型空间属性和对象属性，读取模型的轴心坐标和相关属性，并导出成 TXT、EXL 等文本或数据库文件，给后期的数据导入平台提供基础信息数据。

(3)多路径多文件合并:为了提高模型的可视化效果,以及对模型整体色调、风格的检查和统一修改,需要对一人或多人生产的一个区域分开的模型汇总合并成一个文件,这些模型有可能按不同的路径、不同的文件夹存放,数量可能很大,如采用手工合并费时费力,出错的几率也很高,多路径文件合并能一次性把多个不同存放路径的相同坐标系的模型合并。

(4)模型多路径多文件拆分:是多路径多文件合并的逆操作,在模型合并检查修改完成后,有可能根据项目模型组织管理提交的需求,要把模型重新按单个建筑拆分。

(5)同步数据:在模型生产中,经常因作业员操作的原因,模型的纹理和结构数据不在同一路径中,或者纹理存放在不同的路径下,导致数据在交接时不完整甚至是丢失,就需要对同一个模型或同一批模型的结构数据和纹理数据同步到一个路径下保存,以保证数据的完整性。

(6)模型成果导出:是根据项目入库的需要,对模型成果按不同的格式转换和导出,包括按单个对象导出、按建模单元导出等方式。

(7)模型赋坐标:在一些项目中,由于模型格式转换的需要,如转.x 格式,在转换前需要把模型坐标归零,这就使模型丢失了原有的空间信息,如需要进行模型合并或其他格式转换时,就要把坐标归零后的模型重新根据记录的模型属性赋值,赋值的过程就是把模型移回原配置表中所记录位置的过程。

7.3.3 城市三维建模项目检查工具

为了快速、可靠地检查城市三维建模成果的质量,常用多层次的辅助工具,例如:

1. 3DMAX 文件快速初查工具

3DMAX 文件快速初查工具是直接读取 3DMAX 文件的信息,对模型命名、纹理命名、模型面数、模型文件组织、纹理尺寸、纹理合法性等方面进行初查(图 7-3-2)。

该工具是基于 3DMAX2009 版本开发的,只能在该版本下使用,所以在使用工具前需要检查模型数据的版本。

图 7-3-2 3DMAX 文件快速初查工具

经过检查后,模型数据中存在的错误信息记录在 check. log 文件中,主要的检查内容如下:

(1)实现了批量检查指定目录及其所有子目录的每个作业单元中是否存在重名的三维模型。

(2)检查了模型文件存放目录与作业单元名称不一致,以及子目录中没有 3DMAX 文件或有多个 3DMAX 文件等错误。

(3)检查了各单元是否存在非法物体,如二维矢量线等非三维实体对象。

(4)检查了各单元所有贴图是否有效，不存在无法打开文件的现象。

(5)检查了所有纹理的尺寸大小和格式是否符合要求。

(6)检查了所有纹理的颜色模式是否为“RGB”模式。

2. 3DMAX 环境批量检查工具

在通过“3DMAX 文件快速初查工具”的初查，并把所有在初查中出现的问题修改完成后，再把所有的模型成果使用“3DMAX 环境批量检查工具”对模型再次进行批量质检。

3DMAX 环境批量检查工具也是在 3DMAX2009 环境下使用，在 3DMAX2009 软件下打开 3DMAX 环境批量检查工具，点击批量检查按钮，选择需要检查的模型目录，就能自动地完成检查。检查完成后，所有的检查结果会记录在检查的模型目录下的“批量检查结果. csv”文件中，主要检查和记录了以下内容：

(1)3DMAX 命名错误检查。检查 3DMAX 命名是否符合数据标准中的 3DMAX 命名规范。

(2)对象类型错误检查。主要检查场景中是否存在二维矢量线、3DMAX 场景灯光、Camera 等非法对象，以及是否存在面数为 0 的空对象。

(3)重置变换错误检查。检查 3DMAX 数据中是否存有模型没有做过 ResetXform 操作。

(4)几何结构错误检查。检查作业单元中的所有模型对象是否都位于当前作业单元对应的范围内，以及检查模型顶点坐标值的合法性，是否存在绝对值大于 10 的 7 次方的顶点坐标。

(5)UVW 坐标错误检查。检查模型顶点 UVW 坐标值的合法性，是否存在绝对值大于 10 的 7 次方的 UVW 坐标。

(6)材质制作错误检查。主要检查模型纹理文件命名长度是否为 8 位，纹理尺寸是否小于等于 512×512，贴图文件长宽是否为 2 的 N 次幂，透贴文件中是否存在有效 Alpha 通道，模型文件中是否存在模型面没有贴上纹理文件，颜色模式是否为 RGB 模式，是否有无法打开的贴图文件。

(7)丢失贴图文件个数统计。检查提交的数据中是否缺少必需的贴图文件，并记录其个数。

(8)模型材质数量大于 255 的错误个数统计。检查是否存在模型材质数量超过 255 的错误模型，并记录其个数。

(9)错误模型个数统计。记录检查过程中存在错误模型的个数。

§7.4　自动建模工具

三维模型的自动建立工具主要是为了实现一些简易模型的自动生产和贴图，通过全自动的模型生产，消除人工生产的结构性错误，并极快地提高效率。根据已有空间数据(或 GIS 数据)的三维信息，按照一定的规则生成白模型，再根据模型的类型和层高等属性，随机选取规定的纹理材质贴图，并正确处理纹理 UVW。主要的算法采用批量挤出、结构的空间分析、循环、纹理的空间分析等，主要的流程如下。

1. 源数据分析处理

源数据的分析处理是自动建模的首要工作。自动建模目前主要是对建筑物进行，因此还需要把源数据中的建筑物数据单独提取出来，与其他的如围墙、门顶、通廊等附属物分开，形成只有建筑主体结构的数据。再检查和修改建筑空间数据的拓扑结构、高度属性和类型属性，如检查和处理所有建筑主体结构是否均为闭合，建筑的层数属性是否完整正确，建筑的高度属性是否完整正确，建筑的层数和高度是否相匹配合理，建筑的类型是否正确完整(要求较高的情况下需要该项属性，可根据建筑物的名称等进行主要建筑的区分)，建筑数据是否有丢失或变化，对有丢失和变化的区域进行处理或记录备注(可以套合影像检查)。最后对检查和处理完成后的建筑数据导入 3DMAX 平台(图 7-4-1)。

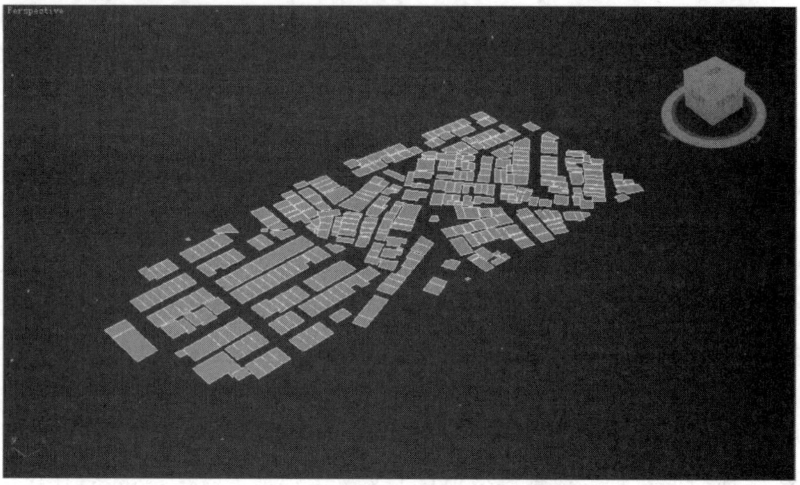

图 7-4-1 源数据的检查和导入

2. 建筑性质的自动分类

完成源数据的分析处理后，为了提高自动建模的速度和成果效果，一般需要对建筑根据层数和类型进行自动分类，把建筑按每一种层数和每一种类型分不同的图层或图块，如一层的工厂、一层的民居、一层的底商、一层的小区、一层的办公区，二层的民居、二层的小区、二层的办公区、二层的工厂，依此类推等多图层，用于后面与纹理相对应匹配。

3. 纹理分类

在纹理的处理上，也需要对材质库的纹理根据性质和用途进行分类，一般有两种区分方式，按文件夹和按纹理命名区分。如把屋顶、女儿墙、底商、外墙面、暗面、地面、阳台面等纹理按工厂、民居、商业区、办公区、小区、标志性建筑、党政机关等类型建好文件夹或命名分开。在实际的建筑物中，考虑到一层与二层及以上常会有较大差异，因此还需要单独把各种类型的一层纹理分开，最后把所有纹理都按同样的尺寸比例进行处理。

4. 建模设置

建模设置是把前面工序整理好的建模原数据及相应的纹理分类数据，在三维模型自动建立工具下进行源数据和纹理设置，主要有源数据的路径设置、成果存放路径设置、纹理调用设置、生成模型设置等(图 7-4-2)。生成模型设置有模型的高度来源，包括从高度字段生成或通过楼层数乘以高度得到；模型的类型设置，包括通过字段属性选择或手动设置为工厂、民居、商业区、办公区、小区、标志性建筑、党政机关等；屋顶结构设置，包括平顶、人字形屋顶等，人字屋顶还需要设置人字高或高度比例；女儿墙、屋檐设置，主要是设置女儿墙和屋檐的宽度、深度等；UVW 设置，主要是设置纹理贴图空间坐标的尺寸，这个设置与纹理的尺寸有关系，一般需要进行相应的配置，并与纹理分类一一对应。另外，还有模型的命名设置和纹理的命名设置，直接在自动生成模型的时候完成模型和纹理的命名。然后再进行底商的方向设置，因底商的开门方向大多与道路平行，因此需要选择和导入道路数据，并进行平行或竖直设置。为了提高建模效率或防止计算机处理过大数据出现瘫痪，我们还需要在自动生成模型的时候进行自动分块设置，一般通过数量分块和面积分块两种方法，自动完成对其中一个分块后再按顺序处理下一分块，并自动按照设置的一个分块或几个分块另存成模型成果，以及生成示意的分块界线，方便成果数据的索引、查找、检查和使用。

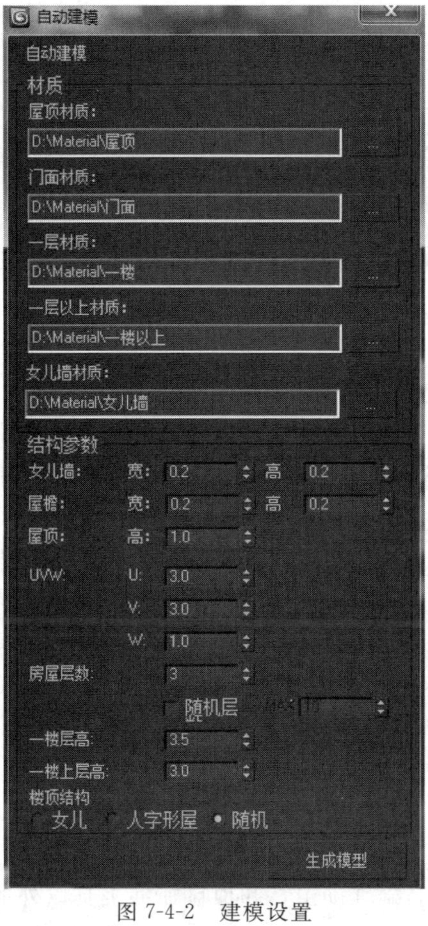

图 7-4-2　建模设置

5. 检查修改

建筑模型的自动生成完成后，一般需要进行几个方面的检查。首先是可视化的检查(图 7-4-3)，检查建模的总体效果及是否有丢失模型，把自动建立的模型按压域或分块打开，并导入生成的源数据，检查是否有纹理比例非常失调和效果很差或源数据存在但没有生成的模型，以及对个别要求较高的模型，需要重新参照实地纹理生产的，进行人工手动修改。然后进行商铺检查，因为底商的方向与道路有关，且底商的纹理 UVW 比例较难通过程序自动完成到较好效果，因此检查需要把道路导入，对沿道路的底商纹理进行浏览检查，对比例失调较严重或较重点的模型进行手动调整。最后需要进行常规的优化检查，包括轴坐标的归中归底检查、纹理尺寸检查、材质球清空处理检查等。

图 7-4-3 可视化检查

6. 成果导出

完成模型数据生产、检查修改后，根据入库平台的需要，进行不同格式模型成果和配置表的导出。成果导出一般需进行相应的设置，包括格式的设置、导出路径的设置、导出文件单元的设置、导出存放单元的设置等。格式的设置与入库平台有关，根据不同入库平台要求，模型格式有.max、.3ds、.obj、.x、.wrl、.kmz、.usx等，纹理格式有.jpg、.bmp、.tif、.tga、.png、.gif等。导出路径的设置主要是根据磁盘空间或项目管理的要求进行设置管理。导出文件单元的设置是根据入库的需求，主要有按一个模型一个单元导出，或按规定数量、面积、区块进行单元导出。导出存放单元的设置主要是根据项目管理的需求，把每个模型存放在一个单独的文件夹，或按数量、面积、区块单独建立文件夹存放，最后根据入库的要求生成配置属性表，配置属性表一般与导出单元模型成果存放位置一致。

§7.5 其他批处理工具

其他批处理工具是除了基础辅助工具和项目辅助工具以外的其他常用的批处理工具，主要是自动选取工具，包括UVW共点共线面选取、非法UVW值面选取、重复面选取、指定顶点选取等工具。这类工具的开发主要是考虑在自动检查到问题后，不能确定是否存在错误，不能直接自动删除或修改，而增加的自动选取工具，方便特定目标对象的选中和追踪。

1. UVW共点共线面选取工具

UVW共点共线面的选取工具，主要用于处理检查出存在UVW共点或共线面的模型，但又不方便使用自动改正工具，必须用人工交互在可视化条件下进行修改，而开发的选取并自动定位到错误面的工具。

2. 非法UVW值面选取工具

非法UVW值面的选取工具，主要用于处理检查出存在非法UVW值面的模型，但又不方便使用自动改正工具，必须用人工交互在可视化条件下进行修改，而开发的选取并自动定位到错误面的工具。

3. 模型重复面选取工具

模型重复面选取工具，主要用于处理检查出存在空间位置和大小完全一样面的模型，但又不方便使用自动改正工具，必须用人工交互在可视化条件下进行修改，而开发的选取并自动定位到错误面的工具。

4. 模型指定顶点选取工具

模型的指定顶点选取工具，主要用于处理检查出存在非法模型顶点，如坐标值不在合理范围之内的点，或者坐标完全重复的点，但又不方便使用自动改正工具，必须用人工交互在可视化条件下进行修改，而开发的选取并自动定位到错误点的工具。

第 8 章　数字城市三维空间框架数据的典型应用

随着城市之间的竞争越来越激烈，如何在未来城市发展中获得先机，城市的数字化、信息化将起到至关重要的作用。GIS 作为信息化的有力工具占据越来越重要的地位。传统的二维 GIS 数据形态单一、抽象，只能实现宏观的统计和分析，对于细节则不能面面俱到，已不能满足迅速发展的市场需要。三维地理信息系统的应用就弥补了这部分的不足。三维数字城市具有丰富的地物信息、更直观全面地表达地物在空间的形态、具有或兼容二维地图的各类功能等特点，越来越被各行各业广泛应用。前期三维因数据量大、生产成本高等限制，也随着技术的不断发展、硬件设备的不断升级，制约越来越小，三维数字城市在信息化的今天日益渗透到整个城市生活的方方面面，并将有利支撑智慧城市的建设与发展。

§8.1　从数字城市到智慧城市

自从 2008 年 IBM 提出智慧地球理念后，智慧城市这个词汇频繁出现在网络、通信、微电子、地理信息、计算机等各个行业。什么是智慧城市？李德仁院士说过，“智慧城市等于数字城市加物联网加云计算”，这说明了数字城市与智慧城市的关系。因此我们可以说，智慧城市是新一代的数字城市。国际数据公司(IDC)关于 2013 年中国 ICT 市场 10 大预测之一就是中国的智慧城市建设开始进入 3.0 时代：感知智慧城市。其主要特点是物联网技术开始大量应用于前端的感知与数据采集，3G 或 WiFi 技术应用于数据的传输，云计算和大数据技术应用于后端的数据存储、处理与挖掘，应用范围和服务对象比 2.0 时代的互联城市或无线城市更为广泛和深入。如图 8-1-1 所示，空间信息平台是智慧城市公共信息平台的组成部分，包括时空数据处理平台、时空数据承载平台和空间信息共享平台三部分，其中三维城市模型将是智慧城市时空数据承载的重要引擎之一。

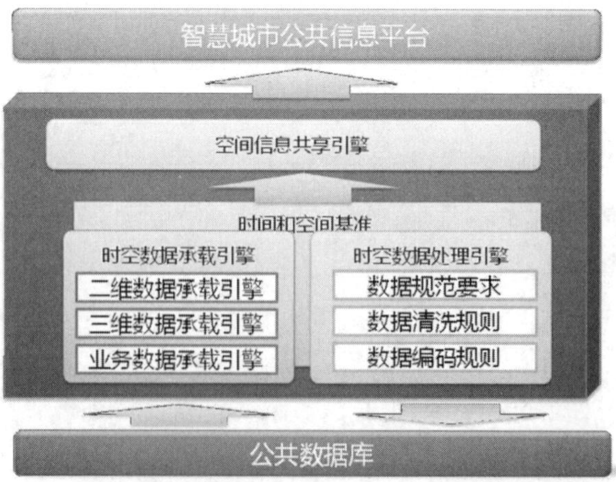

图 8-1-1　智慧城市空间信息平台组成与技术框架

§8.2　三维立体化的城乡规划管理

城市规划管理包括城市规划编制管理、城市规划审批管理和城市规划实施管理。城市规划编制管理主要是组织城市规划的编制，征求并综合协调各方面的意见，规划成果的质量把关、申报和管理。城市规划审批管理主要是对城市规划文件实行分级审批制度。城市规划实施管理主要包括建设用地规划管理、建设工程规划管理和规划实施的监督检查管理等。三维城市模型在城市规划管理中的典型应用，如图 8-2-1 所示，贯穿建设工程设计审批主要业务的全过程。

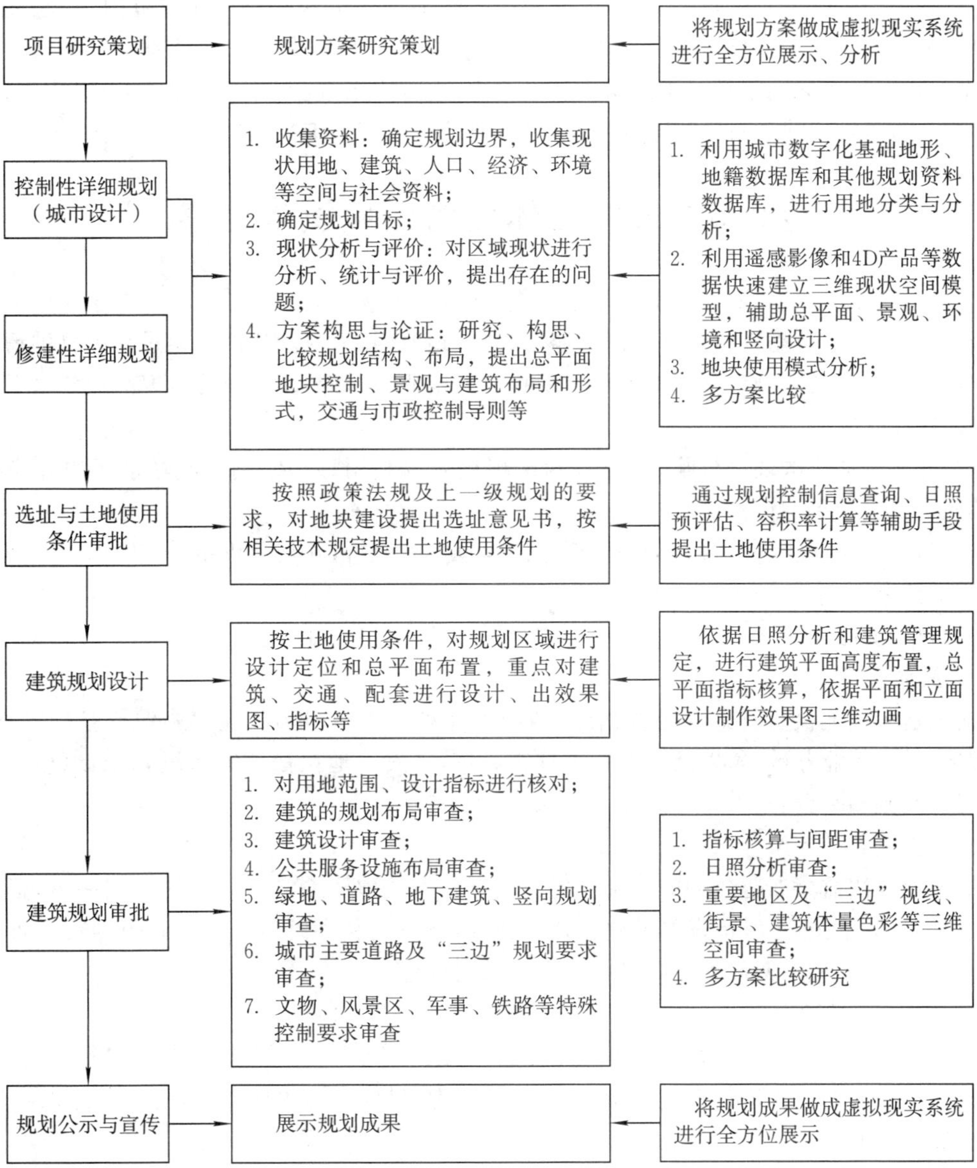

图 8-2-1　三维城市模型在城市规划管理中的全方位应用

在多尺度现状三维模型的基础上，利用三维 GIS 能够方便地集成各类数据，实现各类基础图层和专业图层的叠加，同时结合市政地下管线、地形坡度坡向分析、水淹分析等功能，对不同的拟建地址进行比较分析，可以迅速筛选出宜建地址；在选址审查阶段，可以模拟不同规划条件下方案建成后的效果，快速辅助用地条件审批。

在三维 GIS 基础上充分利用三维城市模型，城市规划人员可以在三维空间对报建方案进行实时浏览、多方案比较，能够对建筑的层数、朝向、体量等进行调整，优化设计方案。将规划报建项目方案审查由传统的二维平面方式转为三维立体空间审查，更加直观地反映规划方案设计理念及其与周围现状的协调关系等，便于方案审查工作的合理化、科学化和高效化，根据报建方提供的项目总平面、方案的平立剖图、效果图、建筑外立面色彩等资料，制作规划报建方案的三维场景模型。同时，根据项目规划用地范围确定周边现状模型制作范围，并通过地形图、航空影像数据及实地外业采集等方式制作周边现状模型，最终将规划方案模型和其周边现状模型整合并导入规划审批三维决策支持平台中，进行方案查看、方案调整、多方案比较、空间分析等应用，辅助报建项目三维空间审批，可以显著提高规划审批的效率。

§8.3　三维立体化的土地执法监察

土地是国家的根本，通过用地测量和调查，建立土地执法监察数据库。外业移动执法监察提供及时的权威的数据资源，实时分析各种违法用地原因，为外业执法监察过程中提供精确的疑似分析结果，及时、准确、高效地实施土地执法监察业务，提高土地执法监察的业务水平。

1. 系统目标

(1)外业移动执法现场核实，在外业执法现场可以利用移动终端对现场进行边界坐标采集、拍照及执法结果的记录。

(2)为外业移动执法监察过程中疑似违法提供实时分析，并把分析结果实时返回执法现场的应用示范。

(3)对外业移动执法人员在指挥中心进行展示及历史追溯的应用示范。

2. 具体任务

通过建立土地执法监察专题数据库，利用土地利用现状、规划、遥感影像等基础数据，批地、用地、供地等业务数据，以及野外巡查核实数据，开发土地执法监察系统，为土地移动执法监察提供基础和平台。

1)核查任务子系统

在土地执法监察专题数据的基础上建立核查任务抽取子系统。在专题数据库中，根据各种信息来源(如举报，上级下发等)，建立核查任务，下发到移动终端。巡查人员携带设备到现场进行核查，核查结果回传到系统进行核查结果的处理。

2)动态巡查子系统

建立动态巡查子系统，通过手持 GPS 设备，利用 GIS、GPS、无线互联技术进行动态巡查，或根据监察对象的位置进行自主导航，采集野外图像、目标实际边界坐标，记录执法结果，实现执法监察的外业核实。

3)实时用地分析系统

外业执法监察时，通过动态巡查子系统采集用地边界，发回到实时用地分析子系统，系统自动把用地边界与现状、规划、批、供、用地等信息进行分析，分析结果实时返回到执法现场的动态巡查子系统。

4)巡查展示子系统

利用大屏幕或者投影的方式，展示全市所有正在进行外业动态巡查的移动终端的实时位置及人员的相关信息，对指定人员在指定时间段内的巡查轨迹进行回放。对外业动态巡查所发现的或核实的巡查结果，进行边界展示，同时可关联现场采集的照片进行展示。

4. 总体框架

系统的总体框架如图 8-3-1 所示。

图 8-3-1　三维立体化的土地执法监察总体框架

5. 核查任务子系统

本系统主要实现通过各种不同的信息源获得的疑似违法用地信息，录入到核查任务中，形成手持设备野外核查时的核查任务。对核查任务的状态进行跟踪，当核查任务完成后，通过本系统进行基本的查询与统计。

1)业务需求

从各种渠道获得信息源，在系统中录入需核查的信息，形成执法监察的核查任务，自动下发到移动终端。移动终端能够自动下载这些核查任务，根据这些任务到野外进行现场核查，核查结果及时回传到系统，可以跟踪核查任务的完成状态(未开始，正核查，已完成)，可以对核查任务进行统计报表。

2)业务流程

(1)设置核查任务：从不同的信息来源，设定需核查的任务，包含地址、坐标(也可以不含坐标)。

(2)核查任务：自动匹配到相应的执法队伍(一个队伍一个手持设备)。

(3)手持设备外业核查：手持设备下载(可有线或无线)核查任务，现场核查。

(4)跟踪核查任务的完成状态：可查看所指定核查任务的完成情况。

(5)核查任务的统计报表：按不同的统计口径(时间段、任务状态等)生成报表。

6. 动态巡查系统

本系统通过集成GPS、GIS、无线互联技术到手持移动终端，形成一套机动灵活的野外移动巡查系统，把野外巡查的工作终端与办公网络环境中的用地信息的信息孤岛打通，让野外巡查现场能够快速、高效地利用现有的土地信息成果进行执法工作，使得野外监察工作过程实现数字化、智能化、快速化、准确化和规范化(图8-3-2)。

图8-3-2 移动执法工作示意图

动态巡查系统主要是实现野外巡查核实及空间数据、图片数据的采集功能。

1)业务需求

(1)目标导航：通过设置核查目的地标识，利用GPS进行定位导航(非路径规划导航)，引导实地核查人员快速到达目标所在地。

(2)实地信息采集：利用GPS进行目标地块空间几何信息的采集，现场利用手持设备录入用地相关属性、现场照片。

(3)采集数据回发：将采集到的变化用地信息、手持设备自身的位置信息通过无线互联技术实时传给巡查展示系统进行实时展示。

(4)多图层管理：能对多期土地利用现状数据、基本农田保护数据等进行分层显示。

(5)采点时间设置：可设置GPS坐标采集时间间隔。

2)作业流程

整个执法的基本过程为：

(1)下载当天需要工作的核查任务。

(2)利用GPS定位信息，结合多种用地信息工作底图，指引执法人员到达执法目的地附近。

(3)对于定性检查，可手持设备到实地进行信息采集，包括用地几何位置信息和属性信息采集，利用无线网络实时回传定位信息和实地核查信息。

(4)对野外执法疑难情况，采集现场坐标发回用地分析系统并进行分析，分析系统把分析结果返回到执法现场。

7. 实时用地分析系统

本系统主要通过GIS技术及无线互联技术为野外动态巡查人员提供用地分析服务，接收动态巡查人员发起的分析请求，把分析目录与土地执法专题数据库中的基础空间数据等进行叠加分析，之后返回用地分析结果。

1)业务需求

(1)接收分析请求:能实时监听野外移动设备发起的分析请求。

(2)土地监察专题数据用地分析:对需分析的位置进行利用现状分析,得到土地利用现状信息;与土地利用规划图进行叠加分析,得到土地利用规划信息;与基本农田保护区进行叠加分析,得到是否占用基本农田信息。

(3)返回分析结果:把这些分析的结果实时返回给移动设备,现场执法人员依据这些分析结果进行现场执法。

2)作业流程

(1)移动终端发送请求,请求内容包含需分析的地块内的任一点坐标。

(2)坐标与土地利用现状分析,得到目标的土地利用现状信息。

(3)与土地利用规划图分析,得到目标的土地利用规划信息。

(4)与基本农田保护区分析,得到目标的基本农田保护信息。

(5)组织以上分析结果,数据加密打包,返回给执法现场的手持设备。

8. 巡查展示系统

本系统主要部署在指挥中心或大厅,采用 GIS、GPS、无线互联技术,集成土地执法监察专题数据,实现外业巡查人员野外巡查活动的展示及巡查工作中采集的数据展示。

1)业务需求

(1)巡查展示:展示所有移动设备的实时位置,并能显示移动设备所属人员的相关信息;展示指定队伍指定时间段内的巡查活动轨迹。

(2)巡查结果展示:展示动态巡查工作中发现的违法(疑似)用地的实际位置、面积、违法类型、现场照片、处理结果。

2)业务流程

(1)巡查情况:显示所辖机构当天应出勤队伍数量,当前时刻已出勤数量。

(2)巡查展示:监听所有移动终端的通信端口,接收移动终端发回的位置信息,坐标转化后展示到土地执法监察专题地图上,位置随移动终端的位置变化而实时变化。

(3)巡查员信息:显示移动设备所属巡查队伍的相关信息(所属部门,人员姓名,联系电话,工作开始时间)。

(4)结果展示:执法现场采集的核查目标边界与土地执法监察专题地图进行叠加展示,展示的内容包括地块位置、面积、违法类型、现场照片、处理结果。

(5)巡查轨迹回放:指定巡查队伍和巡查时间段,进行历史重现,动态回放,可以调整回放速度,可以快速定位具体时间点的历史位置。

§8.4　地质灾害三维模拟与应急响应

地质灾害是一种由自然因素或人为活动引发的危害人民生命和财产安全的山体滑坡、崩塌、泥石流、地面塌陷、地裂缝、地面沉降等与地区作用有关的灾害。我国是世界上地质灾害最严重的国家之一。我国的地质灾害类型众多,分布广泛,活动频繁,危害严重,每年因地质灾害造成的直接经济损失占自然灾害总损失的 20%以上,直接影响了人民的生活,制约了社会的可持续发展。为了减少损失,查清我国地质灾害的发生分布规律,国土资源部从 1999 年开始,在地质灾害严重的县(市),陆续部署开展了县市地质灾害调查与区划工作。调查的重点是滑坡、崩塌、泥石流、地面沉降、地面塌陷和地裂缝6种地质灾害类型。据调查数据显示,其中滑坡占灾害总数的51%、崩塌占17%、泥石流占8%、地面塌陷占5%、地裂缝占3%、不稳定斜坡占16%。可以看出,斜坡灾害(崩、滑、流、不稳定斜坡)是我国主要的地质灾害类型。因此,我国地质灾害防治形势十分严峻,防治任务十分繁重。

为了防止地质灾害的发生和预防地质灾害对人们造成生命和财产的损害,促进社会和经济的发展,我国迫切需要开发一套全面的地质灾害监控和预警平台。

地质灾害应用系统一般包含如下功能:系统基础功能、灾害点信息采集、灾害预警分析、地质灾害预警预报、预警短信平台、灾害处理预案、统计分析、公告公示、地质灾害监测、应急处置管理、抢险队伍管理、救援物资管理、三维地质灾害展示、重点地质灾害隐患地区监控、远程视频会商、移动终端平台(图8-4-1)。

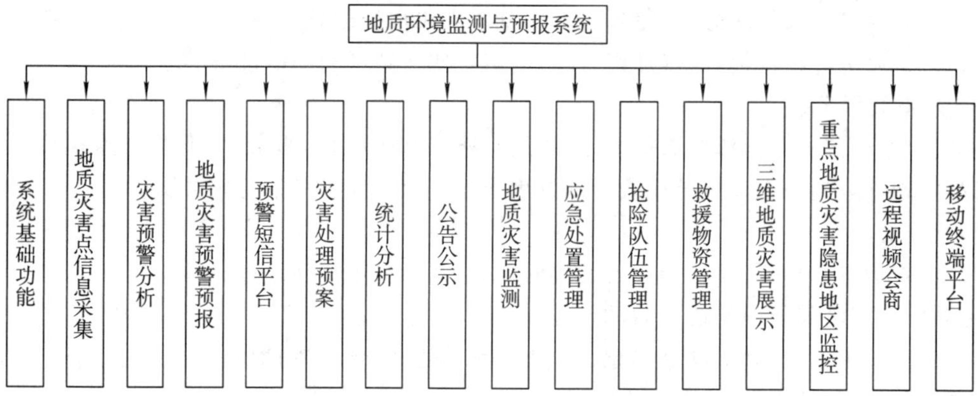

图8-4-1　地质环境监测与预报系统主要功能

1. 系统基础功能

系统基础功能包括用户登录权限管理、访问监控管理及地图基础功能。

系统提供了统一的登录进入接口及权限管理模块,以及记录系统的使用情况模块,能实现对登录人员和系统使用情况进行管理;系统实现电子地图、影像地图、三维地图等数据的基础展示功能,能对地图数据实现放大、缩小、漫游、全景显示、地图信息查询、鹰眼浏览等功能;提供二维地图的图层管理,二、三维地图的协同操作,实现地质灾害隐患点专题图、地质灾害预测专题图、地质灾害易发程度分区专题图、地质灾害应急指挥专题图和三维专题数据的综合展示功能;提供了地名、地址查询功能,能实现对地名、地址的查询及定位。

2. 灾害点信息采集

可采集、录入灾害点信息,包括地质灾害点的位置、编码、类型、时间、隐患级别、隐患规模、稳定状态、地质地貌、危害评估、发展趋势及防治措施预案等;可以采集、录入各种类型的数据,包括图形、图像、声音、文字、表格等。各类数据输入后,系统提供信息存储功能并实时将录入的信息保存在系统数据库中。

支持手工录入地质灾害信息、多媒体信息上传、地质灾害预警信息上传、防治预案上传、图片和表格信息上传等功能。

3. 灾害预警分析

从地质灾害区划的角度出发,基于GIS空间分析原理,根据已有的地质灾害的发育强度、危害性、危险程度等信息建立空间分析模型，反映地质灾害分布和发育的区域规律，为规划灾害发生时的应急预案提供依据。

4．地质灾害预警预报

综合地质灾害隐患点的有关地质、基础地理信息、地质灾害信息、降雨量、人类工程活动程度等因素，用地质灾害分析模型，分析地质灾害发生概率和分布范围，给出区域化地质灾害预警预报信息。通过综合集成平台，结合气象部门提供的气象信息、气象预报信息，以及系统给出的区域化地质灾害预警预报信息，决策是否发布预警预报信息及其信息内容。预判及发布的过程中是否加入专家判读、人工参与的元素需经进一步探讨、明确。

5．预警短信平台

提供省、市、县、乡镇等各地区地质灾害管理人员的信息，包括管理员名称、单位、职位、手机号码等，根据气象监测数据、雷达图、地质灾害影响因素等数据和预警模型进行综合分析，得出可能发生地质灾害的隐患点，及时编写灾害预警信息，通过短信平台在第一时间将地灾预警信息发至各级地灾防治责任人手机上，提醒干部群众提前做好防灾避灾准备。

6．灾害处理预案

对灾害应急处理预案文书进行上传、维护、查看等功能，应急处理预案与地质灾害点相关联，提供地质灾害点预案信息管理和预案实施情况管理。可在地图上标绘紧急撤离、救援路线等应急预案（图 8-4-2、图 8-4-3）。

图 8-4-2　灾害处理导向

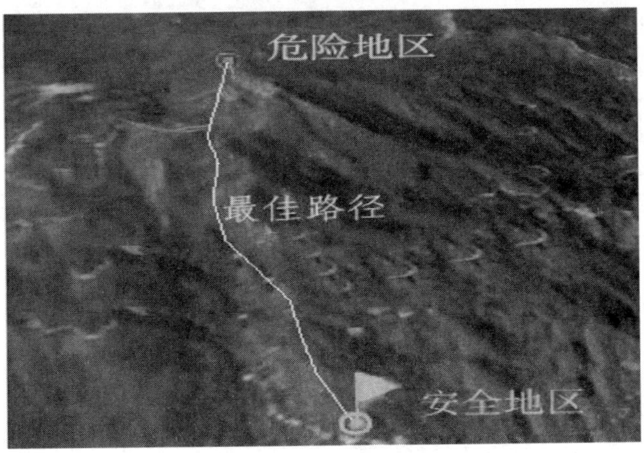

图 8-4-3　灾害疏散路径

7. **统计分析**

系统可按行政区、时间段、危害等级、威胁人口数量和财产数量进行统计输出，按分析条件得出优先处理地质灾害隐患点。支持灾害点缓冲区分析、抢险行进路径分析等 GIS 分析功能。

8. **公告公示**

通过门户网站、手机短信、声光报警器等媒体方式，向公众发布地质灾害信息、监测信息、预警预报信息、防灾政府部门决策等。

9. **地质灾害监测**

提供对监测信息的录入、编辑、维护和查询等功能。监测信息包括监测时间、灾害类型、地表水平位移、垂直位移、发生异常现象时间等内容。其中，地质监测信息上报途径包括 PC 终端、无线 PDA 终端或手机移动终端等。

10. **应急处置管理**

通过应急指挥中心系统，结合 GIS 图形，展现各隐患点的基础情况信息、地质灾害信息、监测信息，指挥人员可以发布报警预警信息指挥现场人员抢险救援。

系统可利用 GIS 的最短路线分析和缓冲区分析功能，实现灾害撤离路线及救援物资路线的最短路径分析，分析结果可通过 PDA、手机等移动终端传送，从而指挥现场抢险队伍，同时指挥当地群众以最快的速度、最短的路线撤离灾害发生处。另外，能够分析出救援物资进入的最短路径，使得救援物资以最短时间送到灾害发生地点。

11. **抢险队伍管理**

通过 GPS 及时获取各级国土资源部门抢险队伍的位置和路径，用于领导指挥决策。系统能够动态显示队伍的移动轨迹，支持历史回放，同时也可以进行实时信息沟通、抢险方案获取。

12. **救援物资管理**

对因地质灾害发生动用的救援物资进行管理，包括动用的人员、资金、车辆、各种救援仪器设备等信息进行管理，统计各种物资的投入情况、资金的使用情况及损耗情况等，以便对地质灾害防治的后期工作进行汇总汇报，为灾后记录和总结提供科学的依据。

13. **三维地质灾害展示**

建立三维地表模型，形象展示三维地质灾害信息，并对这些信息进行维护，提供常见的三维地质灾害模型的管理。可通过三维模型工具构建新地质灾害模型并上传至系统，利用这些模型在三维地图中动态构建用户需要的地质灾害场景，模拟地质灾害的发生(图 8-4-4)。

图 8-4-4　典型的山体滑坡示意图

14. 重点地质灾害隐患地区监控

建立远程地质灾害监控模块，使用实时视频网络监控系统对重点地质灾害隐患区域进行远程、实时的全天候监控。系统向监控端发送请求，调用视频设备控件，可实时查看各监测点降雨情况、地表沉积物、土体位移监测，以及紧急状态发生时组织人员疏散撤离情况等视频监控。

15. 远程视频会商

调用视频监控设备和音频等多媒体设备，实现多地点、多方位、现场和远程协同磋商，增强领导实施决策能力，实时进行信息交流和指导工作。播放地质灾害应急会商进程，展现地质灾害营救的全过程。

16. 移动终端平台

开发移动终端手机平台，实现便捷、灵活、小数据量的地质灾害数据处理，包括地质灾害险情上报、地质灾害图片上传、地质灾害信息查询、应急处理预案获取等，随时随地获取应急预案的处理信息和地质灾害险情状况，灵活应对地质灾害突发情况。

§8.5　驾驶员考试的三维可视化监控

位置服务除了位置查询和车辆导航等普通的应用外，高精度的全息位置服务日益成为智能交通的主要技术特色。如在驾驶员考试的自动化评判方面，三维可视化精确定位系统就辅助解决了传统驾驶员考试靠人眼打分的问题。

1. 系统目的

为了使汽车驾驶员考试监控的智能化、可视化及可追溯，在驾驶员考试二维管理系统的基础上，进行考试场地三维立体化，并开发三维可视化系统，通过三维场景与平台集成，以及 GPS 实时空间定位技术，实现考试车辆的实时监控。

2. 系统内容

1)考试场地地形地物三维立体化

根据考试场地的二维数据，进行场地三维建模，主要内容包括场地地形、道路、行道树及道路两侧第一排建筑，重点内容是道路标线、标志、标识、附属物等与驾驶员考试相关联地物。

2)考试三维可视化系统开发

根据驾驶员考试的要求，开发三维可视化平台，实现实时监控、行驶路线回放、多角度查询考试车辆位置、空间复杂路线导航等功能。

3)三维场景数据入库

把三维场景数据集成到三维可视化系统中，在系统中准确还原考试场地的实地空间坐标和道路信息，为考试车辆的实时监控做准备。

4)考试车辆实时定位监控

通过在考试车辆上定点安装高精度实时定位 GPS，采集车辆的实时位置信息，再通过 GPRS 等无线传输技术传送到三维可视化系统中，并示意还原车辆在考试场地中的位置，达到实时监控考试车辆的目的。

5)考试车辆违规报警和记录

在车辆考试过程中，对考试车辆压线等违规行为通过高精度 GPS 定位，进行报警和记录，并通过实时的摄像技术核实，作为考试打分的依据。

3. 资料需求

三维模型一般包括规划场地及现状场地两部分：现状部分需二维矢量资料，包括场区的地形、地貌，以及交通道路的详细信息，如车道、标线、标志等；规划部分需要规划的总平面图，包括场区的地形、地貌，以及交通道路的详细信息，如车道、标线、标志等位置和走向信息。

4. 模型的生产

建筑模型的主要作用为示意表示当前位置存在某个建筑，对其纹理要求不高。因此，建筑模型采用现有的二维数据根据平面坐标建立三维块体模型，建筑物高度则根据楼层数自动计算，平面相对精度优于 0.1 m，纹理部分采用材质库纹理示意表现，使建筑模型整体合理、协调、美观(图 8-5-1)。

图 8-5-1 建筑模型示意图

交通模型为建模的重点，交通模型需根据现状道路的平面位置及高程信息生产，根据道路矢量数据的边线、中线、标线等位置准确建立三维模型，必要时采用卫片、航片核准标线位置；纹理通过实地采集的照片，对路面的标线、标志、车道信息和交通附属设施等进行高精度三维建模，精度通常优于 0.1 m，达到与实地或规划数据基本一致的程度，最终确保交通设施的精确、完整、真实、美观，为驾驶监控提供直观、真实、准确的参考资料(图 8-5-2)。

图 8-5-2 交通模型示意图

植被模型的主要内容为道路周边的花圃、隔离带、行道树、古树名木、环岛等地物。花圃、隔离带、环岛通过矢量地形数据提取位置和形状，再根据实地采集的照片确定相应的高度；行道树、古树名木根据实地照片或规划数据示意性地布设面片模型，最终还原现场道路周边的虚拟环境(图 8-5-3)。

图 8-5-3　植被模型示意图

地面模型主要为道路与建筑的连接处，包括建筑门前的铺砖、广场等，其主要为了使场地地形地物三维模型无缝连接成一个整体，从而在展示上更合理、真实、美观。地面模型的生产主要利用大比例尺矢量地形图数据，根据实地采集的照片或规划的总平面图进行调整和修改，确保整个三维场景更协调。

5. 三维场景数据入库

三维模型生产完成后，先进行整体的入库前检查。把模型按要求整合成入库的单元，通过程序和人工结合检查整体的数据完整性、一致性、正确性，对存在问题的数据进行返回修改，直到全部通过检查方进入下一个工序。通过入库前检查的模型数据，根据数据库平台统一的格式要求，利用相应的数据转换工具进行无损的批量格式转换。格式转换后的模型成果即可进行批量入库。数据入库完成后，将对平台的功能、数据的完整性、硬件设备的兼容性、相关信息传输的准确及无损性、汽车实时位置的还原准确性等进行整合调试，并根据调试情况进行优化，以使数据、软件、硬件、网络、采集端等各环节协调地正常运行。

6. 车辆实时定位和监控

在驾照的考试过程中，由于需要监测车辆的实时运行情况，在每台车辆上会有车载 GPS 进行实时定位。通过无线 WiFi 将定位数据传送至服务器，通过 TCP/IP 协议，服务端每隔 20 ms 主动接收 GPS 传回的数据包，解析成大地坐标，通过对该坐标的处理，在软件中不断修正车辆的位置和姿态，达到对车辆的实时定位和监控(图 8-5-4)。

7. 违规监控报警

通过实时监控车辆的运行，在三维场景中实时计算车辆是否与道路中标线模型发生了碰撞，如果系统检测到车辆与设置的标线发生了碰撞，将会使发生碰撞的汽车进行高亮显示，发出告警信息和警报，并自动将视角转向该车辆(图 8-5-5)。

图 8-5-4　实时定位车辆

图 8-5-5　报警后自动定位该车辆

8. 考试过程回放

在考试结束后，每台车辆具体的行车路线将会记录在行车记录文件中，包含该车辆行车的具体时间、地点、位置、驾驶员等信息，通过选择加载这些记录，使汽车能够在三维场景中回放当时车辆的行车状态和过程，而且可以调用每个时刻该车辆所在的位置和姿态，并判断该车是否发生了违规现象，从而作为历史记录而保留，并根据需要，可对过程路径进行快进、放慢、暂停等操作，以及在各种操作下的多视角显示(图 8-5-6)。

图 8-5-6　路线回放

9. **多车辆监控**

由于考场中可能存在多辆车进行考试，因此传回来的实时坐标数据量较大，如果处理不及时，将会产生严重的延迟。针对多辆车同时进行监控，一般采用多线程的模式，每辆车由独立的线程进行实时监控与跟踪，实时记录该车行驶的时间、位置、姿态和驾驶员相关的信息，所有车辆信息将会通过统一的数据库进行管理，如果发生违规现象，将会通过高亮显示该记录，并通过监测人员的操作，能够实时锁定该车所在的位置，并将视角锁定到该车辆，也能通过全局车辆监控功能对所有车辆的当前位置进行整体的观察(图 8-5-7)。

图 8-5-7　全局车辆监控

§8.6　其他应用简述

1. **地下空间管理中的应用**

城市人口的急剧增加使得城市用地矛盾日益突出，在探索缓解这一矛盾的过程中，开发地下空间被证明是一个较为现实的有效途径。三维城市模型因此在地下空间管理中具有特殊的作用，例如：

(1)辅助地下空间选址。利用地质钻孔生成城市地层三维模型，在上表面叠加遥感影像，可直观地展现城市每个地方的地质情况。利用剖面分析功能，可以获取任意方向的地质信息，辅助城市地铁、隧道、地下通道、人防工程等线型地下空间选址。利用地下漫游功能，可以查看地下工程沿途的地质信息，辅助地下车库、地下商场、地下仓库等点状地下空间选址。通过集成地下空间工程适宜性评价模型，系统能够对各个地下空间选址方案进行评价，对多个拟建方案进行比较，辅助重大工程选址。

(2)辅助地下工程建设。在地下工程建设中，实时掌握与地下工程施工进度有关的地质信息是非常重要的。如果盲目施工，会带来很多隐患，甚至出现工程事故。如在工程施工中，经常出现挖断电缆、光缆、水管等事件，基于三维立体的三维城市模型，就可以清楚地知道地下网线的精确位置，避免事故的发生。工程技术人员还可以直接在计算机上模拟地下隧道、人防工程开挖，并计算土方量，为管理人员制订工程计划提供依据；利用虚拟打钻功能进行规划设计，减少实际钻孔数量，节省项目建设成本。

(3)辅助地下空间管理。地下工程往往有许多类型，包括地铁隧道、人防工程、地下管网、地下车库、商场等。面对众多相关关系复杂的地下构筑物、地下工程和地下市政设施，采用统一的三维城市模型集成管理，方便地下空间信息的准确查询统计，以及设施精细化管理。

2. 市政管线管理应用

三维城市模型对城市管线的空间分布、连接状况、使用情况等复杂的三维立体空间信息有直观的反映，对管线综合管理提供多角度的立体查询、浏览、统计、分析等功能；根据管理业务的要求，定期或随时输出设施统计报告、设施分布图、设施分析结果图。可在掘路执照审批、管线单位施工配合、道路管线紧急抢修等各项业务管理中，提供翔实、现势的地下管线管位三维分布图，在辅助设施管理方面，形成直观的辅助决策资料，来提高区域市政设施行业管理和运行的水平。

3. 水利应用

基于三维地理信息系统，可以充分考虑精确的地形起伏和地物分布，及其在不同降雨条件下动态变化情况，实时模拟分析不同水位的影响情况，对洪灾的应急救援、预警和防治等提供科学依据。更深层次的专业系统还可根据准确的三维河道地形数据，结合水力分析、地质数据和天气数据，能计算出各区域的防洪等级和危险等级，给防洪救灾和人民群众生命安全提供保障。

4. 房产应用

利用三维模型将规划中、建设中或建设完成的房屋及其周围环境三维立体化，可真实地展示楼盘的外观、房屋结构、布局、室内设计、周边的真实风景，房产销售单位可通过网络发布更形象的宣传住房信息，购房者在家中通过网络即可仔细查看房屋的各个方面，给人民群众购房提供了方便的预判，提高购房的便捷性。政府管理部门可通过城市三维景观数据对城市进行规划、管理、报批等工作，在房屋建设前对比建设方案，择优选择；对建设后的房屋进行直观管理。

5. 应急响应应用

我国城镇化进程的加快，在聚集财富的同时，也聚集风险。特别是2008年汶川地震灾害之后，城市应急救援机制的建立越来越被各级政府部门高度重视，在灾难发生时能及时、有效地采取应急救援措施，能最大程度地保护了人民生命和财产安全。应用三维地理信息系统进行空间分析和辅助应急救援，可以快速获得灾害的区域位置及影响范围的相关信息，制订快速的救援方案，起到事半功倍的效果。

将传统的应急管理系统从二维发展到三维，把目标区域制作成真三维模型，使应急指挥系统具有真实的空间坐标、地形地貌、地物外观。同时，接入应急资源、危险源等模型到三维系统中，配合GPS、监控等设备，更好地实现实时监控、预警和应急调度。

在应急指挥平台中可制订应急预案，模拟灾害演变过程，准确评估灾情，适时制订不同的应急处理方案。用户将不同的时间、参与救援的人员、不同的气象资料输入应急资源模型中，在三维场景里进行协同推演，直到达到最佳效果，再根据系统分析的最终结果，生成实际的预案流程，用于后续演习指导。

6. 文物保护应用

因为古建筑文化遗产不可再生，选择合适的古建筑修缮保护方案显得尤为重要。三维数字化建模给古建筑修缮保护提供了良好的技术手段，通过采用非接触测量技术和三维建模技术，经过实地摄影、激光扫描、属性采集、三维建模，建立文物对象的全尺寸逼真三维模型，并集成到数据库管理平台中，实现文物完整准确的数字化存档；还可借助于网络信息技术，方便数字文化遗产在教育、研究和旅游等方面的特殊应用。

§8.7　城市三维建模展望

随着数字城市建设的不断发展和智慧城市建设的不断深入，三维城市模型的作用愈加突出，其在整个城市信息化中的基础框架和承载作用越来越关键。现有数字城市三维建模的内容还偏重于地上部分，地下部分主要表现了城市管网的分布与空间关系，对于地下空间、地质等信息涉及很少，而快速发展的城市建设亟需统筹考虑地质、管网、桩基、地下空间等众多因素，并要求对室内外模型进行一体化的三维表达与分析，这就对地上下、室内外的三维建模、集成管理和分析技术提出了新的更高的要求。中国的城市日新月异，三维城市模型只有跟这种变化同步才能满足日益增长的大众化和专业化应用需要。现有的三维城市模型只能反映城市在某个时间点的状况，还难以反映城市要素随时间变化发生的改变(如树木的生长)，也无法反映季节更替带来的变化，而城市自然要素的生长对城市景观有着很大的影响，三维城市模型随时空的变化如何自动演变，如对植被生长、春夏秋冬等复杂自然现象进行动态模拟，已经成为国内外三维城市动态建模技术前沿。

参考文献

[1] 陈建军.2008.机载激光雷达的特点及其工程应用[J].内江科技(12):122-123.

[2] 程效军,朱鲤,刘俊领.2005.基于数字摄影测量技术的三维建模[J].同济大学学报:自然科学版,33(1):37-41.

[3] 胡鹏,黄杏元,花一新.2007.地理信息系统教程[M].武汉:武汉大学出版社.

[4] 李成名,王继周,马照亭.2008.数字城市三维地理空间框架原理与方法[M].北京:科学出版社.

[5] 李德仁,龚健雅,邵振锋.2010.从数字地球到智慧地球[J].武汉大学学报:信息科学版,35(2):127-132.

[6] 李华玮,朱宜萱,朱庆.2004.三维城市模型数据生产的全面质量控制[J].测绘通报(2):57-59.

[7] 李媛,李为鹏,张晓峰,等.2012.车载激光扫描系统及其在城市测量中的应用[J].测绘与空间地理信息,35(2):22-24.

[8] 李永泉,韩文泉,黄志洲.2010.数字城市三维建模方法比较分析[J].现代测绘,33(2):33-35.

[9] 李志林,朱庆.2003.数字高程模型[M].2版.武汉:武汉大学出版社.

[10] 梁鹏帅,冯冬敬.2009.三维可视化的研究现状和前景[J].科技情报开发与经济,19(7):134-135.

[11] 栾悉道,应龙,谢毓湘,等. 2008.三维建模技术研究进展[J].计算机科学,35(2):208-210.

[12] 孙敏,马蔼乃,陈军.2002.三维数字城市模型的研究现状评述[J].遥感学报,6(2):155-160.

[13] 王继周,李成名,林宗坚.2004.城市三维数据获取技术发展探讨[J].测绘科学,29(4):71-74.

[14] 张镇,吕秋娟.2009.三维数据获取及其预处理技术的发展趋势[J].工具技术,43(11):98-102.

[15] 郑持辉,陈良超.2009.城市三维仿真模型数据标准技术研究[J].城市勘测(2):17-20.

[16] 朱庆.2011.三维GIS技术进展[J].地理信息世界(2):25-27.

[17] 朱庆,高玉荣,危拥军,等.2003.GIS中三维模型的设计[J].武汉大学学报:信息科学版,28(3):283-287.

[18] 朱庆,龚俊,杜志强,等.2005.三维城市模型的多细节层次描述方法[J].武汉大学学报:信息科学版,30(11):965-969.

[19] 朱庆,李晓明,张叶廷,等.2011.一种高效的三维GIS数据库引擎设计与实现[J].武汉大学学报:信息科学版,36(2)127-132.

[20] 朱庆,林珲.2004.数字城市地理信息系统—虚拟城市环境中的三维城市模型初探[M].武汉:武汉大学出版社.

[21] 朱庆,徐冠宇,杜志强,等.2012.倾斜摄影测量技术综述[J/OL].中国科技论文在线. http://www.paper.edu.cn/releasepaper/content/201205-355.

[22] Kofler M, Rehatschek H, Gruber M. 1996. A database for a 3D GIS for urban environments supporting photo realistic visualization[C]. International Archives of Photogrammetry and Remote Sensing, Vol. XXXI, B2, Vienna.

[23] Whyte J, Bouchlaghem N, Thorpe A. 2000. From CAD to virtual reality: modelling approaches, data exchange and interactive 3D building design tools[J]. Automation in Construction, 10:43-55.